“十三五”江苏省重点学科建设专项经费资助（20160838）

国际法庭科学和调查系列

数字成像技术的司法应用

（第二版）

【美】约翰·C. 拉斯　著

陈春涛　李俊瑶　译

中国人民公安大学出版社

·北京·

著作权合同登记号　图字：01-2020-1982
图书在版编目（CIP）数据
数字成像技术的司法应用（第二版）/（美）约翰·C.拉斯著；陈春涛，李俊瑶译.
——北京：中国人民公安大学出版社，2020.3
国际法庭科学和调查系列
ISB N978-7-5653-3868-7
Ⅰ.①数… Ⅱ.①约…②陈…③李… Ⅲ.①数字图像处理-
应用-司法鉴定Ⅳ.①D918.9-39
中国版本图书馆CIP数据核字（2020）第044482号

数字成像技术的司法应用
（第二版）

【美】约翰·C. 拉斯著
陈春涛　李俊瑶　译

出版发行：中国人民公安大学出版社
地　　址：北京市西城区木樨地南里
邮政编码：100038
印　　刷：天津盛辉印刷有限公司

版　　次：2020年10月第1版
印　　次：2020年10月第1次
印　　张：22.75
开　　本：787毫米×1092毫米　1/16
字　　数：368千字

书　　号：ISBN 978-7-5653-3868-7
定　　价：120.00元

网　　址：www.cppsup.com.cn　www.porclub.com.cn
电子邮箱：zbs@cppsup.com.cn　zbs@cppsu.edu.cn

营销中心电话：010-83903254
读者服务部电话（门市）：010-83903257
警官读者俱乐部电话（网购、邮购）：010-83903253
电子音像与数字出版分社电话：010-83903341

译者序

成像技术在物证技术中的基础性作用是毋庸置疑的。痕迹检验和文件检验中很多时候是以图像为工作对象。在包括理化检验、法医检验在内的各种鉴定文书中，也主要是以图像而非实物的形式呈现检验结论。因此，物证技术工作者系统掌握基本的图像获取及分析、处理技术很有必要。译者经常在专业交流群中看到很多检验鉴定人员在检验过程中为一些涉及图像的技术问题所困扰。比如，有的文件检验人员不知道如何利用图像软件将两幅印章图像进行重叠比对，而这些问题在图像技术人员看来却是非常基础而且简单的。改变这一现状所存在的困难之一，是缺少一本合适的参考书。因为对绝大多数的国内相关行业从业者来说，专业的成像技术和图像处理著作充斥着太多艰深晦涩的数学过程，而且与法庭科学领域的应用似乎有较大的距离。在译者看来，用本译著来补阙是再合适不过的。

Forensic Uses of Digital Imaging 一书是专门针对法庭科学从业者的实际需求而撰写的，出版商是以出版高水准科技、工程类学术著作而闻名的CRC出版集团。该书作者John C. Russ博士曾任职于多个国家的企业和科研、教学机构，最后作为美国北卡罗来纳州立大学材料科学与工程系教授退休。其研究领域涉及物理学、材料科学、生命科学、纺织技术、食品科学和考古学等，尤其在显微成像系统软、硬件设计以及图像处理和分析方面成就卓著。本书涵盖很广，内容包括图像摄取方法及设备的原理、图像的处理和分析、基于图像的比对与测量，以及证据图像在诉讼过程中的展示。书中既有专业性较强的理论和方法，又有这些技术方法在具体应用时法律和程序方面的操作实务。作者在介绍基本原理时对其中复杂的数学过程予以简化，突出思想方法，并辅之以大量法庭科学领域常见的图像作为示例中的处理对象，既能够使读者读来感觉轻松、流畅，收获颇丰，又不失科技类学术著作的科学和严谨。将此书翻译、介绍给国内法庭科学技术人员，必将对国内相关专业技术人员提高图像处理技术、技能起到良好的作用。

本书可供所有法庭科学从业人员学习、参考，也可以作为高等学校相关专业研究生或高年级本科生的教学参考书。

本书共5章，第1章、第2章由李俊瑶翻译，第3章、第4章、第5章由陈春涛翻译，并由陈春涛统稿。本书的出版受到“十三五”江苏省重点学科建设专项经费资助，翻译过程中江苏警官学院的张绍雨、吕导中、陈六一等专家、学者提供了大力支持，在此深表感谢！由于译者专业水平和语言功底的固有不足，书中必然存在对原著表述未能准确传达的地方，恳切希望读者予以指正。

译者

2020年2月1日

本书亮点

用大量图像处理与分析的现实示例进行阐述，显示众多方法之间的对比；

使用图表和示例而不是方程或代码（但包括对这些方法的引用）清晰地描述处理方法；

以提供教程的目的进行编写和组织，读者对象为工作专家及需要并使用本书的律师；

包括了在报告、口供、证词中对结论进行有效表述的指导，以及以侦查为目的使用图像及图像派生数据的指导；

探讨了Daubert准则下案件报告和证词的容许性；

引用了超过500篇专业文献，这些文献反映出书中所示算法被长久使用和广泛认可。

目　录

引　言

每天，电视和互联网上关于犯罪现场和其他与案件相关的图像大量充斥我们的视野。这部分是因为新闻节目需要用内容——最好是耸人听闻的——来填满它的时间(网页则是要填满读者的时间)，而同时两者的本质属性又是面向图像的。但是，这也反映出一个事实，即图像是汇集和传播信息的一种自然的途径，人们正是通过这些信息来认识世界。电视侦探剧中经常会有技术高手——常常像白痴天才——对照片或监控视频做神奇的(通常是不真实的)处理来提取关键信息。

所有这些都让我们产生这样的一些疑问：到底能对图像做些什么？到底能从中获得哪些就司法目的而言有用的信息？应该怎样去做并加以解释？这些问题正是本书努力要回答的。

几乎每个人都知道如何拍照，而且我们大多数人都随身携带有摄像头的智能手机，所以似乎具有法证价值的任何东西的照片都随手可得。确实有这样的事例，偶然拍摄到的关于某事件的照片或视频提供了一些关键的信息。但也存在一些案例，照片或视频未能准确反映相关情形，造成了对事件或事实的错误认识——这可能是由于疏忽大意，但也有些案件不是。严肃的司法摄影通常要求专业技术人员拍摄记录合适的照片，并对其处理、测量、解译，以萃取出最好的证据。

专业技术人员可以是全职的员工或外请的顾问，但其技能必须通过实践和经历来逐步获得并保持。计算机程序只是工具，不是魔杖。这和成为一个熟练的木匠一样，在五金店买了锯子、钻头和锤子并不能赋予其才能，才能必须通过工具的使用来获得。有效地使用图像处理和测量工具并正确地描述处理和测量的结果，并不需要基础数学方面的正规训练。最重要的能力是观察图像并能判断什么工具最有效。

自2001年这本书的第一版出版以来，技术上发生了许多变化，所有这些都对数字图像的司法应用产生了重大的，甚至是革命性的影响。相机的发展使数码相机的性能可以与专业质量的胶片相机相媲美，同时廉价且易于使用的机型大量涌现、随处可得。内置于相机的图像处理往往难以避免，这些处理通过某种（通常是没有公开的）算法“改进”所拍图像质量。

计算能力和内存容量有了很大的提升。过去为人熟知，但需要用房间大小的计算机执行图像处理和分析算法，现在可以在笔记本电脑，有时甚至是平板电脑或智能手机上于数秒内执行完毕。因特网提供的全球范围的图像访问能力，使得图像库之间的比对可以迅速实现。遗憾的是，还没有实际有效的软件能回答“有没有另一幅人或物的图像与这张照片相似？”（现在已经有此类软件——译者注）。一个雄心勃勃的项目在朝这一方向努力，该计划名为“Wolfram语言图像识别项目”（www.imageidentify.com），期望通过神经网络识别图像中的目标。该系统犯的一些错误很滑稽，比如把土星的图像当成电灯泡，一片瑞士奶酪当成调料瓶，一小把糖果当成娱乐室等，这也说明项目还有很长的路要走。

在长达50年的职业生涯中，笔者给数以千计的学生讲授图像处理与测量方法，授课形式从长达一学期的大学课程，到一天或一周的短期课程或讲习班。本书是其中与司法应用最密切相关的材料的集萃。书中展示的范例，包含许多法庭科学图像和真实示例，意在比较不同的处理方法。

承蒙很多人提供示例图像，感念至深！Mathworks（Natick，Massachusetts），Reindeer Graphics（Asheville，North Carolina），Ocean Systems（Burtonsville，Maryland），以及 FEI Visualization Sciences（Burlington，Massachusetts）等公司分别提供了MATLAB®图像处理工具箱，Fovea Pro，ClearID，Amira等软件。用来制作书中范例图像的其他软件，包括Adobe Photoshop，ImageJ，Pixelmator，Ximagic，Shape，PTLens，IDL以及一些由我和其他人编写的实现特定算法的程序。还要特别对Brent Neal和Christian Russ在本书编写过程中给出评论和宝贵意见表示感谢！

就像我们通过视觉来学习大多数的东西一样，可视化的学习也是掌握图像处理和分析方法的最佳途径。这里展示的方法和工具在大多数的现有软件中都可以实现，并都在科学和专业文献中被详加著述。通过各种各样的图像练习这些方法的使用，能培养知悉何时及怎样运用这些方法的能力。最后一章讨论在Frye或Daubert规则下图像分析处理结果被接受的问题，以及关于结果有效展示与解释方面的指导和建议。

约翰·C. 拉斯

1

数码相机和摄像机

成像技术已经成为法庭科学的重要组成部分，并用于各种用途，包含各种各样的目的，如记录和归档证据（在犯罪现场收集或者是在实验室、医学成像设备上获取的）以及在法庭上进行证据的呈现。图像同样也是证据分析中的重要部分，如子弹特征、土壤颗粒、油漆碎片的匹配，等等。监控图像可用于个体的识别以及人或车辆的运动测量。

将图像简化为一组有意义的数据是证据解释的重要一步，而这通常需要对图像进行一些处理。在取证过程中，适当的、能保存重要细节的图像处理是必不可少的，而记录处理过程中的所有步骤同时保留原始图像，也是必需的。

由于人类依靠视觉来获取绝大多数的信息，因此，将图像用于法庭展示也是至关重要的。本书通过示例以及首要且关键的参考文献讨论了这些主题。为符合法庭要求，对于技术的描述和阐释都符合Daubert准则（Daubert v. Merrell Dow Pharmaceuticals，92–102，509 U.S.579，1993）。这通常意味着这些方法不仅要被专业人士广泛接受，而且还要经过严格测试并且其性能为人所知。该部分将在第5章进行详细介绍。

除了专业的犯罪现场勘查人员和警务人员使用的相机以外，其他设备包括手机、闭路电视等也可以提供额外的证据。例如，在犯罪现场的目击者用手机拍摄的照片，或者是由汽车的行车记录仪或监控摄像头获取的画面。由于这些证据可能会被篡改，影响所要求的证据监管程序，因此其认可会存在疑问。但无论这些证据是否在法庭上使用，其都对侦查有积极作用。

大量的与司法取证相关的图像生成、处理和分析的应用被用于说明书中所示的各种处理程序。这些都不是按照应用领域组织的（如指纹、血迹、子弹特征、毛发纤维等）。相反，本书主要介绍在这些领域中都可以用到的各种图像处理方法以及图像测量程序。了解这些方法的原理，并学习各种图像类型的示例，可以鼓励法庭科学相关人员在这些方法合用时想到使用它们。

数码相机

数字图像始于数码相机，因此掌握这些设备的性能特点、优点、可能性和局限性很重要。数码相机不仅仅是传统胶片相机或模拟监控摄像机的数字化。

数码相机已经通过各种方式广泛应用于法庭科学中。其中一个原因，是因为它们通常比之前在犯罪现场取证所使用的胶片相机更小、更坚固、更便宜。它们不需要暗室等操作来显影图像，有很多型号的相机可以直接通过网络传输图像。专业相机，如数码单反，在图像质量(和成本)方面与类似设计的胶片相机相当，但目前有一种趋势，即依赖便宜得可以在每辆巡逻车中配备的小型相机(其使用者没有接受过任何拍摄犯罪现场或事故取证图像的培训)，甚至更为糟糕的，依赖无处不在的智能手机上的相机。大多数的小型相机和智能手机摄像头都可以拍摄视频和图像；几乎不需要用户进行对焦、曝光、色彩平衡等操作；而且将图像进行有损压缩保存在存储器中。用于连续记录的可穿戴式相机在光学和存储质量方面有更大的局限性。

同样，数字化的摄像机已经取代了电子管模拟摄像机，因为它们功率更低、体积更小、成本更低。在某些情况下，数字摄像机的另一个优点就是可以无线连接网络，而这也会增加黑客攻击的可能性。随着使用数码相机获取监控图像，数字存储取代了模拟录像带。最初，数字数据记录在磁带上(DVR格式)，但现在无论是本地存储还是网络存储甚至“云端”，几乎所有的记录都是全数字的。

数字图像的采集和记录的一大优点就是可以即时查看，在必要时可以重新拍摄效果更好的图像。图像的拍摄实际上是免费的，不像胶片相机需要消耗胶片、相纸和化学试剂，这会鼓励摄影者拍摄更多的图像，经过挑选得到其中真正有用的。大量拍摄照片有时(很不幸地)被视为一种选择，而非仔细拍摄少量的，正确对齐、校准，准确曝光的图像。

由于使用了广角镜头，大多数的小型相机和几乎所有的手机相机都会产生明显的图像变形。广角镜头会产生桶形失真，而许多长焦镜头会产生枕形失真(如图1.1所示)。许多小型相机上的变焦镜头则会从一种失真变到另一种失真。第2章将会详细介绍更为复杂的光学失真以及减小失真的方法。图1.1中图像沿边角方向也表现出渐晕，即图像边角亮度逐渐变暗的现象。这是广角镜头的一种特殊表现，因为光线以穿过更小面积的角度进入镜头光圈，当它以一定角度射到感光芯片时，透射的深度也比较浅。

图1.1（a）桶形失真；（b）枕形失真以及边角的光晕。

在许多使用者的手中，相机和手机摄像头经常会拍摄到不稳定、模糊的照片（Korczak & Schlachte，2000）。因为传感器微小，图像上往往存在较大噪声。最后，图像的压缩会使结果图像用来进行后续分析的价值，如果还有一些的话，变得很有限。以上的这些问题可以通过后面章节所述的方法进行处理、改善。但是有些，如有损压缩，会丢掉一些可能重要的信息，后期无法恢复。

像 素

相机生产商都会强调像素数量大小，但这并不代表相机分辨细节的真实能力。像素并不是现代发明的概念：2000多年前由小块玻璃、石头以及陶瓷构成的马赛克拼图，就可以通过颜色和亮度的阴影变化产生非常逼真的视觉效果（如图1.2所示）。

图1.2 摘自庞贝的可能是描述犯罪场景的古罗马马赛克拼图。

数码相机中有几种记录颜色的基本设计。在实验室或摄影室中，色轮摄像机(如图1.3所示)可以通过红色、绿色、蓝色(RGB)三个滤镜连续获取三幅图像，然后再合成一张彩色图像。这具有以下优点：滤光传感器阵列的全分辨率可以用于所有颜色通道，并且可以针对每个传感器改变曝光时间以平衡感光度。但是，这种拍摄方法需要一个静态的场景，因此在大多数情况下并不适合。

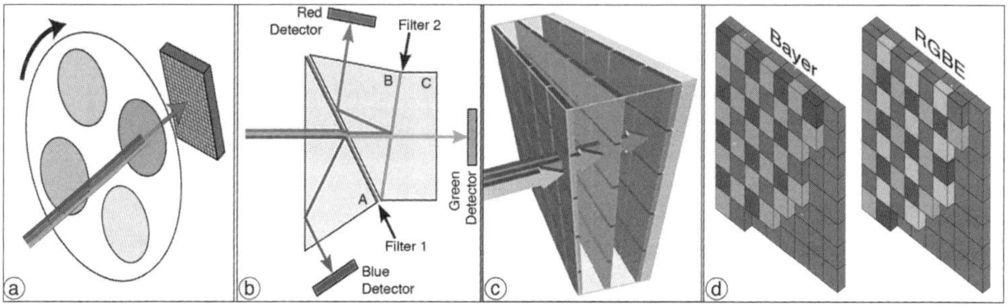

图1.3 彩色相机的设计：(a)旋转滤光片轮；(b)三芯片；(c)堆叠传感器；(d)彩色滤镜阵列。

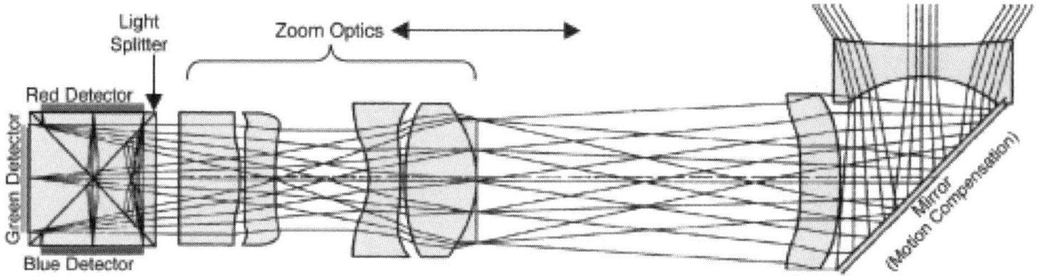

图1.4 智能手机中折叠变焦光学系统的三通道相机设计图

三芯片相机使用棱镜和滤光器阵列将输入图像分为不同波长范围的红色、绿色和蓝色，并分别进行保存(如图1.3b所示)。然后将每个传感器阵列的数据组合成一幅彩色图像。优点在于可以使用每个阵列的全分辨率，但也会让硬件更复杂、昂贵，同时从光学上讲会损失部分的光强度。此外，这种设计通常只能用相当长焦距的镜头，因为对于广角镜头而言，光以不同的角度进入棱镜阵列会在图像上产生彩色暗影。这种设计用在对芯片分辨率要求不太高的高端摄像机中，很少用于照相机中。然而，在智能手机中有一种创新设计(如图1.4所示)：将颜色通过折叠光学系统、变焦镜头组件及主动式图像稳定系统分离成三通道，再合成彩色图像(Webster & Chan，2015)。

彩色相机的另外一种设计(如图1.3c所示)是使用单个芯片，其中在每个像素上堆叠三个传感器（Merrill，1999；Hubel，2005）。由于蓝光在硅表面穿透距离最短，因此在最上层的传感器进行检测。绿色穿透力更强在第二层被捕获，红色穿透力最强，因此被最底层传感器捕获。将输出（三路）信号进行合成从而生成颜色信息。这种方法不会因插值而损失空间分辨率，但是一致或准确的色彩保真度存在问题，动态范围也有限。由于这种方法使用了互补金属氧化物半导体（CMOS）技术，因此比大多数专业相机中使用的电荷耦合器件（CCD）芯片存在更多的噪声。

CCD传感器于1969年在贝尔实验室被美国科学家威拉德·博伊尔和乔治·史密斯发明并获得专利，二人因此获得2009年诺贝尔物理学奖。CCD利用时钟脉冲信号改变传感器内部电场，将入射光光子产生的电荷从传感器的一行转移到下一行，直到可以在另一侧被读出、进行放大和数字化。

相反，CMOS设计的工作方式类似于传统的固态存储器，每行和每列传感器都有地址线，可以访问任何单个传感器的电荷。每个传感器最初充有电子，入射光不断减少剩余电荷。与CCD中的统计噪声与信号幅度成正比不同，CMOS传感器有更复杂的噪声特征，反映电荷随时间的积分。尽管有很多用以减轻CMOS中噪声的方法（Bigas等，2006），但是CCD传感器仍有很大的优势，尤其是在低光照条件下（Magnan，2003；Hytti，2005）。CMOS方法存在的一个问题是：与每个传感器单独连接的放大器和寻址电路会占据芯片上的空间，而且从一个传感器（像素）到另一个传感器（像素）的微小变化，也会产生较大的固定模式噪声（FPN）。不过，能将所有电路（包括模数转换器ADC）放在同一张芯片上，以及较低的功率使这种设计成为便携式特别是智能手机相机的首选。

单芯片相机

目前，用于捕获彩色图像的最常用方法是在芯片上使用单个阵列的探测器（无论CCD或CMOS），并在前面安装有滤色片阵列（CFA）。这种可以让多个波段的光抵达每个传感器，目前有很多种滤色片排列模式，其中最常用的是Bayer模式（由柯达研究人员Bryce Bayer 1976年发布的美国专利3971065“彩色成像阵列”的基础）。其他使用额外的滤光镜以获得更好颜色分辨的阵列模式也有应用。图1.3 d中所示为Sony的RGBE模式，其中E代表

“Enmrald”，滤光镜颜色为青色。另一种模式，RGBW是在第四位置上不加滤光镜以收集白光，从而在低光照下获得更大的敏感度。

单芯片相机和CFA结构的相机存在一个问题，各通道中的图像分辨率的下降，最终导致图像整体分辨率的降低。例如，对于Bayer模式，四分之三像素的红色强度必须利用周围红色传感器插值计算得到。CFA对采集的数据的影响如图1.5所示。

为了对CFA传感器阵列采集的颜色数据进行插值和结合，必须在相机中进行“颜色插值”处理。所使用的算法是每个相机制造商专有的，但都涉及插值和一些用以处理形状（和颜色）变化的边缘的特殊规则。在此过程中会出现伪像，如图1.6所示的“拉链”。

几种彩色插值方法的对比可以在Kimmel（1999）、Ramanath（2000）、Ramanath等（2002）、Shao等（2005）、Lukac & Plataniotis（2005）、Miao & Qi（2006）、Chung等（2010）、Guarnera等（2010）、Huang等（2010），以及Zhou等（2014）等文献中找到。特定的CFA分布和相机插值硬件结合起来会在图像中留下一个“签名”，可以用于某些取证情况，以识别拍摄某场景的相机型号，甚至可用于识别某个相机的特定固有模式噪声，或者检测图像中的篡改痕迹（Bayram等，2006；Swaminathan等，2007；McKay等，2008；Farid，2008，2009；Khanna，2009）。图像的篡改检验将在第4章中讨论。

图1.5（a）为标准色板；（b）为使用Bayer CFA相机记录的颜色值。

图1.6 一幅图像的局部，显示单芯片数码相机中的“拉链”特征。

模式噪声并非CFA单芯片相机独有的。三芯片相机也存在这一潜在问题，因为芯片的每一个传感器输出都有一些微小的起伏。在三芯片系统中，红色、绿色、蓝色输出产生的不同的起伏增加了图像中的颜色噪声。大多数传感器阵列都存在至少一些“死”或“锁定”的传感器单元，总是输出零或最大值。这些缺陷通常由相机内部固件用邻近传感器的值代替。

除了二维（2D）传感器阵列以外，还可以使用线性阵列（通常有三条，每条都具有红色、绿色、蓝色滤色镜）通过扫描像平面获取数据。这种方法常见于台式扫描仪，对于许多应用来说，它是优秀的图像采集设备，具有良好的颜色恒常性、均匀光照和较大的色调范围。类似的设计已经在被安装在三脚架上的演播室摄像机中使用，一些光学显微镜也可以通过在光学系统下移动平台和样本来实现同样的功能，从而以高的空间分辨率获得整个1英寸×3英寸载玻片的图像。

光谱响应

人类可以看到颜色是因为人眼中有三种视锥细胞可以吸收波长细微变化的光。这是明视觉，不同于在视锥细胞不起作用的弱光条件下使用的视杆细胞产生的暗视觉。暗视觉对绿色和蓝色敏感，对红光不敏感，但是人眼视网膜中的中央凹包含的基本上都是视锥细胞。这也就是转移视觉，即移动焦点的中心使主体落在中央凹的附近，在昏暗的光线下有效的原因。在低光照下视力也会下降。

无论是相对效率还是波长覆盖范围，典型相机CFA中使用的滤色片与人眼中视锥细胞的光谱响应都不匹配（如图1.7所示）。图1.7b中的曲线不包括

CCD或CMOS中硅传感器中对不同波长的灵敏度变化(如图1.8所示)。作为颜色插值的一部分,相机内部的处理可以调整传感器记录的相对强度以使色彩效果与人眼的视觉保持一致。然而,为了记录正确的颜色,有必要知道(或假设)用于拍摄图像的光源情况。

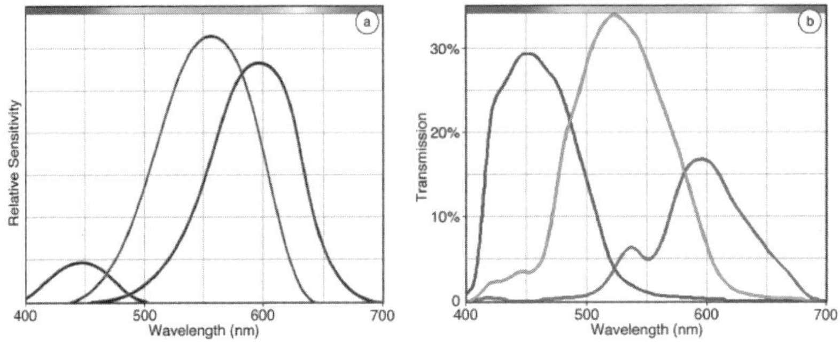

图1.7 人眼的短波长、中波长及长波长视锥细胞(a)和CFA中RGB滤色镜透射曲线(b)的相对灵敏度对比。不同相机品牌甚至同一制造商不同型号之间的滤镜差异很大。这里展示的只是一个代表性的样本(佳能5D相机)。

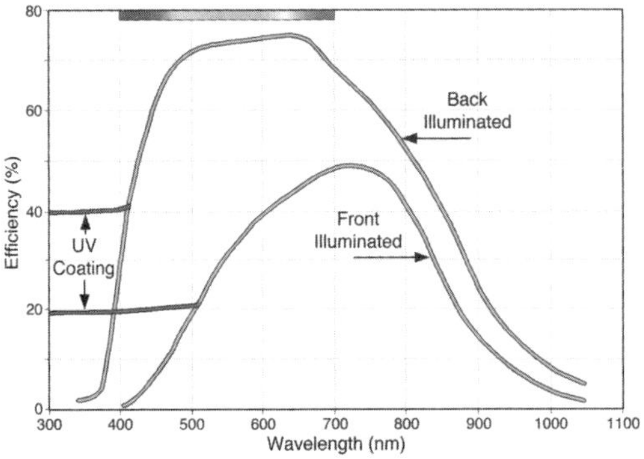

图1.8 典型硅传感器的效率,比较了常见的前照明方式以及通过减薄、后照明所获得的改进,以及将光谱响应扩展到紫外范围的有机镀膜的效果。

专业相机允许摄影师通过拍摄用来平衡颜色成分的中灰卡图像来表征和调整颜色响应。这些相机还存储来自每个颜色通道的未经改动的“RAW”亮度数据,以便后期修正(通常表示为照明光线的色温)可以进行(如图1.9所示)。这对图像中的颜色校正(尤其是肤色)至关重要,如图1.10所示。白炽灯的色温通常为2900 K(更暖、更红),阴天的色温可能高达8000 K(更冷、更蓝)。价格较低的便携式相机和手机相机会尝试猜测色温或假设平均而言整个场景没有净的色彩(即所谓“灰度世界”假设——译者注),但这会产生不正确的色彩表现。

图1.9 RAW格式拍摄的以不同预设色温打开的室外图像。

图1.10 RAW格式拍摄的以不同预设色温观看的女孩面部图像。

视觉之外

可见光的波长范围约为400 nm~700 nm，如图1.8所示。硅传感器对波长较长的红外（IR）辐射敏感，而其与可见光经过透镜聚焦的焦距不同，因此必须通过滤光镜对其进行阻挡以防止图像模糊。硅传感器感受波长较短紫外（UV）辐射的效率较低，即使减薄芯片并采用背光照明（光子不必穿过前表面上电触点）也是如此。有机磷光体镀膜可以将UV光子转换为可见光波长并扩展光谱响应，从而可以获得UV图像。

数码相机的红外灵敏度对于揭示被遮挡的信息非常有用，如图1.11所示。根据一名受害者的说法，在一名暴力罪犯的手臂上有一只鹰和一个名字的文身。当一名嫌犯被捕时，他确实有文身，但却完全不同。怀疑它是一个用来掩盖已被看到文身的新文身，警方使用红外摄影来揭示被隐藏的文身。图1.12所示为所用滤光镜的波长范围，该嫌犯随后表示认罪（Citizen-Times［Asheville，NC］，August 7，2012）。

图1.13和图1.14显示了使用IR成像的其他例子。如图1.13所示，即使在计算机中进行对比度调整，在可见光图像中也几乎看不到黑皮肤人手臂中的血管，但在红外图像中有明显的反映，因为红外线可以穿透到更深的深度。血管图案被认为是个体识别的有用生物标记，如面部的血管或手中的血管。红外成像也可用于检验可能存在擦除或添加的可疑文件。

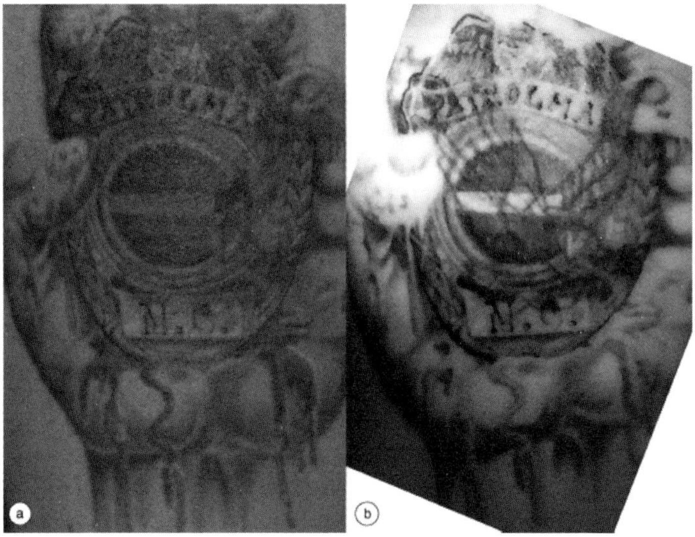

图1.11 红外光下看到文身之下:(a)通过PECA 918滤光片记录的可见光的图像;(b)是通过PECA 908滤光片记录的红外光图像。可以看见隐藏的鹰文身的线条。(北卡罗来纳州司法学院的Ross Robinson提供)

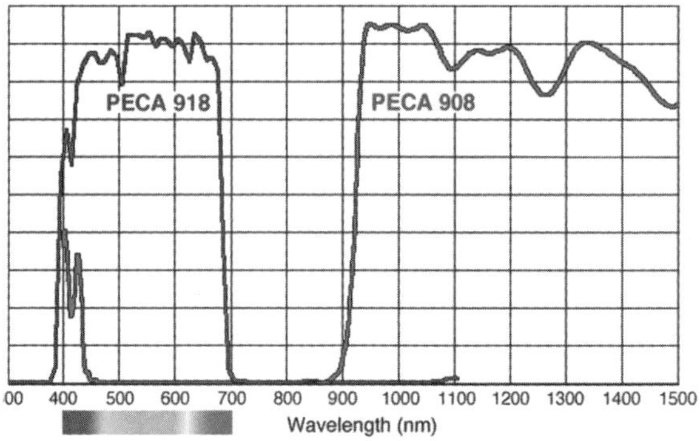

图1.12 图1.11、图1.13和图1.14中用在相机前方的可见光(PECA 918)和红外(PECA 908)滤光片。

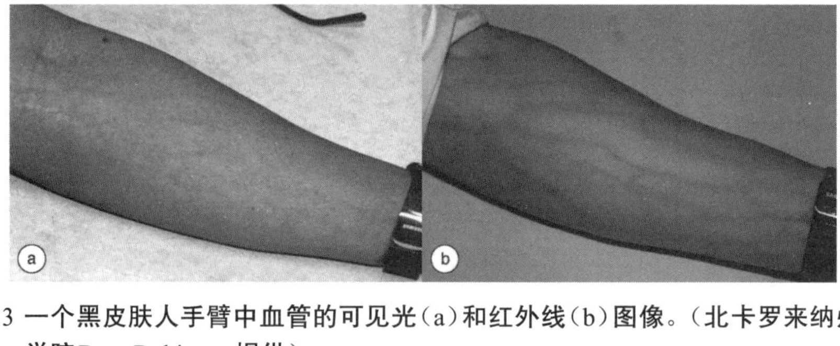

图1.13 一个黑皮肤人手臂中血管的可见光(a)和红外线(b)图像。(北卡罗来纳州司法学院Ross Robinson提供)

如图1.14所示，黑色衬衫的原始图像上有两个孔，这些孔是使用40口径手枪近距离射击产生的。扩展对比度（如第2章所述）显示衬衫在原始黑色染料中具有略带红色的色调，并且在弹孔周围以及衬衫的另一区域中有变色区域。在红外图像中可以看出孔洞和它们周围的火药燃烧（痕迹），以及在为了实验而固定T恤的靶标上印刷的轮廓影像。火药燃烧区域的测量可用于确定射击距离（Lewey，2007；Hodges，2008）。

UV图像也可以揭示可见光图像无法表现的信息。图1.15显示了医疗训练假人背面由沾有防晒霜的皮带留下的印记。

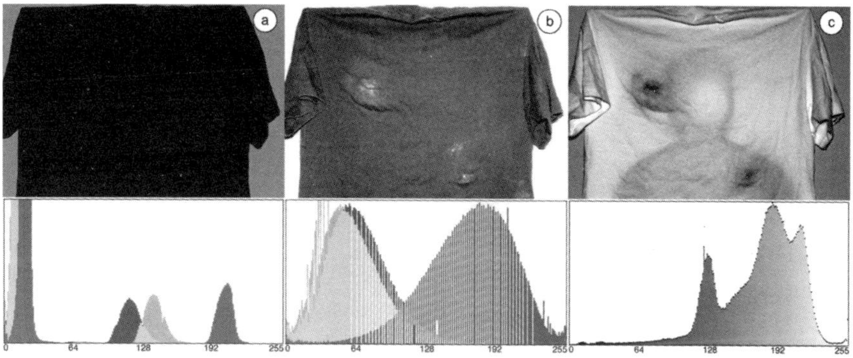

图1.14 深色T恤中的弹孔和火药燃烧痕迹：（a）可见光（PECA 918滤光片）图像和红色、绿色和蓝色通道的直方图；（b）扩大对比度显示T恤上的洞和一些变色区域；（c）红外图像（PECA 908滤光片）显示火药在弹孔周围燃烧，还可看出印在靶标（T恤固定在其上）上的轮廓。（北卡罗来纳州司法学院Ross Robinson提供）

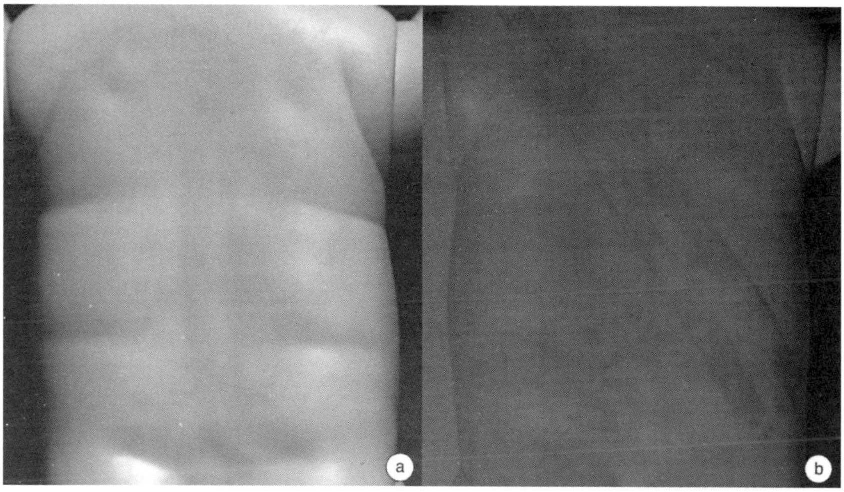

图1.15 文中描述的防晒剂痕迹，其中（a）可见光图像；（b）UV图像。（北卡罗来纳州司法学院Ross Robinson提供）

分光光度计

彩色数码相机不是分光光度计。由图1.7中所示的CFA滤波器透射过的宽波长范围与传感器输出的一致，因此对于波长和强度非常不同的组合也能产生相同的图像和视觉效果。使用如图1.11至图1.15中所示的外部滤光片，可以隔离出特定的波长范围。用紫外光作为光源可能使天然存在或场景中添加的特定化学物质产生荧光，产生可记录的可见或红外图像（Bramble等，1993；Lin等，2007）。这通常用于突出血液或其他体液，并对潜在指纹成像（如图1.16所示）。紫外线照射也可用于皮肤伤口的成像，包括擦伤、撕裂和咬痕（Barsley等，1990）。

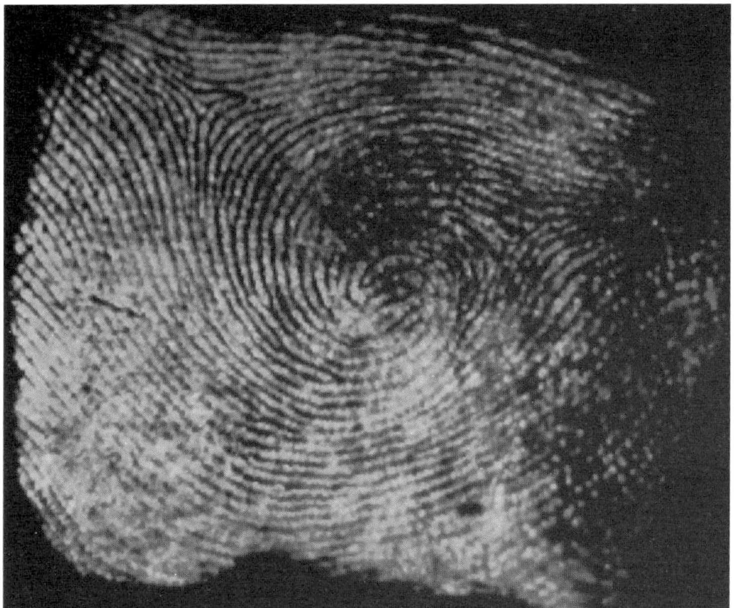

图1.16 紫外线下的潜在指纹荧光。

将显微分光光度计连接到显微镜上，可以测量不同来源的263个蓝色聚酯纤维样品反射的光谱，与直径和横截面结合起来，能够在无需提取染料进行色谱分离的情况下对纤维进行区分（Grieve等，2005）。Tungol等人（1993）利用红外显微镜通过测量吸光度的峰值来表征不同制造商生产的人造纤维中不同的羰基和腈基团，精度可达百分之几。这对从衣服、地毯等获取的纤维证据明确地进行来源匹配具有重要的意义。Houck（2003 b）在2000多种纤维样本研究的基础上提出了另一种比对方法：使用偏光显微镜、荧光显微镜和显微分光光度法，没有两种不同的纤维样品被误匹配。在这种方法中常规成像的唯一应用就是将纤维在显微镜下定位。

Flynn等人（2005，2006）利用傅里叶变换红外光谱（FTIR）生成图像。图1.17所示为双组分人造纤维的两幅图像，图1.17a中，由于两种成分中都存在腈，利用波数2244处的光谱峰值（每厘米周期的频次，相当于4.46μm波长）成像呈现出纤维的整个宽度，图1.17b中，利用丙烯酰胺，在波数1684（5.94μm）处的峰值成像则仅显示两种成分中的一种。使用光谱仪生成图像也适用于油漆碎片的分析与比对。图1.18显示了油漆碎片可见光图像和波数1666（6.0μm）的FTIR图像，后者区分了两个红色层。

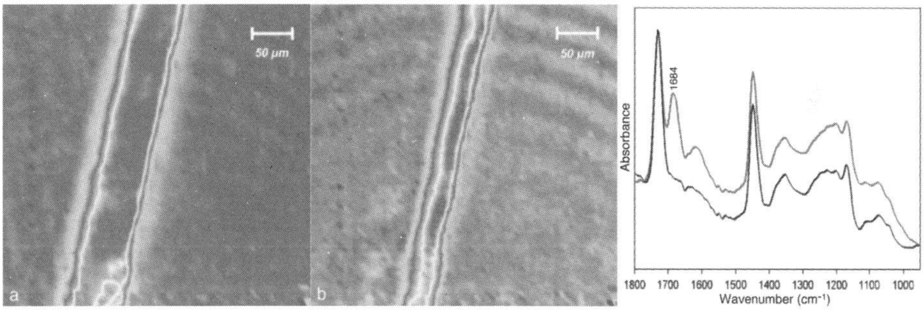

图1.17　如文中所述，FTIR光谱下用不同波长成像的双组分人造纤维。（参考 K. Flynn et al.，Journal of Forensic Science 51（3）：586–596，2006.）

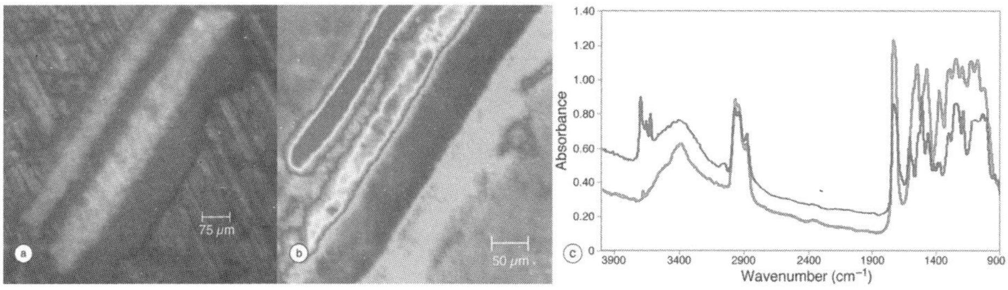

图1.18　如文中所述根据红外光谱区分两层红色油漆。（参考 K. Flynn et al.，Journal of Forensic Science 50（4）：1–10，2005.）

这些成像过程是在实验室环境中进行的，虽然产生的数据对匹配或区分相关证据非常有用，但其使用的并非传统数码相机。第3章中介绍的一些图像处理技术，可以使用传统相机拍摄的RGB图像来分离或区分颜色，但它们与测量波长不是一回事。

空间分辨率

数码相机图像的两个指标是空间分辨率和色调分辨率。不管数字化过程是在同一芯片上还是在相机机身内部进行的，硅传感器产生的电信号都是模拟信号。由于要对单芯片相机记录的值进行去马赛克处理，因此实际空间分辨率明显低于相机标称的像素数(即空间分辨率)。在(信号)放大和数字化过程中也会产生一些限制。大多数情况下，单芯片加彩色滤镜阵列相机的实际图像分辨率大约是相机标称的像素数(传感器)的期望值的一半。许多相机使用比芯片分辨率所保证的更多的存储像素来记录图像。类似插值和空放大(指不增加任何细节和信息的图像放大——译者注)等处理在图像中不添加额外信息，只会增加存储空间要求和处理时间。

用实际空间分辨率比较相机比用标称的像素数更难，重要的是要考虑“像素”一词的多重含义。在某些情况下，它指的是相机中光传感器的数量(不考虑颜色滤镜，有时包含图像边缘用来测量暗电流或减少长时间曝光时相机抖动但对实际图像没有贡献的那些像素)。在某些情况下，它也描述了图像存储在计算机中的灰度或颜色的数量，尽管这些可能反映的是空放大。在其他情况下，它用于描述计算机显示器上显示的颜色点，不管图像是以缩小还是放大的尺寸显示。

在考虑图像实际分辨率时，将分辨率的不同含义分开讨论更有意义。这里分辨率指的是图像上可以彼此区分的离散点的数量或间隔。通常以能分辨开来的直线对的数量来定义，一般是像素数的三分之一到二分之一，因为直线需要至少一个像素，直线之间的间隔需要一个像素(如果直线不完全位于传感器单元上，则需要更多)。分辨率还取决于线条与背景之间的亮度对比度以及图像中存在的噪声(随机起伏)。直线比单个点更容易分辨，因为沿每条直线做平均可以提高信噪比。

图1.19所示为1951年美国空军(USAF)分辨率测试卡，通常用于测试分辨率。可以区分的最细条纹的间距即为分辨率的极限。但该测试卡不足以定义典型数码相机的性能。首先，条纹和背景之间的对比度是100%(黑色和白色)，随着对比度的下降，分辨特征的能力会迅速下降。其次，测试卡是单色的，而在大多数实际情况中，图像中需要区分的特征是彩色的，而且区分不同的颜色组合的能力是变化的。最后，卡中的条纹是水平和竖直方向的，正好与芯片中传感器的分布相对应。朝向其他方向的目标边界会产生不同的分辨率结果。

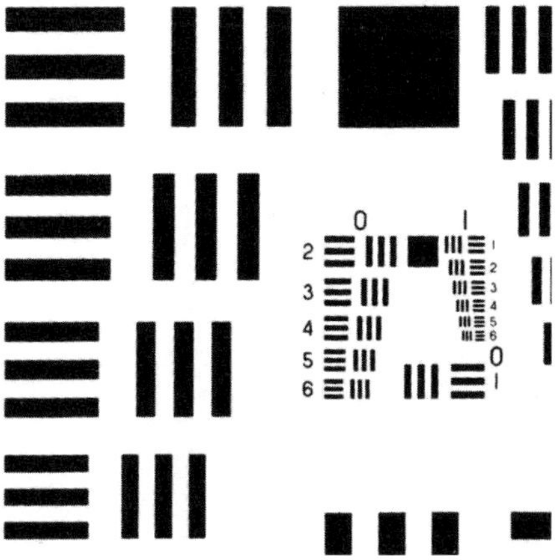

图1.19 USAF-1951 分辨率测试卡。

图1.20说明了其中的一些影响。线条间距、对比度、方向、颜色的变化会影响它们视觉上分辨的能力。通常，随着对比度下降，间隔非常宽或非常细的线更难以分离。这部分是由于相机中排布传感器的网格，但也与线间距和对比度对视觉响应的影响有关。

图1.20 亮度按正弦变化、对比度不同的条纹，显示间距、方向和颜色对条纹分辨的影响。请注意，本书使用的平版印刷技术可能会改变图像的视觉效果，并产生具有更小间距的莫尔干涉图案。

在约50 cm的正常观察距离处，图像上的1 mm是用于检测细节的最佳尺寸。随着空间频率的下降（特征变大），所需要的对比度也增大，因此当亮度从最小变到最大跨过的距离为1 cm时，所需的对比度要增加大约10倍。空间分辨率（敏锐度）随对比度的变化（Barten，1999）称为调制传递函数（如图1.21所示）。在视觉上，垂直或水平的线条比斜向的线条更容易感受，这也许是一种习得的与这个垂直和水平方向有着特定含义的世界打交道的能力。太大、太小或者具有其他方向的特征较少可能被注意到。

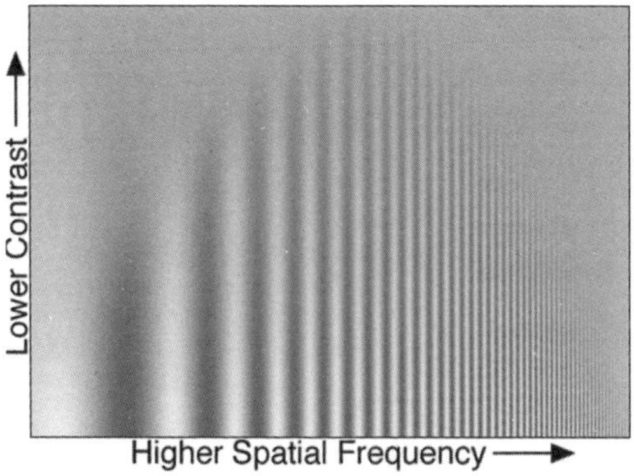

图1.21 线对比度和频率变化(间距的倒数)对分辨它们视觉能力的影响。

已经制作出许多其他的分辨率测试图，比如具有不同对比度的径向线条的，但这些主要用于测试镜头。它们没有提供描述特定的所记录图像的实际分辨率的方法，这些图像除相机性能外，还可能受到聚焦不完美、大气雾霾等影响。利用傅里叶变换(FT)可以得到更直接的方法，将在第3章详细描述。图像的傅里叶谱图显示了基于频率(或间隔)和方向表示的函数。对于彩色图像，傅里叶谱图为每个颜色通道分别显示结果。对图像的不同部分进行采样(分析)，可以显示焦点(景深)或照明的效果。利用小波变换也可以获得类似的效果。

图1.22所示为带有单芯片传感器和CFA的单反相机拍摄的聚焦良好的图像。每个颜色通道的傅里叶频谱图显示高频信息(短间距)的减少，即半径增加，幅值(显示为密度)下降(频谱图中垂直和水平线都是由图像边缘的不匹配产生的，在此不作分析)。注意蓝色通道的减少量最大，这是由于CFA中蓝色滤镜的探测器较少，以及硅探测器对蓝色波长的灵敏度较低。但所有通道包含的信息比记录的像素数所应有的信息量要少，且垂直方向的损失大于水平方向。如图1.23所示，即便是轻微的散焦也会导致高频信息的明显降低。

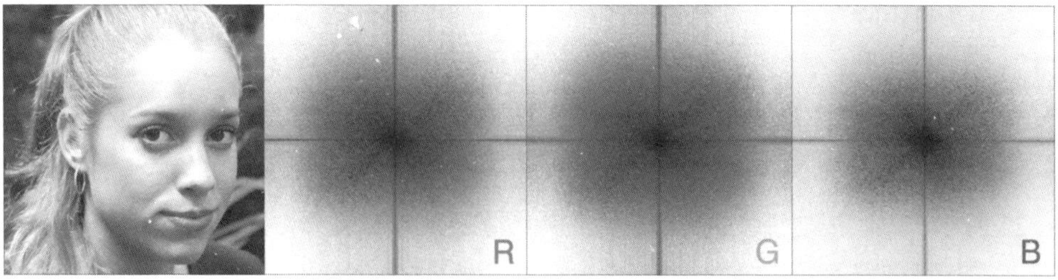

图1.22 文中所述的聚焦良好的图像及红、绿、蓝三个通道的频谱图。

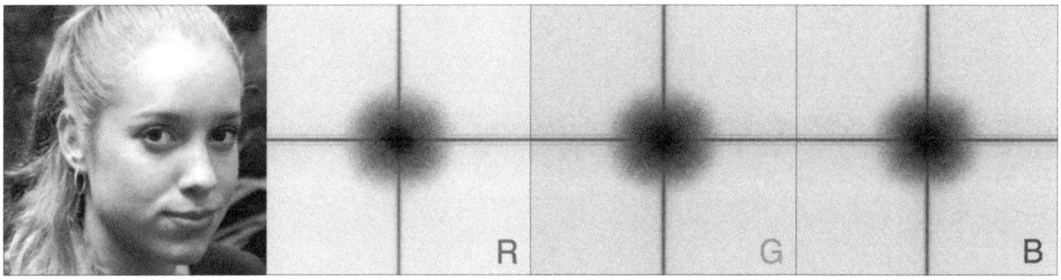

图1.23 与图1.22相同，但具有轻微散焦的图像以及因此而导致的在频谱图中高频能量的下降。

这一技术可以用以确定获取图像中信息的真实极限。比如，在图1.24中，频谱图中功率的陡降发生在最大频率一半或像素间距两倍左右的地方。该图像可以用四分之一的像素记录而不丢失信息。在确定血液图像中细节的大小或间隔时，不应出现这样的尺寸测量值，其意味的精度优于图像实际分辨率的极限。

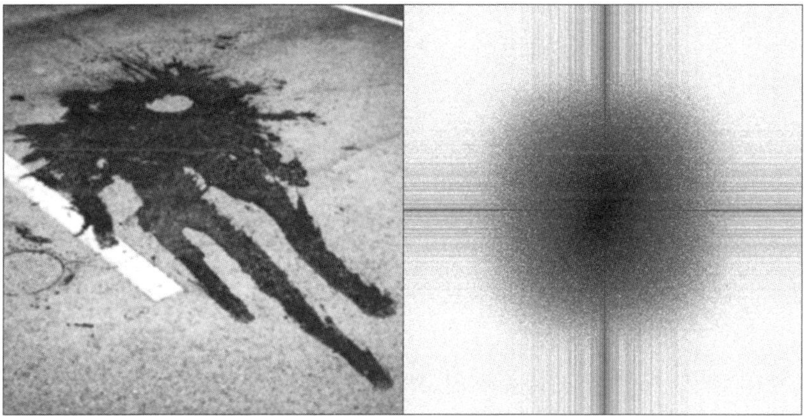

图1.24 犯罪现场照片及其FT频谱图。

监控视频图像对图像分辨率有更高的要求。在忽略压缩和存储格式等造成信息损失的情况下，安装在摄像机上的广角镜头可以获得较大的视角，如整个房间甚至是整个停车场，图像中出现的个体都很小。如图1.25所示的两幅监控图像，犯罪嫌疑人在某高级中学放火，并逃离现场。由于原图像非常暗，因此对图像的对比度进行了拉伸。图像分辨率足以说明犯罪嫌疑人有三位，也许其中一位穿着比其他人更长、更深的裤子。但从图像中无法获得更多有用的身份信息，图像放大也没有揭示更多信息。摄像机的作用显然不是为了保证安全，而是用于其他未指明的目的。

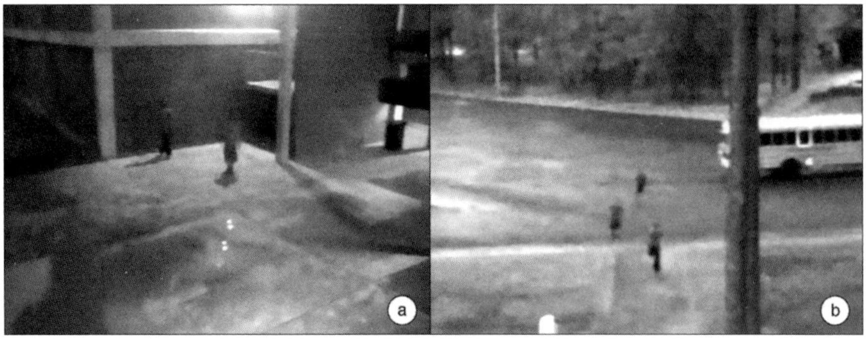

图1.25 讨论的一所学校入口和停车场的监控图像。

色调分辨率

空间分辨率用以描述区分图像中某处与他处的能力，由此限定了测量距离、位置和形状的能力。色调分辨率则关注图像中的灰度和颜色变化，以及区分一个像素(位置)与其他像素(位置)灰度值的能力。这对描述对象和结构很重要，并进而会影响尺寸测量。它也会影响将一个区域或一幅图像与其他区域或图像匹配或区分的能力。

大多数的专业数码相机、便携式相机、智能手机相机的芯片上现在都有1000万～2000万个传感单元，并且对这么多像素的图像进行保存，这与35 mm胶片的空间分辨率接近或大致相当。但传感器阵列通常很小。目前，小型便携式相机的常见传感器尺寸为6.17 mm×4.55 mm(1/2.3英寸)，在某些智能手机中传感器尺寸更小(如图1.26所示)。这仅是35 mm胶片(24 mm×36 mm)面积的3.2%，这意味着收集的形成图像的光线少得多。

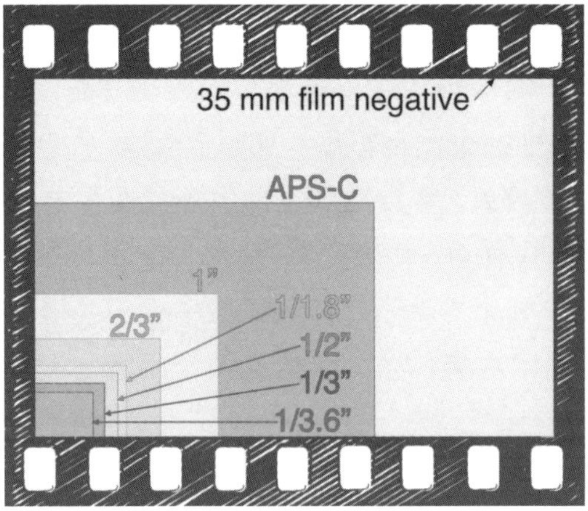

图1.26 几种常见的数码相机芯片尺寸与35 mm负片胶卷的比较。APS-C或更大的尺寸常见于专业型号中，较小的尺寸则见于便携式相机和智能手机的相机中。看上去令人费解的尺寸命名指的是对角线的长度。

如果芯片包含1200万个独立传感器，则每个传感器的可用面积仅为7.8μm²，且必须使用一些空间将每个传感器分开。对于CMOS，每个传感器还需要两个或三个晶体管用于寻址和读出，但是使用覆盖透镜可以捕获入射光并将其引导到有效区域。问题是有效区域很小。

入射光子撞击传感器产生光电子，在被读出前，被保存在CCD传感器中（常见形象的说法是“桶中的雨滴”）。CMOS以不同方式将电荷转换为电压，但信号仍取决于保持电子的能力。当“桶”或“井”的尺寸较小时，保有的电子数量也较少。叠加在信号上的随机“噪声”起伏（将在第2章中更为详细地讨论），源于热效应、光电子产生的下限、信号的放大和数字化过程。对于一个小的“井”尺寸，背景噪声和随机噪声占总信号的比例更大。这限定了测量探测器捕获光量的精度极限。

大多数便携式相机和智能手机相机使用8位模数转换器对探测器生成的模拟信号进行数字化处理，产生8 bit数值（0~255），可轻松存储在计算机内存中。但使用小芯片，噪声会导致信号较大比例的起伏。如图1.27所示，用智能手机相机拍摄图像的直方图，该照片由标准摄影曝光感光级谱组成，即由8个均匀区域组成。直方图包含八个峰值，这些峰值未完全分开。如果存在另一个中间亮度级别的小区域，在直方图中是无法看出来的。

图1.27 感光级谱及其灰度直方图。

典型数码相机图像中可以区分的实际亮度等级数取决于所包含的颜色，无论像素值是随亮度线性变化还是呈对数变化，同时曝光也很关键。较暗光线下拍摄的图像有更多的噪声，因此色调分辨率更低。不过，真正对于图像测量有用的亮度级别数远少于8位存储所包含的256个灰度值。

人类视觉并不需要，且实际上也无法区分256个灰度等级。在标准观察条件下，需要约2%的局部对比度变化才能有视觉上的明显感觉。请注意，这是一个百分比变化，意味着图像明亮区域需要比黑暗区域有更大的绝对变化才能被察觉。这些考量在第2章和第3章中将再度提及，届时图像处理通常是在使目标和（亮度）变化更易见的大背景下进行。

具有数十个灰度等级的灰度图像和具有数百种不同颜色的彩色图像对于常用的图像显示是足够的，当然灰度和颜色等级的选择非常重要，而且有时仍需更多的等级来区分要测量的区域。

小的感光芯片和传感器单元的另一个问题是可以覆盖的亮度范围有限。由热电子产生的噪声水平控制着可以与零或完全无光相区分的最暗值。感光单元可以容纳的信号总量控制着可以记录的最亮的非溢出(或者将其“截断”到白色)值。用小的“井”，只能容纳有限的亮度范围。这(勉强)可以应用于典型的快拍，例如在白天户外，但不适用于许多困难的拍照情况。使用微小芯片在室内或夜间照明下拍摄的图像通常会被随机噪声湮没。

图1.28所示为在餐馆发生的抢劫谋杀过程中所拍摄的监控图像。摄像机安装位置使得画面上主体是天花板上的灯。相机中的自动曝光电路调节增益，使灯泡为白色，结果是场景的其余部分都非常暗，并且犯罪嫌疑人的面部对比度很小(空间分辨率也非常小)。即使如第2章所述，拉升面部的对比度也无法产生可供识别的特征。这通常是监控图像的一个问题。

相机中自动曝光获得类似于图1.28的图像是常态，而不是例外。大多数便携式相机和智能手机相机以及视频监控相机都包含自动曝光调整，包括曝光时间、电子增益(通常表示为等效的ISO或ASA等级，与传统胶片摄影相对应)和色彩平衡。这些在拍家庭快照时效果很不错。在技术摄影、特殊场景或对象、特种的照明条件等情况下效果很差，而且经常无法关闭。

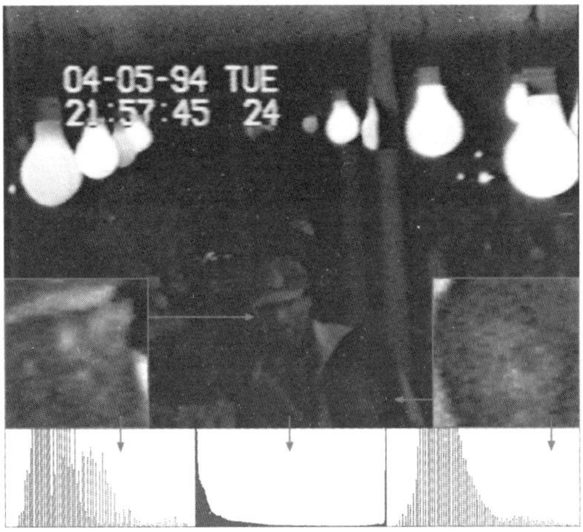

图1.28 一个犯罪现场的监控图像，放大了嫌疑人的面部尺寸并提升了对比度。直方图显示了原始图像与调整后的插入图像的亮度值。

专业数码相机确实可以对这些控制因素进行调整，并且具有更大尺寸的感光元件，可以覆盖更大的动态范围。传统35 mm胶片负片大小的传感器阵列可提供至少12 bit数据，精度为1/4000。即使有不可避免的噪声，也可在图像中提供一百以上可区分的灰度等级，并且相应地提供更高的颜色分辨率。视觉检查也许不需要这么高的性能，在显示和打印时全色调分辨率也表现不出来，但对于图像处理以及为测量物体或结构的尺寸、位置、形状等而进行的边缘提取很有必要。

理解需要好的色调分辨率的一个好方法是将其与地球表面的高程相类比。在256灰度级（如8位图像）中，如果按照从海平面到喜马拉雅山顶部的高度范围，则每一级超过100英尺。在该分辨率下，佛罗里达大部分地区不会超过海平面，整个东海岸、密西西比河谷和加利福尼亚中央山谷都被切除（如图1.29所示）。如果按照4000灰度级（12位），每级大约7英尺，可以检测到住宅和高速公路立交桥的一层。

由于计算机存储的组织方式，超过8位色调分辨率的图像通常保存为16位的文件，即每个像素的红、绿和蓝三个通道分别使用2个字节的存储空间，虽然低位并不重要。这些文件可能会相当大：一个1700万像素的图像（宽度大约4800像素，高为3600像素）会产生超过100 MB的文件。一些低端图像处理软件无法处理16位图像，仅限于处理8位图像。

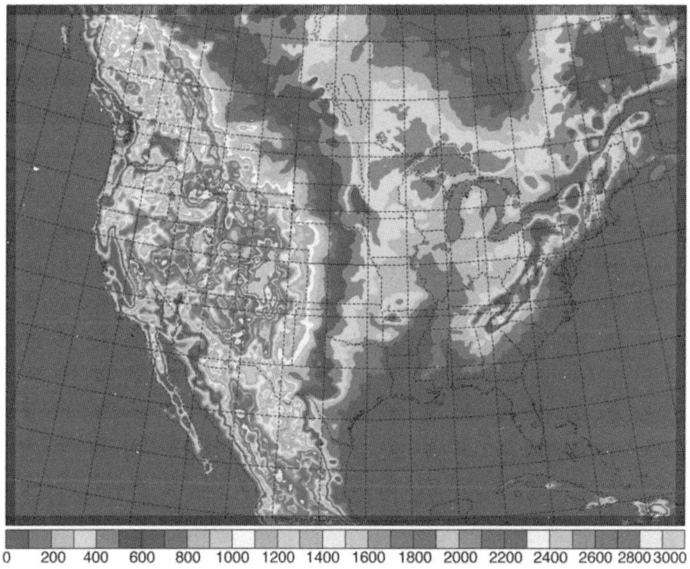

图1.29 美国的地形图（标记海拔以米为单位）。

相机选择

从前面的章节可以清楚地看出，数码相机种类繁多。许多类型可用于刑事摄影，但有些更容易(使用)。手机相机和许多便携式相机上的广角镜头会产生难以校正的失真。变焦镜头很方便，但也会随着焦距的变化而变形。中档定焦镜头是大部分刑事摄影的最佳选择。使用不同尺寸的芯片时，镜头焦距难以比较，但在大多数情况下，用与35 mm胶片相机类比的方式进行描述，因此中焦范围约为50 mm至90 mm。

传感器的尺寸比它是CCD还是CMOS的设计更重要。CCD具有更好的噪声特性，因为CMOS设计需要每个传感器使用单独的控制晶体管，并需要额外的布线来产生信号。由于额外的晶体管需要空间，所以对于给定的芯片尺寸，CMOS的传感单元更小。这种方式并不会降低(光线)收集效率，因为每个位置都有小透镜将光引导到传感器。但它确实降低了传感器阱的电子容量，即限制了动态范围。使用CMOS设计因为它可以使用与其他处理器和存储器芯片一样的设备生产，且比CCD能耗更低。对于刑事摄影，这些差异不如芯片尺寸的影响重要。尺寸为35 mm胶片的大芯片可能没有比手机中的微小传感器数量多，但较大尺寸的传感器单元可以捕获更多的光并产生具有更大动态范围、更低噪声的图像。专业相机还具有更好的镜头、更少的失真和更强的聚光能力。

在大多数情况下，公布的相机传感器数量(如1200万像素)并不是实际图像分辨率。如上所述，大部分相机会使用对数据进行去马赛克处理的滤色镜阵列，这会降低有效分辨率，通常低于规定值的一半(但图像仍以高像素数存储)。用于专业摄影、可更换镜头、与35 mm单反相机具有相同的全面曝光控制功能的大多数当代数码相机，其像素数之多足以与胶卷的表现相媲美。甚至许多便携式相机和手机相机的芯片都超百万像素，只不过芯片和各个传感器单元尺寸都很小。有一台直接使用原始(RAW)格式而非JPEG(联合图像专家组)压缩保存图像的相机，如下一节所述，也很重要。

并不是说手机相机不能获得有用的，甚至是重要的取证照片。在某些情况下，相机最重要的性能是可用性，正好在口袋里的手机可以用来捕捉转瞬即逝的证据。但是，当开始着手拍摄正式的照片记录犯罪现场时，最好使用专业相机并了解其使用方法。这包括学习怎样恰当配光，当然也包括了解归档每张照片的重要性。建议利用示意图或广角照片记录整个场景和每张细目照片的位置。本书的主要内容不是摄影，但有一些参考资料（Redsicker，1994；Staggs，1997；Blitzer & Jacobia，2002；Weiss，2009；Robinson，2010；Miller & Braswell，2010；Jones，2011；Marsh，2014；Duncan，2015）涵盖了多个方面，也有一些可用的课程。对于显微镜检验和其他专门性的项目，则需要额外的技能。

文件格式和压缩

与图像相关的文件体积巨大（一台1200万像素的相机，即使是每通道8位的图像文件也高达36MB字节）给图像存储和邮件传输等带来问题。图像压缩是减少文件大小的常用方法，不幸的是，这也是数字图像分析大多数问题产生之所在。

专业相机可以存储来自图像传感器的原始图像，该图像进行去马赛克和数字化处理，而未调整白平衡。传感器本质上是线性的，因此原始图像（RAW格式）保留初始数据，而不是转换成胶片效果的对数响应。许多软件（如Photoshop）可以读取这些文件（文件格式具体情况因照相机型号而异），对颜色和曝光进行想要的校正，而不会更改存储的文件数据。这显然是保留原始数据的最佳方法，但文件很大。

还有其他无损压缩存储图像的文件格式。使用最广泛的是“标记图像文件格式”（Tagged Image File Format，TIFF）标准，可被大多数图像分析软件读取。它有很多选项可调，有些选项对重复的值进行编码（也包括有损压缩选项）以适度减少文件大小。遗憾的是，尽管文本文件中包含许多这样的（重复）结构（例如，常见的字符序列，像“tion”、“ing”、“the”等等），但大多数摄影图像并非如此。例如，广泛使用的Lempel-Ziv-Welch或LZW算法（Welch，1985）之类的编码方法仅实现了有限的尺寸减小量，比如对图1.35a中的图像，减少了30%。

专业相机还可以存储已经进行白平衡、曝光、伽马调整（在第2章中讨论）等处理的压缩的图像，以生成除原始文件之外更小的文件。这些文件每个颜色通道可以减少到8bit，可以用于日常快照而非技术目的，且对后续分析用处有限。

可惜的是，大多数便携式相机和所有智能手机相机仅提供压缩文件。这使它们可以在容量不大的存储器中存储大量照片并有效地导出。但这些图像从一开始就“出让了权利”。了解压缩原理和作用是有帮助的。

最广泛使用的压缩方法是JPEG（联合图像专家组），其最常用的形式在1994年被批准为标准格式。在其开发过程中使用的标准专注于保持人类视觉识别熟悉场景照片中物体和人脸的能力。刑事图像中经常涉及JPEG压缩图像，因此需要理解其过程，此处将进行详细介绍。

JPEG压缩

JPEG是典型的基于变换的压缩方法，使用离散余弦变换（DCT），类似于第3章中描述的傅里叶变换。JPEG标准是国际电报电话咨询委员会（CCITT）和国际标准化组织（ISO）共同努力的结果，作为ISO/IEC IS 10918-1 T.81颁布。其不仅提供了用于计算机存储的方法，还处理图像传输中遇到的字节流问题。

JPEG转换包含几个步骤：

1.通过gamma调整和YC_bC_r变换将图像分成亮度（Y，或明度）和颜色（C_b和C_r，或色度）三个通道。首先，对每一RGB值进行gamma调整，它是通过幂运算表达式定义的非线性操作：

$$V_{adjusted}=V_{initial}^{\gamma} \tag{1.1}$$

其中V值的范围从0（黑色）到1（最大）。如图1.30所示，这会压缩暗像素值的范围。图中设定γ为2.2，是为了补偿电视或计算机屏幕的非线性显示。

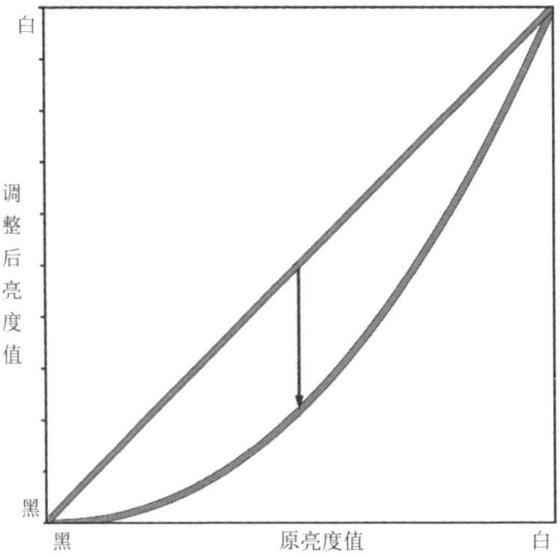

图1.30 对亮度值应用伽马调整（γ =2.2）。

将gamma调整后的RGB值（设为R′ G′ B′）按公式1.2变换为Y′、C_b和C_r：

$$
\begin{aligned}
Y' &= K_R \cdot R' + K_G \cdot G' + K_B \cdot B' \\
C_b &= 0.5\frac{B'-Y'}{1-K_B} \\
C_r &= 0.5\frac{R'-Y'}{1-K_R}
\end{aligned}
\qquad (1.2)
$$

对典型计算机显示器，K值如下所示：

K_R	K_G	K_B
0.299	0.587	0.114

诸如此类的公式主要是电视工程师和计算机程序员关注的内容。本书较少使用公式，如有需要，可以在许多教科书中找到，在这里更重要的是理解公式的含义和目的。

将RGB转换为YC_bC_r主要是为了将图像中的亮度信息与颜色信息分开（其他方法见第2章）。最初将色度（颜色）和亮度（亮度）分离（转换是使用模拟组件进行的），是为了能将颜色添加到已有的黑白电视广播信号中，而当时（20世纪50年代后期）大多数家庭中常用的黑白电视机则可忽略之。

虽然RGB转换公式不会降低数据的质量，但使用有限精度（如8位整数）的表示会造成部分损失。图1.31比较了RGB空间和YC_bC_r空间。Y轴近似于RGB中从黑色到白色的对角线（如图中的箭头所示），但是空间的其余部分则被扭曲。

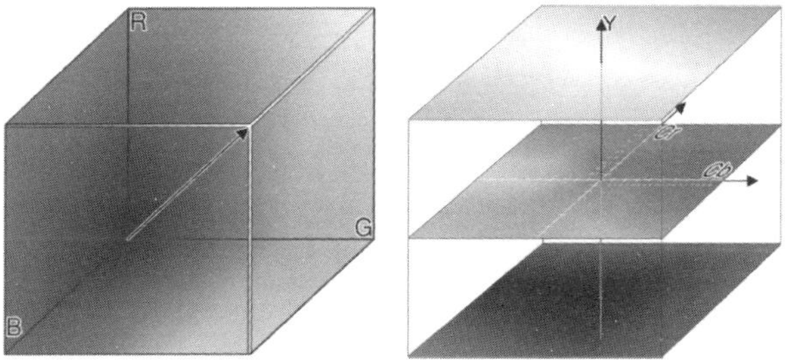

图1.31 RGB和YC_bC_r空间比较

2.图像被分为8×8像素的小块（在较新的但未广泛使用的JPEG2000标准中，也可以使用更大的图像块）。如果图像的宽度或高度不是8像素的倍数，则会临时将其填充到该大小。

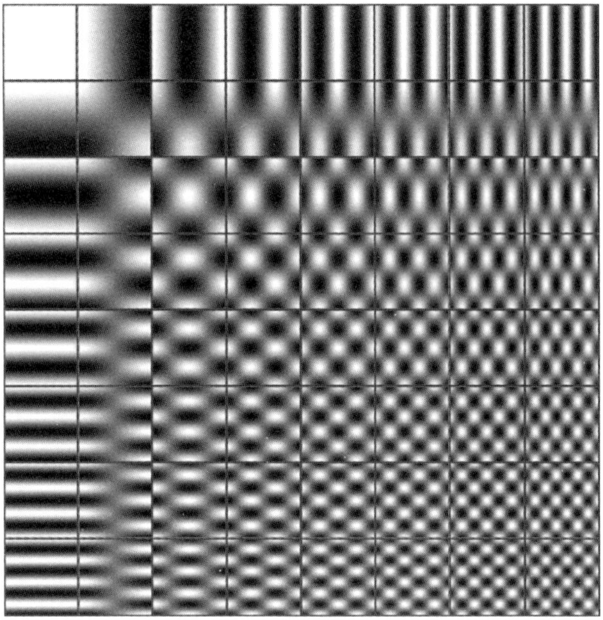

图1.32 应用于8×8像素块的离散余弦变换，如图所示，将亮度和色度值转换为x和y方向上频率递增的余弦项之和，然后存储各余弦项的幅值。

3.利用离散余弦变换处理每个8×8像素块(在较新的JPEG 2000规范中，也可以进行小波变换，结果类似)。类似于第3章中讨论的傅里叶变换，只不过所有值都是实数而不是复数。经过变换得到一个表示，如图1.32所示频率分量(基函数)幅值的8×8的矩阵块，相加后，得到图像中的分块。表示8×8块内渐变的低频位于左上方，频率向右下方逐渐增加。尽管原始的像素值为1字节=8bit(0~255)，变换后的数据却是临时存储为12位，即11位精度加上符号位。除了有限表示导致的舍入误差以外，算法中的DCT部分不产生任何数据损失(例如，可以利用DCT逆变换准确重建出原始图像)。但是，这一步骤会增加内存需求。

4.每一块中的64个振幅系数除以固定的数值表(Q值或量化表)被量化为较低的精度，量化表中的值决定高频分量的最低精度。增加除数会降低质量，将更多分量降低到较低的精度或在舍入/截断时完全舍去。这是压缩中有损的步骤。对亮度(Y或明度)通道，要保留比对颜色(色度)数据更高的精度。对用于人眼观察的图像使用压缩方法，普遍认为图像的亮度比颜色需要更高的保真度。

5.每个块的64个系数中的第一个(左上角)是平均强度或DC分量，它表示为与图像中前一个块的相同分量的差值（正或负），这些块按栅格扫描顺序排列。

6.每一块的剩余63个系数按对角线顺序从最低频率到最高频率扫描（如图1.33所示）。使用Huffman编码对数据流进行进一步压缩，编码步骤是无损的。步骤4中将一些（或许多）主要高频分量减小为0，因此，可以通过仅仅几个数字来表示重复的长字符串。

图像的解压缩或重建就是将这些步骤反过来操作从而生成与原始图像相似的图像。DCT的压缩和解压缩是对称的（具有相同的计算复杂度和时间）。其他压缩方法，例如视频的“动态图像专家组”（MPEG）压缩是非对称的，压缩所需的时间比回放期间解压所需的时间更长。

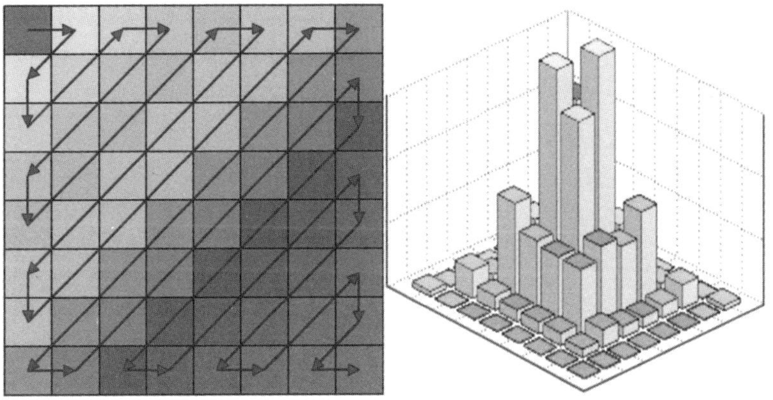

图1.33 用于从最低频率到最高频率扫描8×8 DCT块中变换值的Z字形图案。初始红色块标记是DC分量或平均亮度，记录的是与前一块平均值的差值。其他块的颜色表示频率逐步升高。如在一个8×8图像块的幅度图样例中所示，较高频率的分量通常具有较低的幅度并且可以舍入为零。

高频分量的减少会导致图像的部分缺陷和失真。由于精度的损失取决于量化值的大小，因此每个8×8像素块的结果不同，并且差异因位置不同而有所变化。一般来说，尖锐的边界、边缘、角和线需要最高的频率才能精确地再现，但也正是这些频率表现出最大的压缩。压缩效果取决于线或边相对于8×8块边界的位置，从一个区块到另一个的连续性容易被破坏。灰度或颜色一致的8×8像素块将被压缩到一个系数，其余系数均为零。与该统一值的偏差，可以保留也可以不保留。

不同型号的相机和软件程序通常都有自己的量化表（或几个用于不同照明条件等的量化表）。该表与图像文件一起存储，有时可用于识别特定图像的来源。所谓的无损或近乎无损JPEG压缩使用的是小除数的量化表，对于低频分量通常为1（无减少），对于频率较高分量则通常为2或3。作为一个例子，Adobe Photoshop中亮度和色度通道的Q量化表如表1.1所示。

由于高频分量精度的降低，因此总会存在一些信息损失，而颜色分量降低的比亮度更多。更低图像质量所设置的量化表将DCT的幅值除得更小，更多的值降为零，压缩更明显。表1.1中所示的无损设置将示例图像（如图1.35a所示）缩小了约2:1，高品质设置降低因子为7:1，低品质设置降低因子为15:1，有时甚至会使用比40:1更大的比率。

表1.1　量化表示例

亮度分量								色度分量							
无损编码															
1	1	1	1	1	1	1	1	1	1	1	2	2	3	3	3
1	1	1	1	1	1	1	1	1	1	1	2	3	3	3	3
1	1	1	1	1	1	1	2	1	1	1	3	3	3	3	3
1	1	1	1	1	1	2	2	2	2	3	3	3	3	3	3
1	1	1	1	1	2	2	3	2	3	3	3	3	3	3	3
1	1	1	1	2	2	3	3	3	3	3	3	3	3	3	3
1	1	1	2	2	3	3	3	3	3	3	3	3	3	3	3
1	1	2	2	3	3	3	3	3	3	3	3	3	3	3	3
高质量编码															
6	4	4	6	9	11	12	16	7	7	13	24	20	20	17	17
4	5	5	6	8	10	12	12	7	12	16	14	14	12	12	12
4	5	5	6	10	12	12	12	13	16	14	14	12	12	12	12
6	6	6	11	12	12	12	12	24	14	14	12	12	12	12	12
9	8	10	12	12	12	12	12	20	14	12	12	12	12	12	12
11	10	12	12	12	12	12	12	20	12	12	12	12	12	12	12
12	12	12	12	12	12	12	12	17	12	12	12	12	12	12	12
16	12	12	12	12	12	12	12	17	12	12	12	12	12	12	12
低质量编码															
20	16	25	39	50	46	62	68	21	25	32	38	54	68	68	68
16	18	23	38	38	53	65	68	25	28	24	38	54	68	68	68
25	23	31	38	53	65	68	68	32	24	32	43	66	68	68	68
39	38	38	53	65	68	68	68	38	38	43	53	68	68	68	68
50	38	53	65	68	68	68	68	54	54	66	68	68	68	68	68
46	53	65	68	68	68	68	68	68	68	68	68	68	68	68	68
62	65	66	68	68	68	68	68	68	68	68	68	68	68	68	68
68	68	68	68	68	68	68	68	68	68	68	68	68	68	68	68

即使压缩比适中，JPEG压缩对锐利边界的破坏也特别大。精确的位置和连续的边界描述对人类视觉识别物体来说并非必不可少，但对物体的精确测量和比对至关重要。图1.34显示了每个8×8像素块扩散（尤其是颜色）的效果。

图1.35的例子对比了原始图像和7∶1压缩的结果。车牌上的国家标识甚至号码都是模糊的，轮胎图案也完全消失了，只能确定大尺度的特征，如汽车的品牌和型号。

对图像进行JPEG压缩或任何有损压缩应被限制在用于视觉查看和（在某些情况下）打印的图像，而非图像测量和分析。即使是对仅会导致少量压缩的相对高质量设置也是如此。对于较低质量、较高压缩的设置，由于边缘和线条混叠、分辨率损失、细节消除以及对比度抑制，甚至图像的视觉效果也可能会受到影响。

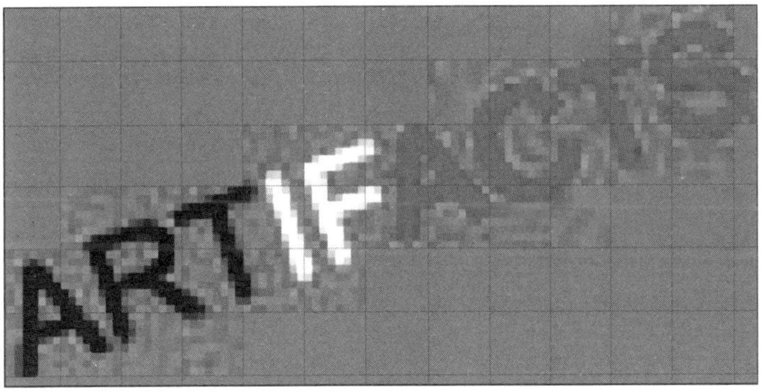

图1.34 JPEG压缩后，字母边界附近的像素会失真。亮度和颜色的变化出现在每个（标记出的）8×8像素块的原本均匀的背景中。

图1.35 JPEG压缩：（a）原始图像；（b）7∶1压缩后的图像。

所有常用的压缩方法都是基于人类视觉对颜色空间分辨率的敏感度低于亮度这一事实，这为检验图像是否经过压缩提供了一种有效方法：颜色通常会溢出边界，整个8×8像素块会带同一种颜色，如图1.36、图1.37所示。只有像素中的亮度变化表示结构和对象。在包含许多细节的图像中，一些较小的特征可能被改变或丢失。JPEG方法的基本假设是，图像查看者无论如何都不会注意到这些细节。

由于大多数图像包含大量的冗余信息，而人类的视觉仅根据一点线索就可以在熟悉的环境中识别熟悉的对象，因此，JPEG压缩已经广泛用于各类软件和网络传输。科学、技术和刑事图像则无法接受有损压缩带来的伪影。有损压缩后的图像只有大的物体和结构，通常至少是块大小(8×8像素)的几倍，可以被可信地识别出来。这一约束同时也限制了确定尺寸的精度。

图1.36 压缩会严重影响颜色数据。(b)和(c)是像素的颜色(色调) 5:1 JPEG压缩前后的图像，整个像素块被赋予一个颜色值。

图1.37 10:1 JPEG压缩的效果：(a)原始未压缩图像的放大部分；(b) JPEG压缩后，个别辣椒无法识别，标牌也不再清晰；(c)颜色(色调)通道显示许多8×8块变成单一颜色。

打开JPEG图像并将其重新保存为TIFF或其他无损文件类型不会恢复已丢失的数据，也不会隐藏以前曾使用JPEG压缩存储图像的事实。处理JPEG图像并再次用JPEG压缩保存会增加额外的损失，这通常可以被检测出来但不能被纠正。

视 频

用于监控的摄像机具有与拍摄静止图像的相机相同类型的感光芯片。通常是CMOS设计，与CCD芯片相比，如第 2 章所述，成本和功耗更低但噪声及其他伪影更多。其传感器数量远少于相机，虽然包括智能手机在内的普通相机都可以录制视频，但与拍摄的静止图像相比，视频的分辨率更低——存储的像素更少。这些相机常用的方法是将图像信号进行块平均，以生成较低分辨率的图像。

美国定义了最广泛使用的监视视频格式，其广播电视每帧有525行，由两个交错的1/60s视频场组成一个完整的图像。对于快速移动的对象或如果摄像机正在摇移，隔行扫描会导致场的偏移，如图1.38所示。但在高清电视和大多数现代数码相机中使用的逐行扫描（以单一顺序读取整个图像），也会导致移动主体失真，如图1.39所示。

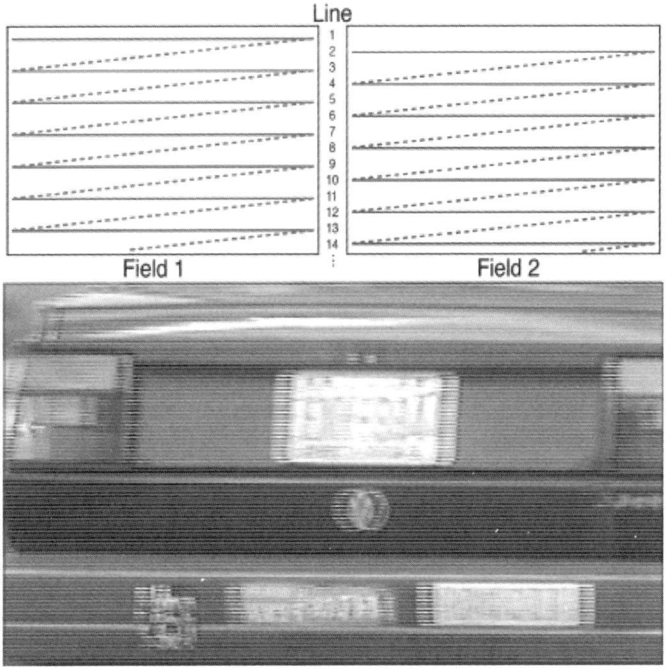

图1.38 隔行扫描，在1/60s视频场中包含奇数行，偶数行则在第二场中。当有相对运动时（在场景中或由相机移动引起），会在图像中产生偏移。

图1.39 由逐行扫描导致的转动螺旋桨扭曲图像。

525条扫描线中只有大约480条是可用的，其余部分在垂直回扫中丢失。直至近期，美国广播电视台的信号带宽也只有4 MHz，且必须携带彩色、声音信息以及亮度信息。虽然最常见的图像数字化是在图像宽度上形成640像素，但这一窄带宽将沿每条扫描线可区分的分立电压值的最大数量限制在330级。如果信号的质量因电缆、连接器或不当的终端阻抗等原因而降低，再加上彩色摄像机CFA带来的损耗，实际分辨率会进一步降低。

高清晰度电视(HDTV)模式与传统电视模式有许多不同之处，其像素密度更高，宽高比为16 : 9(而非普通电视中使用的4 : 3)，为方形像素。高质量HDTV模式以每秒60次扫描的速率呈现1920×1080像素的图像，总数据速率超过3千兆位每秒，是模拟广播电视的数百倍。如要通过空中或电缆传输数据，则需进行压缩。

美国国家电视标准委员会(NTSC)的彩色编码方案是在20世纪50年代早期作为现有黑白电视广播的兼容扩展而发展起来的。它在已经很窄的带宽中添加颜色信息，导致颜色的横向分辨率低于亮度。

对颜色的二次采样使用比亮度(明度)更低的分辨率表示颜色，从而可以降低图像数据量。这是在YC_bC_r等颜色空间中完成的，如图1.31所示，使用的是模拟信号处理方法(欧洲的YUV或美国的YIQ)。Y是信号的亮度或明度分量，另外两个坐标轴是颜色或色度分量。未压缩的颜色表示为4 : 4 : 4。数字描述了亮度和颜色值的采样数(和间隔)。常见的二次采样选项是4 : 2 : 2、4 : 2 : 0、4 : 1 : 1和YUV-9。

4 : 2 : 2. Y通道全采样，颜色通道水平方向2 : 1采样。这是一种模拟采样方案，常用于专业广播视频以及D-1和Digital Betacam等磁带格式，画面视觉效果不错，但数据压缩率仅为33%。

4:2:0. Y通道全采样，颜色通道水平方向和垂直方向2:1采样。也就是说，对于每四个亮度样本，每隔一行有两个色度样本。数据减少了50%。4:2:0是MPEG压缩中使用的色彩空间，用于大多数的DVD录制。

4:1:1. Y通道全采样，颜色通道水平方向4:1采样。这是许多数码摄像机中数字视频（DV）格式的色彩空间。由于使用宽度4像素和高度1像素的颜色采样，因此水平方向的颜色溢出比垂直方向更严重。

YUV-9. 这是网络上大部分压缩视频中使用的颜色格式。对于每个4×4像素块中的16个亮度Y样本，每个颜色分量只有一个样本，生成更低色彩保真度的小文件。这会导致颜色鲜艳的物体边缘周围出现明显的颜色，尤其是红色的瑕疵。

上述所有的颜色表示，不管是模拟的还是数字的，都损失了一些（甚至是大部分）颜色信息，并影响后续利用颜色进行图像分析的工作。由于观察者是通过图像亮度分量定义特征边缘，与颜色不完全对应，因此可以接受颜色边界不那么清晰，所以上述压缩对于电视图像或网络电影是可接受的。类似的宽裕度已被艺术家们有效应用，也为还没有学会给图画着色的小孩儿的父母所熟悉。

无论数据是存储在磁带上还是存储器中，与NTSC视频的模拟信号相比，DV都可以为亮度信息生成更清晰的边界，提高图像的使用价值。与传统的模拟录像机会进一步减小数据带宽以及容易因磁头变脏、磁带磨损、从原件连续拷贝等导致信息损失不同，数字视频信号可以完全保持。目前好的DV摄像机已经用固态存储器代替盒式磁带存储数据，但数据格式仍保持一致。

DV视频图像的空间分辨率大约是500×500像素（但颜色信息较少，如上述4:1:1格式），灰度分辨率接近8位（同样，颜色分量相对更少些）。由于已经是数字格式的，故可以直接存入计算机。但是，为了更紧凑的存储或传输所做的数据压缩会使提取单帧图像变得困难。

MPEG压缩

“动态图像专家组”标准遵循与JPEG相同的方法。基于传输视频和HDTV的需要，通过压缩图像以适应电视台使用的带宽，从而可以将整个电影放到DVD盘中。不同的应用目的，如跟踪图像序列中的目标，或测量密度、颜色随时间的变化，则会对解压重建质量提出别的要求。

对于图像序列，压缩部分是基于连续帧之间的相似性，而MPEG还增加了若干附加步骤来减少必须传输的数据量。与JPEG一样，MPEG标准对色度（颜色）信息进行编码的精度低于灰度（亮度）信息。图像中的分块仍然按照JPEG格式编码，但MPEG还会在连续的图像中找相似像素块（即使存在略微移动）。平均而言，每秒钟只有2帧（有时甚至更少），图像是按其完整画面进行处理的（即关键帧或I帧）。其余（预测/P帧、双预测/B帧）按照与之前关键帧或其他预测帧的差值进行编码，如图1.40所示。这就需要缓冲帧，显示也会有略微延迟。当像素块在P帧或B帧中移动时，必须为未覆盖的图像部分生成像素值。

这种压缩方法的结果是解压只需按时间向前走就行，从关键帧和后继的差值帧可以重建出后续的每一幅图像。但重建之前的图像需要向前返回，从最近的关键帧开始。理论上，视频只要在每个场景开始时有一个关键帧就可以，实际上，视频中需要定期插入关键帧。

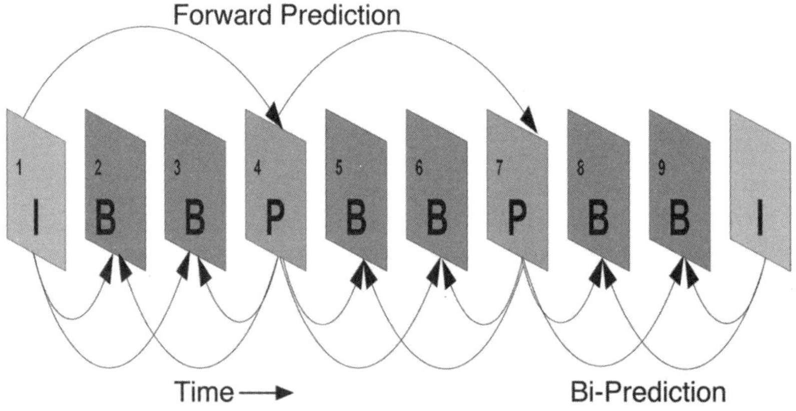

图1.40 计算视频流中的P（前向预测）帧和B（双向预测）帧。

如前所述，标准的高质量HDTV以每秒60幅的速率显示1920×1080像素图像，总数据速率超过每秒2千兆比特。图像使用逐行扫描模式（非隔行扫描）、方形像素和16∶9的更宽的画幅，而非NTSC视频中使用的4∶3。标准的广播电视台的带宽只有其1/500。压缩的标准是，在电视屏幕显示时重建视觉上可接受的图像。静止（或略微变化）的像素块更新率较低，因此当传输出现困难时，HDTV图像会出现块状外观（如图1.41所示）。当物体快速移动时也会出现类似的毛病。用于技术分析的视频质量要求比随便看看的更高。

图1.41 HDTV图像中的失真（数据块未能准确刷新）示例。

H.264压缩方法是最新的方法之一，可以达到很高的压缩比（即将公布的H.265方法，将进一步提高2倍压缩比），但在电视节目中的伪像是所谓"可接受的主观烦恼"（Acceptable Subjective Annoyance）（Wolff等，2006）。通过使用整数运算可以最小化计算负荷。此时基函数是黑白阶跃函数，而不是静态图像JPEG压缩中使用的正弦函数（如图1.42所示），并且以较小的块压缩（4×4而不是JPEG和以前的视频压缩中使用的8×8块）。

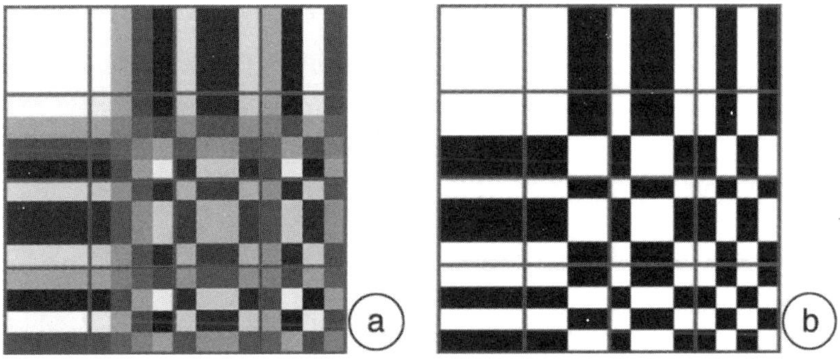

图1.42 压缩4×4像素块的基函数对比：（a）用灰度值表示的正弦函数；（b）H.264中使用的黑白块。每组像素由基函数的加权和表示（请与图1.32中所示的8×8正弦值块对比）。

由于每个块与其他块是分开编码的，忽略了它们之间可能的空间上的关系，因此块边界处通常存在可见边缘，由于它们的尺寸和间距一致，所以很容易被看到(Unterweger，2012)。减少视频图像中的块状特征对图像的视觉表现来说是重要的，在接收端有许多用于图像“去块”的处理方法。图1.43是一个例子，其中只对图像的亮度数据进行了处理。但这通常不能恢复原始灰度值或线条和边缘的位置和完整性。

图1.43 **消除图像块效应**：(a)**原始图像**；(b)**处理过的图像**。(**摘自**G. J. Sullivan**和**T. Wiegand，Proceedings of the IEEE 91(1)：18-31，2005.)

与JPEG一样，MPEG也由几个选项组成，一些选项可以提供更多压缩，但需要更多的计算。例如，运动补偿提供更高程度的压缩，因为它识别连续图像中的平移(相机在场景中缓慢摇移)，并在当前帧与前一帧就进行位置对比前对其进行调整。MPEG方法是不对称的：它在压缩原始数据时比解压和重建图像需要更多的计算。

高压缩比的视频图像适用于视频会议，图像质量只需要显示谁在说话以及他拿着什么。对于许多消费类的应用，只需在分辨率适中的屏幕上显示图像(例如，在手机上或上传到网络的电影剪辑)，在高压缩比之下能得到足够的图像质量。对电视观众的测试表明，声音的质量是最重要的，单个图像中的重大缺陷并不令人反感。许多可从网络上下载的高压缩的电影(例如，YouTube.com)包含明显的伪像，但仍然可以被接受。

然而，对于大多数技术和图像取证方面的应用，图像压缩产生的各种伪像是不可接受的，并且由于帧间压缩而引入的附加伪像使情况更糟。拟对视频序列中的图像进行分析的用户应当从完全不压缩开始，然后接受通过测试、可用于特定用途的图像压缩方法。在某些情况下，结合不变场景的多个帧可用于提高分辨率(Chen & Schultz，1998；Gunturk，2002)，如图1.44所示。

图1.44　多帧结合：(a)单个压缩的视频帧；(b)使用贝叶斯统计过程的结合结果。(B.K. Gunturk，IEEE Signal Processing Letters 9(6)：170–174，2002.)

显微图像

微量物证分析通常需要使用显微镜，光学显微镜的图像通常由数码相机捕获并进行计算机处理和分析(Russ，1990；Houck，2003a)。许多其他类型的仪器创建的数据阵列通常也被称为图像，并当作图像进行处理。当图像被放大时，这些仪器通常也被称为显微镜，尽管它与简单的光学显微镜几乎没有相似之处。

一些图像，例如来自扫描式电子显微镜(SEM)的图像，具有熟悉的外观并且似乎是可以通过观察就能理解的，但情况并非总是如此。扫描电镜图像是光栅扫描图像的典型例子，每次产生一个点或像素。如图1.45所示，聚焦电子束以渐进的光栅扫描模式扫描样品，产生背散射和二次电子，以及可见光和X射线等信号，并加以探测。扫描的时序定义了存储信号幅度的像素的位置。

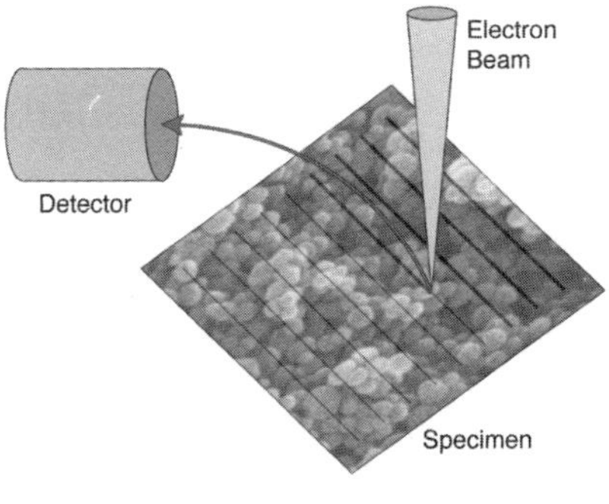

图1.45　扫描电子显微镜的原理：聚焦电子束扫描样品，传感器逐点收集各种生成的信号。

SEM的分辨率比光学显微镜高得多，因此可以在更高的放大率下显示更精细的细节。更重要的是，它具有非常大的景深，可以拍摄非常粗糙的表面。这使得它非常有用，越来越多的司法案件涉及SEM图像，这些图像通常是从服务机构和当地大学实验室获得的。另外，SEM也被使用于检查金属裂缝以确定故障的原因。图1.46显示了不同机制产生的裂缝在高放大倍数下的不同外观。

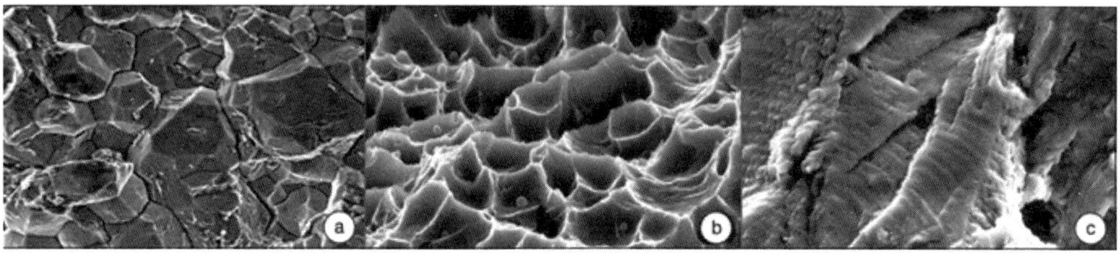

图1.46 金属断裂表面的SEM图像：（a）沿晶界的应力腐蚀开裂；（b）韧性断裂或撕裂；（c）金属疲劳，显示出随着应力环的不断增加，裂纹逐渐扩展。

SEM图像中的反差的含义与通过光散射产生的图像是不同的，因而表面起伏的直接测量很复杂。通常，当需要对粗糙表面进行定量测量时，会拍摄并测量立体图像对，如第4章所示。

玻璃碎片（如源自破碎的车前灯或窗户）是重要的痕迹物证之一。在大多数情况下，成分或折射率的测量为比对提供了关键信息，但在某些情况下，通过光学显微镜或SEM对断裂表面进行成像可能有助于区分钢化玻璃、平板玻璃等，确定导致破碎的撞击方向和类型（Miller，1982）。如果灯破碎时是处于点亮的状态，或与已知来源相匹配，那么破碎的前灯表面有来自灯丝的氧化物沉积（Allen等，1998；Curran等，2000；Hamer，2001）。

SEM图像的另一种常见用途是用于纤维识别，根据纤维的表面特征和截面形状，天然纤维和合成纤维可以确定类型，加工过的纤维可以确定制造商。如图1.47，也可以确定纤维是否被切割、撕裂、磨损或以其他方式折断。纤维物证是将犯罪嫌疑人与犯罪现场联系起来的重要微量物证。除了纤维，痕迹或在犯罪嫌疑人身上发现的（或者他遗留在犯罪现场的）交换物质（Locard交换原则，在下一节中讨论）通常很小，适合SEM成像，图1.48显示了一个花粉颗粒的例子。

SEM和光学显微镜通常用于测量颗粒的尺寸分布，例如来自鞋子或轮胎的土壤颗粒和涂料中的颜料颗粒。此外，由于SEM从样品产生X射线，许多显微镜配备有传感器，所以可以通过标识X射线能量确定物体组成。这一能力的主要用途之一是识别枪击残留物，如图1.49所示。首先根据图像中的亮度定位颗粒，这是存在重元素（高原子序数）的结果。元素铅（Pb）、锑（Sb）和钡（Ba）存在于大多数火器弹药筒的底漆中，可以使用胶带从表面提取枪弹残留物，通过这些元素的特定X射线能量对颗粒进行检测。

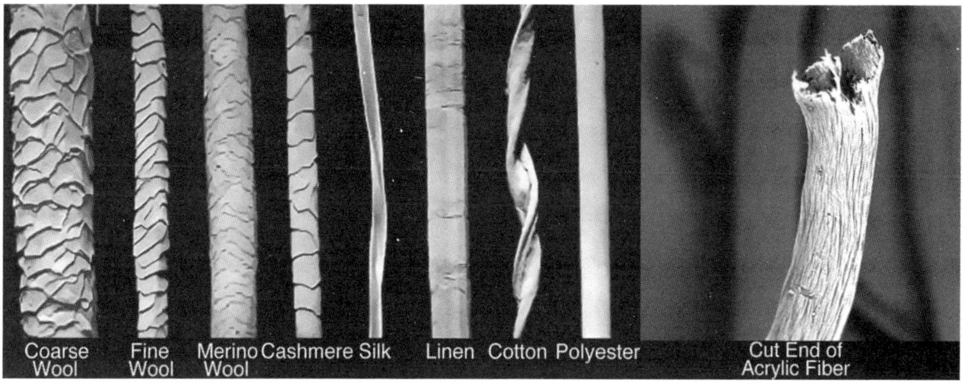

图1.47 SEM下不同类型纤维的外观以及人造纤维的切割端

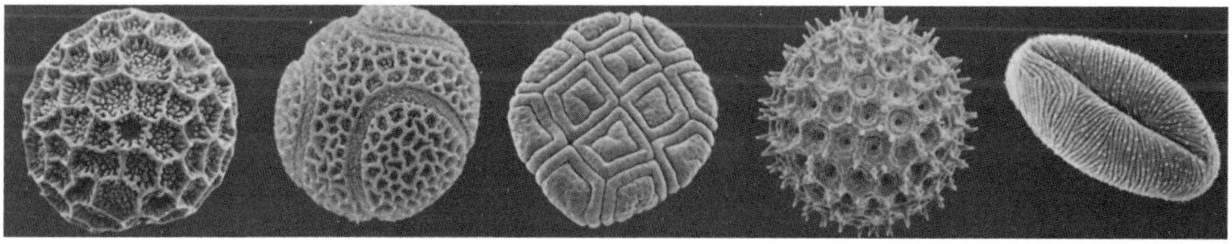

图1.48 在SEM中成像的花粉粒

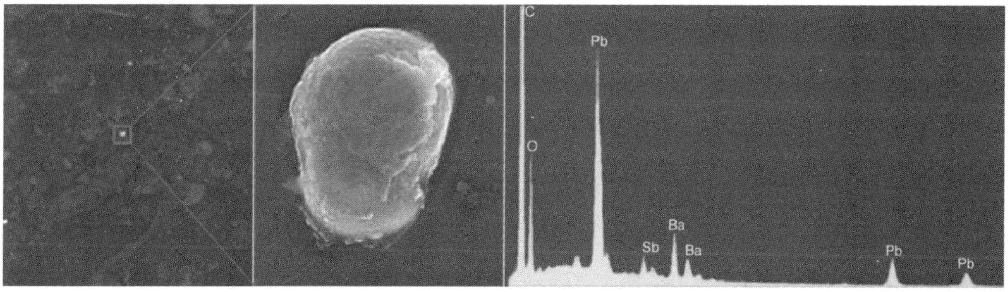

图1.49 枪弹残余物颗粒的SEM图像，来自颗粒的X射线光谱，显示铅、钡和锑的特征能量峰。

透射电子显微镜（TEM）是一种不同类型的仪器，可以生成生物和材料样本内部结构的高倍放大图像。与扫描电子显微镜不同，它不是每次一个点地形成图像，而是使用透镜（磁场，而非光学显微镜中使用的玻璃）来聚焦电子通过样品的极薄部分。除了检测细胞内的损害(可能与中毒或疾病导致的死亡有关)外，TEM不常用于法庭。图1.50所示，为从邮寄信封中取出的炭疽孢子的TEM图像(也可以使用其表面的SEM图像来确认孢子的种类)。

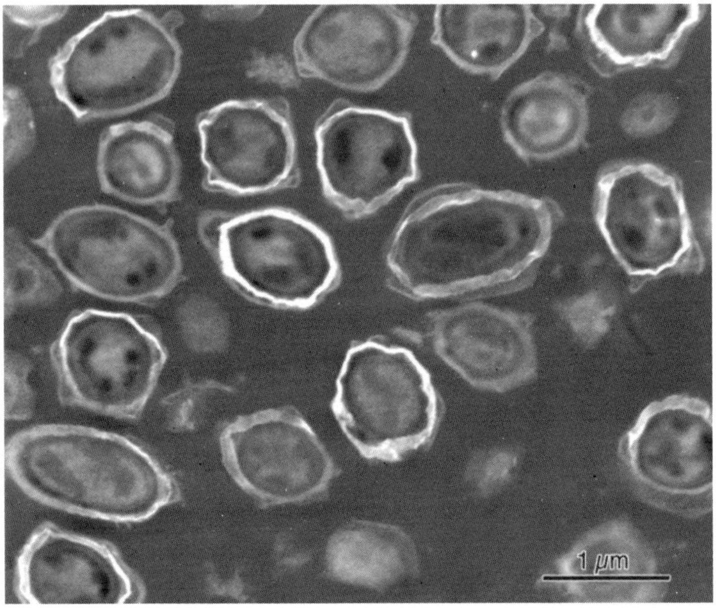

图1.50 透射电子显微镜中成像的炭疽孢子。

另一种使用相对广泛的光学显微镜是共聚焦光学显微镜。与SEM一样，其扫描方法也是每次成像一个点。通过布置光学器件使得点传感器对应于点光源(通常是激光器)，而从成像点以外位置发射或散射的光被排除。这样产生的景深很小，因而该仪器最常用于在生物组织或类似结构的透明样本内进行“光学切片”。如图1.51a所示，通过收集不同深度的系列图像，可以重建和测量复杂样本的完整3D结构。在许多情况下，收集到的图像是由添加到样本中用来标记特定结构的化学物质的荧光产生的。

共聚焦光学显微镜也可用于表面成像。同样的光学切片技术只记录一个特定高度的表面部分，通过样本的升高或降低收集一系列图像，构建表面高程图，如图1.51b所示。这些图像的横向分辨率和高度分辨率均约为1 μm。使用干涉显微镜可以获得更好的高度分辨率(但水平分辨率相同)。这使得样品表面成为迈克尔逊-莫雷干涉仪的一个臂，因此只能检测到光学元件特定距离的位置(de Groot，2015)。同样，通过抬高或降低样本，系列图像可供测量表面高度，但高度分辨率是纳米量级的。

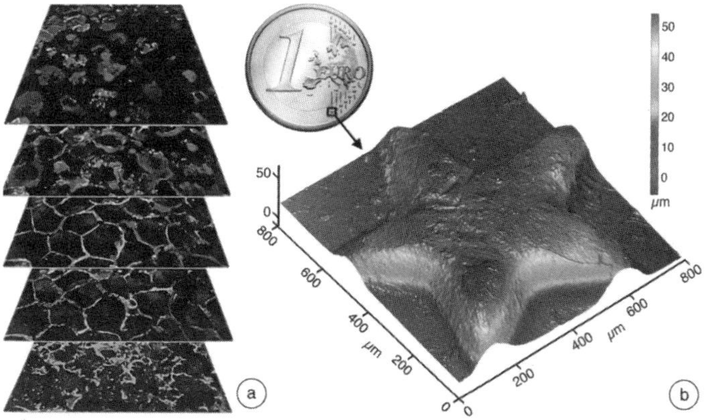

图1.51 共聚焦光学显微镜成像示例：（a）通过生物组织的一系列荧光发射的光学切片图像和（b）硬币表面的高程图。

图1.52所示为使用干涉显微镜进行表面测量的例子。图1.52a硬币表面的图像使用灰度值来表示高程，并显示了一个表面的彩色立体影像渲染（使用标准立体电影眼镜观察，左眼用红滤镜，右眼用蓝或绿滤镜）。图1.52b中的照片表面用颜色标尺表示高程以及哑光纸和大光纸完全不同的表面粗糙度。表面粗糙度测量在许多工业应用中非常重要，可用于表现表面磨损或损坏的类型，也可以用于表面匹配。

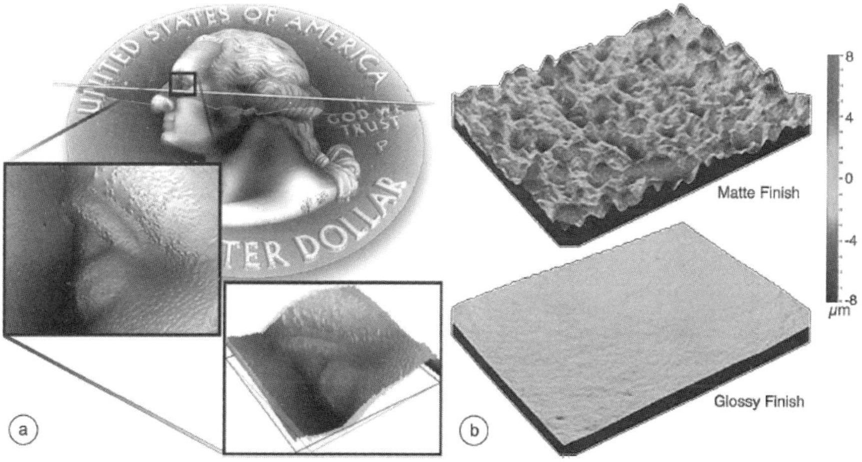

图1.52 表面凹凸的干涉显微镜图像：（a）用灰度值表示的硬币表面高程，细节显示表面的立体视图；（b）哑光和大光纸照片表面高程的渲染图。（（a）摘自P. de Groot, Advances in Optics and Photonics 7：1-65，2015.）

原子力显微镜（AFM）也是每次测量一个点的扫描仪器，可以提供类似于干涉光显微镜的高度分辨率和更高的水平分辨率（同样为纳米级）。它通过使用非常精细的机械探针来划过表面，使用干涉或电容计量来测量偏移量。其结果，如图1.53所示，显示为带有指示相对高程的颜色标度的表面渲染图。确定高程测量的精确值需要使用标准物进行校准，对数据的分析通常使用计算机进行处理。

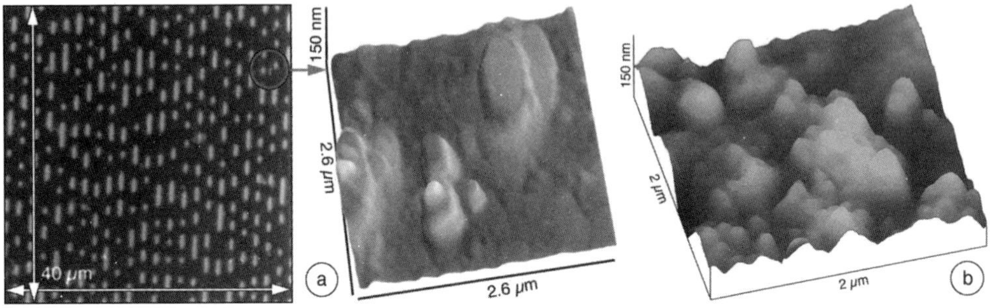

图1.53 AFM图像：（a）DVD压模表面，通过颜色标志渲染显示表面缺陷；（b）利用亮度值表示高度的蜘蛛丝表面渲染图。（由南卡罗来纳州克莱姆森大学的Delphine Dean提供）

AFM的主要缺点是可以看到的表面区域非常小。扫描式表面轮廓仪的操作与之类似，使用更大的探针（几微米），能够覆盖更大的区域，仍具有纳米高度分辨率。图1.54所示为硬币和滚珠轴承的扫描探针高度图像。灰度值与高度成正比，可用于绘制表面等高线图——与地球表面地形图一样。这些地图显示了硬币上乔治·华盛顿头像中央的凹痕和滚珠轴承的粗糙度和失圆度（out-of-roundness）。

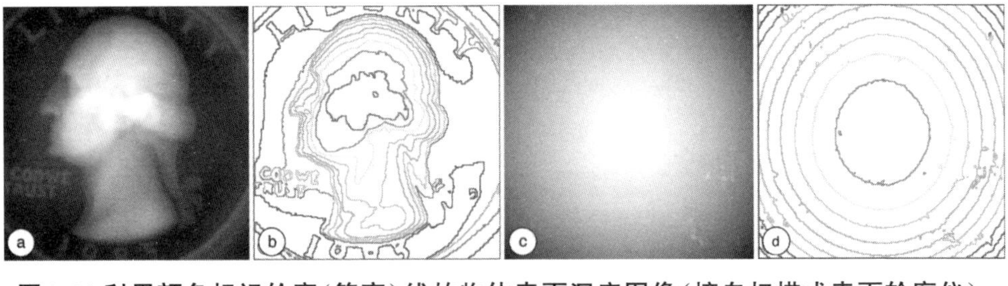

图1.54 利用颜色标识轮廓（等高）线的物体表面深度图像（摘自扫描式表面轮廓仪）：（a）硬币表面；（b）用轮廓线描绘出表面凸起的区域和头部中心的一个小凹痕；（c）滚珠轴承表面；（d）用轮廓线表示粗糙度和失圆度。

洛卡德（Locard）原则

显微镜检查物证（以及许多其他化学和物理测试）背后的基本原理通常

被称为Locard交换原则，尽管Edmond Locard从未正式对其进行命名，但该法国侦查学家使用他的方法，通过检查制服上的土壤污渍来确定第一次世界大战期间士兵和囚犯死亡的地方。他的观察结果被翻译成英文（Pye & Croft，2004），“一方面，犯罪嫌疑人会在犯罪现场留下痕迹；另一方面，通过物质交换，他也会将现场的物质通过身体、衣服等带走，由此可以证明他到过现场或有过某种行为。留下或带走的痕迹有非常多的类型”（Locard，1930）。

该原则是一个有用的理论架构，但并不总是一个实际的现实。有些物质交换可能是短暂的，或涉及属性很平常的物质，因此无法察觉或得不到重视。相反，通过痕量分析，尤其是灵敏度不断提高的化学分析，每个人身上都可能发现某种微量的证据。对于可以长距离传播的空气中的灰尘、花粉、水载微粒和化学物质等更是如此。

在洛卡德之前，阿瑟·柯南道尔在他的夏洛克·福尔摩斯系列小说中使用了痕迹物证分析的一般原则。在小说中，某些类型的土壤或岩石能够将嫌疑人与地域联系起来，或者纤维、雪茄烟灰能够揭示某人过去的存在，洛卡德自己也承认对柯南道尔的借鉴：“夏洛克·福尔摩斯是第一个意识到尘埃重要性的人，我只是复制了他的方法”（引自Morgan & Bull，2007）。

其他数码影像来源

医学成像也产生数字图像记录。X射线现在经常使用数字传感器而不是胶片，这简化了记录保存的方法，降低了成本并能立即给出结果。图1.55展示了以数字方式记录并存储在台式计算机中的牙齿X射线图。牙齿比对是一种常用于识别严重事故后身体残骸的技术。这项工作大部分是基于视觉检查，可能还有一些手动的图像增强。Jain和Chen（2004）和Said等（2006）使用半自动处理和图像分割技术来提取牙齿轮廓以对其进行测量和自动匹配。

通常使用计算机X射线断层摄影（CT）、磁共振成像（MRI）和其他技术进行三维成像。本书未详细介绍3D数据阵列的处理和测量方法，通常可以在2D图像的处理方法上直接扩展。成像设备可以从3D阵列中显示2D切片，用于查找或显示特定特征。

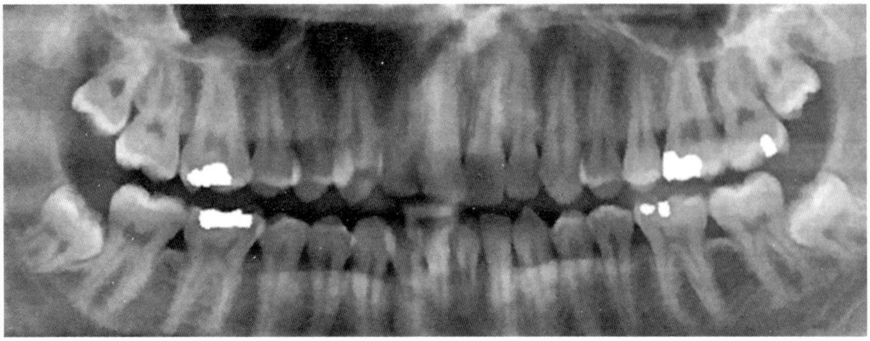

图1.55 牙齿X射线数字图像，使用连接到台式计算机的传感器阵列记录得到。

如图1.56所示，基于X射线吸收的CT可以测量局部密度，适合拍摄骨骼等结构。对于无机材料，在拍摄空隙和不同材料的组合(如复合材料)方面非常有效。MRI测量质子密度，也就意味着在大多数情况下可以测量水的含量，因此可以有效地区分不同类型的组织、肌肉、血管等。对于无机材料，它通常用于对孔隙结构中的流体进行成像。

CT和MRI还可以创建内部结构的渲染图像，如图1.57所示。基于MRI和CT成像的“虚拟尸检”是对常规尸检的有效补充(Jain等，2010)。可以确定死亡原因、发现其他重要的尸检迹象，从而帮助，甚至在某些情况下可以取代传统的尸检。但这些程序中产生的图像通常用于在视觉上检查，很少用于图像处理或测量。

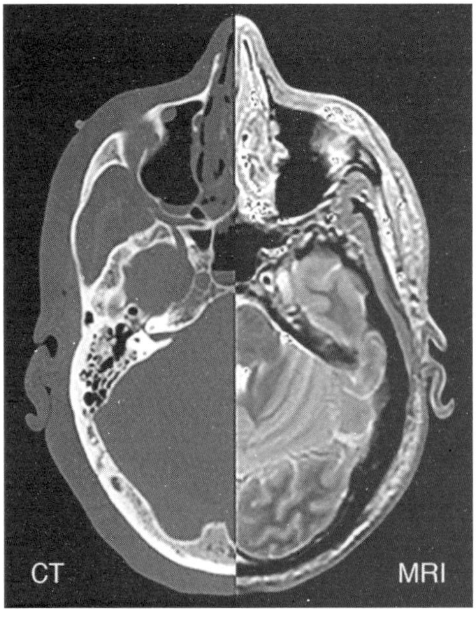

图1.56 人体头部的X射线CT和MRI扫描图像对比。(由Ge Wang，Rensselaer Polytechnic Institute，Troy，NY提供)

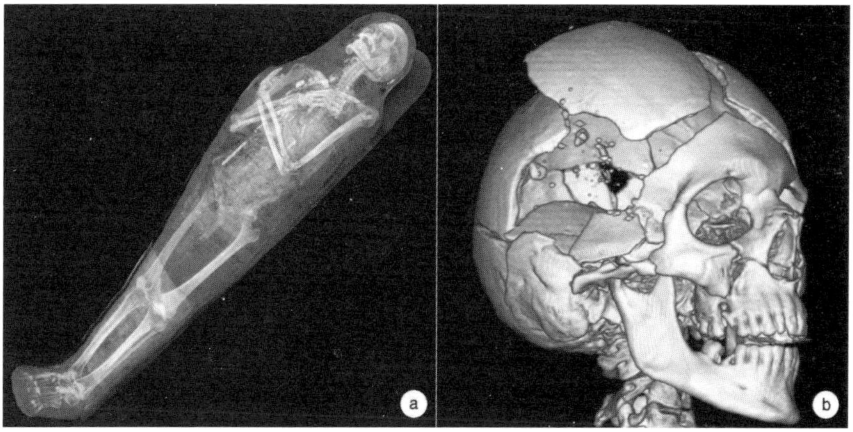

图1.57 CT扫描图像：(a)包裹着的埃及木乃伊；(b)破碎头骨的表面以及子弹出口。

扫描激光测距仪等设备测量的距离值可以与传统的图像处理相结合勘查和重建事故或犯罪现场，用于之后的测量和分析（Sansoni等，2011）。

这项技术对遗址考古也非常有用。如图1.58所示，在房间中心放置三脚架，三脚架上的相机和测距仪旋转扫描，从多个位置收集数据。其结果类似于搭建了实物模型，但更快更准确，能够自由旋转查看，易于测量。其他技术也可用于大面积或整个场景内的细节测量（Se & Jasiobedzki，2005；Buck等，2013）。例如，立体重建设备使用结构光，产生的投影线图或点图扫描物体或场景，利用另一方向观察到的线条横向位移计算相对高度（如图4.24）。

图1.58 使用DeltaSphere®扫描激光测距仪重建的场景：(a)由设备旋转时相机拍摄的照片组合生成的360°全景图像；(b)场景的3D模型，包括激光测量的点以及生成的可旋转3D模型视图。（由Doug Schiff，3rdTech，Inc.，Durham，NC提供）

还有许多其他可以产生图像的设备，其中一些可能偶尔应用于法庭科学中。如雷达和声呐，用来定位海上飞机的残骸，跟踪走私者和移民的船只。另一个例子是超声波（如图1.59所示）。一种有时被忽视但随手可得的成像设备是台式扫描仪。其通常可以生成颜色和尺寸经过很好校准的全彩色图像，具有高达每英寸2400像素的空间分辨率，每个颜色通道具有12位颜色分辨率。将物证放置在扫描仪上获取图像也是一种快速有效的记录方法。

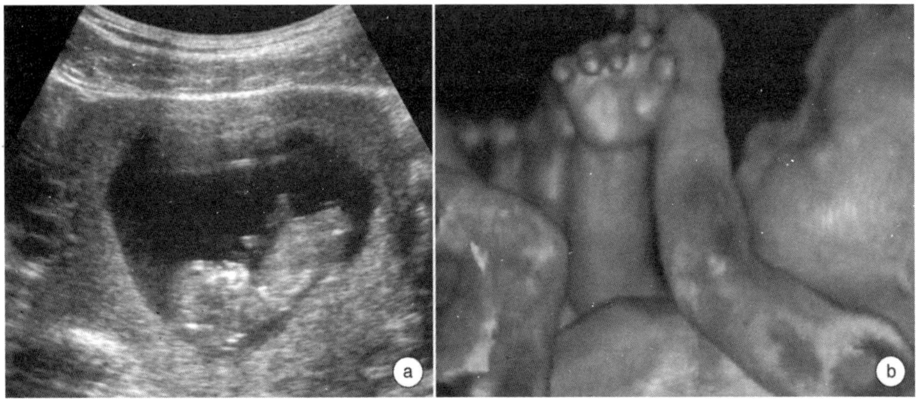

图1.59 需要大量图像处理来得到像（a）的多个切片图像，然后将它们结合起来得到有真实感的表面渲染（b）。

文件存储

数字图像文件（包括视频）在某种意义上与计算机保存的其他文件没有任何区别，都由1和0组成。但是，图像文件的要求、使用方式与包含文本或程序的文件是不同的。首先，图像文件通常很大。其次，它们经常大量出现，无论是相关场景的图像还是物证图像，或者是用于比对的数据库。第三，基于内容查找特定图像文件的能力比搜索特定单词或短语的文本文件更具挑战性。第四，在许多情况下，文件必须以可追踪和可验证的方式保存，并加以保护防止被篡改。

首先考虑图像和图像集的大小。目前，台式电脑和笔记本电脑的内存可以轻松对单个图像进行处理和分析，但是保存处理过程中所有阶段的副本（法庭科学工作中通常都需要这样）、比对多个图像或保存完整的视频序列，常常需要访问快速的本地磁盘存储——最好是固态磁盘，它比旋转磁盘更快、更可靠。网络传输副本不仅存在安全问题，速度也很慢。

但是本地存储总会被填满，比预期的更早。因此需要另一种存储形式——云存储，文件存储在远程的某个地方，在传输过程中存在未知风险，通常不是一个可接受的选项。目前最好的解决方案是将文件写入DVD盘，其具有防篡改功能，并且可以使用唯一的序列号进行验证。但是，当许多文件被保存到类似这种相对较慢的离线存储器时，必须有有效的方法在需要时快速找到特定文件。

数据库管理是计算机擅长的部分，搜索数千条记录查找名称或一组描述性单词的速度非常快，现代系统甚至可以容忍拼写错误。但图像不同，若要求计算机在一组文件中搜索包含"圆形、黄色"特征的图像，需要加载每个图像并进行大量分析。这还没有考虑用什么标准定义"圆形"或"黄色"的问题。对于不同放大倍数和光照下拍摄的面部照片或监视镜头，可能还有不同的面部毛发以及必然存在的不同的视角，很难从中找到匹配的人脸（尽管在电视节目中几分钟就可以完成）。目前很多课题都在研究这一问题。

某些程序（如自动指纹识别系统）并不直接处理图像。相反，文件会记录一组数字，表明指纹中细节的位置。通过比较数字来找出最相似的条目是一个向量匹配操作，计算机擅于此道。一旦找到一些候选的指纹，相关联的图像会呈现给鉴定人来判断是否已找到匹配的对象。

这只是大多数计算机图像数据库实际工作的一个例子。无论是测量还是提取图像特征，都依赖于相关数据，而不是图像本身。例如，Google® 使用与图片相关联的文字进行图片搜索。对于测量，可以提取预设的图像特征，如子弹上痕迹的数量、扭转的角度、左抛或右抛等。图像特征则通常由人进行描述，包括汽车的颜色、门的数量和分布等。当使用关键词时，必须预先建立可能的特征描述语列表，可以从中选择；否则，描述会因人而异，或因时而异。

目前，正在建设样本搜索的图像数据库。图像内容检索（QBIC）、基于示例的图像检索（QBE）或基于内容的图像检索（CBIR）等方法使用视觉上重要的标准，如颜色、纹理、对象或区域的形状等。目前，最著名、最全面的是IBM QBIC系统，它是来自IBM Almaden研究中心的原型开发工具包，该中心有着二十多年的精心研究经验（Niblac等，1993，1997；Faloutso等，1994；Flickner等，1995）。

这种搜索的关键是图像属性的提取和计算，以及基于相似度而非精确匹配的检索方法。例如，要求查找包含“圆形、黄色”特征的图像，搜索过程可以使用第4章中描述的测量方法确定圆形特征，按第2章所述基于色调确定颜色。然后，将根据这些测量值，呈现这两个类别中相似度都位于前百分之几的图像。

使用的方法包括神经网络、模糊逻辑和各种统计方法，如主成分分析法、减少高维向量的线性分析法、最邻近域法或树状图分析法等。许多系统检索少量的“最有可能”的匹配对象以供人工审查和选择。QBIC系统已成功用于基于艺术家风格的元素查找绘画和其他艺术品（Holt & Hartwick，1994），如在线搜索俄罗斯圣彼得堡冬宫博物馆的内容就可以使用QBIC系统，根据选择的颜色以及色块的排列方式，就可以找到最相似的绘画作品。

最后，还有可追溯性和真实性的问题。第4章详细讨论了图像篡改检验的问题。但是，对于大多数作为证据的图像，基本要求是保持原始照片的监管链（Chain of Custody），在提取信息的过程中对所有步骤进行安全记录。第5章详细介绍了如何在法庭环境中提供这些信息。许多程序（包括Photoshop）都能够自动记录在图像上执行的每个操作并将该记录存储在图像文件中。

图像可以作为证据的要求根本上说是图像是否公正、准确地表示其对象，这是基于证词确定的（不一定是实际拍摄人的证词）。这与用于其他文档（如营业记录）的标准相同。对于像监视视频之类的图像，当没有可用于证实实际现场的证人证言时，其标准则是记录图像所采用的程序是否安全可靠（Barakat & Miller，2004）。

在法庭科学的应用中，数字图像被质疑，因为它们容易被篡改。但是，胶片和其他文件也存在相同的可能性（可能更难或需要更高的技能）。现在，数字图像在法庭审理中以及在实验室和现场证据分析中的使用已被接受。当然，这并不意味者从图像中获得的信息及所使用的方法不能被挑战。

参考文献

T. J. Allen et al.（1998）. The transfer of glass fragments from the surface of an item to the person carrying it. Forensic Science International 93：201.

B. Barakat，B. Miller.（2004）. Authentication of digital photographs under the “pictorial testimony” theory：A response to critics. Florida Bar Journal 78

(7): 38–43.

R. E. Barsley et al.(1990). Forensic photography: Ultraviolet imaging of wounds on skin. American Journal of Forensic Medicine and Pathology 11(4): 300–308.

P. G. J. Barten.(1999). Contrast Sensitivity of the Human Eye and Its Effects on Image Quality. SPIE Press, Bellingham, WA.

S. Bayram et al.(2006). Image manipulation detection. Journal of Electronic Imaging 15(4): 041102.

M. Bigas et al.(2006). Review of CMOS image sensors. Microelectronics Journal 37: 433–451.

H. L. Blitzer, J. Jacobia.(2002). Forensic Digital Imaging and Photography. Academic Press, London.

S. K. Bramble et al.(1993). Ultraviolet luminescence from latent fingerprints. Forensic Science International 59(1): 3–14.

U. Buck et al.(2013). Accident or homicide: Virtual crime scene reconstruction using 3D methods. Forensic Science International 225(1–3): 75–84.

D. Chen, R. R. Schultz.(1998). Extraction of high-resolution video stills from MPEG image sequences. IEEE International Conference on Image Processing 2: 465–469.

K.-L. Chung et al.(2010). Novel quality-effective zooming algorithm for color filter array. Journal of Electronic Imaging 19(1): 013005.

J. M. Curran et al.(2000). Forensic Interpretation of Glass Evidence. CRC Press, Boca Raton, FL.

P. de Groot.(2015). Principles of interference microscopy for the measurement of surface topography. Advances in Optics and Photonics 7: 1–65.

C. D. Duncan.(2015). Advanced Crime Scene Photography, 2nd ed. CRC Press, Boca Raton, FL.

C. Faloutsos et al.(1994). Efficient and effective querying by image content. Journal of Intelligent Information Systems 3: 231–262.

H. Farid.(2008). Digital image forensics. Scientific American 298(6):

66–71.

H. Farid.（2009）. Image forgery detection：A survey. IEEE Signal Processing Magazine 26（2）：16–25.

M. Flickner et al.（1995）. Query by image and video content：The QBIC system. IEEE Computer 28（9）：23–32.

K. Flynn et al.（2005）. Forensic applications of infrared chemical imaging：Multi-layered paint chips. Journal of Forensic Science 50（4）：1–10.

K. Flynn et al.（2006）. Forensic analysis of bicomponent fibers using infrared chemical imaging. Journal of Forensic Science 51（3）：586–596.

M. C. Grieve et al.（2005）. The individuality of fibres used to provide forensic evidence—not all blue polyesters are the same. Science and Justice 45：13–28.

M. Guarnera et al.（2010）. Adaptive color demosaicing and false color removal. Journal of Electronic Imaging 19（2）：021105.

B. K. Gunturk.（2002）. Multiframe resolution-enhancement methods for compressed video. IEEE Signal Processing Letters 9（6）：170–174.

P. S. Hamer.（2001）. Microscopic techniques for glass examination. In B. Caddy，ed.，Forensic Examination of Glass and Paint，Taylor & Francis，London，p. 47.

S. K. Hodges.（2008）. Forensic gunshot residue distance determination testing using identical make and model handguns and different ammunitions. Electronic Theses and Dissertations，Paper 1915，East Tennessee State University.

B. J. Holt，L. Hartwick.（1994）. Visual image retrieval for applications in art and art history. Presented at Proceedings of Storage and Retrieval for Image and Video Databases II，SPIE，San Jose，CA.

M. M. Houck.（2003a）. Trace Evidence Analysis. Academic Press，Burlington，MA.

M. M. Houck.（2003b）. Inter-comparison of unrelated fiber evidence. Forensic Science International 135：146–149.

W.-T. Huang et al.（2010）. Color demosaicking using deinterlacing and median-based filtering techniques. Journal of Electronic Imaging 19（4）: 043018.

P. M. Hubel.（2005）. Foveon technology and the changing landscape of digital cameras. In Color and Imaging Conference Proceedings，SPIE，Bellingham，WA，pp. 314–317.

H. T. Hytti.（2005）. Characterization of digital image noise properties based on RAW data. Electronic Imaging 2006：60590A.

A. K. Jain，H. Chen.（2004）. Matching of dental X-ray images for human identification. Pattern Recognition，37（7）：1519–1532.

A. K. Jain et al.（2010）. Future trends in medicolegal documentation：Pros and cons of virtopsy. Journal of Forensic Medicine and Toxicology 27（1）：7–10.

P. Jones.（2011）. Practical Forensic Digital Imaging，CRC Press，Boca Raton，FL.

N. Khanna.（2009）. Forensic camera classification：Verification of sensor pattern noise approach. PhD thesis，Purdue University.

R. Kimmel.（1999）. Demosaicing：Image reconstruction from color CCD samples. IEEE Transactions on Image Processing 8（9）：1221–1228.

J. F. Korczak，D. P. Schlachte.（2000）. Forensic evidence photography：It is NOT point and shoot. Forensic Engineering 219–229.

H. Lewey.（2007）. Examining significant differences of gunshot residue patterns using same make and model of firearms in forensic distance determination tests. Electronic Theses and Dissertations，Paper 2064，East Tennessee State University.

A. C. Lin et al.（2007）. Forensic applications of infrared imaging for the detection and recording of latent evidence. Journal of Forensic Sciences 52（5）：1148–1150.

E. Locard.（1930）. Analyses of dust traces parts I，II and III. American Journal of Police Science 1：276–298，401–418，496–514.

R. Lukac，K. N. Plataniotis.（2005）. Color filter arrays：Design and performance analysis. IEEE Transactions on Consumer Electronics 51（4）：1260–1267.

P. Magnan.(2003). Detection of visible photons in CCD and CMOS：A comparative view. Nuclear Instruments and Methods in Physics Research A 504：199–212.

N. Marsh.(2014). Forensic Photography：A Practitioner's Guide. Wiley，New York.

C. McKay et al.(2008). Image acquisition forensics：Forensic analysis to identify imaging source. In IEEE International Conference on Acoustics，Speech，Signal Processing，pp. 1657–1660.

R. B. Merrill.(1999). Color separation in an active pixel cell imaging array using a triple-well structure. U.S. Patent 5，965，875.

L. Miao，A. Qi.(2006). The design and evaluation of a generic method for generating demosaicked multispectral filter arrays. IEEE Transactions on Image Processing 15(9)：2780–2791.

E. T. Miller.(1982). Forensic glass comparisons. In R. Saferstein，ed.，Forensic Science Handbook. Prentice Hall，Englewood Cliffs，NJ.

L. S. Miller，M. C. Braswell.(2010). Crime Scene Investigation. Elsevier，Amsterdam.

R. M. Morgan，P. A. Bull.(2007). The philosophy，nature and practice of forensic sediment analysis. Progress in Physical Geography，31(1)：43–58.

W. Niblack et al.(1993). QBIC project：Querying images by content，using color，texture，and shape. In IS&T/SPIE Symposium on Electronic Imaging：Science and Technology，pp. 173–187.

W. Niblack et al.(1997). Updates to the QBIC system. In Photonics West' 98 Electronic Imaging，pp. 150–161.

K. Pye，D. J. Croft.(2004). Forensic geoscience：Introduction and overview. Geological Society，London，Special Publications，232(1)：1–5.

R. Ramanath.(2000). Interpolation methods for the Bayer color array. MS thesis，North Carolina State University Department of Electrical Engineering.

R. Ramanath et al.(2002). Demosaicking methods for Bayer color arrays. Journal of Electronic Imaging 11(3)：306–315.

D. R. Redsicker.(1994). The Practical Methodology of Forensic

Photography. CRC Press，Boca Raton，FL.

E. M. Robinson.（2010）. Crime Scene Photography，2nd ed. Academic Press，Burlington，MA.

J. C. Russ.（1990）. Computer Assisted Microscopy. Plenum Press，New York.

E. H. Said et al.（2006）. Teeth segmentation in digitized dental X-ray films using mathematical morphology. IEEE Transactions on Information Forensics and Security 1（2）：178–189.

G. Sansoni et al.（2011）. Scene-of-crime analysis by a 3-dimensional optical digitizer. American Journal of Forensic Medical Pathology 32（3）：280–286.

S. Se，P. Jasiobedzki.（2005）. Instant scene modeler for crime scene reconstruction. In IEEE Computer Vision and Pattern Recognition Workshops，IEEE，Piscataway，NJ，pp. 123–123.

M. Shao et al.（2005）. Partition-based interpolation for color filter array demosaicking and super-resolution reconstruction. Optical Engineering 44（10）：107003.

S. Staggs.（1997）. Crime Scene and Evidence Photographer's Guide. Staggs Publishing，Temecula，CA.

G. J. Sullivan，T. Wiegand.（2005）. Video compression：From concepts to the H.264/AVC standard. Proceedings of the IEEE 91（1）：18–31.

A. Swaminathan et al.（2007）. Non-intrusive component forensics of visual sensors using output images. IEEE Transactions on Information Forensics and Security 2（1）：91–106.

M. W. Tungol et al.（1993）. Forensic analysis of acrylic copolymer fibers by infrared microscopy. Applied Spectroscopy 47（10）：1655–1658.

A. Unterweger.（2012）. Compression artifacts in modern video coding and state-of-the-art means of compensation. In R.A. Farrugia and C.J. Deloono，eds.，Multimedia Networking and Coding，IGI Global，Hershey，PA，pp. 28–49.

S. Webster，N. Y. Chan.（2015）. Digital camera with light splitter. U.S.

Patent 8，988，564.

S. L. Weiss.（2009）. Forensic Photography：The Importance of Accuracy，Pearson，Upper Saddle River，NJ.

T. A. Welch.（1985）. High speed data compression and decompression apparatus and method. U.S. Patent 4，558，302.

T. Wolff et al.（2006）. H.264 coding artifacts and their relation to perceived annoyance. In 14th IEEE European Signal Processing Conference，IEEE，Piscataway，NJ，pp. 1–5.

D. Zhou et al.（2014）. Joint demosaicking and zooming using moderate spectral correlation and consistent edge map. Journal of Electronic Imaging 23（4）：043010.

2

基础图像处理与增强

尺寸校准

图像处理和增强可以改善图像质量——其具体内涵取决于我们想要从图像中学习或向其他人展示的内容。为了更准确地向人类视觉显示现场或其他物证，需要对图像进行处理，其中包括对颜色、变形、不均匀的照明和模糊细节（精细线条和物体边缘等）等的校正。在其他的一些情形下，图像处理可帮助获取所呈现物体位置、大小、形状、颜色等的测量值，这些测量值可用于目标识别、定量比对和现场三维建模等。图像处理的算法利用图像自身的数据，也可能会利用图像文件中的附加信息，如曝光条件等。图像处理不会在原始图像中添加任何内容，只对图像捕获到的既有信息进行清晰化，以便于观察和测量。

物证图像，不管是在犯罪或事故现场拍摄的，还是在实验室拍摄的，都需要进行校准。在少数情况下，可以利用每个像素间隔的长度尺寸一劳永逸地进行校准。例如，平板扫描仪可能以1200 PPI（每个像素0.02117 mm）记录影像。大多数光学显微镜的玻璃光学器件可以生成固定放大率的图像，通过台式测微计获得的图像，可以为相同镜头拍摄的其他图像进行校准。

在大多数情况下，每幅图像都需要校准。最简单的方法是在物证旁边放置比例尺，可以使用简单的比例尺（在手头仅有它的情况下），但通常首选L形比例尺，该比例尺也可以验证相机是否为垂直拍摄（或用来针对非垂直视图进行校正，详见下一节）。图2.1为刑事摄影中使用的一种比例尺，该比例尺最早用于拍摄咬痕（其证据作用在法庭上如今已不被认可）。还有其他各种尺寸的L形比例尺，包括木工和其他非警用比例尺等，适用于不同类型的物证（如图2.2所示）。

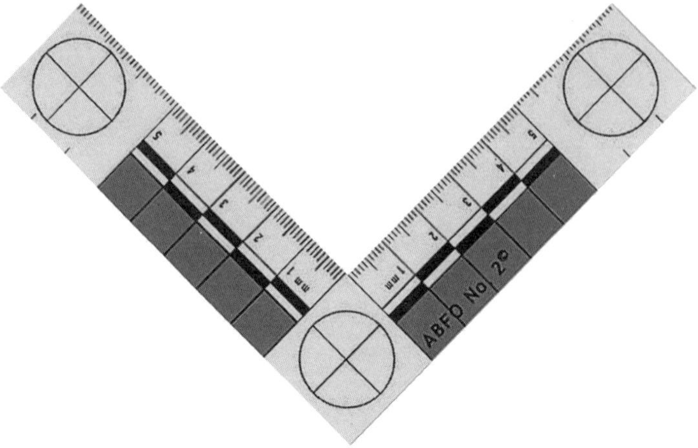

图2.1 美国法医牙科学委员会(ABFO)第2号校准比例尺。

图2.2 配有比例尺的濒临灭绝的西伯利亚阿穆尔虎的雪上足迹图片。(由Sky Alibhai提供，Wildtrack.org)

在有些应用中，在图像中包含颜色校正标准物是同样重要的。它可以是单独的，如广泛使用的GretagMacbeth 色卡，如图2.3、图2.8(以及图1.5)所示，也可以是作为比例尺一部分的色块，如图2.10所示。

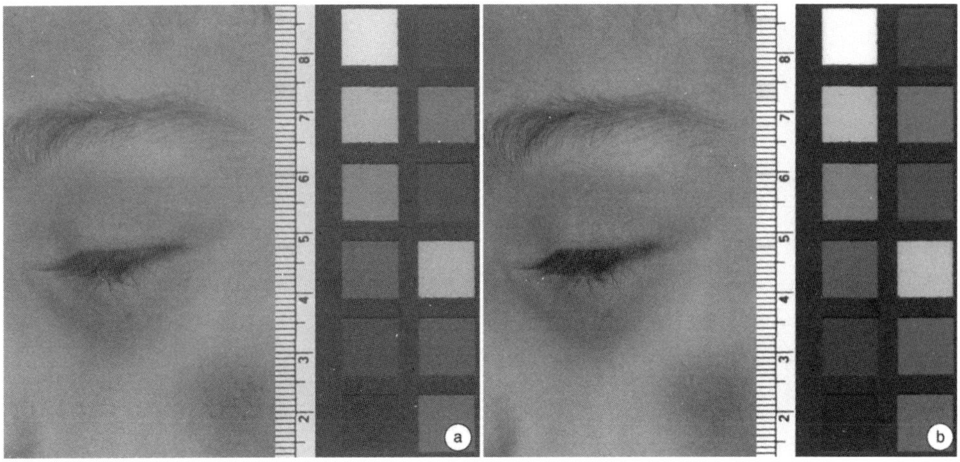

图2.3 配有尺寸和颜色校准比例尺的儿童脸部瘀伤照片：（a）拍摄所得照片；（b）色彩校准后的图像。

颜色空间

在许多情况下，在图像中记录实际颜色的准确性不太重要。颜色主要是为了区分图像中的各种物体和结构，如果绿色有点太蓝或红色有点不那么鲜艳，都不会影响照片的作用。实际上，在查看时甚至都不会注意到。在其他情况下，实际的颜色很重要，需要进行校准。如图2.3所示，对孩子脸上的瘀伤进行成像。脸颊瘀伤处的红紫色表示新鲜的瘀伤，而眼睛周围的黄褐色表示之前事件中较旧的瘀伤（Hansen等，1997；Oduncu等，2004）。要把图像作为正确的颜色记录，以及记录真实的外观，并为颜色的含义及其解释提供证据，校正其中的颜色是至关重要的。

要了解颜色校准，首先了解颜色空间是有益的。视觉颜色描述和图示的方法有很多种，都需要三个维度。如第1章所描述的一样，人类视觉依赖于三种颜色受体视锥。一些动物，特别是一些鸟类有三种以上的视锥类型，因此具有更强的颜色辨别力和超出人类视觉范围的灵敏度。为鸽子设计的计算机监视器需要五种颜色滤镜或荧光粉，颜色空间表示是五维的（很难用图形表示）。图2.4所示为几种用于人类描述颜色的颜色坐标系（图1.31所示为另一种颜色坐标系，用于图像压缩和传输，通常不用于颜色校准或描述）。

典型的存储在计算机中的图像由红色、绿色和蓝色（RGB）组成。相机的滤镜阵列中可能存在其他颜色的滤光镜，但从滤镜阵列中读取相关数值的固件要进行必要的、对应特定模型的调整，其中可以包含或不包含光照条件的校正(比如通过先拍摄的一张中灰卡图像)。在存储器进行存储并传送到计算机的值是RGB的。

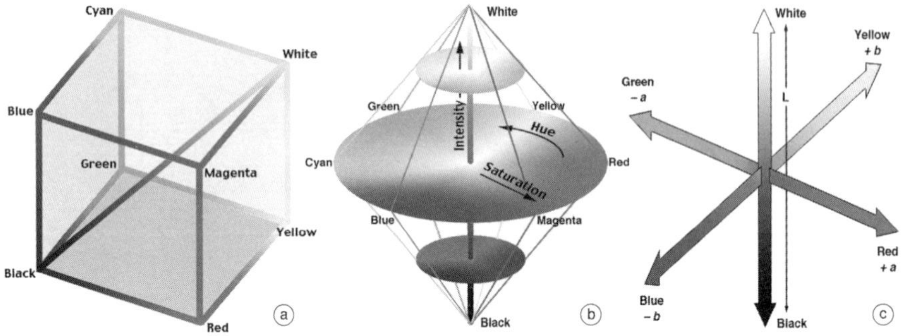

图2.4 几种颜色空间坐标系：(a) RGB立方型颜色空间；(b)双锥型HSI颜色空间；(c)球形Lab颜色空间。

RGB空间非常简单，只有三个正交轴，图像中可以表示的所有颜色都可以转化为三个坐标值。图2.5是静物绘画作品，图2.6绘制出图像各像素在不同颜色空间中的值。图2.6a所示为正交RGB空间，图像中的每个像素的颜色值由RGB值定义的位置处的点表示。

图2.5 静物绘画作品，其彩色像素的颜色空间表示如图2.6所示。

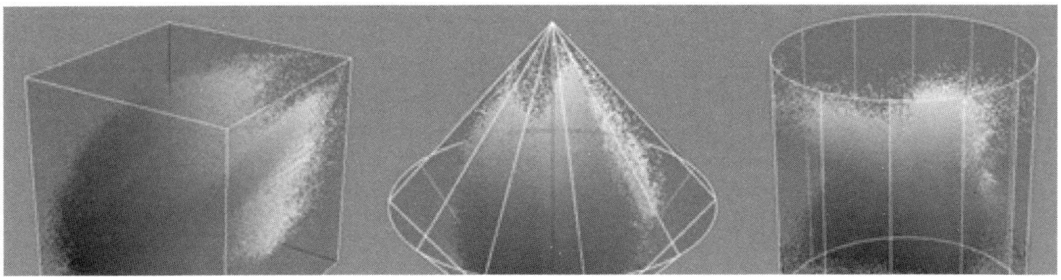

图2.6 图2.5中像素的颜色值表示图像：（a）RGB立方型颜色空间；（b）双锥型HSI颜色空间；（c）Lab球形颜色空间。

对于大多数图像处理操作来说，RGB颜色空间并不是最适合的，人类也不会根据RGB分量识别或描述颜色。例如，查看图2.5中的绘画背景并不会让人联想到红色、绿色和蓝色的强度和配比。色调、饱和度和亮度（HSI）的颜色空间与艺术家的明度、阴影和色调概念密切相关。在这种颜色空间中，色调就是大多数人所说的颜色，如红色、橙色和黄色之间的区别，通常用色相环中的角度表示。通常，红色定义为0°，角度从橙色开始到黄色、绿色、蓝色和洋红色逐步增加，在360°时返回红色。

饱和度指的是颜色存在的浓度，如灰色、粉红色和红色之间的区别。用色相环上的半径表示，从中心的单色灰色到外圈的完全饱和的颜色。第三个坐标轴是亮度（可以称为明度、灰度、强度、辉度等，这取决于各种系统表示的细节），如暗红色和浅红色或者深灰色和浅灰色之间的区别。

利用双锥体颜色空间对颜色进行描述非常有用，锥体的轴线是由黑到白的亮度，到中心轴的距离是饱和度，角度是色调，RGB三原色间隔120°分布。图2.4b示意性地显示了这种表示法，图2.6中利用该坐标系绘制了图2.5图像中每个像素的颜色值。双锥体两端最大饱和度的降低说明白色是通过最大化红色、绿色和蓝色的信号而产生的，此时在任何色调方向上增加饱和度只能通过减少一个或多个单独的信号来实现，这样会降低亮度。同样，黑色表示不存在任何信号，因此只能通过增加一个或多个单独信号来增加饱和度，同时也就增加了亮度。

该颜色空间在图像处理和理解颜色方面具有许多优点。例如，如果利用本章和第3章中介绍的算法（如中值滤波或边缘锐化）降低图像中的噪声或增加细节的可见性时，将算法分别应用于RGB分量，会导致颜色偏移，因为红色、绿色和蓝色的比例发生了变化。但是，将其应用到HSI空间中的亮度值则不会。此外，使用色调进行特征的阈值处理或分割往往对应于人类的感知，而忽略掉主要改变亮度或饱和度而产生的阴影效果。

最大饱和度随亮度变化而变化，导致双锥模型在数学上变得笨拙，因此有时也表示为圆柱形，如图2.6c所示。由于HSI模型与大多数硬件（不管是采集还是显示）的工作方式不兼容，因此需要将RGB编码图像转换为HSI然后再转换回来，但计算机软件会根据需要执行此操作。由于在360° ←→ 0°（红色）处的色调角度不连续，计算难度较大，因此许多系统使用球形Lab颜色空间。

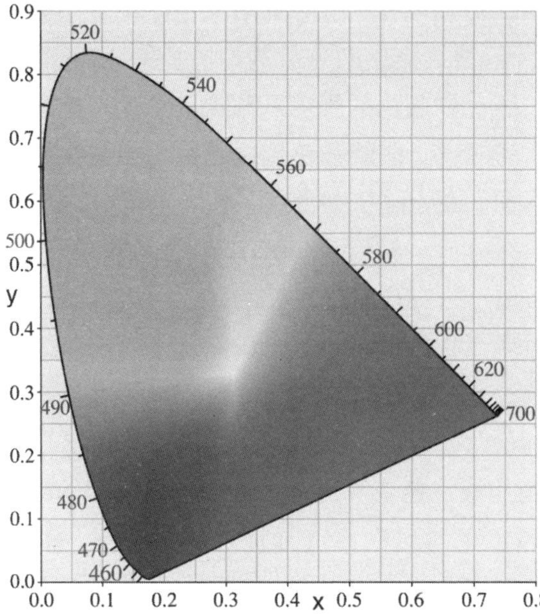

图2.7 1931 CIE色度图。颜色沿边缘完全饱和，波长单位为纳米，亮度是垂直于页面的第三个轴。

如图2.4c所示，Lab颜色空间使用的也是正交坐标系。L是灰度或明度坐标轴，称为亮度，a和b是一对正交坐标轴，用来一起定义颜色和饱和度。a轴从红色（+a）到绿色（−a），b轴从黄色（+b）到蓝色（−b）。该空间的色调角度分布与HSI中的色相环不同，其基于这样的观点，即不存在红绿色或蓝黄色之类的颜色。图2.6绘制了图2.5图像中每个像素的在球形Lab颜色空间中的颜色值。

除此之外，还有其他颜色坐标系，包括第1章中介绍的电视信号和JPEG压缩中使用的YC_bC_r坐标。为了计算机存储和显示，这些颜色最终都将转换回RGB表示。图2.4中所示的所有颜色空间都有一个缺点，表示任意两种颜色按比例混合的结果的线都不是直线。能够提供该行为（保持直线）的颜色空间将HSI空间中的色调盘或球形Lab颜色空间中a-b平面的圆形更改为如图2.7所示的马蹄形。

这是国际照明委员会（CIE）颁布的色度图（该图为原始的1931年版本；后续版本使用了更多的测试对象和更大的视角，但要点保持不变）。第三个轴（垂直于页面）是亮度，对应于全色亮度，与HSI空间中的I轴或球形Lab中的L轴一样，如果去除颜色，则会生成单色（灰度）图像。坐标轴值为正，空间中的坐标定义所有可以看到的颜色。人类视觉在分辨图中的绿色区域内的轻微颜色变化最为困难。

颜色测量仪器利用CIE图来确定所有颜色的主波长和纯度（饱和度）。对任意两种颜色进行混合对应于在图中沿着两条原始颜色之间的直线选择一个新点。这意味着不管是阴极射线管（CRT）中使用发射红色、绿色和蓝色荧光粉还是液晶显示器（LCD）屏幕上颜色滤镜，由它们对应的点组成的CIE图中的三角形定义并包含了显示器能显示的所有颜色。如第5章所述，计算机显示器和印刷品都无法显示CIE图中所有视觉上可识别的颜色，尤其是饱和度更高的颜色。因此，本书中印刷的图像无法完全显示所有的颜色范围，仅做图解说明。

如图1.9和图1.10所示，CIE颜色空间坐标用在调整色温等的程序中。首先将RGB值转换到被称为XYZ的中介空间公式2.1，然后从XYZ计算得出L^*、a^*、b^*分量公式2.2。

$$
\begin{aligned}
X &= 0.412453 \cdot R + 0.357580 \cdot G + 0.180423 \cdot B \\
Y &= 0.212671 \cdot R + 0.715160 \cdot G + 0.072169 \cdot B \\
Z &= 0.019334 \cdot R + 0.119193 \cdot G + 0.950227 \cdot B
\end{aligned}
\qquad (2.1)
$$

计算校正后的颜色需要知道白色的X' Y' Z'值，这个参考的白点取决于场景的光照，通常被指定为照明光线的色温，近似为可比较的黑体辐射的温度。标准D65光源（色温6500 K）对应于公式2.1中的R = G = B = 100。

$$
\begin{aligned}
L^* &= 116 \cdot \left(Y/Y'\right)^{1/3} - 16 \\
a^* &= 500 \cdot \left[\left(X/X'\right)^{1/3} - \left(Y/Y'\right)^{1/3}\right] \\
b^* &= 500 \cdot \left[\left(Y/Y'\right)^{1/3} - \left(Z/Z'\right)^{1/3}\right]
\end{aligned}
\qquad (2.2)
$$

颜色校正

为了匹配原始场景而调整图像中的颜色需要在图像中引入一些标准物，或使用相同的光照条件对其拍摄。否则，需要根据有关场景的一些先验知识或假设来进行校准，如下面的例子中所描述和说明的。

色卡(McCamy等，1976)最初是为了模特、服装等摄影棚拍摄而设计的。目前，色卡的尺寸有两种：一种是口袋大小，方便用于小物品的近摄图像(如图1.5所示)；另一种尺寸较大，经常用于摄影棚拍摄。其原始使用方法是用相机或胶片对将当前光照下的色卡进行记录，如图2.8所示。从而对相同光照条件下后续拍摄的图像进行颜色校准，使印刷品中的颜色与原始物体的颜色相匹配。

图2.8 在摄影棚开始拍摄系列照片前使用的色卡。

当与数字图像一起使用时，可以调整存储的颜色值进行显示或打印，以便在视觉上更匹配。色卡中的颜色可以覆盖大部分CIE颜色表中可以在打印机和计算机上显示的颜色，如图2.9所示。采用国际色彩联盟(ICC)对各输出设备的轮廓曲线进行匹配；这些曲线由色卡提供的软件生成。在这个过程中，需要使用相机或扫描仪记录(色卡上)彩色阵列的图像。由于色卡中每个色块的实际颜色值是已知的，因此，可以计算出为匹配实际颜色而调整的配置文件。光照条件或相机改变时，都需要重复该过程，但软件是自动运行的。图2.3为这种校准的结果。

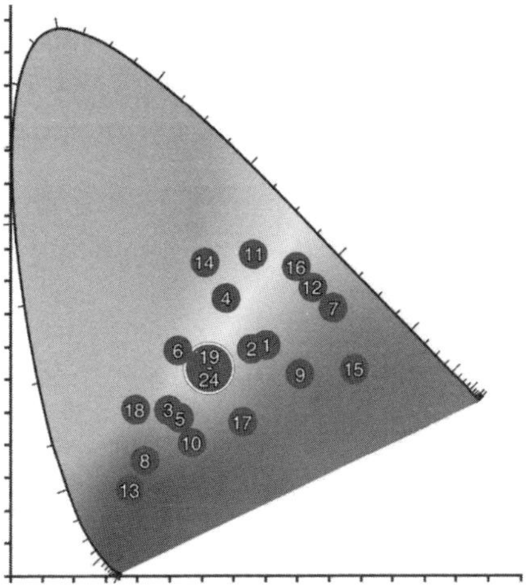

图2.9 在CIE色度图上表示的色卡颜色，颜色也会随亮度（即垂直于页面的坐标轴）的变化而变化。

对于图像中的颜色，只需三个颜色标准就可以生成更简单、更接近的校正颜色，最好是饱和的红色、绿色和蓝色，以确定图2.9中能反映的显示三角形的顶点。如图2.10所示，将涂料色块安装在标尺上，并根据标准色卡进行校准。然后其可用于图像（如图中所示的地毯）的颜色校准。测量每个标准色块中记录的RGB强度，计算3×3的三刺激值矩阵（Itooka & Sakamoto，1981；Keusen，1996），随后将其乘以图像中每个像素的RGB值公式2.3。该方法对于许多视觉颜色匹配任务都够用。

$$\begin{bmatrix} R' \\ G' \\ B' \end{bmatrix} = \begin{bmatrix} \alpha_{RR} & \alpha_{RG} & \alpha_{RB} \\ \alpha_{GR} & \alpha_{GG} & \alpha_{GB} \\ \alpha_{BR} & \alpha_{BG} & \alpha_{BB} \end{bmatrix} \cdot \begin{bmatrix} R \\ G \\ B \end{bmatrix} \tag{2.3}$$

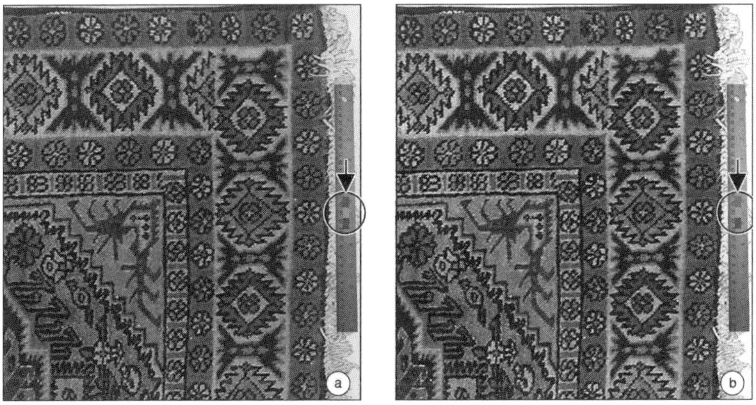

图2.10 使用二级标准进行色彩校正。将涂料条（圆圈里）校准并装在标尺上，以便测量所得之RGB值可用于图像颜色校准。(a)编织地毯的原始图像；(b)颜色校准后的图像。

还有一种更简单的颜色调整方法，其假设场景中有表示为黑色、白色和灰色的无色中性区域（Eschbach，1994；Finlayson & Drew，1997）。如图2.11所示，手动选择三个点来表示黑色（轮胎的下侧）、白色（车牌中的背景）和灰色（金属轮）。在这些位置测量的RGB颜色值定义了应用于每个单独颜色通道的阈值和伽马调整（在下面的部分中进一步描述），从而生成颜色校准后的图像。如图2.11所示，砾石为灰色，汽车为蓝色，而不是绿色。

图2.11 中性点颜色调整：(a)标有中性色点的原始图像；(b)调整图像；(c)叠加在图像亮度直方图上的红色、绿色和蓝色通道的调整曲线。

图像校正

记录犯罪现场和物证照片的最佳做法是与表面垂直地观察主体。这样产生的图像，可以在任何方向上进行简单测量，不会出现距离或形状上的变形。但是，这一程序并非总是被遵循，特别是当照片不是由训练有素的技术人员拍摄，或者是从其他观察者那里收集的，或者是从监控摄像机的固定位置所拍。另外，拍摄的表面也可能不平坦。这些图像可能是潜在的重要细节的唯一记录，但不适合直接测量。

如果可以确定摄像机的位置（如安装的监控摄像头），也可以测量尺寸，如第4章所示。例如，可以使用三角法或图形法从摄像机位置确定图2.12中标记的距离。如果相机未移动，则可以使用第4章中描述的反向投影方法，但获得的测量结果并不能校准图像。在某些情况下，可以使用图像内隐含的基准标记。如图2.13所示为瓷砖表面的血迹喷溅照片。正方形瓷砖图案的透视效果来自于非垂直的视角，这将影响图案的测量。可以利用瓷砖作为基准进行透视校正。

如果图像中没有可以利用的方格（如图2.13中的方形图案），且无法垂直成像时，可以临时搭建框架。图2.14所示为外框有垂直比例尺的足迹，可以作为图像校正的基准标记。

图2.12 可以通过已知的摄像机位置或反向投影确定两个人之间用红色箭头标记的水平距离。

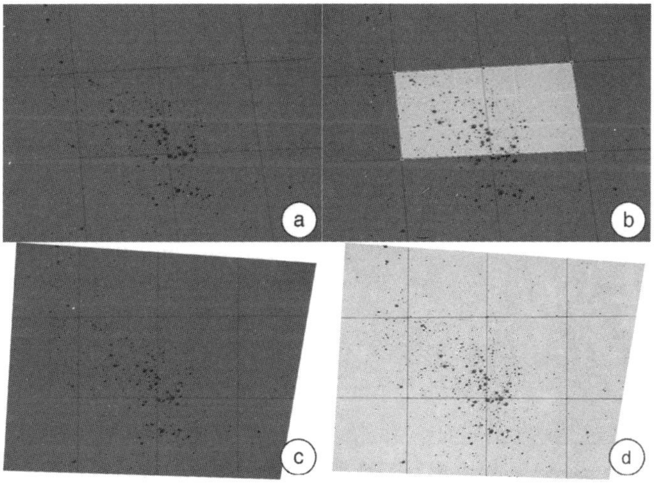

图2.13 图像校正：(a)瓷砖上血迹的原始图像；(b)对瓷砖各角进行标记以建立基准点；(c)图像透视校正；(d)亮度调整、增加对比度并将不均匀的照明拉平。

这种校正是二维的，只适用于基准标尺所在的平面。如图2.15所示，对建筑物正面进行相同的校正，可以正确调整窗户的尺寸，使它们的大小一致。由于建筑物远端像素的放大和插值，校正后的图像在该区域没有那么清晰。只是建筑物的表面得到校正，建筑物前面的灯柱则产生了扭曲。它本来与建筑物垂直，但现在看上去有一个夹角。此外，建筑物前的树木横向移动，相对于它们后面的窗户位置存在偏移。

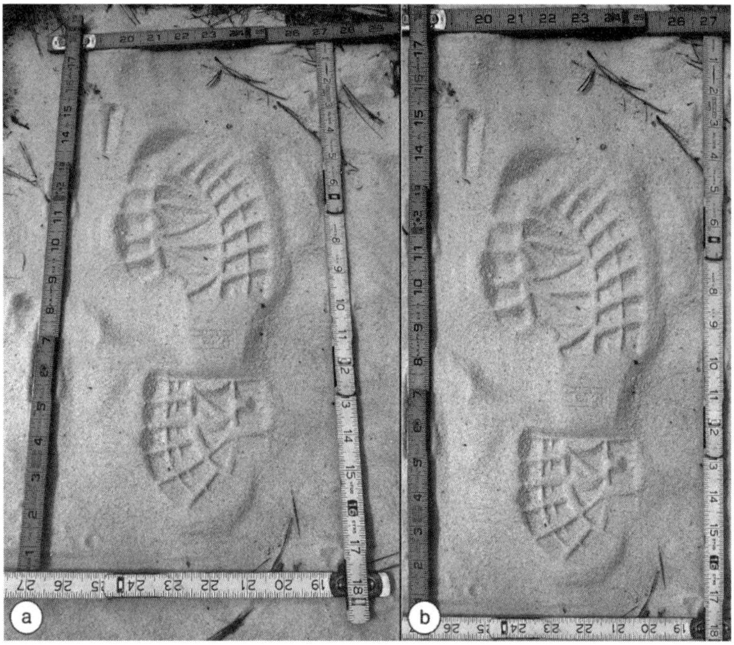

图2.14 足迹图像校正：(a)原始照片；(b)透视校正后的图像。

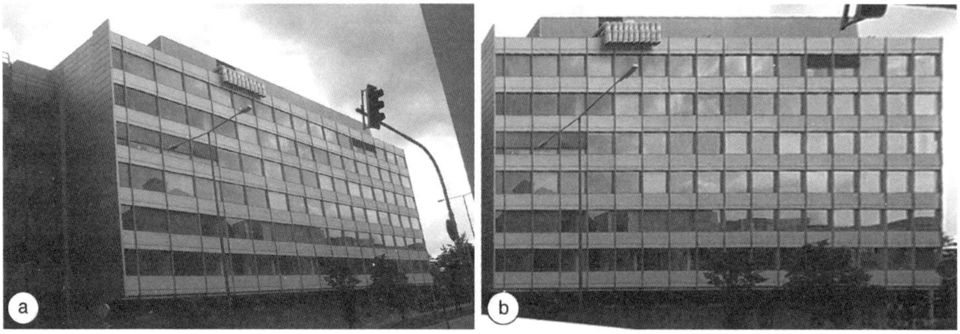

图2.15 建筑物前侧表面校正导致前面树木明显位移、灯柱角度扭曲。

如图1.1中所示的枕形和桶形失真也可以通过软件进行校正。通常，这需要在图像中有基准标记(如图2.16所示)，或通过拍摄网格照片并做必要的测量(并存储测量值)来对镜头进行预先校正。目前，已经为各种专业品质的镜头进行了镜头校正，而且预装了含有校正信息的软件，可以对图像进行调整。这种并不适用于畸变随焦距变化而改变的变焦镜头，尤其不适用于大多数便携式相机或手机中的镜头以及许多监控摄像机中的广角镜头。除了来自镜头的任何光学失真之外，摄像机，尤其是模拟的型号，通常会产生使图像左右拉伸或压缩的扭曲变形。

图2.16 超广角镜头失真校正：(a)原始图像；(b)校正后的图像。

还可以对图像进行调整，以使其合成。这可以是将一系列照片拼接生成全景图像或将同一对象的多个照片合并(例如，使用不同颜色范围的滤镜拍摄的图像)。图2.17所示为多个图像构成的全景图。由于图像是在短时间内拍摄的，因此在最终生成的图像中可能出现多个位置都有同一人的情况。可以通过相关性定位图像中的匹配点进行图像拼接(Brown & Lowe，2003；Brown等，2005；Chow等，2006；Kim & Hong，2006；Pilchak等，2012；Piccinini等，2013)（在第3章中讨论）。

图2.17 由多张图像组合而成的场景全景图。

一些智能手机的应用程序可以在镜头平移时实时合成全景拼接图像，这部分依靠相机中测量运动的加速计实现。由于拼接场景通常记录了不同距离的物体，具有多变的透视收缩或透视变形，因此这类场景通常不直接应用于测量。

如图2.18所示为另一种图像校正方法。将在运动的车辆中从不同位置拍摄的视频帧组合在一起，将车牌轮廓作为参考基准点，对每幅图像进行校正以从相同的垂直角度显示车牌(但导致车辆其余部分产生变形)。对这些图像（每幅图像都有严重噪声)做平均运算，可以产生质量更好的图像，从而读取车牌内容。

当处理移动物体的隔行扫描视频时(或当摄像机被快速摇摄，或某些录像带播放器难以保持场同步时)，一种特殊形式的对准或许有用。将包含偶数行和奇数行的场分别视为两个不同的图像并计算相关性(在第3章中讨论)，可以找到偏移并进行调整，如图2.19所示。但请注意，对齐汽车图像的扫描线会导致建筑物上的扫描线位移。

图2.18 将单独对车牌进行校正的四幅图像组合在一起。(摘自M. Jerian等，Forensic Science International 167：207-212，2007)

图2.19 在运动车辆的隔行扫描视频中对齐偶数场和奇数场，以使车牌易于读取：(a)**原始图像；**(b)**校正后的图像。**

插 值

在下面几节内容中会涉及图像相加、相减以及比率运算，这需要首先对齐图像。有时需要对图像进行透视失真校正(如图2.15所示)，有时只需要调整大小或移动或旋转图像。只要使用这些过程中的任何一个，就需要插值来获得新的像素值。

如图2.20所示，当图像移位、比例调整或像素网格旋转时，新的像素坐标与原始像素的坐标不完全对应。通常，新像素位于原始像素之间，而且位置不是整数值。应该如何为新像素分配灰度值或颜色值？有多种方法可以解决，但每个方法都会保留部分原始信息同时牺牲其他一些值。大多数图像处理程序都会提供多种方法以供选择。

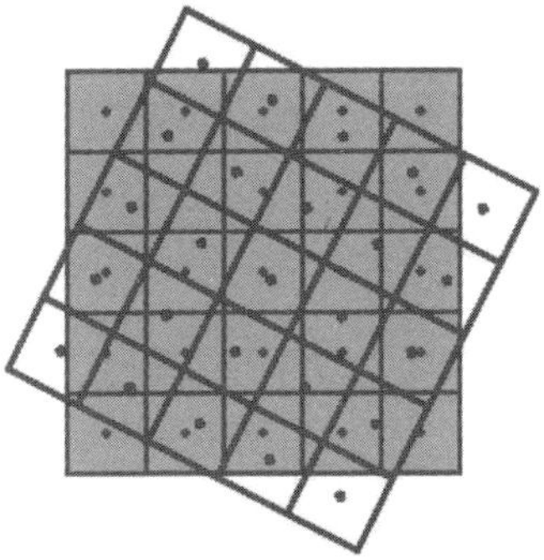

图2.20 更改像素网格的比例、角度后，新像素位置位于原始坐标之间。

最简单的方法使用距离最接近新坐标的原始像素的灰度值（或RGB值）。最邻近方法保留像素灰度和颜色值，但会扭曲线条和边缘。如图2.21所示，其中由线条和颜色组成的目标图像水平方向拉伸了10%，垂直方向压缩了10%，旋转了7°。图2.21 b所示的最邻近插值会导致线条断开。区域的边缘变成锯齿状，这将会改变尺寸和形状的测量值。

如图2.21 c和图2.21 d所示，为双线性插值和双立方插值。由于线条是连续、平滑的，所以视觉上效果更好。但线条宽度增加，像素值也发生了改变。黑色线条的两侧有灰色像素，因此，线条的整体视觉外观更平滑。彩色区域的边缘是原始图像中不存在的新颜色，在放大的细节中所示的交叉线的“棋盘”区域中尤其明显。如果原始像素亮度和颜色值有意义，则可能会产生问题。

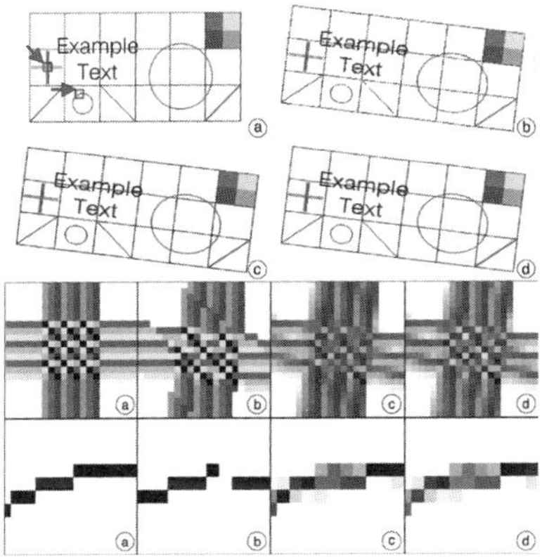

图2.21 插值改变了图像中的像素，如文中所述：(a)原始测试图像；(b)最邻近插值；(c)双线性插值；(d)双立方插值。底部的放大样本来自(a)中标有箭头的两个区域。

双线性插值是对新位置周围的四个像素进行加权平均以线性插入新的估计值，而双立方插值是基于邻域16个像素的函数。这些计算对于常规使用来说是可接受的。计算量要求更高的程序根据亮度和颜色拟合样条曲线，或使用傅里叶变换。但是，所有这些方法都必须在视觉平滑度与像素值之间，以及边缘或线条的位置和宽度与其连续性之间权衡取舍。

放大图像也需要插值，从而将原始像素之间的位置由这些像素值导出的信息填充。图像中没有获得新信息，而且由于人类的视觉实际上失去了对大尺度平滑变化的辨别能力，如第1章所示，在放大图像中更难看到细节。如图2.22所示，这是电视犯罪节目中经常出现的放大效果，但在这些案件中，放大图像，新的细节会神奇地出现。

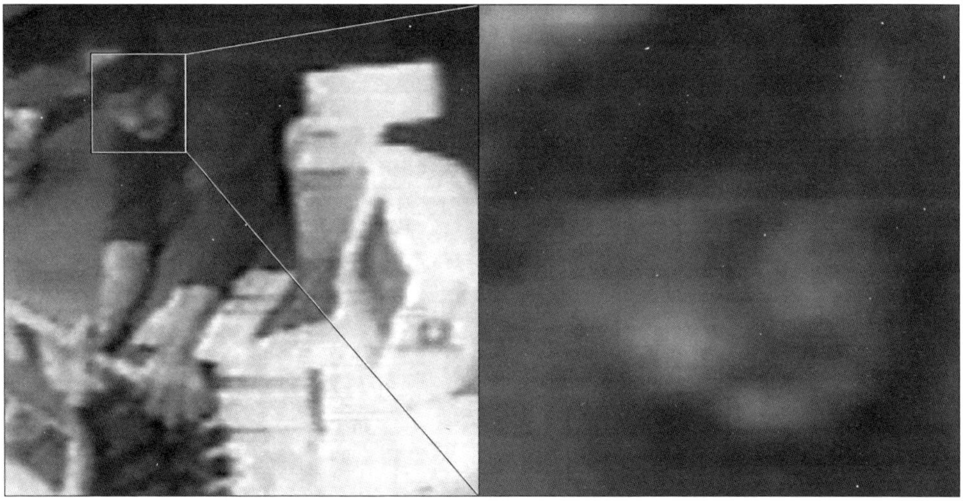

图2.22 双线性插值图像局部放大后的例子。

最邻近插值是简单地将所有原始像素不加改变地填充到更大的区域。双线性插值可以填充原始像素之间的空间，其值与距离成正比，这会产生在统计上最可能和最有意义的结果。另外，双立方插值在更大区域将原始像素值用三次多项式拟合，使结果更平滑。双立方插值视觉效果会更好，许多人更喜欢使用它来放大照片，但不应该用于法庭科学中，因为此时细节很重要。其他高阶拟合方法(如样条曲线)也会出现同样的问题。

图2.23比较了这三种技术，3×3像素块被放大300％。最邻近插值仅产生9×9像素块，所有像素值都与原始像素相同，背景不会改变。双线性插值保持中心区域和外围的值不变，然后沿边缘线性插值。选择位于中心和

背景之间的值，可以为区域生成正确的大小、形状。双立方插值则通过像素值拟合平滑的三次多项式曲线，会导致顶部的值凸出而外围像素值过低。此外，畸变具有方向性偏重，在90°和45°方向上产生不同的结果。双立方沿着正方形的边缘而不是角点处产生过低的值，角点处的值则会凸出。

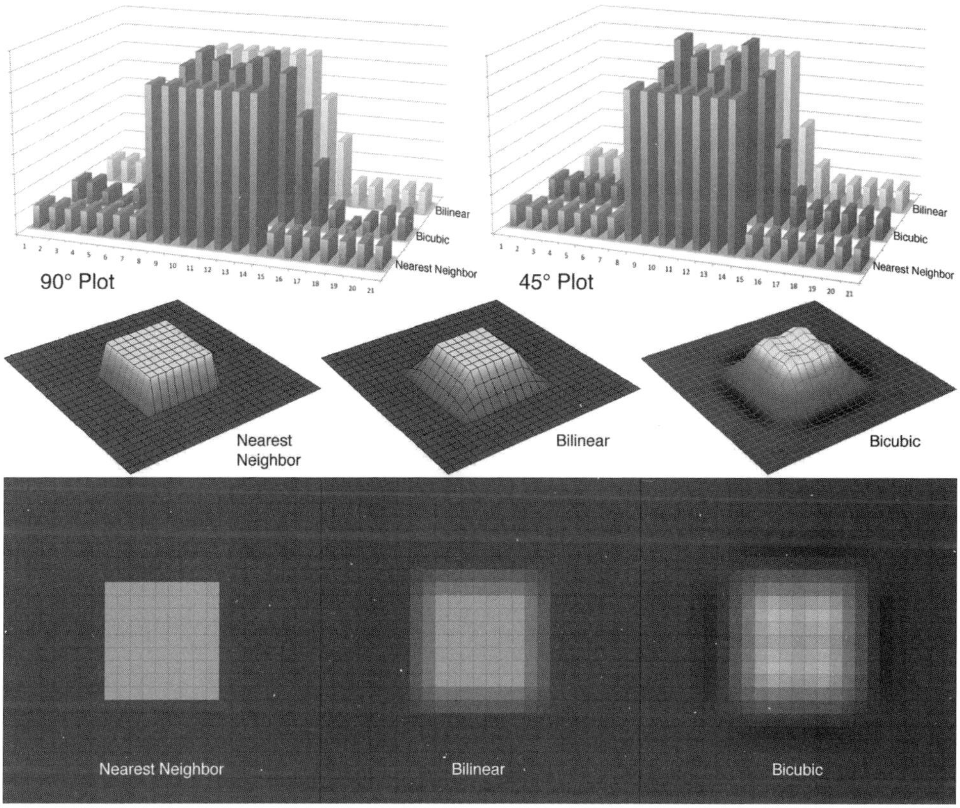

图2.23 如书中所述的3×3正方形放大3倍的插值方法比较。

有时也会使用样条变换或卷积变换等其他方法（Hou & Andrews，1978；Thévenaz等，2000），但同样存在图像数据失真的情况。还有一种技术叫作分形插值，通过组合图像中其他区域的缩放副本碎片来放大图像（Barnsley，1986；Pentland等，1992；Fisher，1995）。该方法生成的图像中不会明显看到的如图2.22所示的双线性插值生成的平滑区域。相反，如图2.24所示，在新图像插入逼真的细节来重建图像缩放后的信息。但是，这不是真正的细节，不能用于图像识别或测量。

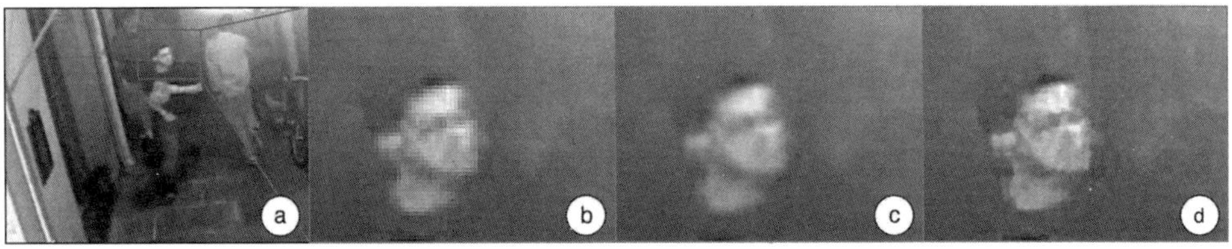

图2.24 放大和插值方法的比较:(a)原始图像;(b)最邻近插值5倍放大;(c)双线性插值;(d)分形插值。

调节对比度和亮度

大多数相机,无论是高端专业型号、便携式相机还是手机相机,对于简单的日间户外场景,自动对比度和亮度调节都表现优异。其目的是在结果不超出图像数字化范围的情况下,记录黑色到白色的像素值。图2.25所示为曝光良好的图像及其直方图。直方图是用于检查和处理图像的非常重要的工具,表示图像(或部分图像)中具有每个灰度值的像素的数量。

图2.25 一个室外场景的图像及其直方图。

如第1章所述,对于许多相机来说,数字化范围都是8位的(0~255),对简单的场景足够了,并且恰好与现代计算机架构契合。由于人类视觉无法区分所有256个值（喷墨和激光打印机也无法记录它们），似乎应该是足够的，但情况往往并非如此。

当场景包含大的亮度范围时就会出现问题（如图1.28所示）。明亮的灯光和深色阴影的夜景经常会产生问题（如图2.26所示），在阳光明媚的场地附近有深色阴影的室外场景，或在某一天的海滩或滑雪场，亮度可能会超出8位图像数字转换器的实际范围。

如果用了降低对比度记录的方法来避免层次丢失，随后可能要对图像对比度进行适当调整。图2.27所示为原始图像未覆盖从黑到白全部范围的情形。通过将最亮的像素指定为白色、最暗的像素指定为黑色，将中间的值线性地分布在二者之间，可以轻松地拉伸直方图从而增加图像对比度。这可以在硬件显示设备中完成，无需修改存储的像素值，也可以重写存储器中的值。增大的对比度可以更好地显示原本不容易看到的细节。

这种对比度操作以及本节和下一节中描述的其他非线性调整通常是用户在检查图像时首先要做的事情。但是，实际上更改像素值的操作应该到最后再做，因为已讲过的某些其他操作也会改变亮度值并可能导致其被剪削。但临时性地设置拉伸，特别是如能使用显示硬件完成，而存储的值保持不变，则完全可以，这样能查看是否存在视觉上忽视的细节。

图2.26 夜景，其中明亮的灯光被裁断为白色，阴影被裁断为黑色。因裁断而丢失的信息（由直方图上的箭头标记）是无法恢复的。

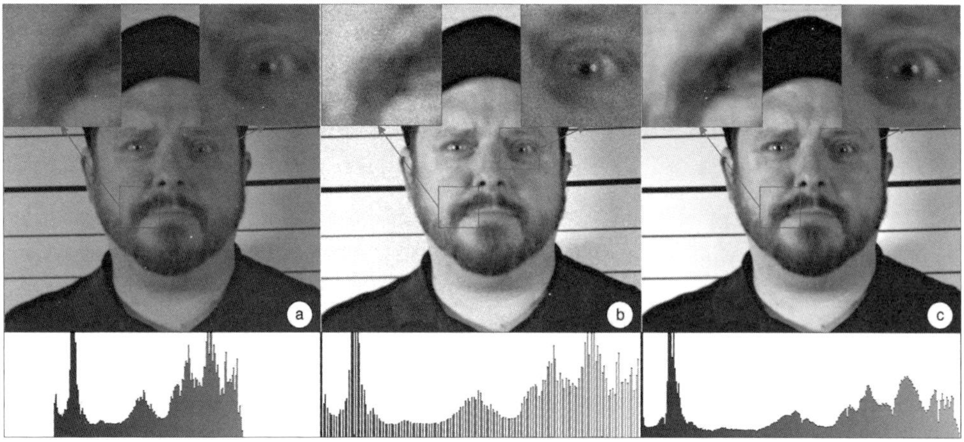

图2.27 扩展对比度:(a)原始低对比度图像及其直方图;(b)线性拉伸(a)中的值以涵盖整个亮度范围;(c)使用产生全亮度值范围的设置拍摄的图像。

如图2.27b所示,拉伸对比度的问题在于并没有向图像中添加任何信息,却同时增加了所有噪声的可见性。原始直方图涵盖了大约一半的灰度值,在图像暗部和亮部都缺少范围。拉伸对比度会使许多可能的像素值未被使用,如直方图中的间隙所示。亮度几乎相同的像素现在有两倍的灰度差,这也增加了视觉噪声。

使用对比度和亮度的最佳设置(如通过调整曝光或照明)捕获图像会产生较小的噪声和直方图连续的图像,如图2.27c所示。

即使很好地调整了亮度值的范围,仍然有可能改善图像细节的视觉表示,即通过改变伽马值来调整对比度。伽马值是公式1.1中的指数常数。这可以用来在直方图的明亮端或黑暗端选择性地扩展灰度值的范围(通过压缩另一端实现)。图2.28是一个在黑暗端扩展对比度的例子。

图中的曲线图称为传递函数,映射原始存储的灰度值(水平轴)和处理后的灰度值(垂直轴)之间的关系。直方图显示图像中灰度值的原始分布和处理后的结果分布。请注意,直方图的暗部会出现间隙,而亮部的部分通道会出现堆积,这是将两个原有不同的灰度值分配给相同的新值时产生的结果。这会导致信息丢失,但是可以通过在视觉上区分另一端的细节得到补偿。图2.29所示为相反的过程,压缩暗部扩展亮度范围。

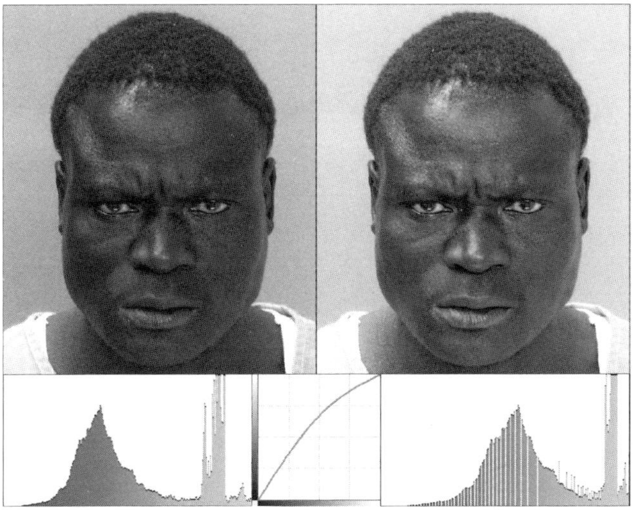

图2.28 压缩亮部以扩展暗部。该图所示为原始像素灰度值（水平轴）和处理后灰度值（垂直轴）之间的关系，称为传递函数。

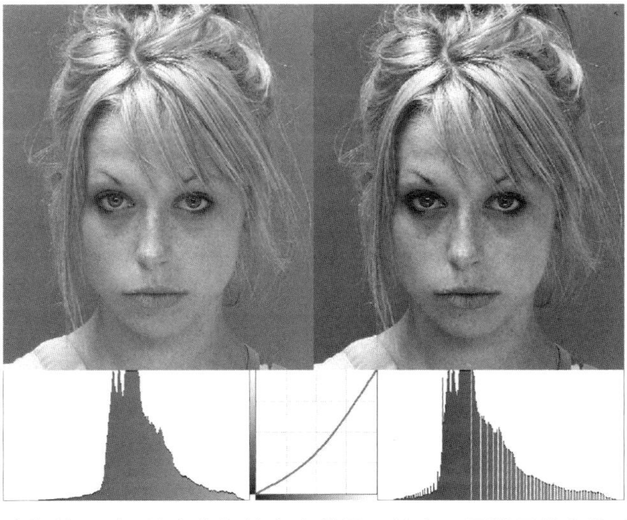

图2.29 在压缩暗部的同时，扩大亮部的亮度范围。给出了原始图像和修改后图像的直方图和传递函数。

线性扩展整体对比度和调整伽马值被认为是毫无争议的，因为相同的处理过程长期以来一直是摄影暗室实践的标准部分（通过不同的相纸、滤镜、印相曝光和相纸显影来实现）。当然，也必须保留原始未修改的图像。有一点很重要，即在进行这些调整之后不应该再对图像进行进一步处理，因为许多图像处理算法（例如以下几个部分中所示的卷积）对像素灰度值之间的差异非常敏感。如果像素灰度值有更改，则其响应也会不同。

同样重要的是，这些调整要统一地应用于整个图像。传统暗室中局部加光、减光的做法是比较通用的摄影印相技术，通过选择地增加或减少相纸对应图像不同区域的曝光量，以改变最终照片的黑度或对比度。常用的计算机软件有一些类似的工具可以应用于数字图像。这些工具不应该用于法庭科学中的图像。当图像包含不同区域的细节，可以通过不同的调整得到最佳的显示效果时，应该对整个图像进行多个版本的处理，以显示每个感兴趣的细节，同时允许查看者看到更改对整个场景的影响。

也可以构造原始亮度与显示亮度间其他任意形式的曲线。例如，压缩（直方图）中心区域对比度的范围并扩展亮区和暗区的对比度，或反过来。不推荐边看图像边随意拖动软件中的各种滑块来完成此类操作。这种方法会导致不可重复的结果，也会引发客观性问题，因为它提供了一个机会，来发现或强调什么是想要的、认为重要的东西，或者反过来，隐藏或淡化那些不想要、认为不重要的内容。不过，也有一些基于实际图像内容进行调整的算法。

直方图均衡化

直方图均衡化是一种调整图像中像素亮度的方法，可以使每个亮度表现的区域（或像素数）相等（Pizer等，1987；Stark & Fitzgerald，1996）。这是通过以原始直方图的累积图作为图像传递函数（指定每个原始像素灰度值的显示灰度或修改后的灰度）来实现的，如图2.28和图2.29所示。累积直方图是像素值等于或小于每个可能值的图像面积占比，因此原始灰度值为i的像素的新灰度值可以计算为：

$$B'(i)=255\cdot\frac{\sum_{j=0}^{i}Histo(j)}{\sum_{j=0}^{255}Histo(j)} \tag{2.4}$$

分母只是图像中的像素总数或其面积。如图2.30所示，这倾向于将最初位于直方图波峰中的值分散开来，而将位于直方图波谷中的值聚集在一起。在该例中，灯的明亮区域和桌子下方的暗黑区域的细节都得到了显示。与大多数扩展对比度的方法一样，直方图均衡化的噪声可见性增加了。通常在调整对比度之前要进行降噪。图2.30b中所得图像的直方图可能不显示每个亮度值都有相同数量的像素，但是这些值的平均值是平坦的，并且在原始数据的限制范围内其累积直方图是一条直线。

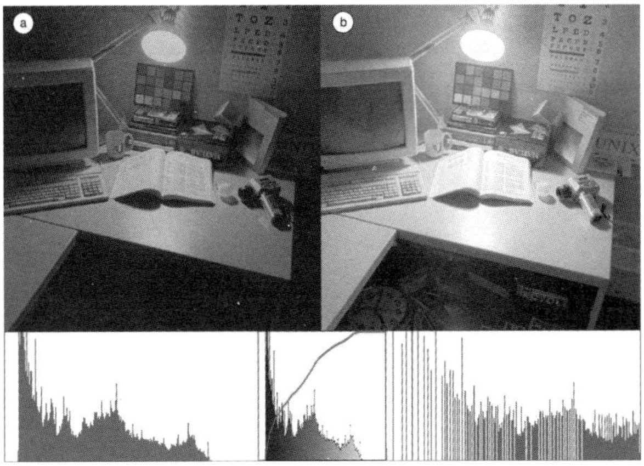

图2.30 将直方图均衡化应用于图像。明亮处（例如灯泡上印制的内容）和黑暗区域（例如桌子下方）的细节都得到了改善。显示为红色的传递函数是累积直方图，或者说是直方图的积分。

在许多情况下，图像直方图的均衡化使得比较不同照明下（如在一天的不同时间）拍摄的相同场景的图像变得更容易。在某些情况下，调整一个图像中的对比度以匹配另一个图像中的对比度也很有用，如图2.31所示。最方便的方法是使用累积直方图，根据需要调高或调低像素值。在该例中，对银行抢劫犯的两幅监控图像进行了比对，确定耳朵形状细节的相似之处，表明两起案件是同一个人作案。

上述所有的对比度扩展、伽马变换和直方图均衡化的示例都是单色灰度图像。对于彩色图像，该过程是相同的。必须首先将其从RGB颜色空间转换为一种亮度信息与颜色数据分开的颜色空间，如HSI或Lab（Kong & Ibrahim，2008）。然后，将调整灰度的方法仅应用于强度、明度或亮度数据，同时保持颜色值不变，如图2.32所示。

大多数图像处理操作仅应用于亮度数据而不应用于颜色通道。例外情况与降噪有关，例如相机内硬件的降噪方法，该硬件基于对噪声的来源和性质的先验知识，对每个通道应用略有区别的算法。尝试将直方图规定化等图像增强方法应用于图像中的颜色通道通常会导致引入新的、错误的、不需要的颜色。各颜色通道中值的不同变化会产生像素值新的组合和比例，从而导致结果中产生新的颜色。如图2.33为一个示例，比较了将各RGB通道均衡和将

L通道均衡，a和b通道数据保持不变的两种结果。

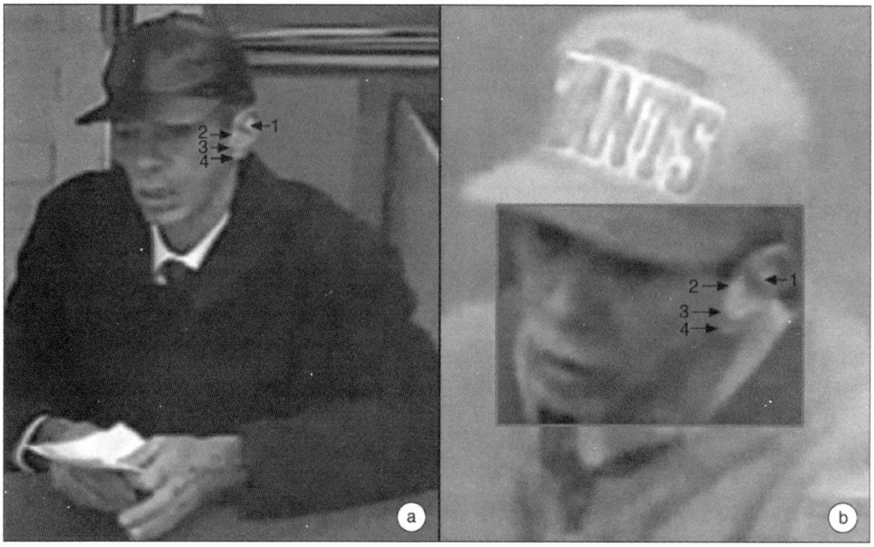

图2.31 调整直方图以进行比对。将(b)中红框标出的区域调整为尽可能接近(a)中面部区域的累积直方图，以便于图像比对，特别是耳朵形状的细节。

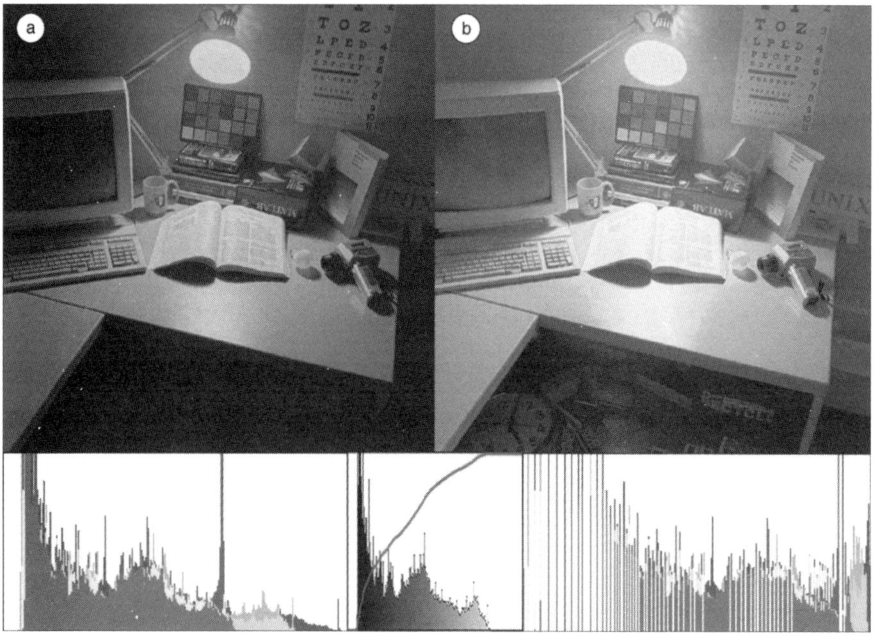

图2.32 与图2.30相同的示例，不过是彩色的。根据亮度通道计算得到相同的变换函数并仅对该通道应用，而颜色数据不变。

图2.33 处理彩色图像：（a）原始照片；（b）分别均衡RGB通道，导致颜色发生重大变化并引入新颜色；（c）仅均衡亮度数据，保持颜色信息不变。

高位深度图像

在对比度扩展、伽马变换等时，会在直方图中出现间隙，这是由于有限的动态范围以及原始图像中存在的离散亮度值数量太少。实际上，具有256个亮度值的8位图像不足以进行大的调整，除非使用精确填满整个范围的曝光来获取原始图像，否则所得到的调整图像所拥有的离散像素值将更少。

许多相机和扫描仪可以更精确地获取图像。即使是智能手机中的相机也可以通过快速拍摄不同曝光（适合场景的亮部、中间部和暗部）的多个图像（通常为三个），然后将其合并到具有超过8位深度的高动态范围（HDR）图像来。许多台式扫描仪可生成的一幅12位（2^{12}=4096）图像，具有与35mm彩色胶片大致相同的颜色分辨率。一些X射线探测器和天文学中使用的许多相机则可以获得14位（超过16，000个值）数据的图像。

由于计算机存储器的设置，每个通道中每个像素超过8位数据的图像通常将其信息存储在两个8位字节中，被称为16位图像。某些采集设备（如表面扫描仪器）每个像素甚至超过16位，使用更大的位深度，或将数据存储为双精度浮点数阵列。通常，当获取高动态范围图像时，噪声水平还保持大致相同，从而可以改善信噪比。

为保持一致性，本书中的灰度值统一按照0~255进行描述，必要或适当时使用小数部分。在一些方法中也会使用0-1描述灰度值。这简化了算术计算，但是为了显示像素，数据通常必须乘以255，因为大多数显示硬件是基于8位0~255范围的。存储为16位的彩色图像中红色、绿色和蓝色各占两个字节，文件可能变大；一个6000×4500像素的图像将占用超过160兆字节。这种大尺寸是图像压缩的主要动因，正如第1章所述，压缩使文件大小减小了，但却是以删除潜在的重要信息为代价的。

这种高位深度的优点很多。例如，图2.34所示为车辆的12位图像。如图所示，使用伽马变换扩展暗部的对比度，从而可以看到乘客座位前方的地板上的眼镜。眼镜在原始图像中是不可见的，而且如果是对8位图像进行调整，则会被噪声湮没。绘制的显示256个灰度值的直方图仍然是连续的，没有间隙。

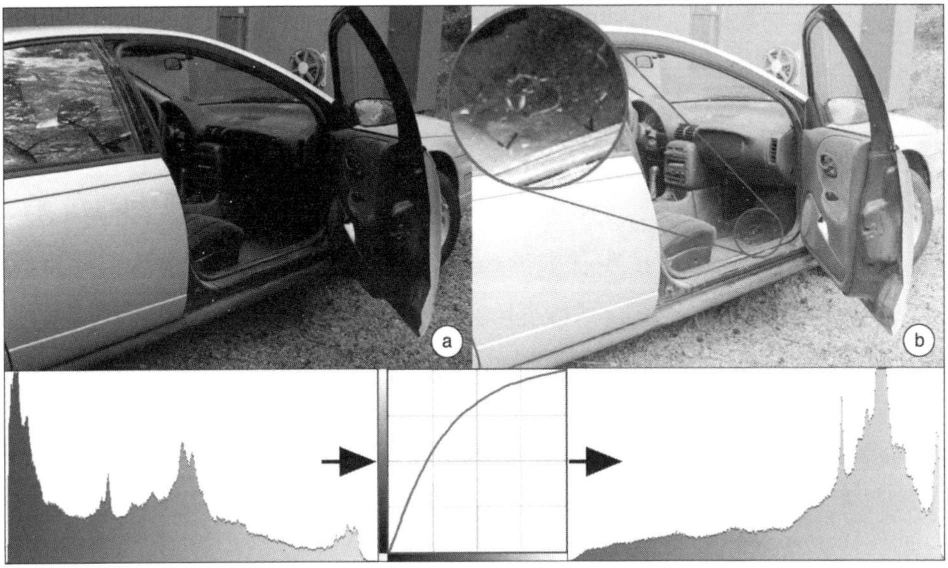

图2.34 对16位图像应用大的伽马值调整揭示阴影区域中眼镜的存在。在256个灰度值的直方图中没有出现中断或"梳状"图案。

位数更深的图像可以容纳更大的动态范围——暗处更暗、亮处更亮，但是显示或打印这种图像仍然存在问题。普通的观察者在典型计算机显示器上只能区分几十个亮度级和几百种颜色，而许多打印机甚至连这些亮度级和颜色都不能全部再现。所谓的HDR图像通常需要特殊处理才能有效地显示以供观看，这些方法会改变像素亮度值，影响更细致的比对或进一步的处理。

当然，可以应用前面示例中所示的所有类型的伽马变换来创建相同原始图像的不同版本，它们合起来可以显示所有的重要细节，但是，要把头脑中不同的表象结合起来理解它们之间的关系可能是困难的。处理HDR图像的一个非常有用的工具是同态滤波（Pinol，1997；Voicu等，1997；Adelmann，1998；Seow & Asari，2006）。它利用傅里叶变换或小波变换实现，将在第3章中做进一步讨论。如图2.35所示，同态滤波保留了颜色和局部对比度，同时使原始图像中明暗区域的细节都可见。

图2.35 同态滤波：(a)原始图像；(b)处理后图像，其中可以看到有轨电车和建筑物中的人。

降低图像噪声

所记录的图像中的噪声通常可以定义为不是源于场景的任何像素灰度或颜色值的变化。噪声的来源有很多，包括探测器产生电子的统计、信号产生和收集过程中的热噪声效应、放大和数字化过程中的电子效应，以及来自电缆的和不正确的终端等的影响。外部干扰可以是电子的或机械的（如振动产生的噪声）。闪烁的照明，特别是荧光灯也可以影响记录结果。

其中一些噪声对产生和记录图像的物理特性很具特异性，如雷达和热成像相机。了解噪声的物理基础并对每个噪声源建模会有助于减少或消除特定情况下的噪声。但是，对于大多的数字成像，各种噪声源会在最终图像中结合，不管是以相加还是相乘的方式。它们大体可以分为周期性噪声和随机性噪声，通常以不同方式处理。处理周期性噪声（在第3章中讨论）用傅里叶变换最好。随机（或近似随机）噪声则在更为熟悉的像素阵列（即空间域——译者注）形式下处理。

图2.36所示为同一场景的两幅图像。第一幅使用1/2000秒曝光，感光度为800。放大的部分图像存在相当大的“斑点”噪声。减少图像中随机噪声的经典方法是收集更多的光，从而增加传感器中的电子信号、减少放大信号（及其伴随噪声）需求并使其他效应变得不明显。将曝光时间改为1/125秒，感光度改为64（最初指胶片的速度或灵敏度，现在是数码相机中放大器设置的表示），得到的结果斑点噪声更少。

图2.36 曝光对噪声的影响:(a,b)1/2000 s,ASA 800;(c,d)1/125 s,ASA 64。

当然,通过时间平均的方式来收集更多光(或其他信号)以降低噪声的方法并不总是可行或实际的,因此通常要求通过图像处理的方式降低图像噪声。如果图像像素远小于图像中重要特征的大小,则可以在空间上平均像素值而不是随时间平均。用其相邻像素对每个像素求平均,从而减小了斑点噪声的幅度,改善信噪比。

邻域卷积

图2.37所示为卷积滤波器的操作。它使用一组权重值乘以每个像素周围一个小的、通常为方形的邻域内的像素值。如公式2.5所示,权重值与像素值的乘积之和即为图像中像素的新的灰度值。对图像中的每个像素执行该处理时,使用的是原始邻域值而不是已经被修改的邻域值,生成结果图像后替换原始图像。通过使用不同的权重矩阵(如图2.38所示,使用只包含紧邻

像素的3×3阵列），可以执行不同的操作，如平滑、求导和锐化算法。通常也会使用与之不同的、较大的权值矩阵（通常称为“核”），数值也不限于整数，来产生本章和第3章中描述和展示的结果。

$$P'(x,y)=\frac{\sum_{i,j=-n}^{+n}W_{i,j}\cdot P(x+i,y+j)}{\sum_{i,j=-n}^{+n}W_{i,j}} \tag{2.5}$$

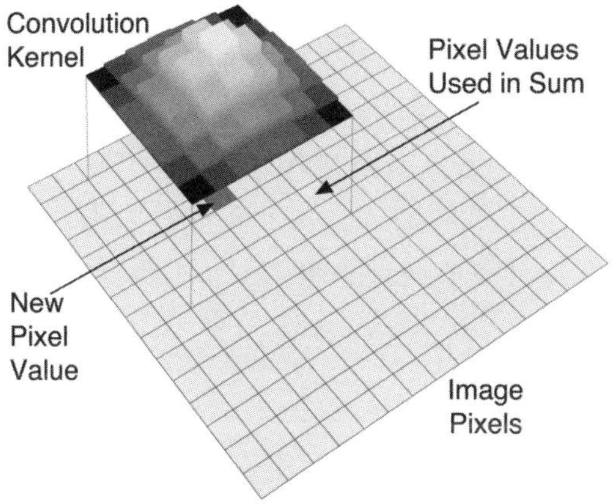

图2.37 在空域图像中应用卷积核的示意图。该卷积核中的值具有高斯函数的形状。卷积核应用于原始图像中的每个位置，计算灰度值从而形成新的图像。

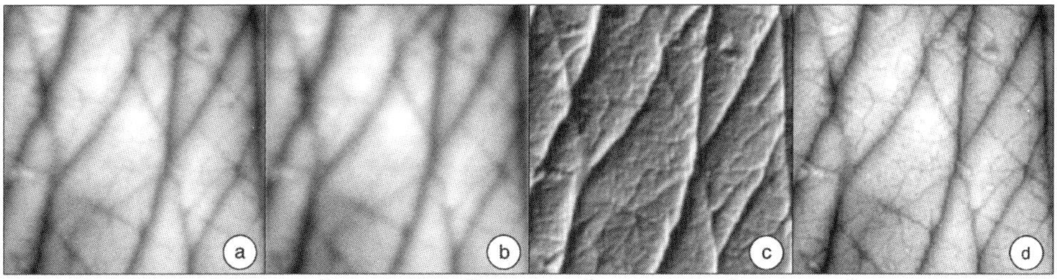

$$\begin{bmatrix} +1 & +1 & +1 \\ +1 & +1 & +1 \\ +1 & +1 & +1 \end{bmatrix} \quad \begin{bmatrix} +2 & +1 & 0 \\ +1 & 0 & -1 \\ 0 & -1 & -2 \end{bmatrix} \quad \begin{bmatrix} -1 & -1 & -1 \\ -1 & +9 & -1 \\ -1 & -1 & -1 \end{bmatrix}$$

图2.38 具有3×3算子的卷积示例：（a）原始图像（人体皮肤）；（b）平滑；（c）求导；（d）锐化。每个算子中心的红色值表示正在计算新灰度值的像素的位置。

如图2.38c和图2.38d中所示的包含负权值的卷积核，其使用通常需要修改公式2.5中的分母，仅使用正权值之和或最大值。另一种做法是，导出的图像只使用分子上的求和，然后根据结果图像中的最小值和最大值按公式2.6重新调整大小，以适应0~255的亮度范围。此外，当沿着图像的边缘使用卷积核时，必须有特殊的规则，比如，使用修改过的卷积核或外推边界外的像素值。

$$Brightness = 255 \cdot \frac{Summation - Minimum}{Maximum - Minimum} \tag{2.6}$$

空域平均通常用高斯模糊滤波器来实现。其使用一组权重，将相邻像素的内容乘以一个核算子，该核算子中包含的值近似于由用户定义标准差（定义高斯形状的宽度）的高斯函数，如图2.37所示。公式2.5所示为卷积产生新的灰度值的计算过程，公式2.7所示为计算高斯权重值的方法。对于给定的模糊量，高斯平滑产生最大的降噪（或者反过来说，对于给定的降噪量得到模糊程度最轻）。增加标准偏差 σ 会增加滤波时使用的邻域大小，从而更好地降低噪声，同时也会导致边缘和细节更加模糊，如图2.39所示。矩阵的径向尺寸（公式2.5中的n）约为标准偏差 σ 的三倍。高斯模糊（和其他空域平滑卷积）通常直接应用于各个RGB通道值，而不转换为颜色与亮度信息分开的颜色空间。除了饱和度的微小变化外，其对结果的影响很小。

$$W_{i,j}(\sigma) = \frac{1}{2\pi\sigma^2} \cdot \exp\left(\frac{-\left(i^2 + j^2\right)}{2\sigma^2}\right) \tag{2.7}$$

实际上，所有的图像处理软件都包括高斯模糊，因为有一种非常有效和快速的方法来实现它（Pratt，1978；Castleman，1979；Rosenfeld & Kak，1981；Niblack，1985；Russ，1990）：使用可分离的滤波器，沿图像中每一列卷积像素，然后重复沿每一行卷积像素（反过来也可以），如图2.40所示。并且乘法和除法的次数远小于使用整个邻域的次数。然而，很少有其他空域卷积滤波器是可分离的。

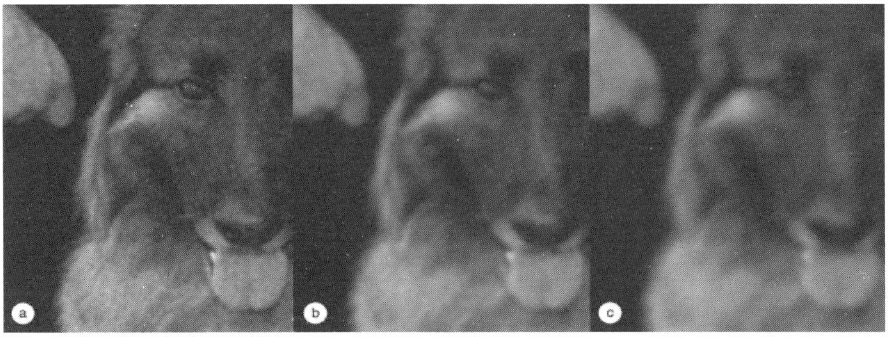

图2.39 使用不同标准差的高斯卷积平滑图2.36（b）中的图像：（a）0.5像素；（b）1.2像素；（c）2像素。

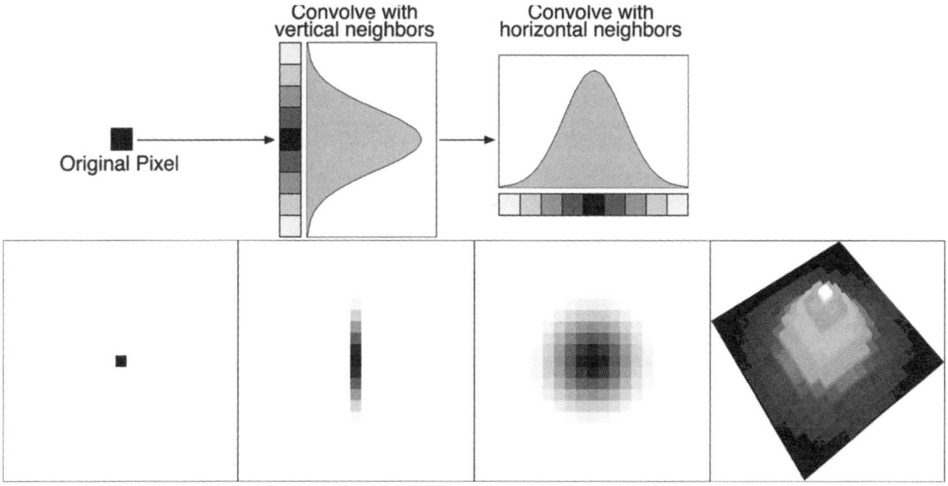

图2.40 可分离高斯滤波器通过两个一维卷积来执行高斯平滑运算。

高斯卷积作为降噪滤波器的缺点在于，其模糊了细节和边缘，如图2.39所示。在特征区域内可以通过平均的方法卷积灰度值来减少噪声，但是边界两侧的像素不一定代表相同的对象或结构，将它们平均会导致边界的对比度更小，可见性降低。这也使得确定边界的位置更加困难，而且可能会随边界两侧灰度值的大小和边界的局部曲率而改变边界位置，从而使后续测量产生误差。高斯卷积有许多改进方法，将在第3章中具体讨论。所有的改进都包含了在通过在通过区域平均来降低噪声的同时，更好地保留边缘和边界的方法。

中值滤波

降低噪声的另一种方法是对邻域中的值进行排序。中值滤波器通过将每个像素替换为邻域排序中的中值来创建一个新图像（Huang等，1979；Astola等，1989）。图2.41所示为增加邻域大小的结果。因为消除了极值并且保留的值不是平均值而是原邻域中的一个，所以中值滤波图像具有减少随机斑点噪声、保持边缘对比度和位置的优点。宽度小于邻域半径的点或线之类的精细细节会被移除，因为其无法将中值贡献给排序列表。

中值滤波器的这些优点使其成为处理噪声图像的常用工具，包括那些存在单个极端像素值的图像。使用此方法将第1章中提到的无效像素或锁死像素替换为最可能的邻域值，并且可以有效处理“散粒噪声”，如图2.42所示。但是，在此过程中需要理解中值滤波器的几个问题。

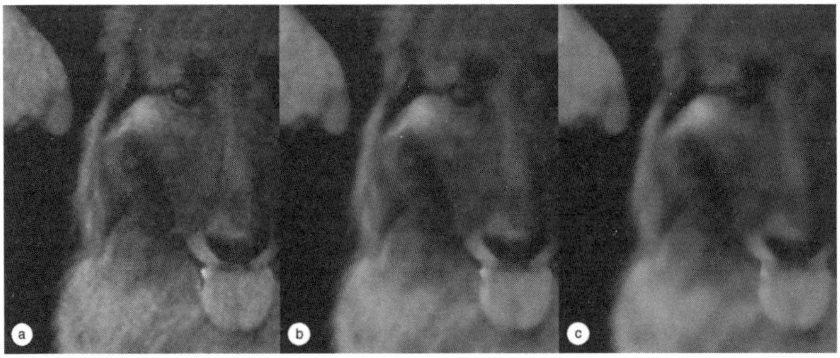

图2.41 应用于图2.36b中图像的中值滤波器（与图2.39相比）：（a）半径为1像素；（b）半径为2像素；（c）半径为3像素。

图2.42 从图像中去除散粒噪声：（a）原始图像，缺陷被标记出来；（b）中值滤波器（半径为1）；（c）混合中值滤波，在第3章中讨论。

大多数软件都是通过使用中心像素周围的正方形邻域中的像素排序来实现滤波的。随着邻域大小的增加，这往往会导致结果产生偏差。使用如图2.43所示的邻域，更近似于圆，计算量要求更大但可以产生更为各向同性的结果。

更关键的问题是如何进行排序。如前所述，对亮度数据进行大多数的图像处理，可以保持颜色信息不变。对于某些操作，例如高斯平滑滤波，几乎没有什么区别。单独平滑RGB通道会产生与图像转换为HSI或Lab后，平滑I或L通道几乎相同的结果。

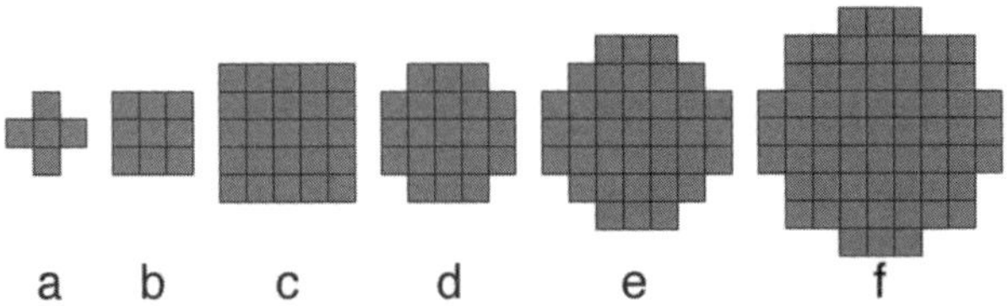

图2.43 用于中值滤波的邻域模式：（a）4最邻近；（b）3×3正方形，包含9个像素；（c）5×5正方形，包含25个像素；（d）5×5八边形区域，21个像素（半径=2）；（e）包含37个像素（半径=3）的7×7个八边形区域；（f）包含61个像素（半径=4）的近似圆形区域。

对于中值滤波来说，这种（通道间的）差异不容忽视。因为大多数情况下，红色、绿色和蓝色通道所选中值来自不同的原始相邻像素，处理结果会引入全新的颜色组合。为避免这种情况，许多中值滤波程序都是在HSI或Lab空间中运行并仅处理亮度值。但是，有一种更好计算中值的方法，适用于所有多通道图像（部分卫星图像有10个或更多通道，覆盖可见光和红外波）。

如图2.44所示，矢量中值图中在颜色空间中绘制出每个像素。中值是与所有其他点的矢量距离总和最小的点（Astola等，1990；Oistämö和Neuvo，1990；Russ，1995；Khriji & Gabbouj，1999；Lukac等，2005；Celebi等，2007；Morillas等，2007；Celebi & Aslondogan，2008）。这比仅仅对亮度值进行线性排序需要更多的计算，但是对于噪声图像可以得到明显更好的结果（如图2.42所示）。

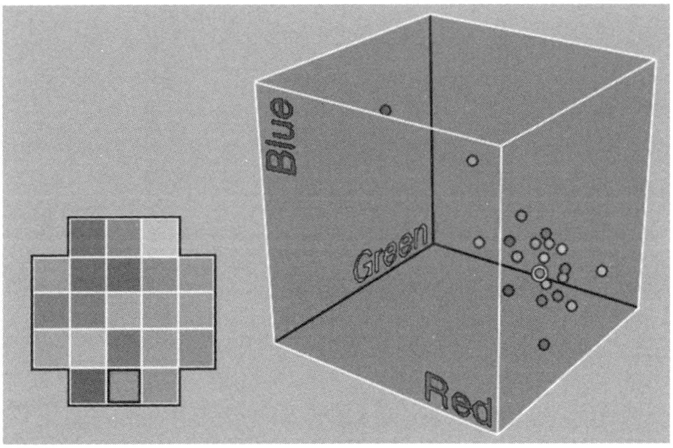

图2.44 矢量中值滤波。对于所示的5像素宽的邻域，将每个像素的颜色值绘制为坐标，计算到其他点的矢量距离之和并确定和最小（标记）的点。

图2.44的示例中，绘制了RGB空间局部邻域（图2.43 d中所示的半径2为例）中21个像素的颜色值。也可以使用Lab空间，但通常不使用HSI空间，因为0°处的色调角度不连续，并且色调、饱和度和亮度采用不同的比例。使用勾股定理计算每个点到其他所有点的矢量距离之和，将结果最小的点的颜色值分配给导出图像中的像素。这是邻域范围内最中心，且因此也是最具代表性的颜色。对每个像素重复该过程，邻域和尺寸大的图像需巨大的计算量。但在常用的笔记本电脑中，总的处理时间也就只有几秒钟。

图2.45比较了颜色矢量中值滤波器的两种结果：将中值滤波器分别应用于RGB的三个颜色通道，以及将其应用于L或I通道，而使颜色信息保持不变。颜色矢量中值避免了保留或产生不正确的颜色，并产生了更好的结果。

中值滤波器的最大优点是保持边缘和边界的对比度和位置。正因如此，对于视觉检查和随后的图像测量来说，中值滤波普遍比高斯平滑更受欢迎（Huang等，1979，Yang & Huang，1981；Weiss，2006）。许多程序具有中值滤波功能，通常使用方形邻域并仅对像素亮度值执行线性排序。然而，中值滤波器的经典版本会使角点变圆并擦除部分点、线或其他宽度小于邻域半径的标记。在第3章可以看到，有一些解决这些问题的改进和扩展方法。

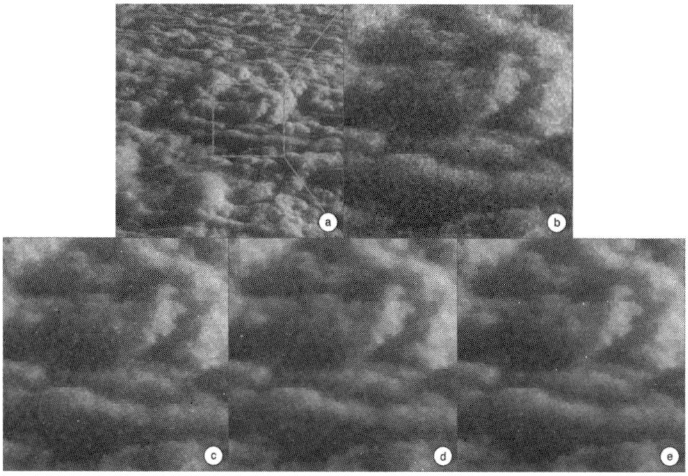

图2.45 中值滤波器的比较：（a）从飞机窗口用手机拍摄的云朵的原始图像；（b）像素噪声的局部放大图像；（c）仅对L通道进行中值滤波；（d）对各个RGB通道进行中值滤波；（e）颜色矢量中值。所有情况都使用包含21个像素的radius = 2邻域。

非均匀照明

选择测量对象和结构通常基于如下假设来进行：无论处在视野中的什么位置，相同的对象或细节都具有相同的外观、亮度和颜色。这并不容易实现，即使使用显微镜或翻拍台，也很难调整物体的照明使整个图像的照度均匀。此外，物体本身可存在不同的厚度或表面弯曲，这会导致背景亮度的变化。

在使用自然光或现场光的室外场景中，可能会有多个光源照射在场景的不同区域上。这种问题在晚上尤其明显，要避免高光点需要漫反射器或间接照明，但仍然不能均匀地照亮不规则表面或区域。来自不同表面的光反射会让物体表现出不同颜色。最后，即使照明是完美的，相机中的渐晕（在第1章中描述过）也会使图像的角落变暗。

有几种方法可以校正图像的非均匀照明。对于显微镜或翻拍台获取的图像处理最为简单：除了所要拍摄物体的图像之外，在移除物体的情况下拍摄第二幅图像。用透光显微镜时，可以插入空白载玻片代替样品。使用顶光照明的显微镜，如立体显微镜的，可以使用灰卡。对于翻拍台，大多数底座都为方便校正而涂成均匀的灰色。可以通过空白载玻片或空底座的图像对视场内照明变化进行直接测量。

去除含有不均匀光照的背景，然后调整亮度即可以生成更好的图像，如图2.46所示。在示例中，是逐个像素进行减法运算。为了保持在0~255范围内的显示亮度值，通常需要添加一个常数，即两个图像的平均亮度之间的差值；也可以使用公式2.6自动扩展相减结果最小值和最大值之间的对比度。消除照明引起的变化之后，就可以扩展对比度，包括非线性调整，以便显示更多细节，如前面几个例子中所示。

图2.46 移除测量所得背景：（a）使用翻拍台拍摄化石原始图像；（b）移除样本的翻拍台上的背景图像；（c）从（a）中减去（b）并扩展对比度。

该方法也适用于彩色图像，并且还可以提供对颜色值的校正。图2.47中以相同的过程处理放置在翻拍台上的一些硬币和钥匙的图像。可以看出有明显的亮度变化，因为光主要来自一侧，但来自一个文件柜的反射也导致顶部存在不同的光和颜色。对RGB各颜色通道逐像素地减去背景图像，调整亮度并校正颜色，使得翻拍台的灰色背景正确显示出来。

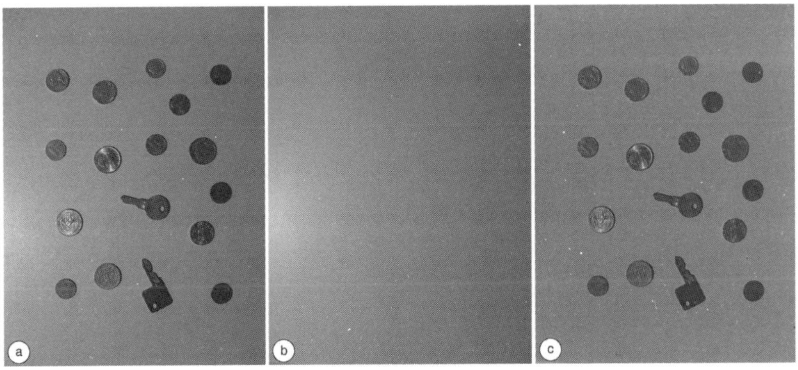

图2.47 移除测量的背景：（a）原始图像；（b）去除样本的图像；（c）差异=（a）-（b）。

前面两个例子说明了减去背景的情况，但这并不总是正确的。该方法适用于以胶片相机的相同方式记录图像亮度的相机。胶片以近似对数的方式响应光强度。许多数码相机都有线性探测器，但内部将值转换为人们习惯从胶片中看到的对数响应。高端数码相机、一些科学相机以及大多数其他科学仪器(如电子显微镜)存储的原始格式也保留了线性格式，在这种情况下，应该计算的是图像亮度与背景亮度的比值。

使用比值的计算方法也适用于把某个颜色通道做背景的情况。图2.48眼底镜图像的绿色通道中有眼睛毛细血管的大部分细节。红色通道的细节很少，但在图像中显示了光影分布。每个像素的绿色与红色的比值，通过自适应缩放将最亮和最暗值分配到0~255范围，产生了背景拉平的图像，细小的血管变得更明显。(这些血管分布图案)类似于指纹图像，其可用于识别。当结合来自卫星图像的多个通道进行识别矿物时，也使用比值(Sabins，1986；Imbroane等，2007)。在大多数情况下，比值设计没什么实际含义，并且可用公式2.6自适应地缩放。

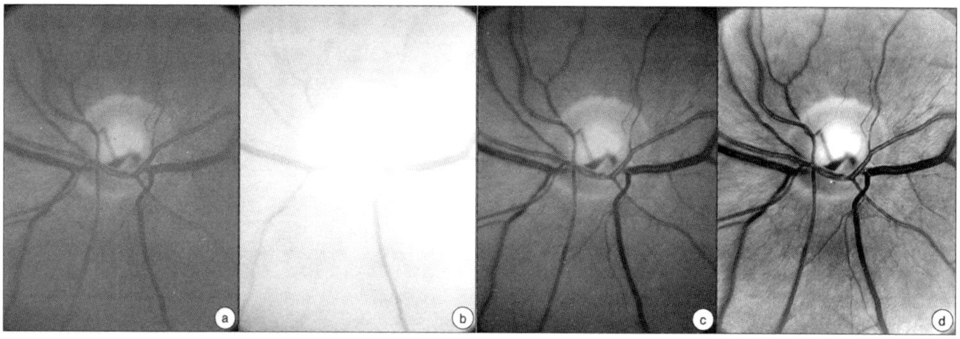

图2.48 对测量背景图像进行非均匀照度处理：(a)来自眼底镜的视网膜图像，照明使毛细血管难以辨别；(b)红色通道包含很少的细节，但显示照明的情况；(c)绿色通道在图像中具有大部分对比度；(d)绿色与红色的比值显示更均匀的对比度并显示更多细节。(图a由Farmington的康涅狄格大学健康中心的George Mansoor提供)

许多经济型的相机会对图像应用伽马变换(如第1章中所述)。如果是这样，则在减法或除法去除非均匀背景之前必须使用反伽马校正。

复杂背景

有时可以从其他来源获取合适的背景图像。例如，图2.49显示了在椅子座垫上隐约可见的鞋印，织物的图案使得重要的鞋印细节很难看到。从椅子的背面拍摄织物的图像作为背景。图像的比例必须相同，图案必须对齐（手动或使用相关运算），然后减去它可以使鞋印分离出来。经过图像反转扩展对比度使鞋印细节更清晰。

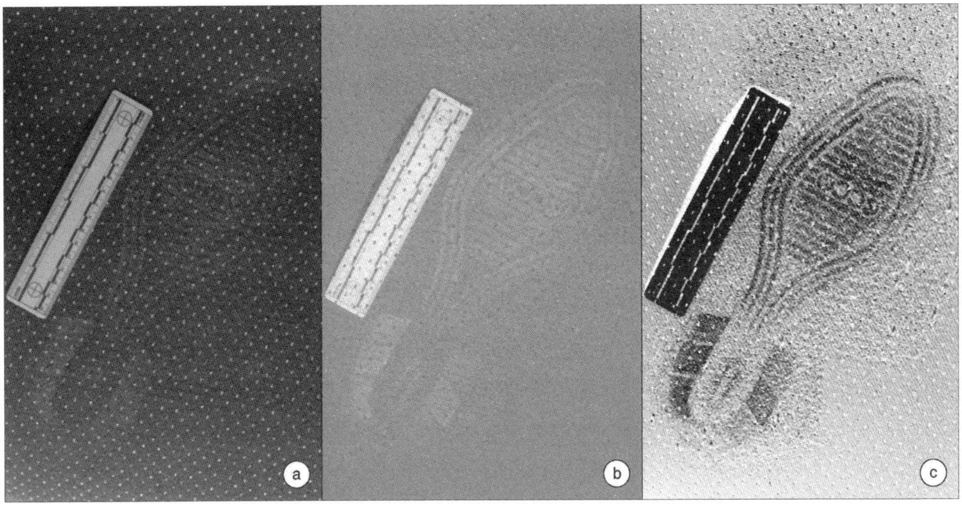

图2.49　去除带图案的背景：（a）**在椅子上的灰尘鞋印；**（b）**减去织物图案后的图像；**（c）**反转和扩大对比度。**（**摘自**B. Dalrymple**等**，Journal of Forensic Identification 52（6）：750-761，2002）

更复杂的背景图案如图2.50所示。5英镑钞票上的潜在指纹几乎是看不见的。背景是复杂且非周期性的，但与其他5英镑纸币相同。对齐并减去另一个干净纸币的图像可以只留下指纹（Capel等，1999）。背景图像的对齐是通过相关运算定位的大量亚像素精度的点来自动完成的（详见第3章）。通过将差值图像局部邻域像素值的标准差与原始图像比较，估计出某个像素属于指纹的概率。

从一个图像中减去其他图像的另一种应用是检测（有时是跟踪）随时间的变化。这是用于检测运动或入侵存在的常用方法，可以在监控摄像机的硬件或计算机软件中执行。（做法是）存储一幅参考图像并从每个后续图像中减去参考它。这种技术也被用于工业质量控制，用来检测产品或过程的变化（Elgammal等，2000）。

图2.50 去除复杂背景：（a） 5英镑钞票上的指纹；（b）另一个钞票的图像；（c）（a）和（b）之间的绝对差值；（d）像素属于指纹的统计概率。（摘自D. Capel等，Enabling Technologies for Law Enforcement and Security，国际光学和光子学会，第274-284页，1999年）

图2.51所示为热红外成像。绝大多数像素差都接近于零，因此绝对差较大像素的出现表明该处有明显变化。可以根据特定需要对差值和所涉及的像素数（检测到的入侵面积，可以表示入侵者的大小）设置阈值。典型的家用安防摄像头可以监控这些图像，检测到事件后可以向户主发送文本消息，但仅限于手机GPS显示其不在家时。还可以学习检测（忽略）某些事件，如开灯或阳光照射窗户（如果这些事件几乎每天都在相同的时间发生）以及移动的宠物（基于尺寸）。

图2.51 通过减去背景参考图像来检测入侵者：（a）背景图像（热红外）；（b）出现入侵者；（c）绝对差异图像，取消背景，突出变化。

当该方法用于室外监视时，可以在设定的时间或周期性地拍摄参考图像以适应变化的整体亮度（McIvor，2000）。还可以拍摄一系列图像，计算每个像素位置在此期间的众数或中间值，从而排除任何偶发的运动，生成质量良好的参考图像（Piccardi，2004；Spagnolo等，2006）。此方法对于通过移除行人而生成公共空间的（背景）图像特别有用，如图2.52所示。

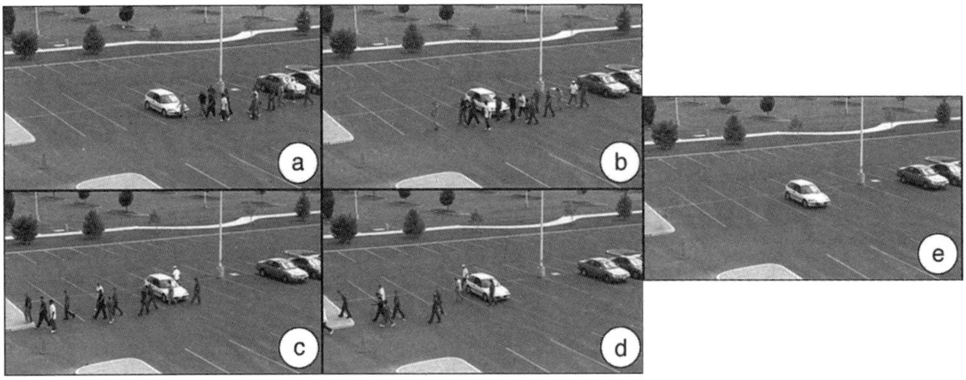

图2.52 一组四幅有一群人走过停车场的监控图像（a-d），计算每个像素位置随时间的中值（e），消除行人，只显示停车场的背景图像。

一旦获得停车场的背景图像，可以从后续图像中减去该背景图像以检测诸如人的存在或汽车到达、离开之类的变化。

背景提取

很多场合下，利用捕获背景图像进行亮度校准或者去背景通常并不现实，或者更多时候是忘记拍了。多数情形下，可以利用计算机生成合适的背景估计图像。感兴趣的对象经常出现在组成、色彩和光洁度均匀的表面，但却是单侧照明的，或者表面弯曲导致亮度随位置变化。这种情况产生的背景亮度的变化通常可以利用软件建模。

图2.53展示了从一侧照明拍摄的曲面上指纹。若假设背景都具有相同的亮度，则可对其校正。在图像的每一部分，指纹比局部背景都要深，尽管总体上看，右上角的背景比左下角的指纹更深。将图像进行网格状的分块，可以找出每块的局部最亮值（例图中采用9×9网格，对应有81个背景亮度值及其对应的坐标）。利用这些信息和最小二乘法可以计算多项式方程（2.8）中的6个系数。该多项式方程将背景模拟为关于坐标的函数。

$$\text{Background} = a_0 + a_1x + a_2y + a_3x^2 + a_4y^2 + a_5xy \tag{2.8}$$

图中展示了生成的背景模型和原始图像中减去该模型后的结果。在其他一些情况中，例如指纹的荧光图像或由紫外线照射的体液图像，感兴趣的对象可能是明亮的而背景中有局部的暗区，同样的逻辑仍适用。对于一些更复杂的照明情况，可以向多项式额外添加立方项。

当自动选择背景点不成功时，可以手动标记几个位置。图2.54显示了一个例子。这也提醒我们,图像缺陷纠正通常需要多个步骤。雪中的鞋印图像拍摄时用了一个校准标准,但是有一个小角度,从而产生了透视失真。这可以从比例尺两部分之间的夹角和长度差异中看出来。

图2.53 自动计算背景:(a)原始图像;(b)建模背景;(c)从(a)中减去(b)。

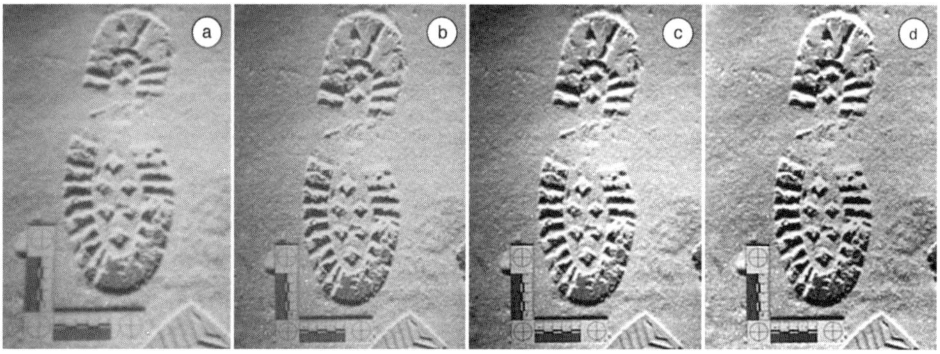

图2.54 处理鞋印图像:(a)原始图像;(b)透视压缩校正;(c)对比度线性扩展;(d)背景校平。

透视校正后再扩大对比度。不均匀的照明是由使用安装在相机上的闪光灯造成的。在图像周围手工标记几十个点,或使用网格方法找到局部最亮点,计算方程的系数,从而生成减法校正的背景。

此过程还可以纠正颜色变化。图2.55为一幅邮票图像。如图所示,手动标记30个位置,包括齿孔内的几个位置,并用于计算亮度的多项式背景模型。减去此背景并线性扩展对比度可生成校正后的图像。选择背景点进行拟合时,将它们分布在整个图像中非常重要。如果点聚集在一个区域中,则将背景外推到其他区域可能产生误差。

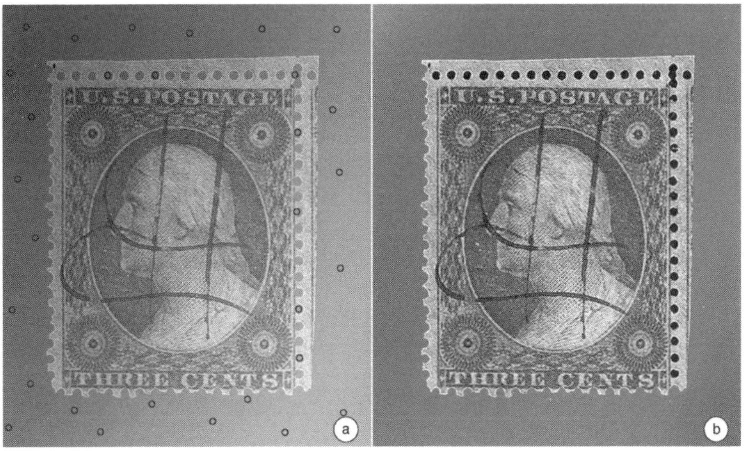

图2.55 彩色图像的背景亮度校平：(a)原始图像，圆圈标记用于拟合背景的30个位置；(b)减去背景函数后的图像。

形态学滤波

图2.41至图2.45中所示的用于降噪的中值滤波器基于邻域中的像素排序并选择列表中的中心值，或者，对于彩色图像，找到矢量意义上最接近所有邻域的集合。这并不是邻域排序的唯一用途，也可能找到最亮或最暗的值，而且如果选择其中一个来替换原始像素，则会在结构上产生腐蚀或膨胀。这些操作通常被称为形态学处理。

图2.56说明了腐蚀和膨胀的过程以及它们的组合。腐蚀和膨胀本身改变了结构的尺寸，因此其通常组合使用以近似恢复对象大小。腐蚀后膨胀称为开操作，因为其倾向于在特征接触区建立空隙。膨胀后腐蚀被称为闭操作，因为其倾向于闭合特征内的小断裂和孔隙。这里提到的术语的含义是：腐蚀指利用每个像素最亮的邻近像素替换它；膨胀则指用最暗的邻近像素替换。根据研究对象比周围的背景更暗还是更亮，这些术语可能会互换。

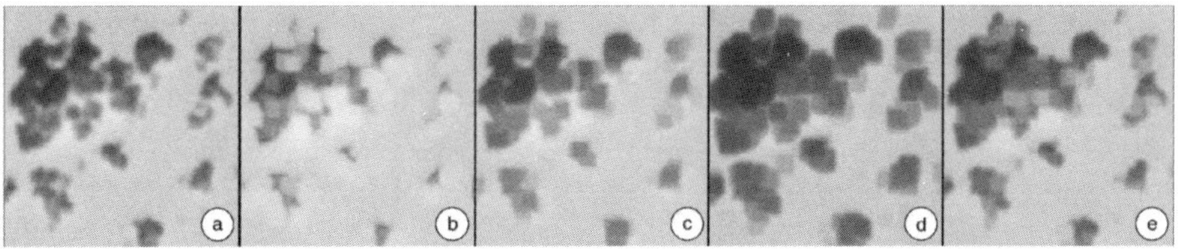

图2.56 形态学操作：(a)灰尘颗粒的原始显微镜图像；(b)腐蚀；(c)腐蚀接着膨胀——开操作；(d)膨胀；(e)膨胀接着腐蚀——闭操作。

在该示例中，腐蚀和膨胀比较半径2像素(5像素宽)以内的邻近像素。开操作去除宽度小于2像素的特征；类似地闭操作填补小于2像素的间隙。这些和其他形态学操作将会在第3章中再次用于其他目的。在这里，形态学操作可以用于构建不一定平滑或渐变的背景，此时多项式方程建模可能并非易事。图2.57的原图像与图2.53相同，为一枚单侧照明的指纹。应用半径为4像素的开操作去除深色的纹线，只留下背景图像；然后减去背景得到仅包含指纹的图像。

图2.58是一个在折叠过的纸上打印内容的示例，其中的背景亮度变化剧烈，不能用平滑多项式函数估计。该纸张表面不同区域具有不同的照明，因此也具有不同的亮度值。应用一个半径等于字母笔画宽度一半的开操作来替换黑色像素并移除打印内容度。这样就只留下保留亮度变化的纸张背景。从原图中减去该背景便可以消除背景的变化，而得到亮度一致的字母。当然，这一过程并不能校正该折叠纸张的各部分的透视扭曲。

图2.57 基于排序的形态学校准：(a)原始图像(摘自图2.51)；(b)应用开操作去除细节仅保留背景；(c)从(a)中减去(b)之后并增大对比度。

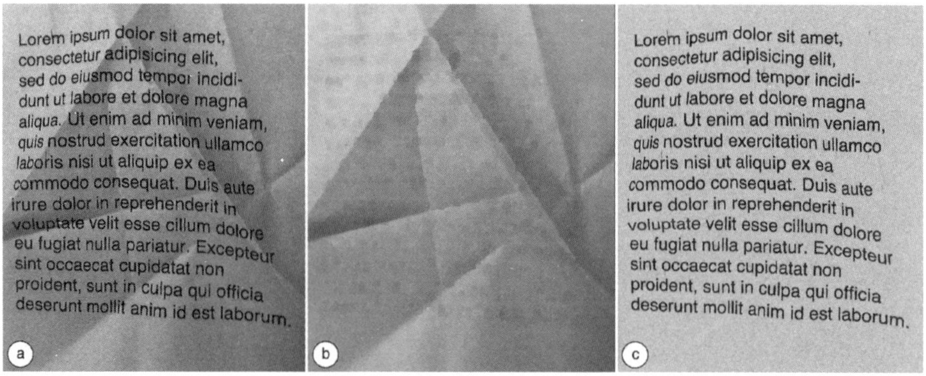

图2.58 基于排序的形态学背景校准应用于褶皱纸张图像，以去除与局部表面朝向相关的亮度变化：(a)原始图像；(b)开操作得到的背景；(c)从(a)减去(b)。

锐化对比度

图像的视觉解释取决于物体及感兴趣的结构与周围背景间的对比度。在常见的观察条件下，正如第1章所述，亮度的几个百分点的变化才能引起注意，这还取决于对象的大小。在平均的亮度和色彩值之上叠加噪声使得视觉检测更加困难。亮度差异（或者色彩差异）在相邻且具有突变边界的区域更容易被察觉，如图2.59和图2.60所示。图2.59中的5%的亮度差异在具有突变边界时很容易看到，否则并非如此。图2.60中色调变化为10%。即使有清晰的边界，色相谱绿色部分的差异也几乎无法察觉，因为人类视觉对这一区域的差异不太敏感。

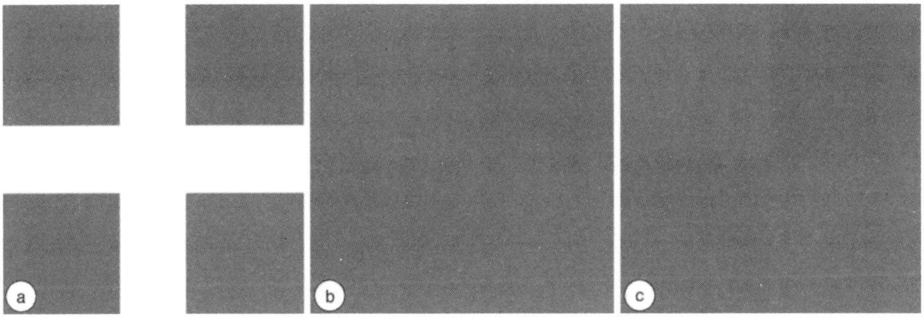

图2.59 亮度差为5%的区域之间的对比：（a）互相分隔；（b）相邻但边界渐变；（c）以突变边界相邻。

图2.60 色相谱中红、绿、蓝部分三种色相相差10%的区域间的对比（类似于图2.59）。本书所用的印刷技术可能会导致一些颜色的变化和色差。

可以使用多个图像处理操作来协助查看细微的边界和细节。此处展示了较为简单且最常见的一些方法；第3章介绍了几种更高级的方法。

导数运算通常用于连续线性的信号来检测(颜色或亮度)变化特征。对于数字图像，导数通常为相邻元素间差值(Pratt，1978；Castleman，1979；Rosenfeld & Kak，1981；Niblack，1985；Russ，1990)。图2.61显示了一个例子，从幅值为10%的两个亮度跃升开始，一个是突变的，另一个为模糊的且扩展了7个像素。曲线图显示了实际像素值。模糊的图像看上去并不太明显。同时还给出了计算水平导数后的图像。模糊的线条产生了延伸几个像素的导数，但可见性提升了。

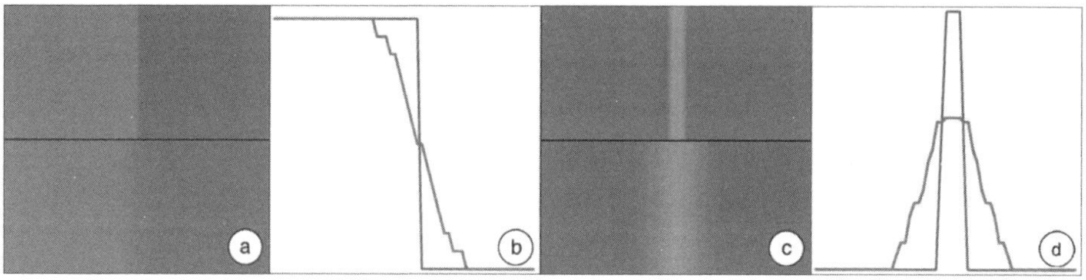

图2.61 亮度阶跃及其导数：(a)一个明锐的和一个模糊的10%亮度阶跃；(b)图(a)中亮度阶跃的分布曲线；(c)(a)图中亮度阶跃的水平方向导数；(d)图(c)中的亮度分布的剖面曲线。

方向导数的实际应用如图2.62所示。图中是木材的横截面，显示了树木的年轮生长图案。树木年轮的间距和密度可用于与其他木材相比对，以确定树木被砍伐的年份。应用导数可以更容易地定位年轮并测量间距。

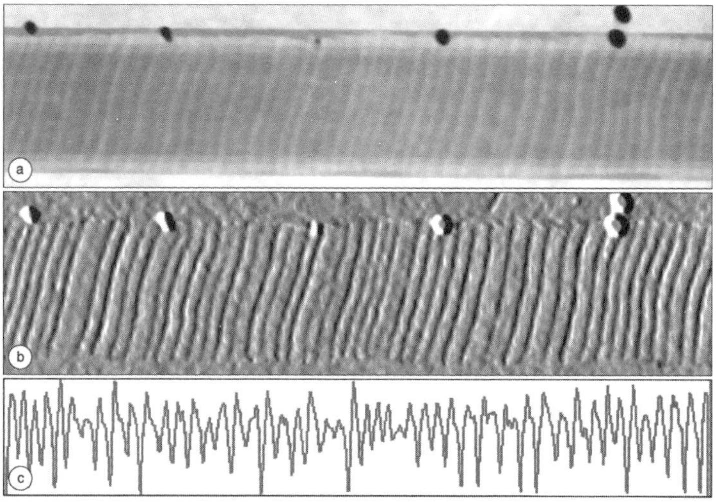

图2.62 木材年轮图像(a)及水平导数的应用结果(b)。(c)显示(b)中年轮位置的剖面曲线。

方向导数可以应用于任何方向，方法是调整应用于邻域像素值的权重，同时使用实数卷积核，而不是局限于整数。该操作有时称为浮雕滤镜，因为它可以在图像中生成浮雕印痕。图2.63显示从左上角开始沿对角线方向应用导数法后的硬币图像。结果使硬币表面的微弱磨损痕迹更容易辨识(图中圆圈处)。这种不易察觉的表面痕迹对于识别特定对象很有用。图2.64显示了纵向偏导用于提高弹壳上抛壳挺痕的可见性，同时减小图像阴影。对于彩色图像的处理，多数仅对L或I通道处理，保持颜色信息不变。这种方法对研究划痕或者工具痕迹很有用。譬如，用于比较螺丝刀上不规则痕迹与犯罪现场留下的撬痕。

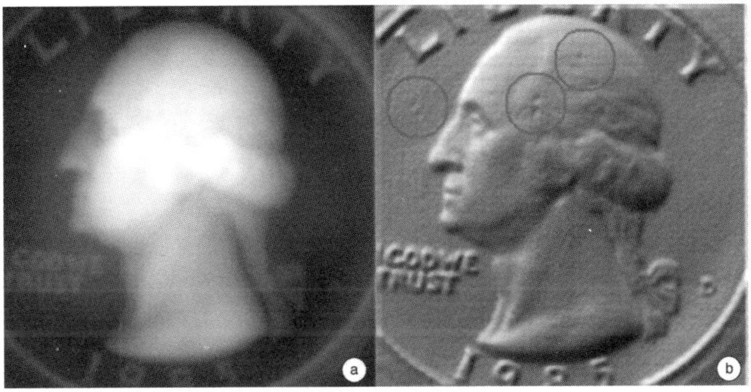

图2.63 导数法应用于硬币表面的图像。圆圈表示硬币上可见的磨损痕迹。

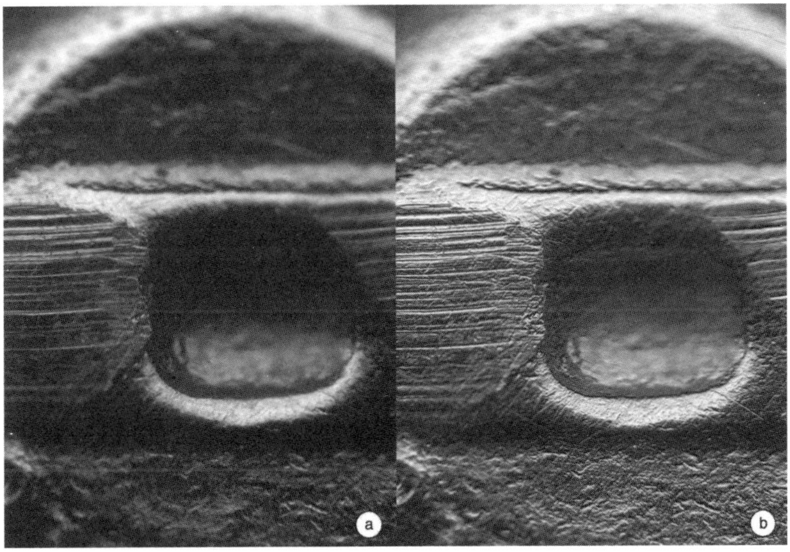

图2.64 导数法应用增强于弹壳上抛壳挺痕。

导数(处理)还可以抑制图像中的一部分信息，同时增强其他信息的可见性。图2.65显示了水平导数在手写图像中的应用。结果中滤掉了书写字迹下方的水平线，并清楚地显示了书写字迹，包括书写时笔画线条的交叉方式。

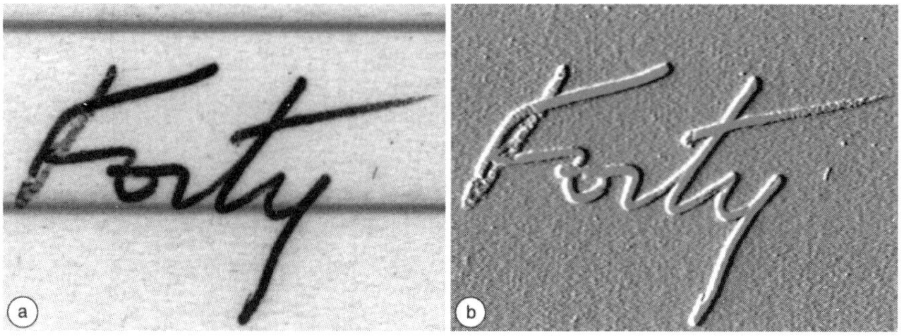

图2.65 导数法应用于手写笔迹图像，平抑掉与求导方向平行的水平格线，并增强了书写中笔画的可见性。

二阶导数

上一节所述的应用导数的一个问题是其方向性。其在增强特定方向上线条和边缘，以及如图2.65所示，抑制其他角度的信息方面很有用。二阶导数可以克服方向性问题。在其最简单的形式，拉普拉斯算子中，二阶导数将每个像素的亮度值与邻域的亮度值进行比较；然后将差值或其一部分加到原始值上(或者从原始值减去，如果像素比其邻居更暗)。如图2.66所示的结果，这一操作增加局部对比度并提高图像清晰度。图中也给出同态滤波处理的结果以供对比。

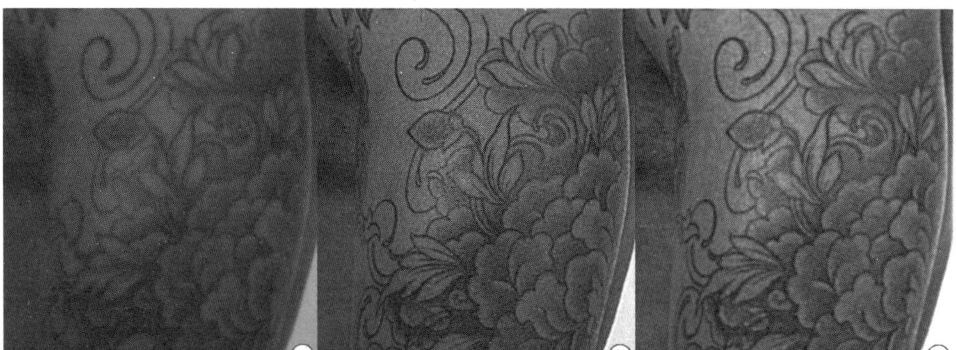

图2.66 锐化深色皮肤上的黑墨水文身图像；(a)原始图像；(b)应用拉普拉斯锐化滤镜的图像；(c)应用同态滤波处理的结果，其增加对比度但拓宽了线条。

正如多次指出的，大多数彩色图像的处理并非用于RGB色彩空间，而是如HSI或Lab这种将亮度（L或I）与颜色信息分开的色彩空间。图2.67显示了在RGB色彩空间和Lab色彩空间应用锐化后的结果。处理RGB通道时，相邻值之间的差异会引入RGB新的组合值，导致最终图像包含颜色变化很大的像素点但它们却与原始图像没有任何对应关系。

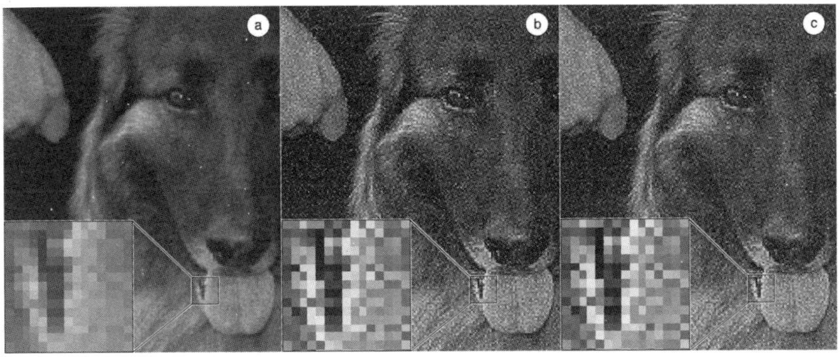

图2.67　锐化图2.36d中的图像：（a）原始图像，放大区域能看出单个像素；（b）对Lab空间中锐化L通道；（c）锐化应用于RGB空间中每个通道。

锐化会增加图像中噪声的可见性，因为放大了相邻像素之间的差异。这就是在应用锐化之前需要降噪的原因。但是，由于像素引入了新颜色，当锐化应用于RGB通道时，图像中可见噪声的增加会更严重。

反锐化蒙版可以对二阶导数锐化方法的效果提供更多的控制（Pratt，1978；Castleman，1979；Rosenfeld & Kak，1981；Niblack，1985；Russ，1990；Kim & Allebach，2005）。该方法不是将每个像素与其直接邻近像素比较，而是使用不同距离的像素加权平均值来获得该平均值与该原始像素（有时是少数的几个像素）之间的差异。其名称来自摄影暗室中长期使用的方法。

图2.68展示了在天文望远镜拍摄图片中的应用，这也是该方法最初应用的领域。明亮的恒星和星际空间之间的巨大反差使得恒星间的亮度细节很难显示，如尘埃云和昏暗的星系臂。要应用这种方法，首先要将原始底片以1∶1的比例印相到胶片上，但要稍微失焦或模糊（因此不清晰）；冲洗胶片后，将两张底片对齐并夹在一起，就可以得到一张新的照片。原始底片上亮的区域被新制作底片上的黑暗区域（反锐化蒙版）覆盖，反过来也一样，几乎没有光透过。只有稍微失焦的蒙版与原始图像不匹配的区域会被印出。控制蒙版的散焦可使模糊平滑地扩展到比使用最邻近的拉普拉斯锐化更大的（且可调的）距离，如图2.69中的一维图像所示。

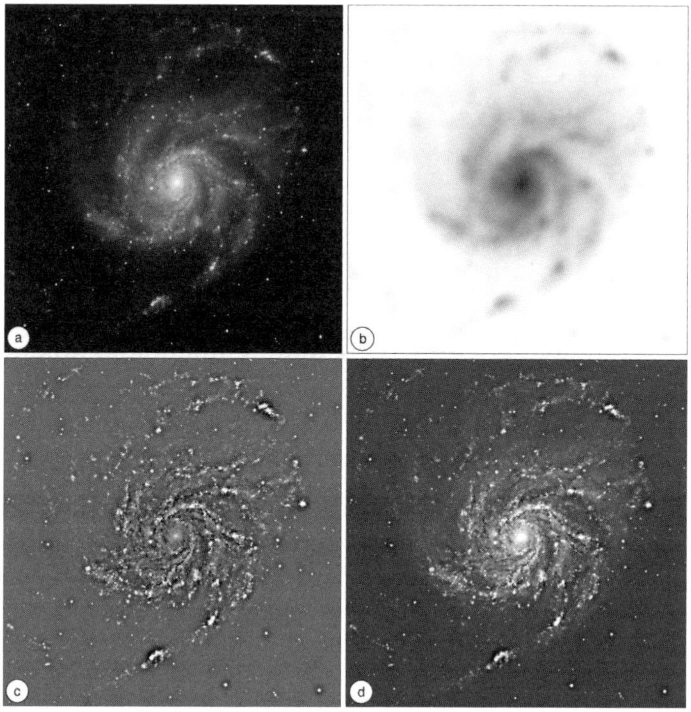

图2.68 反锐化蒙版：（a）M101（NGC5457）**的原始望远镜图像；**（b）**失焦负片；**（c）**组合**（a）**和**（b）**只产生局部对比度的图像，以及**（d）**将**（c）**加回**（a）**产生通常的反锐化蒙版处理结果。**

计算机上实现反锐化蒙版通常对图像的副本应用高斯模糊，然后从原始图像中减去。高斯模糊很容易计算，但与暗室操作步骤中产生的模糊略有不同。就像拉普拉斯算子一样，差异信息通常以一定比例加到原始图像，用于边缘和细节增强，同时保留整体图像的对比度。图2.70显示了该过程如何增加线条和边缘周围的局部对比度。应用反锐化蒙版操作可提高细节的可视性，同时抑制亮度上的整体变化。在原始的X射线图像中，指尖中的骨骼比手腕中的骨骼更薄且密度更小，并且左拇指和书写的标签几乎不可察觉。处理后的图像使这些细节更容易看到。

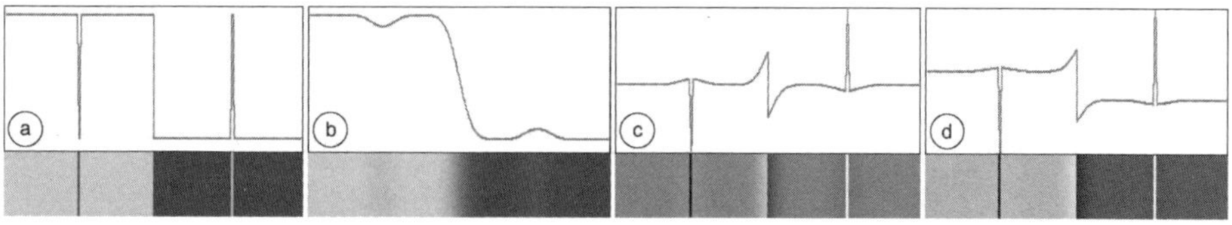

图2.69 具有线型亮度剖面的反锐化蒙版的操作：（a）**原始图像；**（b）**高斯平滑；**（c）**从原件中减去平滑副本；**（d）**将**（c）**添加到原图中。**

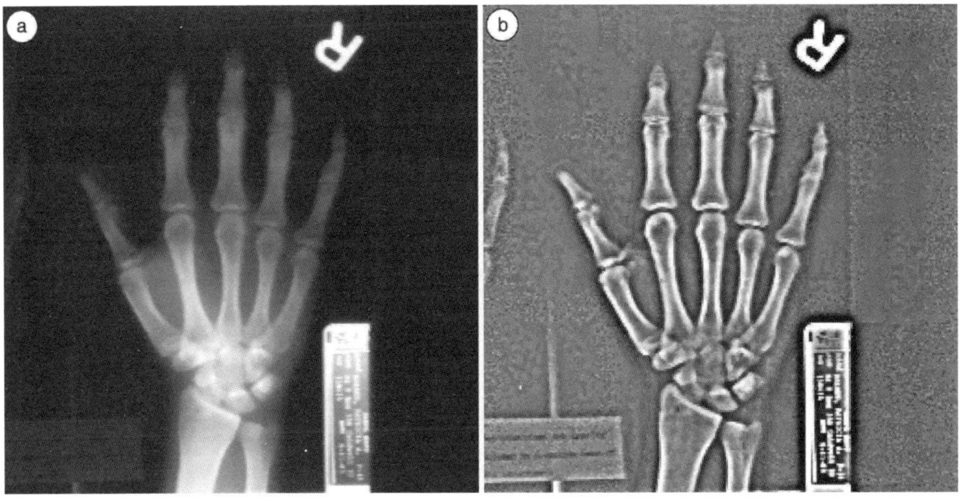

图2.70 反锐化蒙版应用于人手的X射线图像：(a)原始图像；(b)处理后图像。

改 进

在传统暗室中进行反锐化蒙版操作时，将其应用于彩色图像会在物体周围产生相反颜色的彩色晕圈(绿色周围是红色，黄色周围是蓝色，依此类推)。这是使用彩色胶片来制作模糊或反锐化负片的自然结果。当使用计算机执行该过程时，可以在不引入彩色晕圈或其他颜色偏移的情况下增加对比度。通常，最好将反锐化蒙版应用于L或I通道，而非RGB通道，如拉普拉斯锐化卷积一样。图2.71比较了彩色图像的处理结果。

由于边缘的增强，常规的反锐化蒙版操作(拉普拉斯锐化也是如此)在JPEG压缩图像中会带来块状图案。如图2.72所示，块之间的不连续性被放大了。正如第1章所指出的那样，是块的大小而非单个像素的大小限制了JPEG压缩图像的分辨率。

将反锐化蒙版应用于具有随机像素噪声的图像会增加噪声的可见性，因为它会增加每个像素与其邻近像素间的差异。这就是为什么需要锐化操作前先进行降噪处理的原因。多数情况下，通过使用反锐化蒙版技术的修改版本可以获得很好的锐化结果，即从较不模糊的副本中减去图像离焦模糊副本，刚好足以减小噪声的幅度。

图 2.71 对彩色图像应用去锐化的掩模：(a)原始图像(静物画的一部分)；(b)反锐化蒙版应用于 L 通道；(c)反锐化蒙版应用于 R、G 和 B 通道。

图 2.72 对 JPEG 压缩监视图像应用锐化：(a)原始图像；(b)处理后的结果，显示出 8×8 块状图案。

图2.73显示了两个高斯曲线(一维和两维)之间的差异。具有较小标准差的高斯函数(公式2.7中的σ)可以平滑噪声，而标准差较大的高斯函数提供反锐化蒙版。二者的差称为高斯差分(DoG)滤波器，可以使用单个卷积或可分离的线性滤波器来实现。由DoG滤波器执行的差分操作类似于人视网膜中的神经元的处理，通过比较不同大小的邻域与其周围环境的信息，从各视杆细胞和视锥细胞的输出中提取边界和细节。

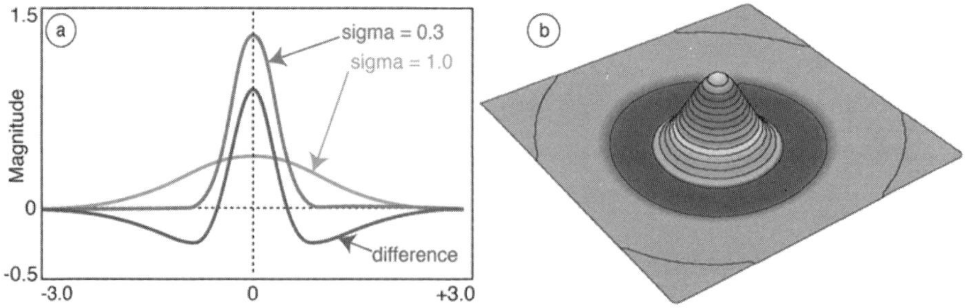

图 2.73 高斯差分：(a)两个标准差不同的高斯曲线及其差值，以及(b)差值的二维等轴侧视图。中心峰周围的黑暗“壕沟”为负值。

图2.38显示了使用由整数组成的3×3核函数的简单核卷积操作。许多核

函数的大小超过3×3，且不需要限制为整数。图2.74展示了DoG锐化滤波器的一个例子，7×7核系数的实数阵列，并绘制出幅度图；注意与图2.73中光滑连续函数的区别。其中，负值围绕中心区域，正值将中心像素与其附近像素组合。核函数中的值总和为零，因此卷积的结果将添加至原始图像。图2.75将结果与简单的反锐化蒙版进行比较。

0.000	-0.011	-0.022	-0.033	-0.022	-0.011	0.000
-0.011	-0.044	-0.094	-0.110	-0.094	-0.044	-0.011
-0.022	-0.094	-0.033	0.232	-0.033	-0.094	-0.022
-0.033	-0.110	0.232	1.000	0.232	-0.110	-0.033
-0.022	-0.094	-0.033	0.232	-0.033	-0.094	-0.022
-0.011	-0.044	-0.094	-0.110	-0.094	-0.044	-0.011
0.000	-0.011	-0.022	-0.033	-0.022	-0.011	0.000

图2.74 实现高斯差分卷积的一个7×7核函数。

图2.75 锐化含噪图像：(a)原始图像；(b)反锐化蒙版；(c)高斯差分。

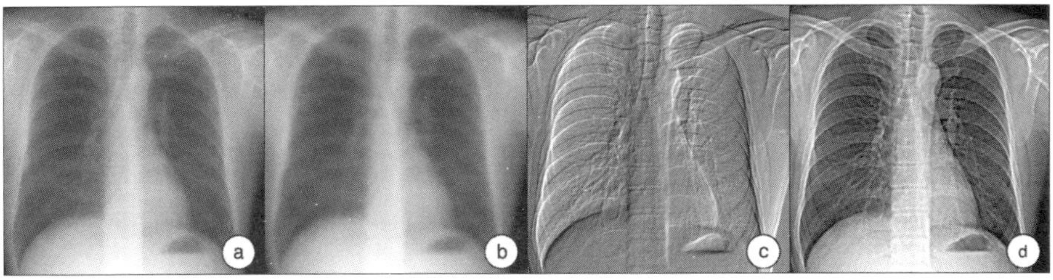

图2.76 卷积处理：(a)原始图像(X 射线胸片)；(b)高斯模糊；(c)方向导数(浮雕滤镜)和(d)反锐化蒙版。

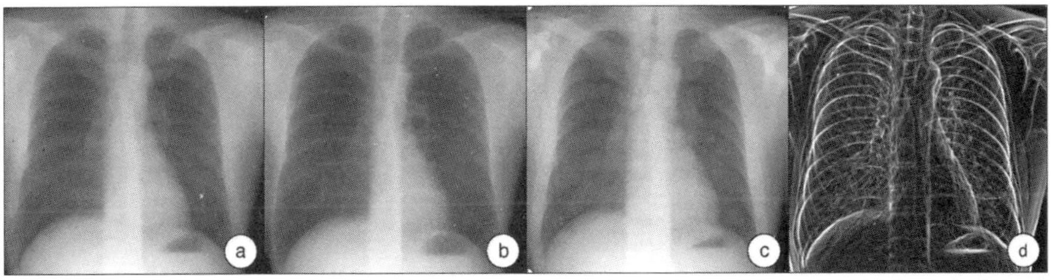

图2.77 基于排序的处理：(a)中值滤波；(b)腐蚀；(c)膨胀，以及(d)腐蚀和膨胀图像之间的差值。

前面部分中阐述的高斯模糊，锐化和微分运算都是卷积运算，如图2.38所示(但使用较大的核函数且权重值不限于整数)。图2.76显示了这些操作在X射线图像上的应用，再次说明了卷积修改图像和使细节可见的能力。如图2.77所示的涉及排序的中值滤波和形态滤波器不是卷积操作，而是以不同的方式运算。卷积和排序滤波器的拓展和改进将在第3章介绍。

参考文献

H. G. Adelmann.(1998). Butterworth equations for homomorphic filtering of images. Computers in Biology and Medicine 28(2): 169–181.

J. Astola et al.(1989). Linear median hybrid filters. IEEE Transactions on Circuits and Systems 36(11): 1430–1438.

J. Astola et al.(1990). Vector median filters. Proceedings of IEEE 78: 678–689.

M. F. Barnsley.(1986). Fractal functions and interpolation. Constructive Approximation 2(1): 303–329.

M. Brown, D. G. Lowe.(2003). Recognizing panoramas. In International Conference on Computer Vision, Nice, France, pp. 1218–1225.

M. Brown et al.(2005). Multi-image matching using multi-scale oriented patches. Presented at International Conference on Computer Vision and Pattern Recognition, San Diego, CA.

D. Capel et al.(1999). An automatic method for the removal of unwanted non-periodic patterns from forensic images. In Enabling Technologies for Law Enforcement and Security. International Society for Optics and Photonics, Bellingham, WA, pp. 274–284.

K. R. Castleman.(1979). Digital Image Processing. Prentice Hall, Englewood Cliffs, NJ.

M. E. Celebi et al.(2007). Nonlinear vector filtering for impulsive noise removal from color images. Journal of Electronic Imaging 16(3): 033008.

M. E. Celebi, Y. A. Aslondogan.(2008). Robust switching vector median filter for impulsive noise removal. Journal of Electronic Imaging 17(4): 043006.

S. K. Chow et al.(2006). Automated microscopy system for mosaic acquisition and processing. Journal of Microscopy 222（2）：76–84.

M. Coster，J. L. Chermant.（1989）. Precis D' Analyse DWW Images. Presses du CNRS，Paris.

B. Dalrymple et al.（2002）. Optimized digital recording of crime scene impressions. Journal of Forensic Identification 52（6）：750–761.

E. Dougherty.（1992）. Mathematical Morphology in Image Processing. CRC Press，Boca Raton，FL.

A. Elgammal et al.（2000）. Non-parametric model for background subtraction. In Computer Vision. Springer，Berlin，pp. 751–767.

R. Eschbach.（1994）. Image-dependent color correction using black point and white point in a natural scene pictorial image. U.S. Patent 5，371，615.

G. D. Finlayson，M. S. Drew.（1997）. White-point preserving color correction. Color and Imaging Conference 1：258–261.

Y. Fisher.（1995）. Fractal Image Compression with Quadtrees. Springer，New York.

G. L. Hansen et al.（1997）. Wound status evaluation using color image processing，IEEE Transactions on Medical Imaging 16（1）：78–86.

H. S. Hou，H. Andrews.（1978）. Cubic splines for image interpolation and digital filtering. IEEE Transactions on Acoustics，Speech，and Signal Processing 26（6）：508–517.

T. S. Huang et al.（1979）. A fast two-dimensional median filtering algorithm. IEEE Transactions on Acoustics，Speech，and Signal Processing 27（1）：13–18.

A. Imbroane et al.（2007）. Mineral explorations by Landsat image ratios. Presented at IEEE Symposium on Symbolic and Numeric Algorithms for Scientific Computing，IEEE，Piscataway，NJ.

A. Itooka，T. Sakamoto.（1981）. Linear interpolator for color correction. U.S. Patent 4，275，413.

M. Jerian et al.（2007）. A forensic image processing environment for investigation of surveillance video. Forensic Science International 167：207–212.

T. Keusen.（1996）. Multispectral color system with an encoding format compatible with the conventional tristimulus model. Journal of Imaging Science and Technology 40（6）：510–515.

L. Khriji，M. Gabbouj.（1999）. Vector median-rational hybrid filters for multichannel image processing. IEEE Signal Processing Letters 6（7）：186–190.

D.-W. Kim，K.-S. Hong.（2006）. Real-time mosaic using sequential graph. Journal of Electronic Imaging 15（2）：023005.

S. H. Kim，J. P. Allebach.（2005）. Optimal unsharp mask for image sharpening and noise removal. Journal of Electronic Imaging 14（2）：023005–023005.

N. S. P. Kong，H. Ibrahim.（2008）. Color image enhancement using brightness preserving dynamic histogram equalization. IEEE Transactions on Consumer Electronics 54（4）：1962–1968.

R. Lukac et al.（2005）. Vector filtering for color imaging. IEEE Transactions on Signal Processing 22（1）：74–86.

C. S. McCamy et al.（1976）. A color-rendition chart. Journal of Applied Photographic Engineering 11（3）：95–99.

A. M. McIvor.（2000）. Background subtraction techniques. Proceedings of Image and Vision Computing 4：3099–3104.

S. Morillas et al.（2007）. New adaptive vector filter using fuzzy metrics. Journal of Electronic Imaging 16（3）：033007.

W. Niblack.（1985）. An Introduction to Digital Image Processing. Prentice Hall，Englewood Cliffs，NJ.

H. Oduncu et al.（2004）. Analysis of skin wound images using digital color image processing：A preliminary communication. International Journal of Lower Extremity Wounds 3（3）：151–156.

K. Oistämö，Y. Neuvo.（1990）. Vector median operations for color image processing. In E. J. Delp，ed.，Nonlinear Image Processing，SPIE Proceedings. vol. 1247. SPIE，Bellingham，WA，pp. 2–12.

A. P. Pentland et al.（1992）. Fractal-based image compression and interpolation. U.S. Patent 5，148，497.

M. Piccardi.（2004）. Background subtraction techniques：A review. IEEE Conference on Systems，Man and Cybernetics 4：3093–3104.

F. Piccinini et al.（2013）. Automated image mosaics by non-automated light microscopes：The MicroMos software tool. Journal of Microscopy 252（3）：226–250.

A. S. Pilchak et al.（2012）. Using cross-correlation for automated stitching of two-dimensional multi-tile electron backscatter diffraction data. Journal of Microscopy 248（2）：172–186.

J. C. Pinol.（1997）. A general comparative study of the multiplicative homomorphic，log-ratio and logarithmic image processing approaches. Signal Processing 58（1）：11–45.

S. M. Pizer et al.（1987）. Adaptive histogram equalization and its variations. Computer Vision，Graphics，and Image Processing 39（3）：355–368.

W. K. Pratt.（1978）. Digital Image Processing. Wiley，New York.

A. Rosenfeld，A. C. Kak.（1981）. Digital Picture Processing. Academic Press，Orlando，FL.

3

高级处理技巧

第2章描述和说明的图像处理方法是应用计算机进行图像处理开始以来广为接受和使用的方法。甚至在此之前，其中的一些方法(如伽马调整和USM锐化)就已经在传统的暗室中用于处理胶片和照片了。随着计算机能力的提高，更多的计算密集型算法(其中大多数为人所熟知并广为著录，但应用仅限于配备大型计算机的机构)已变成在台式机和笔记本电脑上实现的实用算法，并成为当前一些软件包的一部分。

在许多情况下，这些处理程序可以在图像质量方面提供重要的改进，包括图像的视觉外观和说明力，以及进行有意义的测量的能力。因为这些技术不怎么常见和为人熟知，所以必须更加小心地使用(和解释)。本书提供的参考资料给出了这些技术提出、证明的来源，往往也包括其实现方法，并提供了一些附加的例子。

减少随机噪声

在第2章中阐述了诸如高斯模糊的卷积。卷积，也称为核运算，累积所有邻近像素的值，并根据其位置和与被替换的中心像素的距离对其值施加权重。这确实能降低随机斑点噪声，但代价是使边缘和线条模糊和偏移。为了减少对亮度跃变(通常对应于物体的边界或边缘，对物体的视觉识别和测量都很重要)的模糊效应，已经设计了几种改进方案。这些修改根据不同的标准区别对待相邻的像素，可以统称为自适应的、基于模糊逻辑的或有条件的邻域处理。

一个是阈值邻域处理，它只是从求和运算中排除任何值与中心像素相差超过某设定数值的像素(Sklansky，1970；Bloomberg & Maragos，1990；Burges等，1997)。公式3.1所示的权值之和及权值与像素值乘积之和仅限于与被替换像素亮度相似的像素。权重值可以是第2章中所介绍过的、与中心像素间距离的高斯函数，也可以是如后面的例子所示的经过修改的值。有时可以自动确定用于排除的阈值，比如，确定为邻域像素亮度值标准差的两倍或三倍。该方法不适用于小邻域，因为基于少量值计算标准差时存在统计的不确定性。

$$P'(x,y)=\frac{\sum_{i,j} Weight_{i,j}\cdot P(x+i,y+j)}{\sum Weight_{i,j}} \tag{3.1}$$

如果可以为更大的区域或整个图像确定全局阈值，则会有更好的估计可以使用，但是这种方法假设斑点噪声是加性的和符合高斯分布的。加性噪声通常与放大器和数字化仪电容引起的热噪声有关，其大小与绝对亮度或信号大小无关。乘性噪声随亮度的增加而增加，通常与电荷耦合器件（CCD）探测器的响应和放大器增益有关。互补金属氧化物半导体（CMOS）探测器的噪声是不同且更复杂的（Hytti，2005；Bigas等，2006）。大多数图像中都存在加性噪声和乘性噪声。

使用卷积不能很好地处理散粒噪声和周期性噪声，它们将在下面的关于中值滤波器和傅里叶变换的部分中分别讨论。散粒噪声或像素缺失，可以用诸如中值滤波的顺序统计滤波器滤除，而周期噪声通常是使用把数据从空间域转换到频率域的傅里叶变换来滤除。

在许多情况下，从卷积邻域中消除像素的阈值是由处理者手工或者交互设定的。图3.1给出了一个例子，扫描电镜（SEM）图像中噪声来源既有加性的也有乘性的。两幅结果图像的高斯模糊函数的标准差和半径是相同的。在阈值较低的情况下，暗像素被平滑，但是许多由于噪声而具有较大绝对变化的亮像素则没有被平滑。阈值越高，亮区也就越平滑。由于存在较大的亮度差异，花粉颗粒的外边缘和内部孔洞的边缘通常保存得很好。图3.2为在骨头上工具痕迹的SEM图像中应用条件平滑降低噪声的效果。大多数明亮的边缘痕迹（是SEM表面图像的特有的）没有被平滑处理，而在周围较暗的位置，噪声和精细的细节减少了。

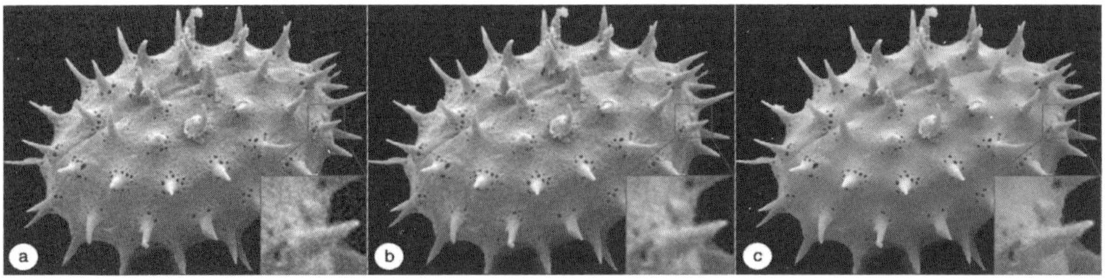

图3.1 条件平滑处理：（a）原始花粉粒SEM图像；（b）低条件阈值处理结果；（c）较高条件阈值处理结果。

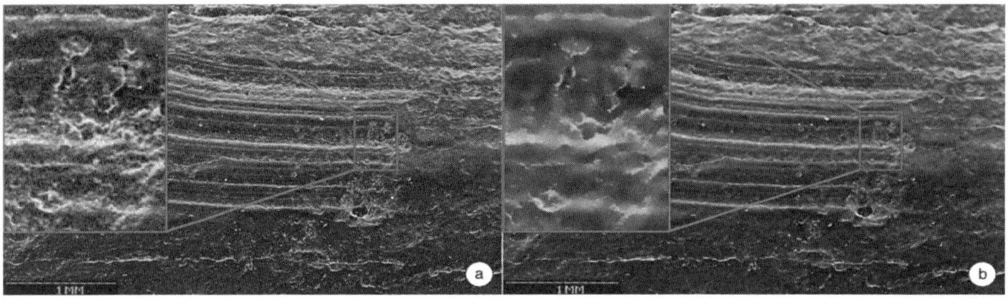

图3.2 条件平滑处理：（a）骨头上工具痕迹的原始SEM图像；（b）应用条件平滑处理的结果。

双边滤波器和各向异性扩散滤波器

对高斯模糊卷积的修正应用最广泛的是双边滤波和各向异性扩散。它们都以第2章中所示的高斯模糊权值阵列开始（这些权值只依赖于邻近像素到中心像素的距离），然后使用附加项修改这些值。

双边滤波器（Tomasi & Manduchi，1998；Zhang & Gunturk 2008）添加了第二个指数项，如公式3.2所示，它除了与邻近像素到中心像素距离r有关外，还与邻近像素与中心像素的亮度差 δ 有关。这与图3.1和图3.2对模糊加阈值的想法类似，但不是用生硬的限值，而是根据 δ 逐渐减少权重。Elad（2002）表明该方法可以由贝叶斯统计推导出来。两个参数控制随半径的变化和随亮度差的变化，如图3.3所示。径向标准差 σ_r 和亮度差的标准差 σ_δ 通常为可由用户调整的参数。

加权平滑滤波器的另一种方法是结合图像中每个点信息的方向性，该方向性基于局部亮度梯度的方向和大小。这需要更多的计算，但总是可以计算出的，例如使用后面描述的Sobel滤波器（公式3.3），它使用亮度梯度作为定位边缘的工具。各向异性扩散滤波器（Alvarez，1992；Catté等，1992；Weickert，1996，1998；Black等，1998）对在梯度方向上的像素（它们与中心像素的差异更大）的权重小一些，而在与梯度方向垂直方向上的像素（它们与中心像素更相似）权重大一些。图3.4显示了处理结果。图3.3和图3.4中的例子使用相同的距离高斯加权，它们说明基于值的差异与基于方向差异处理的不同。

$$Weight(r,\delta) = \mathrm{k} \cdot \exp\left(\frac{-r^2}{2\sigma_r^2}\right) \cdot \exp\left(\frac{-\delta^2}{2\sigma_\delta^2}\right) \tag{3.2}$$

图3.3　双边滤波器：（a）原始图像；（b）强差值加权处理；（c）弱差值加权处理。关于距离的权重与图3.1相同。

图3.4　各向异性扩散：（a）原始图像；（b）强梯度加权处理；（c）弱梯度加权处理。关于距离的权重与图3.1相同。

图3.5比较了一个双边滤波器和一个各向异性扩散滤波器作用于图3.2a所示的骨头上工具痕迹图像的结果。使用相同的邻域大小，它们产生了类似的结果。两幅图像都通过卷积进行模糊处理，采用各向异性扩散方法边缘和线条的锐度更高。

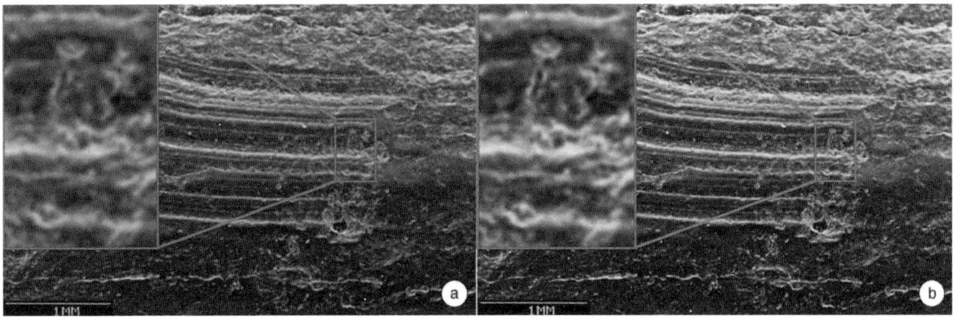

图3.5 用双边滤波器:(a)和各向异性扩散滤波器(b)处理图3.2a的工具痕迹图像的结果比较。关于距离的权重与图3.2相同。

图3.6用一幅将亮度表示为平面的图,与中值滤波器(不是基于卷积的)处理结果的比较,来说明降低噪声并保持亮度跃变的不同结果。改进的或有条件的平滑处理还有其他的版本,它们在平滑操作中忽略了局部邻域中的一些像素值(如Vijaykumar & Santhanaman,2014)。Russ和Russ(2008)应用的条件处理,将低梯度区域的高斯模糊与高梯度区域的锐化卷积结合起来。

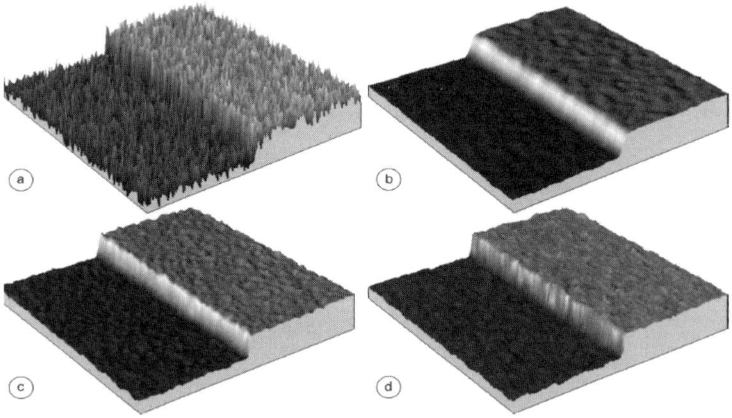

图3.6 降噪方法对比:(a)原始含噪声边缘;(b)双侧滤波;(c)各向异性扩散滤波,以及(d)中值滤波。

这些方法的合理性总是基于这一前提:某些像素与其他像素不同,因此它们可能属于不同的区域。大多数技术既考虑了像素在区域中的位置,也考虑了与原来的中心像素值的差异。有些方法还包括局部亮度梯度的大小和方向。颜色值,通常是色调,也可以作为排除或加权的一个标准。

非局部均值滤波器

一种计算量极大的像素值加权组合方法，非局部均值滤波器(Buades等，2005a，2005b，2010；Mahmoudi & Sapiro，2005；Mairal等，2009；Sarker等，2012)，如图3.7所示，对图像中大的邻域内的所有像素进行加权平均。权重函数是基于每个像素的最邻近区域亮度结构的相似性，通过计算每个邻域的像素值结构差异的指数函数得到。它不考虑邻近像素的距离。

非局部均值滤波也可以理解为贝叶斯过程(Kervrann等，2007)。如图3.8和图3.9所示，结果是显著降低了噪声，同时保留了边缘的锐度和细节。重要的参数是搜索区域的大小以及基于模式相似性对不同像素值应用的权重(Salmon，2010)。如图3.7所示，实现过程中一般使用正方形搜索区域(蓝色框)和正方形局部邻域(绿色和红色框)，尽管原则上圆形区域和邻域更有利于避免各向异性。Van de Ville和Kocher(2009)使用图像内容的分析来自动调整参数以适应表现出的噪声程度。

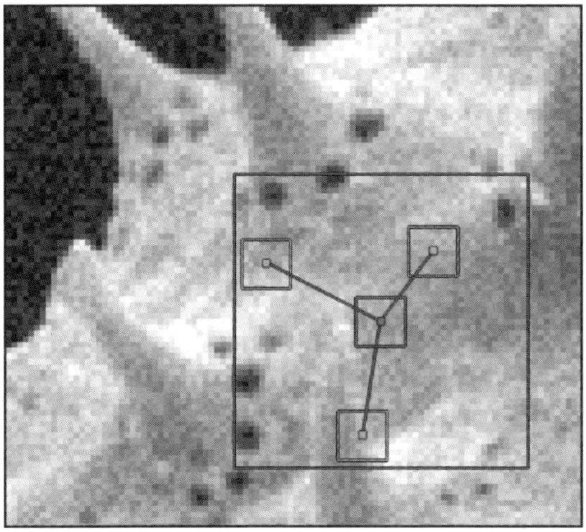

图3.7 非局部均值方法示意图。中央红色像素的新值是在搜索区域(蓝框)内所有像素(绿框)的强度的平均值，每个像素根据各邻域(绿框)与中心邻域(红框)强度结构的相似性进行加权。

图3.8 非局部均值滤波应用于花粉图像：(a)原始图像；(b)结果图像；(c)为(a)与(b)之间的差异。

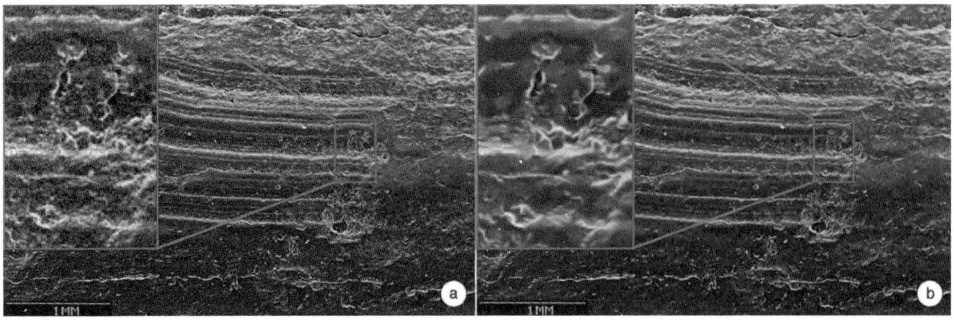

图3.9 非局部均值过滤器应用于工具痕迹图像：（a）原始图像；（b）结果图像。

对于彩色图像，通常的处理过程是只对亮度值应用这些滤波器，采用如色调、饱和度和强度（HSI）或Lab的颜色空间来分离颜色信息。图3.10就是使用的这种方法。结果消除了表面背景纹理，同时保留和加强了血液飞溅图案。如果红、绿、蓝（RGB）通道的噪声特性是不同的，在某些情况下，对每个通道单独应用滤波器可能是非常有用的。例如，像第1章指出的，在许多数码相机中，蓝色通道的信号需要更多的放大因此比绿色通道有更大的噪声。Tasdizen（2009）建议，将非局部均值方法应用于主成分分析后的彩色或多光谱图像（在后文详述；见图3.45）。

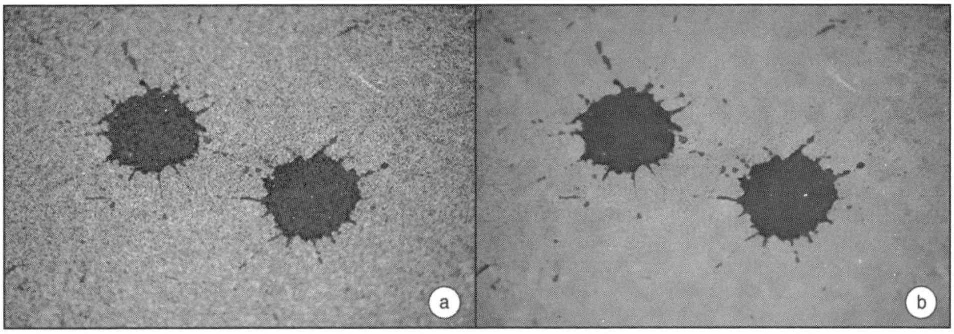

图3.10 非局部均值滤波应用于砂纸上的血溅图像。

图3.11至图3.13用一幅鞋印图像、一幅监控图像和一幅夜间拍摄的事故现场照片比较了这几种计算密集型降噪方法。所有应用于像素邻域的使用加权系数阵列的卷积滤波器都会在一定程度上模糊边缘；各向异性扩散滤波器对大多数亮度跃变和线条的模糊程度最轻。非局部均值滤波器不是卷积滤波器，它在去噪的同时保持锐利边界的能力方面表现优越。一两个像素宽度的精细细节，即使它构成了一条线，用卷积方法都会被消除。在图3.13中，非局部均值滤波器在显著降低噪声的同时，保留细线和细节方面的优势表现得

特别明显。

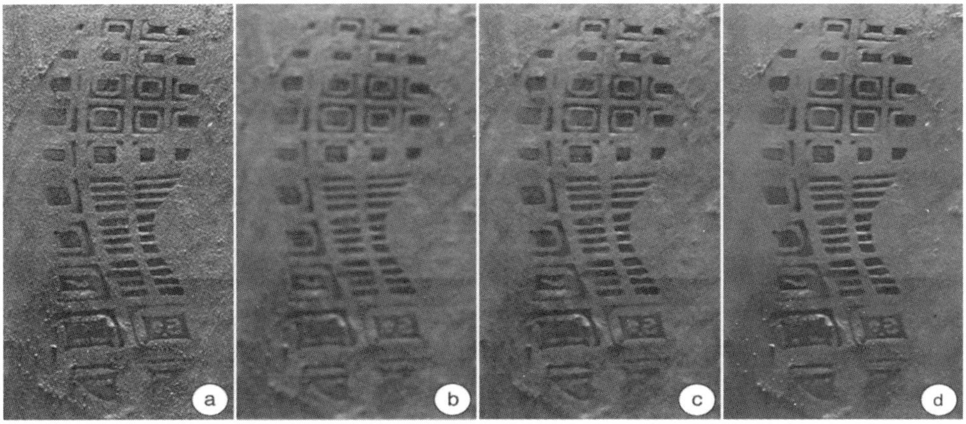

图3.11 鞋印图像降噪对比：(a)原始图像；(b)各向异性扩散处理；(c)混合中值滤波处理(放于此处用作对比)和(d)非局部均值处理。

图3.12 监控图像降噪比较：(a)原始图像；(b)各向异性扩散处理；(c)非局部均值处理。

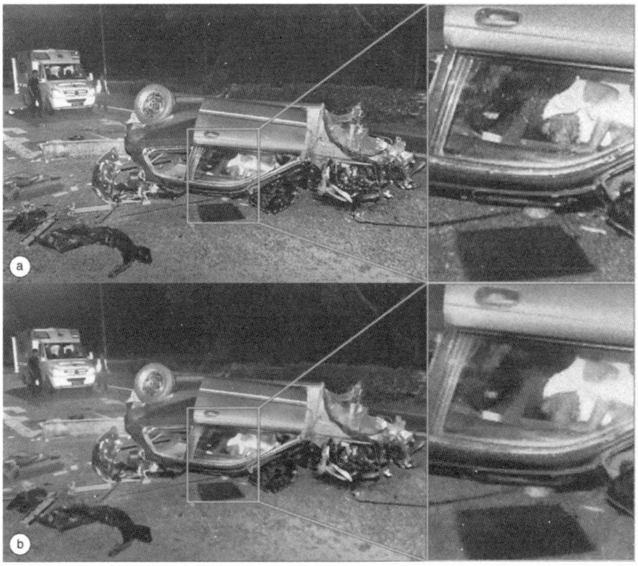

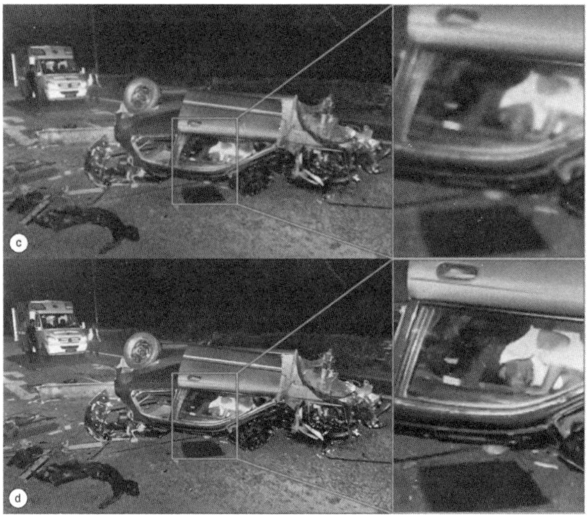

图3.13 **事故现场图像降噪对比：**（a）**原始图像；**（b）**混合中值滤波处理；**（c）**各向异性扩散处理；**（d）**非局部均值处理。**

细线的保留在下一节介绍高级中值滤波器的内容中讨论。两幅比较图中也包括了混合中值滤波的结果，线条保留得比卷积方法更好，但是噪声消减得不如非局域均值滤波那么多。

非局部均值滤波器的另一个属性是它倾向于模糊联合摄影师专家组（JPEG）压缩图像中的8×8方块的边界，如图3.14和图3.15所示。在单色的监控图像中，噪声降低了，边缘也得到勾勒。但是，也没有更多的可见信息可以用来识别蒙面人。在摄自一个农贸市场的彩色图像中，蔬菜和篮子的外观在视觉上得到了改善。然而，在压缩过程中丢失的信息，如指示牌上的文字，是无法恢复的，仍然难以辨认。

图3.14 **来自监控视频的**JPEG**压缩图像**（a）**和应用非局部均值滤波器处理的结果**（b）。（**图a摘自** P. Kovesi，University of Western Australia，Perth）

图3.15 非局部均值滤波应用于一幅JPEG压缩图像：（a）原始图像的放大局部；（b）JPEG压缩后的图像；（c）非局部均值滤波应用于（b）的结果。

改进的中值滤波

正如前面的例子和第2章所指出的，卷积滤波器使用了邻域内的所有像素值，并通过各种权重因子进行了调整（当然，其中一些权重因子可能非常小，甚至为零）。中值滤波器则是基于对邻域像素值的排序，并丢弃其中一些（或大部分）值。新的像素值（或多通道图像的值，如RGB值）来自相邻位置中的一个，不会将像素值在一起平均以得到中间结果。这对于丢弃极端值（如散粒噪声）特别有效，并且能保留对比度和标志目标边界位置的亮度跃变处（Justusson，1981）。

有几种方法可以扩展和改进第2章中描述的传统中值滤波器。图3.16表明，采用逐渐增大半径的迭代中值滤波，而非单一地应用一个大的邻域，能在产生同样降噪效果的同时得到更清晰的边界（Tukey，1977；Arias-Castro & Donoho，2009）。但是，请注意，中值滤波会使原本正方形的角变钝；这是采用正方形或近似圆形邻域的中值滤波的一般特征。

修改中值滤波的一种可能方法是创建一个加权的中值滤波器。例如，根据邻域像素与中心像素的距离对其进行加权（Brownrigg，1984；Yin等，1996）。这可以通过在要用排序来找出中值的列表中多次输入较近的值来完成（Chang等，2008），或者，对于向量中值滤波，通过将每个向量距离乘以一个权重因子来实现。不过，排序是计算量比较大的操作之一，耗时随着邻域的大小快速增长。因此，加权中值滤波很少使用。

图3.16 迭代中值滤波:(a)原始含噪图像;(b)使用单个大邻域(半径7个像素)的中值滤波处理;(c)依次使用半径为3、5和7个像素邻域的迭代中值滤波处理。

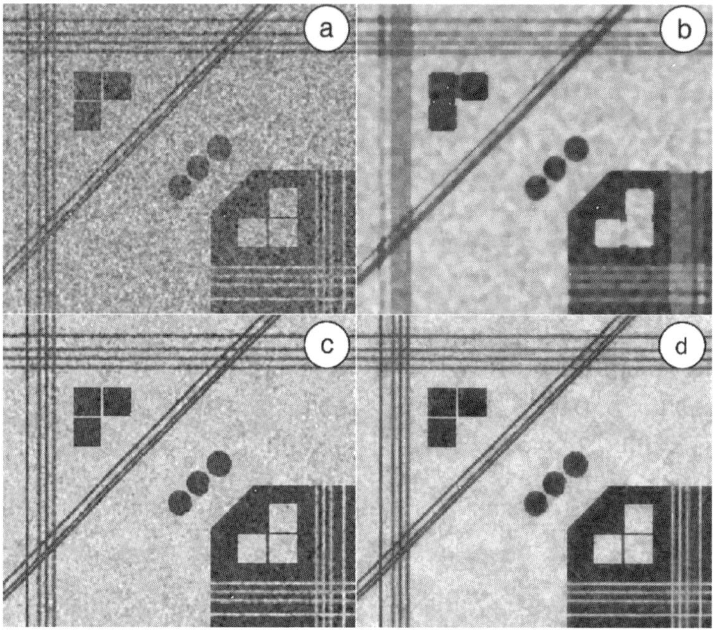

图3.17 窄的线条和间隔的中值滤波:(a)原始测试图像;(b)常规中值滤波处理;(c)条件中值滤波处理和(d)混合中值滤波处理。

条件中值滤波可以很容易地实现,它在邻域及其列表条目中剔除某些像素。邻域像素与中心像素之间差值的阈值,可以通过统计学估计,就像在图3.1和图3.2所示的条件卷积中一样,也可以是由用户调整的参数。图3.17比较了传统中值滤波、条件中值滤波和混合中值滤波(如图3.18所示)对一幅狭窄的线条及间隔的测试图像处理的结果。传统的中值填充了间隔,消除了间距比邻域半径更窄的线条,同时让尖角变钝;条件中值滤波和混合中值滤波在降低斑点和散粒噪声的同时,保持了图像的信息和角的锐度。由于条件中值滤波可能有偶数个值要排序,在这种情况下,新值可能是排序列表中心的两个值中较大或较小的一个,或者是它们的平均值。

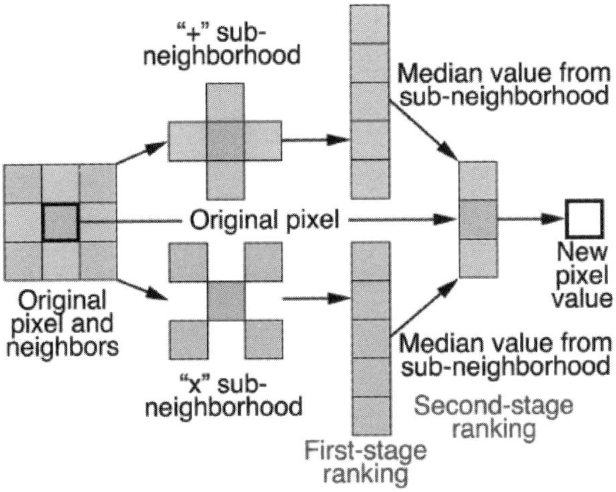

图3.18 3×3混合中值滤波中使用的邻域像素的示意图。两组像素都包含中心像素，并分别进行排序。然后对每组的中值和中心像素再次排序，选择最终的中值赋予中心位置的像素。

混合中值滤波在保留线条、空间和角的锐度方面特别有效(Nieminen等，1987；Astola等，1989，1990；Aach & Kunz，1997；Khriji & Gabbouj，1999；Fried等，2004)。图3.18显示了一个3×3邻域(半径为 1)的处理过程。对由交叉线形的像素组构成的子邻域分别进行排序，然后在第二阶段排序中将其各自的中值与原始中心像素值结合起来，选出中值作为新的像素值。对于较大的邻域范围，会使用更多角度的子邻域。例如，在一个5×5(半径为2)的邻域中，有四个子邻域，方向间隔为22.5°，它们的中值与原始中心像素值的三次重复相结合，进行最终排序。

图3.19对比了传统中值滤波和混合中值滤波对于骨头上工具痕迹的含噪SEM图像中细节和边缘锐度的保持情况，该图像在前几次的比较中使用过。

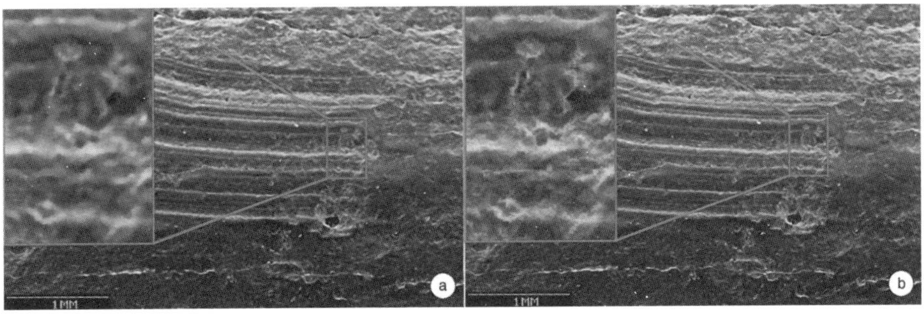

图3.19 传统中值滤波：(a)与混合中值滤波；(b)应用于图3.2a中工具痕迹图像的比较。

混合中值滤波对于保留细线特别有效，如图3.20和图3.21(以及图2.42)所示。在所有这些彩色图像的示例中，中值都是使用第2章中所示的向量中值逻辑确定的。注意，在图3.20中，高斯模糊使边缘对比度和位置降质，而传统的中值滤波消除了细的树枝并缩短了其他树枝，同时保留了树枝相会或交叉的黑暗区域。混合中值保留所有这些细节，同时减少斑点噪声。所示的所有操作都使用半径为2的圆邻域(省略了5×5正方形中的四个角像素以更接近圆形，从而降低结果的各向异性)。如图2.43所示，邻域越大，近似程度越好。

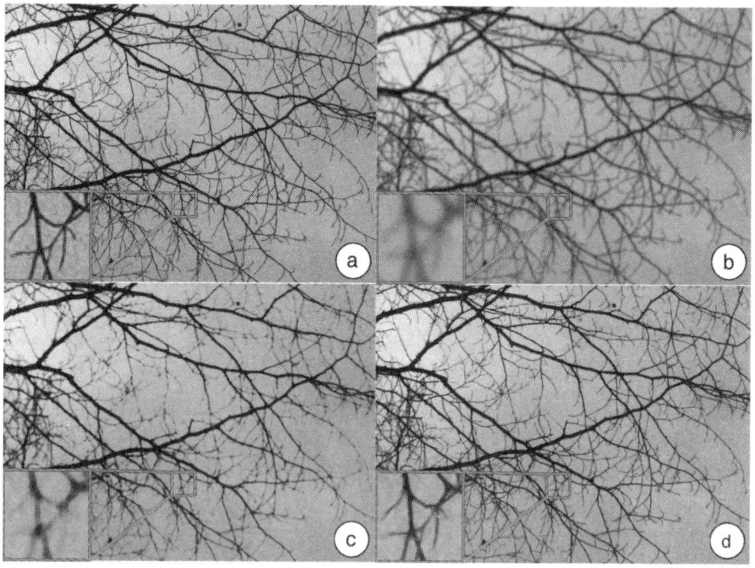

图3.20 减小树枝图像中的噪声：(a)原始图像；(b)高斯模糊图像；(c)常规中值滤波图像；(d)混合中值滤波图像。

在图3.21中，上方较细的电线被传统的中值滤波去除了，而用混合中值滤波则得以保留。用中值滤波器去除细线有时可以起到好的作用，如消除胶片上的划痕。从图中还可以看出，用传统的中值滤波处理，标识牌上的字变得难以辨认，但混合中值滤波则几乎没有影响。

图3.21 降低空中电线图像的噪声：(a)原始图像；(b)常规中值滤波图像；(c)混合中值滤波图像。

一个有时可能会受益于混合中值滤波保持细线和间隔能力的应用是指纹处理。图3.22将混合中值滤波的结果与传统中值滤波和条件中值滤波做了比较。这些图像的应用目的是定位细节——嵴线图案中的端点、缝隙和分叉。处理的困难包括：需要知道嵴线上的一个小的断裂是应该填上还是表现为间隙，以及一个明显的分支是真实存在的，还是嵴线实际上并未相交。任何填补空白的处理都可能改变检测真实特征的能力。本章末尾的单独一节将讨论处理这一特别的法庭科学任务的更高级和更专门的方法。

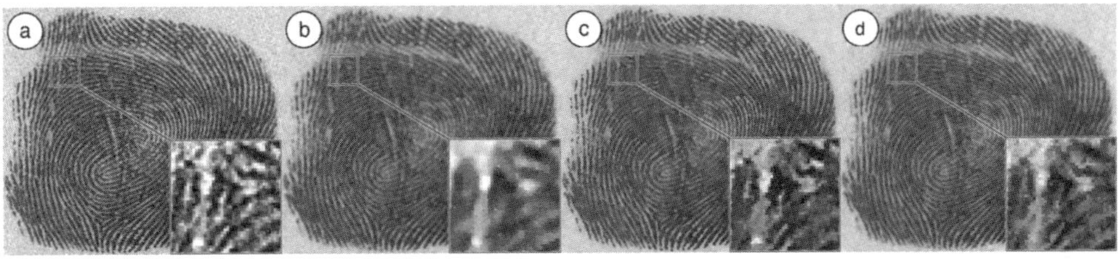

图3.22 处理指纹图像：(a)原始图像；(b)常规中值滤波图像；(c)条件中值滤波图像；(d)混合中值滤波图像。

形态学滤波器

其他的排序操作，如第2章中所示的形态学腐蚀和膨胀操作，也可以通过自适应或施加条件的方法进行改进。例如，如果图像包含散粒噪声，比如死像素或锁死的像素，或其他极端的值，则使用第二亮或第二暗的值进行腐蚀或膨胀更好，而不是用极值（Salembier，1992；Gabbouj等，1992；Mitra & Sicuranza，2001；Soille，2002）。

第2章中描述的颜色向量排序可以用于形态学运算。图3.23显示对血管的腐蚀产生背景，然后可以减去这个背景，只留下血管进行测量。该处理根据邻域中红色值最小的像素指定颜色值，换句话说，从向量意义上讲，是距离血管的红色最远的值。处理过程腐蚀了血管，但它也缩小蛋黄的大小，因而紧随其后的是一个膨胀处理，将每个像素值替代为邻域中最红的像素值，即中间图像中最接近原始血管红色的值。经过开运算处理，血管被移除，不再出现，而蛋黄恢复到原来的大小。从原始图像中逐像素地减去这个图像会去除背景，只留下血管。

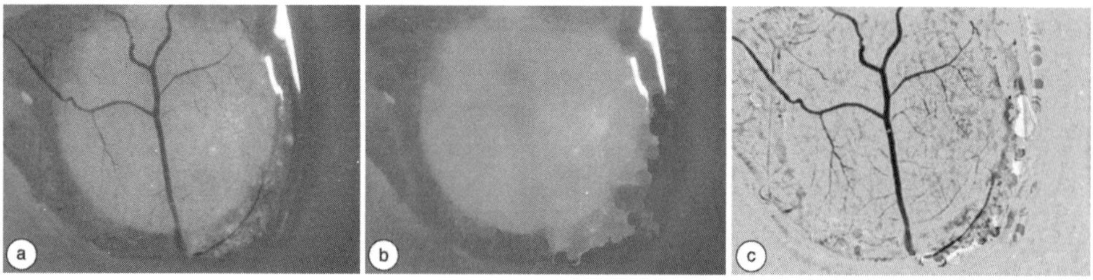

图3.23 文中描述的彩色图像背景去除示例：(a)原始图像；(b)由颜色向量开运算产生的背景；(c)原始图像减去(b)中的背景图像。(感谢加利福尼亚州La Jolla市斯克里普斯研究所的Kathy Spencer提供图a)

图3.24 条件腐蚀处理：(a)原始图像；(b)阈值处理图像，包含有沿文字边缘的灰色像素；(c)腐蚀处理，只留下未被改变的溅血图案。

当形态学操作应用于阈值处理过的图像时(在第4章讨论)，新的像素值设置为黑色还是白色，可能是基于邻域像素的特定图案或邻域中白色或黑色像素的数量，而不是简单地对像素值(只有黑色或白色)排序。图3.24显示了一个示例。对原始图像做阈值处理，分离出了构成血液飞溅图案的灰色像素，也选中一些位于标牌上文字边缘的有相同灰度值的像素，因为横跨黑暗区域边缘的任何一个像素，都是该像素所覆盖的亮、暗区域的平均值。

将邻域黑色像素少于3个(一个像素总共8个紧邻像素，4个以边相连，4个以角相连)的黑色像素设置为白色，只删除那些孤立的像素，而不改变飞溅血滴的形状。这些血滴图案可以根据第4章的描述进行测量，以确定受害者被击中时的位置。

应用于二值图像的经典的侵蚀和膨胀过程(以及它们的组合，开运算和闭运算)，如果原本黑色的像素8个相邻的像素中有一个是白色的，那么它就会变成白色，反之亦然。设置条件规则，比如统计不同邻居(黑或白)的数量或检查它们的图案(比如，它们是否相互接触)，提供了对结果的更大控制。例如，迭代地删除与任何背景像素相接触的像素，但如果要删除的像素与目标中其他像素相连，且没有此像素就无法相连(目标就会分断成不相连的几部分），则予以保留，这样会只留下形状的骨架（Pavlidis，1980；Nevatia & Babu，1980；Davidson，1991；Lam等，1992；Ritter & Wilson，2001；Udre & Vizireanu，2007）。

图3.25说明了处理逻辑和结果。另一种方法是给目标内的每个像素分配一个度量到背景距离的值，然后提取最大值嵴线（中轴变换）作为骨架（Lee，1982；Kimmel等，1995；Di Baja & Thiel，1996；Choi等，1997）。第4章中的示例展示了如何用骨架通过其拓扑结构来描述形状特征及实施测量。

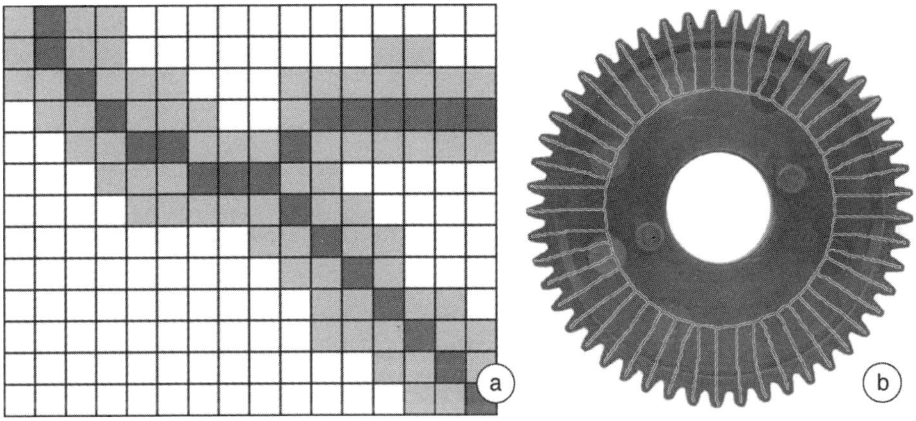

图3.25 利用迭代腐蚀运算的骨架化：(a)反复侵蚀形状上的蓝色像素，使其只剩下中轴，(中轴上的像素不能去掉，否则与目标上其相邻的像素之间无法连接)；(b)齿轮的骨架表征了其形状。

提升边缘的对比度

第2章所述的反锐化蒙版通过卷积来加上每个像素与其相邻像素之间的差值，从而在亮度跃变处增加对比。增强的对比度使亮度跃变在视觉上更加明显，但会平移跳变的位置——取决于邻域的亮度图案以及边缘的局部形状。此外，它还会沿着边缘产生“光晕”，如图3.26和图3.27所示。这些光晕会隐藏靠近较亮或较暗的物体的其他颜色暗淡的物体或细节。对于光晕的一个补救方法是施加一个限定条件，即只有当原始像素值更暗或更亮时，新的像素值才替换它。如图所示，这样可以消除明的或暗的光晕。

反锐化蒙版会产生更大的亮度差异，因此在图像亮区的亮度跃变处对比度提升（以及随之而产生的光晕）的幅度比在暗区大。采用排序操作，而不是通过卷积来获得被减去的不清晰图像，可以消除这一现象。用中值滤波器替换高斯模糊可以实现这一目的，如图3.28所示。第2章所讲的高斯差分（DoG）方法（如图2.75所示）也可以通过使用不同大小邻域的中值而不是高斯平滑值来修改。这称为中值差分（DoM）滤波器。

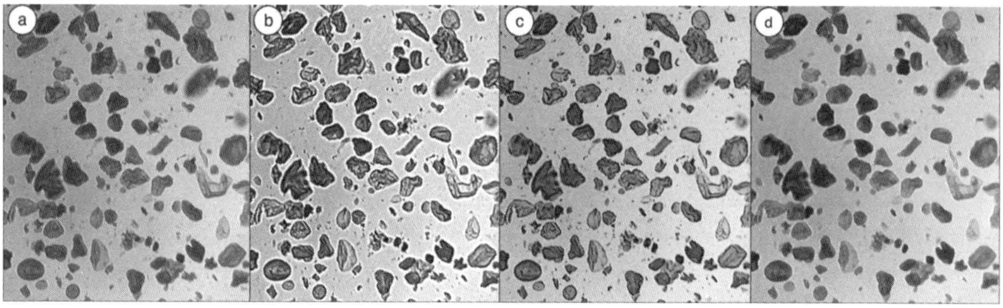

图3.26 深色物体边缘锐化：（a）颗粒的显微图像；（b）USM锐化产生亮晕；（c）只保留较暗值的改进的USM锐化；（d）Kuwahara滤波器处理结果（在图3.31详述）。

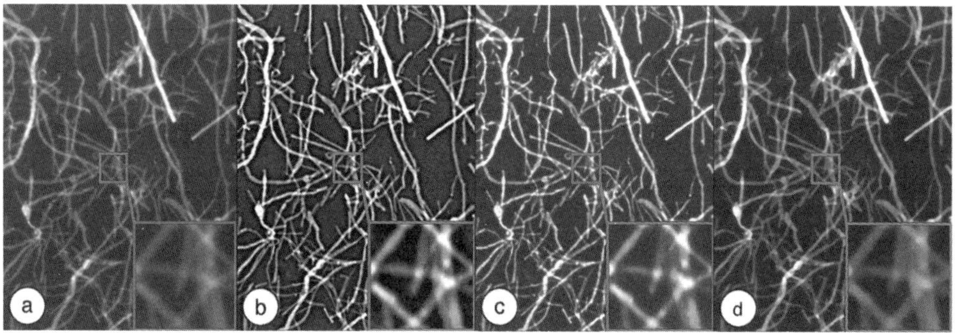

图3.27 明亮物体边缘锐化：（a）纤维的显微图像；（b）USM锐化产生暗晕；（c）只保留较亮值的改进的USM锐化；（d）Kuwahara滤波器处理结果（在图3.31详述）。

图3.28 锐化比较：（a）一个擦刮痕迹的原始图像，用硬币表示尺寸；（b）USM锐化产生高光点和亮环；（c）基于排序的锐化消除了光晕，并在亮区和暗区同样程度地增加了边缘对比度。

局部均衡采用不同的方法增加亮度跃变处的对比度。利用局部邻域的像素值构造直方图，然后对直方图进行与第2章相同的均衡处理。用中心像素的新值形成结果图像（Pizer等，1987；Dale-Jones & Tjahjadi，1993；Zhu等，

1999；Wu等，2005）。邻域半径通常在3~6个像素之间变化。对于近似圆形的邻域，包括37到137个像素，此即被处理图像亮度值数量的极限，但即使较小的值对肉眼观察来说也是足够的。图3.29显示了不同邻域大小对处理后的图像和直方图的影响，处理后像素值的数量都减少了。

如图3．29所示，局部均衡消除了大尺度的亮度变化，例如杂志封面上的印刷图片和字体，同时保留并增加了局部亮度变化。任何比局部邻域均值稍微亮一点的像素仍然比较亮，反之亦然。在图3.30的例子中，局部直方图均衡极大地增加了硬币表面痕迹的可见性，但是抑制大尺度的亮度变化，图像变得更加难以理解。将局部均衡结果加到原始图像中，可以产生视觉信息更丰富的结果。

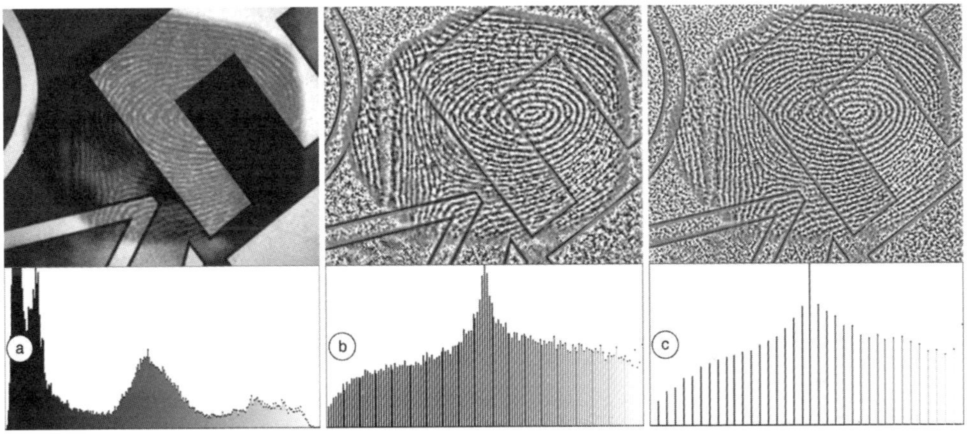

图3.29 杂志封面上的一枚指纹的图像：(a)原始图像；(b)局部均衡结果，半径 = 6；(c)局部均衡结果，半径 = 3。

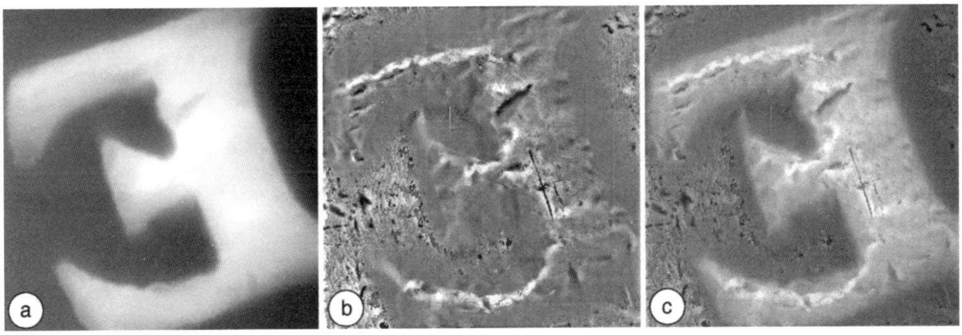

图3.30 显示有磨损痕迹的硬币浮雕字母图像：(a)原始图像；(b)局部均衡结果；(c)为(a)和(b)各50%混合的结果。

Kuwahara滤波

USM锐化和局部均衡方法增加了跃变处的亮度变化，提高了图像的视觉锐度。另一种锐化方法减小了亮度变化的距离，将渐变变为突变。Kuwahara滤波(Kuwahara等，1976；Amada等，1981；Bakker等，1999；Chen & Shih，2002；Papari等，2007；Kyprianidis等，2009)计算包含中心像素的每个子邻域的亮度方差。在贝叶斯意义上，最小的方差意味着中心像素最可能属于该子邻域，因此分配给该位置的新值是该邻域的平均值。

图3.31示意了该过程,也可以使用更大的邻域和子邻域。图3.32显示了一个示例(通常，对于彩色图像，只使用亮度信息进行处理，颜色分量不做修改)。该滤波在降低噪声方面也有效，如图3.33所示。

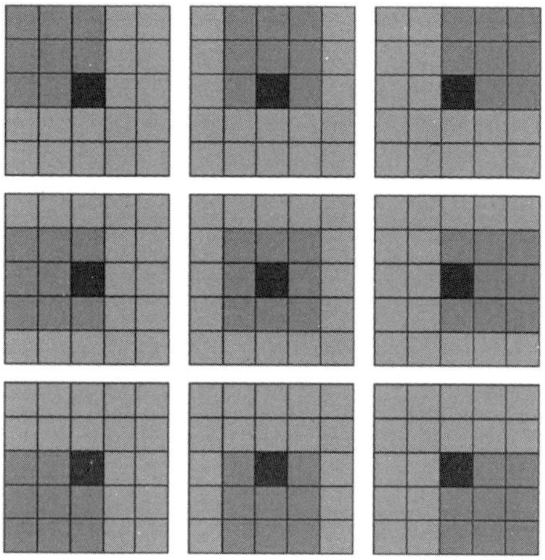

图3.31 5×5邻域内9个3×3个子区域(绿色)。Kuwahara滤波将方差最小的子区域的均值赋给中心像素(黑色)的位置。

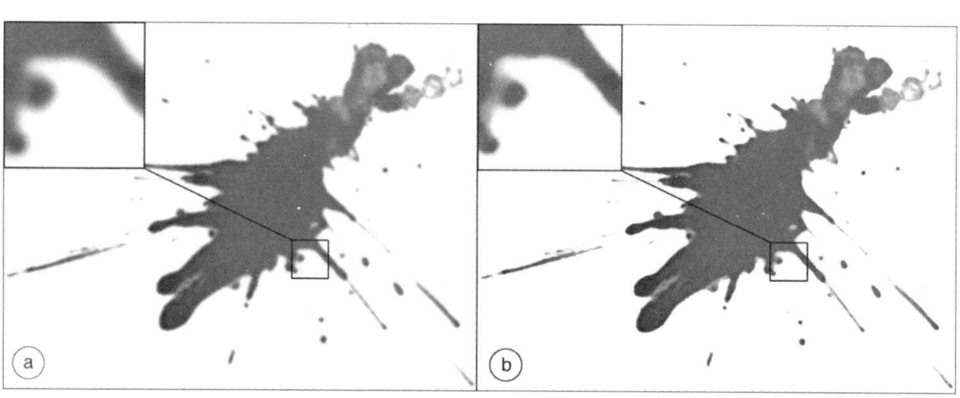

图3.32 用Kuwahara滤波器锐化边缘：(a)血溅图案的原始图像；(b)处理后边缘被清晰地描绘出来。

图3.33 用Kuwahara滤波器降噪：（a）蝴蝶翅膀的SEM原图；（b）处理后噪声降低，结构清晰。

勾勒边缘

人类的视觉对亮度的跃变有强烈的反应，形成了场景的所谓"初始速写"。的确，速写和绘图本身仅用少量线条就能很好地传达复杂的场景（例如，想想卡通动画）。许多警察绘制的草图只是由轮廓线条组成的示意图。计算机软件可以定位和标记亮度跃变，创建类似的轮廓图，如图3.34所示。

最广泛使用的创建轮廓图的方法是对每个像素赋以局部亮度梯度的大小（Juneja & Sandhu，2009；Maini & Aggarwal，2009；Gao等，2010）。这可以通过计算每个像素左边和右边邻域像素的加权差值以获得水平方向上亮度关于位置的导数，然后使用每个像素上边和下边邻域像素的加权差值以获得垂直方向上亮度关于位置的导数。Sobel梯度滤波（Sobel，1970）使用如式3.3所示的卷积核，然后将这些偏导数组合成向量来确定梯度大小。

$$\frac{\partial B}{\partial x}=\begin{bmatrix}+1 & 0 & -1\\+2 & 0 & -2\\+1 & 0 & -1\end{bmatrix}\quad \frac{\partial B}{\partial y}=\begin{bmatrix}+1 & +2 & +1\\0 & 0 & 0\\-1 & -2 & -1\end{bmatrix}$$

$$\text{梯度幅值}=\sqrt{\left(\frac{\partial B}{\partial x}\right)^2+\left(\frac{\partial B}{\partial y}\right)^2} \tag{3.3}$$

图3.34b显示了如何用Sobel滤波将图像转换为速写图。勾勒图像亮度跃变的其他常用方法是Canny滤波和方差滤波，也在该图中给出。Canny滤波（Canny，1986；Olsson，1993）是一个多步骤操作，它通过定位最大梯度而将其相邻像素的值压低，将梯度图像中通常为几个像素宽的轮廓线缩减为一个像素宽的表示（如图3.34c所示）。所得线条被认为是真实边缘的最可能的

位置，因此经常用于测量。

方差滤波(如图3.34d所示)计算每个像素位置周围一个小邻域内像素亮度值的统计方差，相比基于梯度的方法，该方法对绝对亮度值的敏感度较低。所有这些过程生成的值通常必须缩放到适合显示的0~255范围。

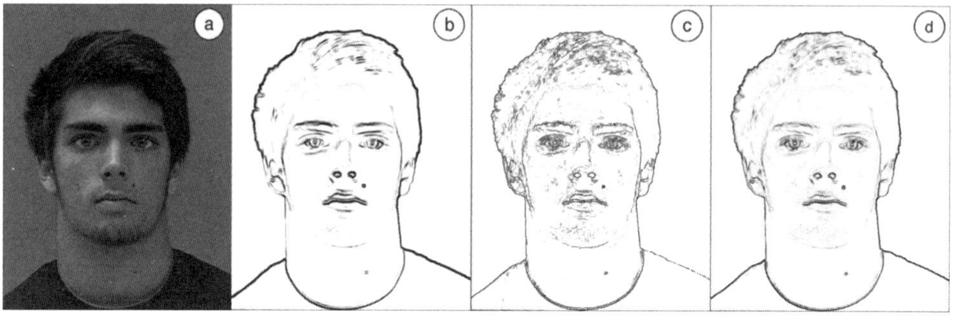

图3.34 勾勒草图: (a)**原始图像;** (b) Sobel**梯度幅值图像;** (c) Canny**单像素宽轮廓;** (d)**局部方差图像。**

这些方法产生的轮廓图像，看起来非常像在前摄影时代的显微镜学家和其他科学家为书籍和论文绘制的手工插图(如图3.35所示)。如分别应用于彩色图像中的各个通道，其结果非常类似于彩色素描(如图3.36所示)，这也是一些计算机图形软件包中使用的“艺术”处理功能之一。

边和角的位置通常用于测量和匹配。多种技术会被用到，包括Canny边缘检测器，以及之前描述的定位图像中极大值的各种邻域卷积或排序的方法。对像素值进行二次函数或样条函数拟合，可用于以亚像素精度对关键点定位。使用代表不同方向的线或角的目标进行相关运算(在本章后面的单独一节中进行描述)也可以用来定位关键点。

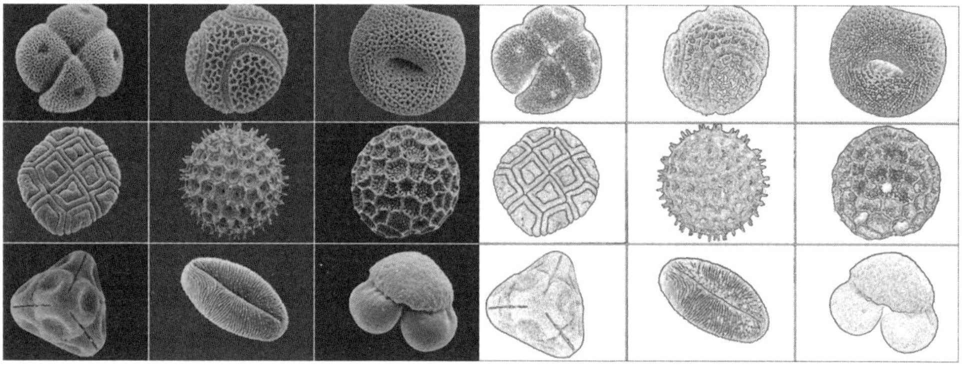

图3.35 Canny滤波器生成的花粉颗粒(左)轮廓形成一组线条描绘图(右)。

图3.36 用Sobel梯度滤波器生成的每个颜色通道的轮廓，由一张照片生成一幅艺术色彩素描。

图像中关键点的位置可以进而用来校正变形或确定相机位置（Lowe，2004），或尝试与一个数据库中某个对象匹配，该数据库由来自其他图像中的关键点构成。Nibouche等人（2009）基于鞋印的局部梯度检测角点，以测量到其他点的径向距离，然后累积出一个在原始图像与被加性噪声沾染的副本之间的比较分数。对300个鞋印的测试结果表明，被10%、15%和20%噪声污染的图像的成功率分别为90%、75%和55%。图3.37显示了一个示例。

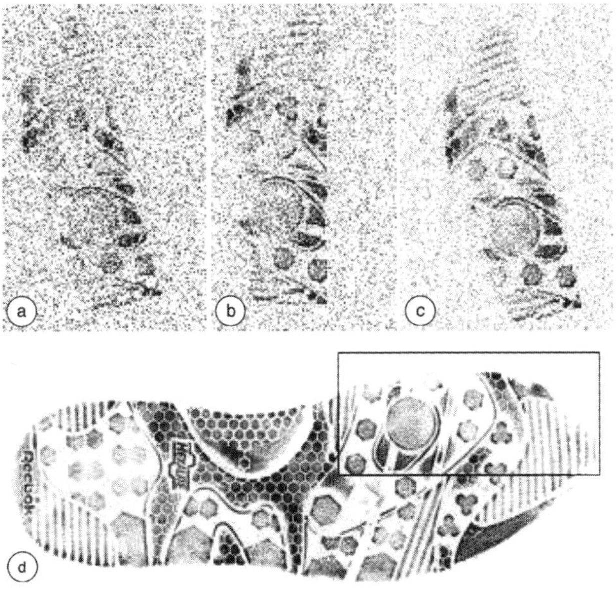

图3.37 通过对关键点的检测和对关键点之间距离的测量，将被20%（a）、15%（b）和10%（c）随机噪声破坏的部分鞋印图像与原始图像（d）进行匹配。（摘自O. Nibouche et al.，in Proceedings of 13th IEEE International Machine Vision and Image Processing Conference，2009，pp. 94–98.）。

多图处理

在前面的几个例子和第2章中已经展示了使用算术运算将多个图像结合起来的方法。例如，将背景图像减去（或除以）以使不均匀的亮度拉平，只需对两幅图像中每个对应位置上的两像素值进行操作，即可生成新的像素值。大多数软件包也提供加法和乘法，但是这些较少使用。还有其他可能的结合方法，比如在每个位置保留较亮或较暗的像素值。图2.52显示了保持每个位置的中值，以消除移动对象并生成背景图像的结果。

图3.38显示了一个例子，多个从不同方向照明的图像被以保留更亮像素值的方法合成在一起。结果提高了弹壳上细节和标记的可见性。类似的方法也适用于消除复杂场景中的阴影，如事故现场，粗糙的表面或不规则的场景，方法是固定相机的位置（例如，在三脚架上），用闪光灯在不同位置照明并进行多次曝光（当使用胶片相机时，保持快门开启，将胶片暴露在多次闪光照明之下，这种方法有时被称为涂布闪光）。在其他情况下，保持一系列图像中最暗的像素可以消除或抑制反射高光。

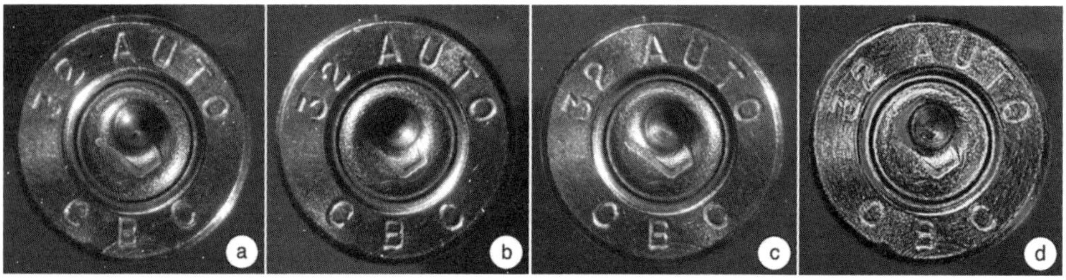

图3.38 通过在每个像素位置保持最亮值来组合多个不同曝光图像（a-c）得到（d）。

图3.39显示了组合多个图像的一种不同的方法和目的。这两张初始图像是以不同的对焦设置记录的（Pieper & Korpel，1983；Bergen，2001；Qian等，2013）。通过保留每个对焦更清晰的像素值来组合它们，可以生成一个扩展聚焦的图像。这种有时被称为聚焦堆叠的方法，很容易扩展到处理一个完整系列的图像，产生的结果实际上具有无限大的景深。当然，对齐图像是必须的；简单地通过转动在大多数相机镜头上的镜筒来对焦，也会改变放大率，因而需要通过调整将一系列照片对齐。有时会使用的（例如，在翻拍架上）远心镜头，对这一目的来说是理想的工具。具有固定焦距镜头的显微镜，通过改变镜头到样本的距离来对焦，产生的多幅图像特别适合这种技术（Valdecasas等，2001；Piper，2008）。

图3.39 将两张具有不同镜头对焦设置的图像（a、b）组合在一起，得到具有扩展景深的结果（c）。

决定保留哪个像素的标准需要检查一个局部邻域。当某一区域被清晰聚焦时，图像高频成分较高，因此一些测量值，如拉普拉斯算子求出的值，是最大化的；同样，邻域内像素值的局部方差急剧增大，达到最大值。一个特别简单但足够有效的算法是保留局部最亮和最暗值之间对比最大的值。图3.39中的例子使用局部方差标准选择像素值来形成最终的图像。

也有其他的图像组合方法。记录不同曝光量的图像可以将它们组合起来，产生动态范围增大的结果（Battiato等，2003；Kao，2008；Heo等，2011；Qian等，2013）；图3.40显示了一个例子。一些相机自动获取和组合多个不同曝光的图像，生成高动态范围（HDR）图像。

图3.40 结合用不同曝光记录的图像（a，b），得到动态范围扩展的结果（c）。

主成分分析

特别是在遥感和卫星图像中，许多波段的光记录在不同的颜色通道中，其组合可能会揭示出任何单一图像中不明显的信息。图3.41显示了一个例子，其中来自卫星的9个通道（3个可见光通道，6个红外线通道）被用于主成分分析（Phonerincipal Caromponents Andnalysis，PCA）。结果发现记录了大部分重要信息（在本例中，超过92%）的三个组合值，并将它们分配给红色、绿色和蓝色通道以生成导出图像。

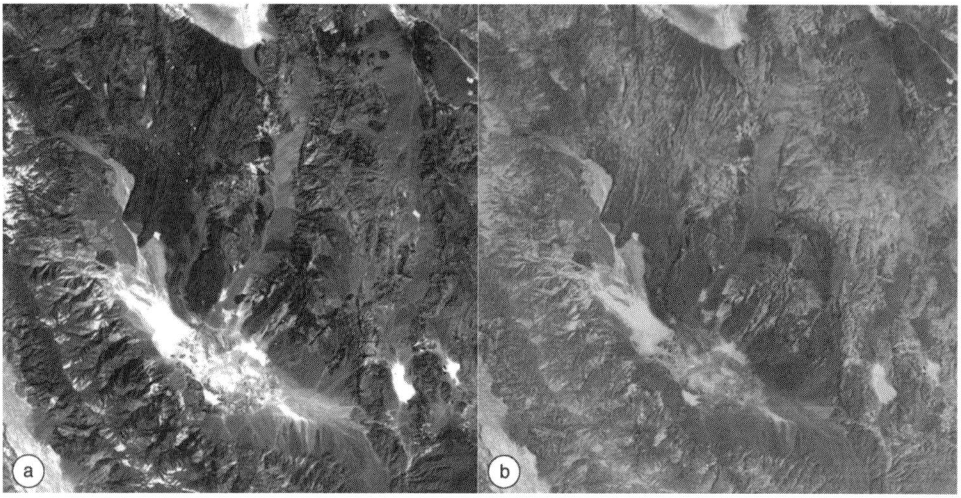

图3.41 多通道卫星数据的主成分分析：（a）可见光通道；（b）从9个光波段导出的三个最重要的组合，分别赋给红、绿、蓝三通道。

该方法常用于卫星图像多通道成像的情况（Jia & Richards，1999；Tyo等，2003），但也适用于简单的RGB相机照片。PCA是一种非常强大的通过统计分析组合多通道图像的技术。这是一种广为人知且广泛使用的统计方法，并不局限于图像（Pearson，1901；Hotelling，1933），其目的是找到现有变量（在本例中是像素强度）的组合，使它们的个体方差最大化，并将数据轴转换为一组正交主轴。

对于最初的RGB图像，将PCA想象成为为了与实际数据（由像素值位置表示）最佳匹配而进行的坐标轴旋转，可能会（对理解处理过程）有所帮助。图3.42显示了原始记录的花卉图像和在RGB坐标中绘制的像素颜色值。许多点沿着从粉色到白色的轴线排列。这个方向使点的分布最大化，成为三个新的、经过旋转的正交轴中的第一个。下一个最重要的变化是从黄橙色到青色，所以这是第二个轴。然后第三个轴被确定，因为它垂直于前两个轴。

如果为了便于显示将沿这些新轴的每个像素的值被分配给红、绿和蓝通道，其结果将最大化新的三维空间中的点的分布，并为图像中存在的结构产生最大的对比度。主成分表示法在颜色校正（Vrhel & Trussell，1992）和人脸检测（Hoyer & Hyvärinen，2000；Hsu等，2002）中很有用。

图3.42 一幅图像的主成分分析：(a)原始图像及其像素值绘制在RGB坐标系中，导出的对应于数据点实际分布的主坐标轴叠加在上面；(b)将主坐标轴上的值分别赋予红、绿、蓝通道而导出的图像。

图3.43显示了这种方法被应用于一枚遗留在支票背面的指纹的增强。背景的印刷图案使得对指纹中细节的检测变得困难。将主成分分析应用于该图像（在该例中，是应用于图像的Lab颜色空间表示），生成基于旋转成分的派生值集，这些主要成分增加了指纹与背景图案之间的差异，从而指纹看得更清晰。使用沿单个最重要主成分轴的值来形成灰度单色图像，得到最佳指纹单色（灰度）图像。

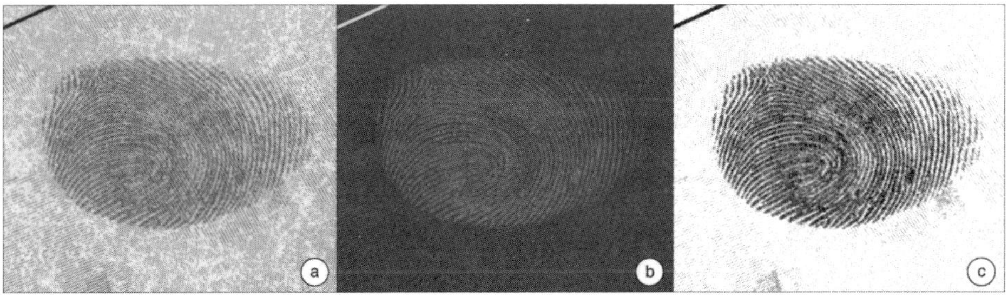

图3.43 一张支票上指纹图像的主成分分析：(a)原始图像；(b)将PCA值赋给RGB通道的结果；(c)仅使用沿第一个（最重要的）主轴的值形成的单色图像。（感谢George Reis提供图a）

当一个图案与另一个图案或背景之间只有细微的颜色差异时，可以使用主成分来增加这种差异，使其在视觉上更醒目。图3.44显示了一个例子。一个人手臂上的利希滕贝格(Lichtenberg)图形是放电的典型结果，尤其是雷击的结果。运用主成分分析来增加图形与背景的对比，可以显示其范围和形状。然而，重要的是要提醒观看者，这些颜色只是为了这一(增强对比的)目的，并不代表变色的严重程度。

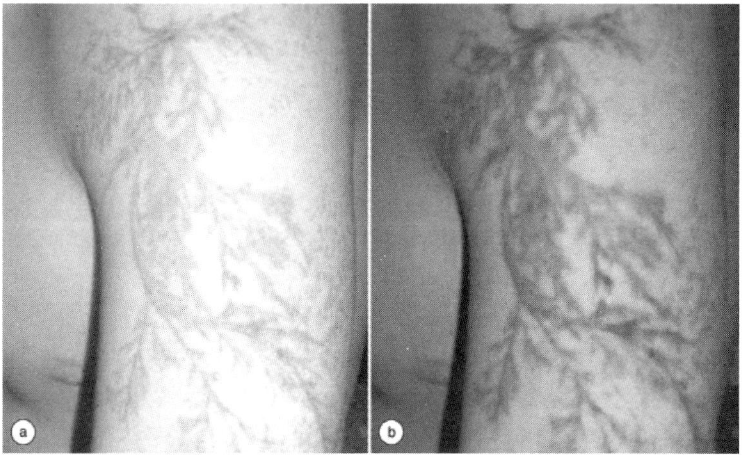

图3.44 雷击引起的Lichtenberg图形的颜色和对比度增强：(a)原来的颜色；(b)使用PCA增强图形的对比度。

变换后的图像也可以进一步处理。图3.45显示使用PCA在染色组织切片的光学显微图像中改善细胞核(蓝色)和细胞质(绿色)的轮廓。最初染色后的外观只产生很小的颜色变化(主要是染色的饱和度变化)，这在PCA变换后变得更加明显。将非局部均值滤波器应用到PCA结果中，可以消除噪声，并给出存在的各种结构更好的边界轮廓。

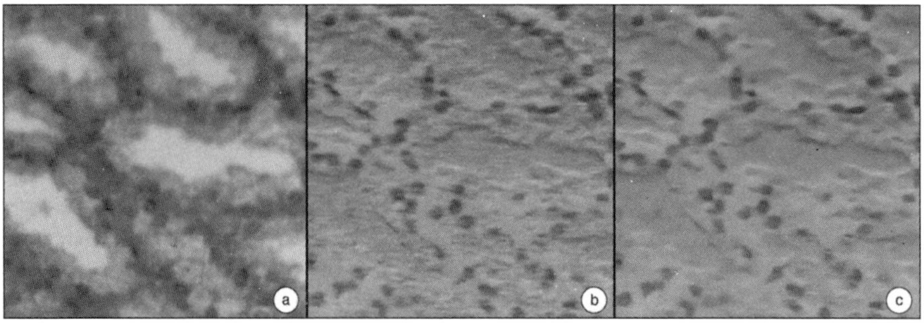

图3.45 处理一幅PCA变换后的图像：(a)经染色的生物组织的原始图像；(b) PCA变换后的图像；(c)对(b)应用非局部均值滤波的结果。

主成分分析不需要任何判断或人工调整，而是根据实测数据直接进行统计计算。然而，它的一个局限是导出的坐标轴是正交的。有时这并不能提供最佳的颜色分离方案。图3.46显示了一个示例，其中三个主要颜色在视觉上是相似的。沿着每个选定颜色所定义的矢量方向构造一组新的坐标轴，可以更清楚地提取想要的颜色（签名使用的墨水）（Berger等，2006）。向量的拟合可以手工进行，也可以通过线性判别分析进行。

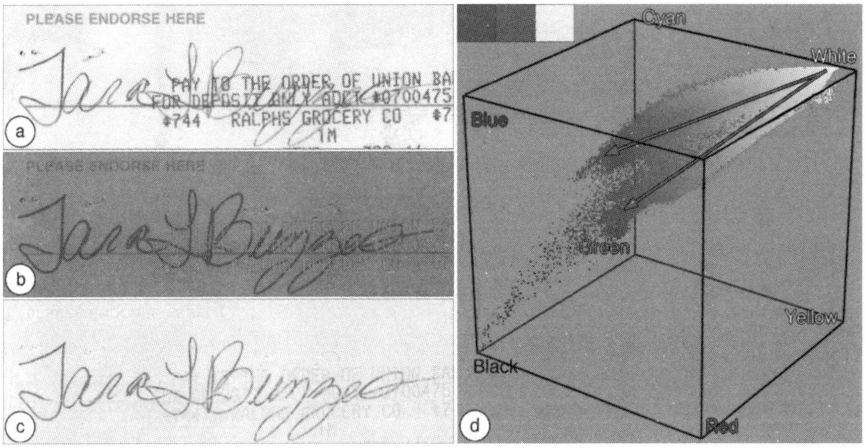

图3.46 定义所选颜色轴：（a）一张作废的支票上的签名的原始图像；（b）将主成分分配给RGB颜色通道得到的结果；（c）将坐标轴赋予所选颜色向量的结果；（d）表示纸张和两种油墨像素的颜色向量。插入的小图分别显示了银行印章、签名油墨和纸张颜色的采样颜色，一起显示的还有拟合得到的、非正交的坐标轴。（承蒙George Reis提供图a）

傅里叶变换

有几种图像处理过程可以通过将图像从其熟悉的表示形式（像素阵列）转换到不同的空间或域（在其中，图像由一组频率描述），最有效率地得到执行。傅里叶变换是一种广泛使用的数据分析方法，它可以在不损失任何信息的情况下从一个域转换到另一个域（并返回）（Fourier，1822；Bracewell，1989）。它被广泛应用于数学和电气工程等领域，最常用于一维信号（最常见的，比如时变电压）。

傅里叶变换将任何波形表示为正弦信号的组合（如图3.47所示）。这一函数系列是将频率f递增、振幅a和相位δ变化的正弦信号加在一起。在许多教科书中出现的例子是近似于一个阶跃函数的，由频率递增的傅里叶级数中若干项的组合。图3.48显示了一个示例。阶跃函数在图像中很重要，因为它们与亮度的跃变（是位置的函数）对应（进而与物体的边缘和结构相对应，这些边缘和结构可能得益于视觉增强或被用于测量）。注意，低频项导致阶跃被展宽，要产生像素值的突变需要更高的频率。

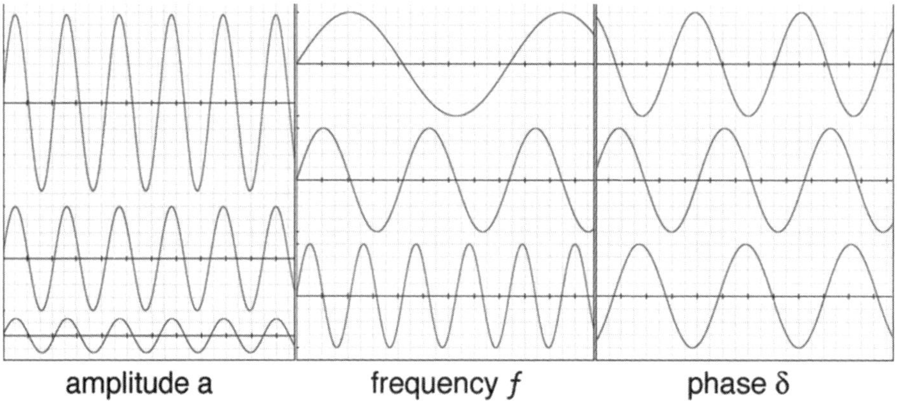

图3.47 变动参数的正弦函数 $y = a \cdot \sin(f \cdot 2\pi x + \delta)$：**振幅**a，**频率**$f$**和相位**δ。

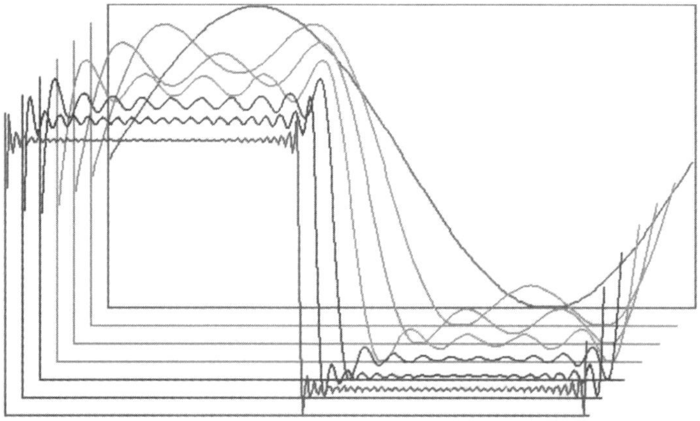

图3.48 用傅里叶级数中的1、2、3、5、10、20**和**40**个非零项逼近一个阶跃函数。**

傅里叶变换也可以应用于二维（2D）图像或更高的维度，如3D层析成像（Pratt，1978；Castleman，1979；Jain，1989；Bracewell，2003）。在二维空间中，一组在像素值（或称在空间域中）具有以正弦模式变化的亮度的直线，表示一个单一的频率。二维傅里叶变换将频率表示为从中心开始，与直线方向垂直的径向线段。所以图3.49中的每一组直线图案都会在傅里叶变换功率谱中产生一个点。由于使用了旋转对称的绘图惯例，该点出现了两次；图案的一半是冗余的。

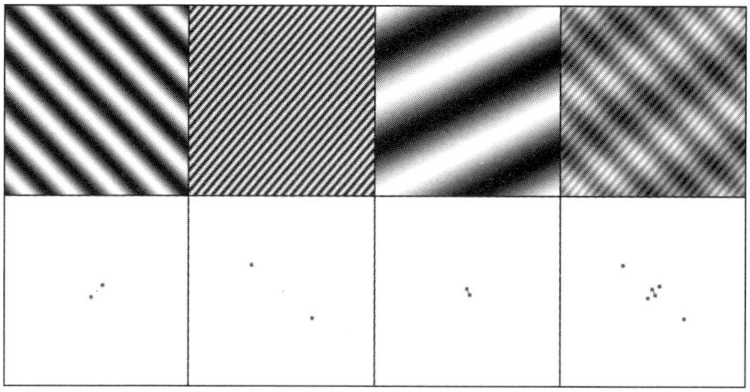

图3.49 三种具有正弦强度剖面的线形图案及它们的和(上)以及对应的频率变换的功率谱(下)。

关于图3.49中的例子，重要的一点是像素域中直线的频率和方向之间的关系，以及在傅里叶或频率域中表示该信息的点。将所示的三组直线加在一起，在像素域中产生了更复杂的图像，但是频域功率谱清晰地分离了信息，只显示了三个峰值。变换由复数组成，显示的只是功率(振幅的平方)。将数据变换回空间域时相位信息也是需要的，但它更难以直观地解释，且很少在软件界面中显示。

频域滤波

第2章中所示的高斯模糊滤波器(如图2.39所示)降低了亮度跃变的锐度。它被称为低通滤波器，因为它除去了使边缘尖锐的高频成分(如图3.48所示)，同时保留或“通过”了低频。该滤波器也可以通过在频率空间中的等效运算来理解和应用，即将傅里叶域中高频项的幅值降为零，然后将结果重新变换回像素域(即空间域——译者注)。

同样，第2章中展示过的USM滤波器(参见图2.70)通过减去图像的一个模糊的版本增加了在边界处的对比。它被称为是一个高通滤波器，因为它去掉了对应于大尺度亮度变化的低频成分，但保留(通过)标志着边缘的高频成分。通过减小傅里叶域中低频项的幅值，再将结果转化为像素域，可以得到相同的结果。

同时，降低低频和高频的振幅会产生一个带通滤波器，在图像中保留选定的频率范围。在本章末尾描述的指纹图像增强，有时使用带通滤波器来保持嵴线图案的间距，同时减少阴影(亮度的低频变化)和噪声(高频变化)。图

3.77给出了一个例子，使用小波变换而不是傅里叶变换，但效果相似。

图3.50显示了一个示例图像和它的像素亮度值的傅里叶变换。不同频率项的幅值由对应点的黑暗程度表示，并呈现出一种通常随着频率升高而逐渐下降的数值模式。画在频率空间功率谱上的两个圆圈分别以图像中最高频率的10%和20%为半径。这两个界限在图3.51和图3.52所示的高通和低通滤波操作中被用到。

图3.50 图3.51和图3.52中滤波用的图像及其变换：(a)原始图像；(b)亮度数据的傅里叶变换功率谱(彩色圆圈表示文中描述的巴特沃斯滤波器50%截止点的半径)。

在这些例子中，使用二阶巴特沃斯滤波器对图像的傅里叶变换进行高频或低频的去除。该滤波器不是突然将所画的圆内或圆外的所有值清零，而是平滑地变化并逐渐地降低正弦信号的振幅。这防止了“振铃”效应——在第2章中讲USM锐化时所用的光环(haloes)的另一种说法。总的来说，下面例子中所展示的任何一种滤波器，其作用于频率空间功率谱以减少或消除某些频率时，都应该沿着滤波器的截止点平稳而渐进地变化。

图3.51 用低通巴特沃斯滤波器对图3.50a滤波：(a) 50%截止直径等于最大值的10%(图3.50b中较小的圆)；(b) 50%截止直径等于最大值的20%(图3.50b中较大的圆)。

图3.52 使用高通巴特沃斯滤波器对图3.50a进行滤波：（a）50%截止直径等于最大值的10%（图3.50b中较小的圆圈）；（b）50%截止直径等于最大值的20%（图3.50b中较大的圆圈）。

正如前面所讲的那样，低通滤波器消除高频，保持低频，产生如图3.51所示的结果。使用图3.50b中较小的圆（绿色）作为截止频率，只保留频率最低的10%，因此比使用较大的圆（红色）作为截止频率产生更多的模糊（高频损耗）。小圆的截止频率相当于应用于空间域时标准差较大的高斯模糊（会导致更多模糊）。这种效果在显示白色汽车上车牌的特写插图中最为明显。

反过来，高通滤波器消除低频，保留高频，产生如图3.52所示的结果。使用图3.50b中较大的圆（红色）作为截止频率，可以消除最低的20%的频率，只保留较高的频率项，从而比使用较小的圆（绿色）作为截止频率产生更窄的亮度跃变。它相当于在空间域中应用一个标准差较小的反锐化掩模（USM）。

即便使用傅里叶变换对图像进行频率空间变换的唯一用途是进行高通或低通滤波，该操作仍然是有用的，因为对于大型图像，它比在空间域中应用卷积要快得多。这是因为变换本身相对较快，它是分别对图像的行和列进行运算；滤波运算只需滤波器的值乘以对应频率的幅值的单次乘法。在像素域中，应用如图2.37所示的大卷积滤波器需要多次乘法和加法。虽然滤波器可以在频率空间中实现，但对于那些不熟悉和不喜欢傅里叶变换数学理论的人来说，仅仅从像素阵列的角度来理解处理过程可能更容易。

同态滤波

使用傅里叶变换的表示还可以做其他处理。例如，频谱振幅不一定降为零。有时设置的约束使高频（或低频）不完全衰减。也可以使用大于1的滤波因子。有一种特殊的高频强化滤波器，降低而非消除低频，同时某些高频的幅值增大，它应用于亮度值先经对数运算转换的图像（Adelmann & Holger，1998）。对亮度数据取对数非常重要，因为它将照明和反射率的相乘效应转化为相加的两项。

这就是图2.35所说明的同态滤波器。除了修改图像的亮度值以使图像具有大的动态范围可供观看或印制以外，同时还保持了局部对比度和色彩保真度（Seow & Asari，2006）。同态滤波器选择性地压缩某些区域的亮度值的范围，同时扩展其他一些区域，所以明亮和阴影区域的细节都可以看到，如图3.53所示。

图3.53 同态对比度压缩：（a）原始图像；（b）结果图像。

将同态滤波器应用于图3.14中相同的监控图像，可以在亮区和阴影区都显示出反差。但是，图3.54还显示了该技术对非自然内容（比如JPEG压缩引起的块效应）的敏感性，滤波器使得其更加明显。当然，处理过程不会添加任何关于前景中的人（他的脸被遮挡起来）的信息。

图3.54 同态滤波器在JPEG压缩的监控图像上的应用：（a）原始图像；（b）结果图像，明亮区域和阴影区域的对比度都有所增加，但压缩引起的块效应更加明显。

周期性噪声的去除

源于闪烁的灯光（特别是荧光灯管）、振动、相机中彩色滤光片阵列伪影、半色调印刷等的周期性噪声，往往可以使用图像的频域形式有效地消除。电子干扰是周期性噪声的一个特别常见的来源。图3.55显示了一个例子：微波炉产生的噪声叠加在便利店记录的监视图像上。

在傅里叶变换功率谱中，特定频率和方向的噪声表现为叠加在图像变换其余部分上的两个高功率峰值。在频谱图中，由于数据绘制的惯例，出现了四个峰值，如图3.49所示。通过将傅里叶级数中相应项的振幅设置为零的方法只将峰值去除，然后将数据重新变换回空间域，就可以去除干扰频率，而保持图像信息的其余部分不变。

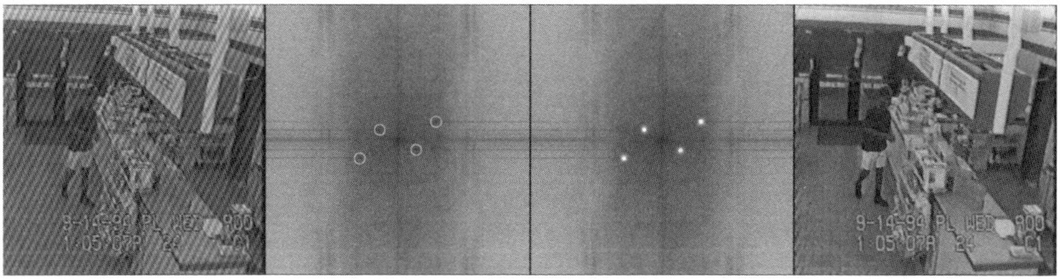

（a）　　（b）　　（c）　　（d）

图3.55 周期性噪声的去除：（a）有微波炉电子干扰的原始图像；（b）标出频率尖峰的傅里叶变换功率谱；（c）去除噪声尖峰；（d）反变换的结果。

在许多情况下，清除尖峰是手工完成的。在所示的示例中，使用了基于高帽（top hat）滤波器的自动程序。显示的功率谱可以像任何其他图像一样处理（相位信息是单独存储的，不用任何讲过的滤波器修改）。对频率空间功率谱的“图像”应用高帽滤波器可以定位任何尖峰，然后创建一个滤波器（边缘要平滑，通常在尖峰周围的一小块圆形区域使用高斯模糊）来去除它们。

高帽滤波器是一个排序滤波器，用于比较每个位置周围两个不同邻域的像素的亮度。中心区域相对于尖峰足够大。如图3.56所做的原理展示，外部区域是围绕中心区域的环，就像一顶礼帽的边（因此得名）。如果帽子中心区域（帽顶）的最大值比帽檐的最大值大过一个阈值（帽子的高度），则表明找到了一个尖峰。边缘内外半径和帽高均为可调参数（Bright & Steel，1986；Deshpande等，1989；Bai等，2008）。滤波器可根据需要用于定位亮斑或暗斑。

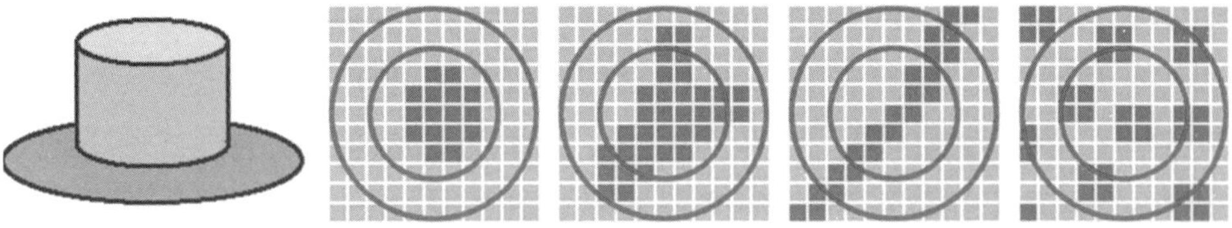

图3.56 高帽过滤器示意图。帽檐位于与图像中像素的亮度相对应的“表面”上。任何亮度值超过帽顶的像素都可以被检测到。图中第一个图案会被滤波器发现，但是其他的图案则因它们的大小超出了帽顶的范围，或者靠的太近（相比帽檐宽度）而被忽略。

高帽滤波器对于寻找傅里叶变换功率谱中的峰值特别有用，但它的应用并不仅限于此。它还可以有效地应用于空间域图像，以发现或去除大小和最小间隔已知的特征。图3.57显示了一个例子：显微镜载玻片上存在尘埃颗粒。高帽滤波器可以定位比周围环境颜色更深的颗粒。

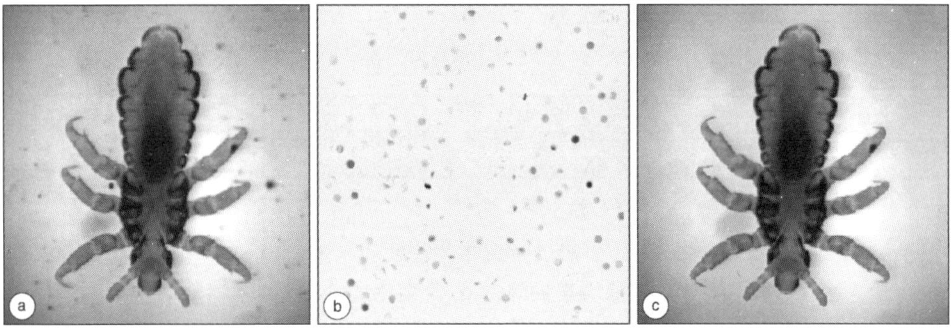

图3.57 高帽滤波器的应用：（a）原始图像，显示包含昆虫的载玻片上有尘埃颗粒；（b）高帽滤波器隔离出来的灰尘颗粒；（c）利用帽檐插值代替帽顶暗黑的值，由此去除灰尘颗粒。

高帽滤波器也可以用来移除灰尘颗粒，方法是用帽檐区域的值替换帽顶内的像素。当以这种方式使用时，该处理有时被称为滚球滤波。类似地，将图像中的亮度值表示为一个高程面，并在其上滚动一个指定直径的球。在球无法接触到一个凹坑的底部的位置，凹坑的值将被从其周围获取的值替换，比如帽檐区域像素值的平均值或中值，或者利用来自帽檐的值进行插值。

离焦和运动模糊的解卷积

相机系统的运作，包括光学系统、探测器、放大器和数字化仪，其性能是有限的。通常场景中的一个点被表示成更大的区域，如图3.58所示。

图像中模糊的主要来源通常是不完美的光学焦点或主体（或者相机）的运动。无论模糊来源是什么，该过程都表现为原始场景与系统的点扩展函数（PSF）的卷积。

简单地说，PSF是场景中一个理想的点被系统扩展的量。当哈勃望远镜首次进入轨道时，因制造主镜时的一个错误导致了图像的模糊。这意味着一颗恒星的图像——从地球上看的时候实际上是一个点——呈现为一个圆盘。在这种情况下，PSF的形状和大小，能从主镜加工时测量的数据计算出来，但原则上（常常在实践中也是）PSF只需通过捕获一个星体的形象就可以测量，或者对于更多的地面应用，拍摄一盏灯，比如一个远处的路灯。

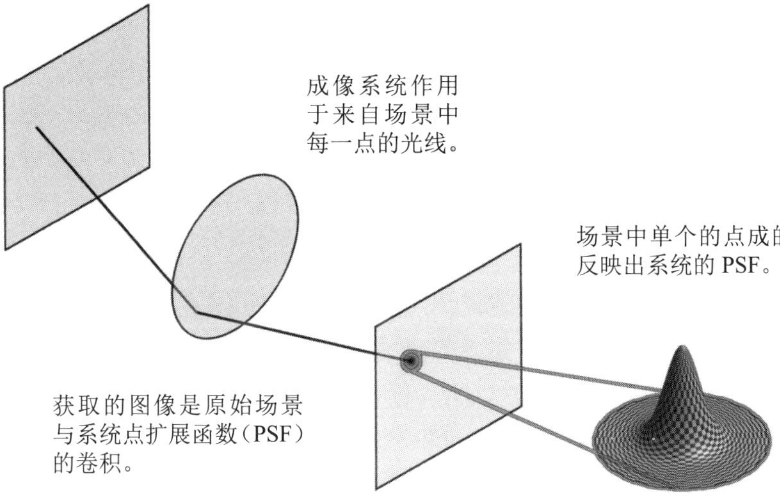

图3.58 系统的特性在所记录的图像上反映为一个点扩展函数（PSF）。（参考达特茅斯学院Arlo Reeves的插图）

对于哈勃望远镜的情况，在轨道上更换主镜是不现实的，而能够安装补偿光学装置使图像重新对焦清晰的维修任务，是好多年以后的事情。但在此期间，通过反卷积过程获得了清晰的图像（不过，光学系统性能的改变确实恢复了仪器光线汇聚过程的大部分的效率）。

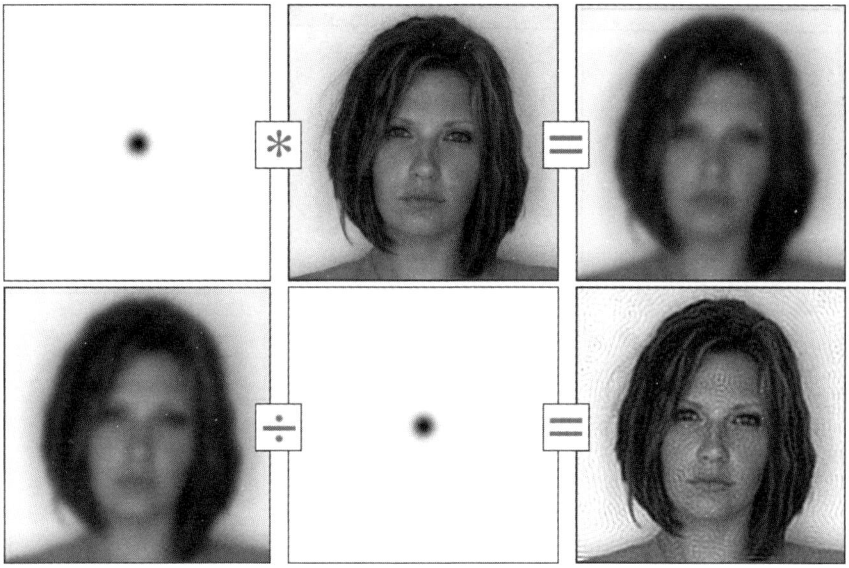

图3.59 用（复数）乘法和除法来说明卷积和反卷积的过程，如文中所述。

卷积的过程表示光学和系统的模糊效应，可以理解为一个乘法。在频率空间中，场景真实图像的傅里叶变换点对点（频率对频率）地乘以点扩展函数的（傅里叶）变换。这个是乘法复数的，因为两者的变换都包含复数值（对应频率的振幅和相位）。图3.59示意性地表示了这个过程。

相应的反卷积是一个除法，同样使用复数，将所得（模糊）图像频率变换的二维阵列中的每一项的值，除以点扩展函数频率变换对应的值，以恢复或至少部分地恢复原始的真实场景图像：反卷积可以恢复一些在某些情况下是大部分的原始场景。但是，能恢复多少受限于获取的图像中的噪声及有限的动态范围（Vanderlinde & Caron，2008）。为了获得最佳效果，应该使用低噪声的高位深度图像。

图3.59所示的除法过程描述了一种理想的反卷积，由于这些（指噪声和动态范围——译者注）限制，这种反卷积基本不实用。在许多情况下，PSF并不确切地知道，也不能直接测量，需要估计。这个估计可以交互细化，以获得最佳结果。在真实情况下，往往用如维纳反卷积或迭代的Van Cittert或Lucy-Richardson等的改进算法获得反卷积结果（Richardson，1972；Lucy，1974；Lagendijk & Biemond，1991；Tikhonov，1995；Carasso，2001；Campisi & Eglazarian，2007）。反卷积也可以用小波变换实现（Starck & Bijaou，1994；Jalobeanu等，2000；Vonesch & Unser，2008）。这只是用别的函数代替了在傅

里叶变换中的正弦函数作基函数，除此之外方法是一样的。无论采用何种方法，反卷积结果都可能包含原始模糊图像中无法识别的关键信息。

图3.60到图3.62给出一些例子。在图3.60中，车牌无法在原始模糊的监控图像中读取。交互的反卷积（Interactive deconvolution），不断完善估计的点扩展函数，能够恢复足够的信息（连同汽车的品牌和型号）以供识别。在图3.61的例子中，是相机在曝光过程中的运动使得车牌无法辨读。然而，运动矢量，也就是点扩散函数，由车标的多个反光点反映出来。对模糊的去卷积让车牌能够辨读。

图3.60 对抢劫发生后拍摄的监控视频图像进行反卷积，确定出车牌号码。（由马里兰州Burtonsville的Ocean Systems公司提供）

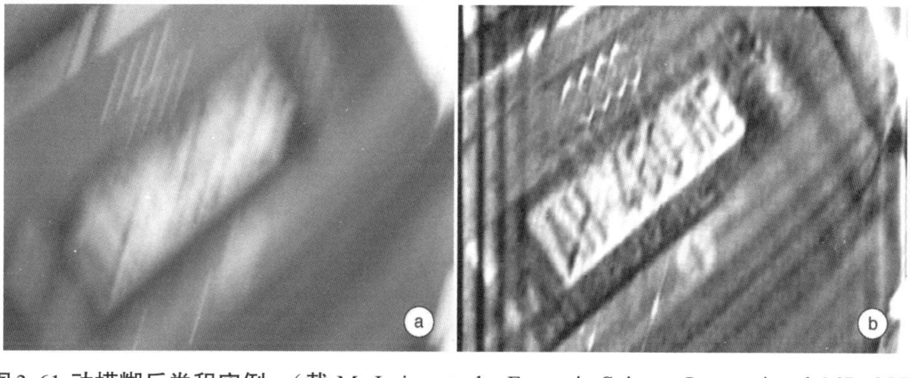

图3.61 动模糊反卷积实例。（载 M. Jerian et al.，Forensic Science International 167：207–212，2007.）

图3.62是验尸官拍摄的一个男孩死亡的照片，这张照片碰巧显示了放在他肚子上的手表表盘。由于相机没有很好地聚焦在轮床上，以及天花板上灯光的反射，当然35毫米胶片上的划痕也肯定没起好作用，时间无法看清、读取。成功的反卷积使得读取手表停止时的时间成为可能。反卷积还锐化了图像的

其他特征，比如男孩衣服上的条纹和文字。手表上显示的时间与假定的死亡时间相差甚远，半年后被发现与该地点遭雷击的时间重合，这才是死亡原因。

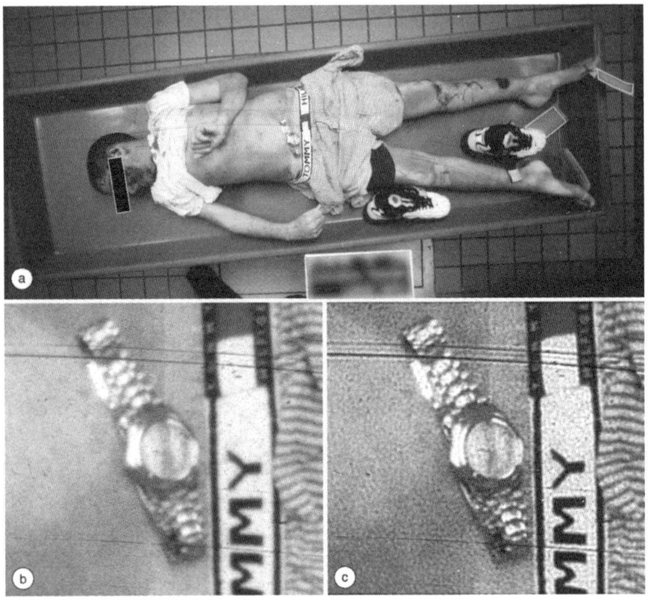

图3.62 反卷积显示手表上的时间：（a）拍摄的照片显示放在身体上的手表；（b）放大的细节；（c）反卷积结果，显示时间为9:36。

3D成像

傅里叶域也被用于三维成像，作为从计算机断层扫描（CT）中获得的一组二维图像重建三维图像的方法之一。许多CT和磁共振成像（MRI）仪器使用的是一种更快的技术，称为滤波反投影，但其基本数学原理与使用三维傅里叶变换相同。

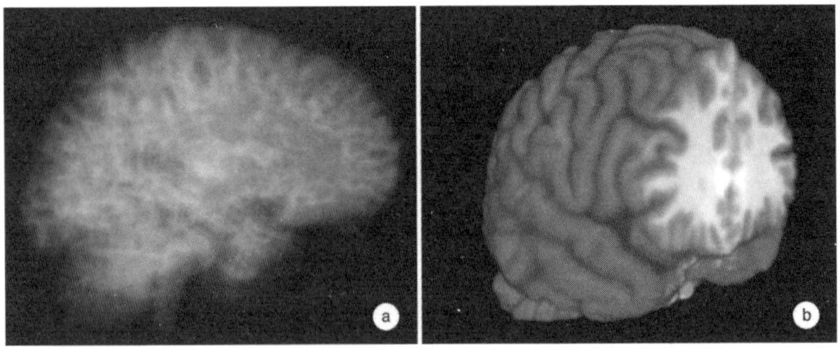

图3.63 人类大脑的两种视图：（a）用色彩表示体素密度的半透明展示；（b）部分切除后的表面渲染效果。（承蒙西澳大利亚大学的Paul Bourke供图）

本章和第2章所示的所有处理方法都可以自然地从二维扩展到三维，二维图像的像素（图像元素）成为三维的体素（体积元素）。3D数据集可以由直接的三维成像（技术）获取，就像许多CT和MRI研究中那样，或通过一层层地收集图像，如用共焦光学显微镜进行光学切片，或一次移除样本的一层以露出下层表面来成像。无论所说的“层”是离子显微镜下的一个原子的厚度，是在考古现场用铲子和刷子弄出来的，还是在采石场使用推土机推出的，其原理都是一样的。

一旦收集了3D数据集，基于整体直方图的处理或使用局部邻域（理想情况下是球体而不是更易于实现的立方体）中体素值的处理就会像处理2D图像一样进行，只不过计算需求要大得多。三维数据的可视化可以使用选择性透明或渲染内部表面，如图3.63所示。能够选择性地查看立体空间中存在的一些结构并使其他结构透明有很多好处，这是3D成像在工业和科学上得到应用的一个主要原因。图3.64和图3.65给出了两个例子。

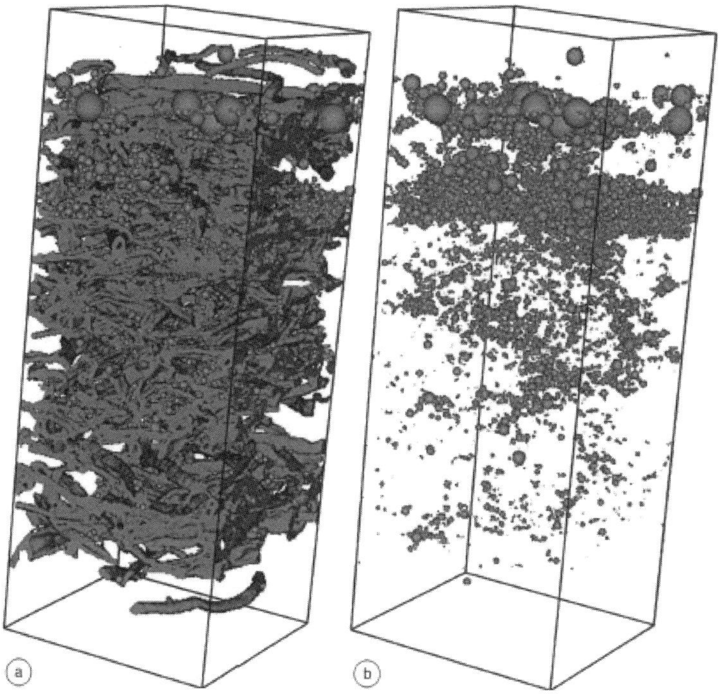

图3.64 基于层析成像的过滤模型。过滤器中的非织造纤维用红色表示，不同大小的颗粒用蓝色表示，可以看出它们被过滤器捕获。（承蒙德国凯泽斯劳滕Math2Market公司的Andreas Wiegmann供图）

图3.65 测试后的部分复合材料试样的层析重建，包括表面可见的横向基体裂纹（左），以及使基体材料透明（右）以显示缺陷向内部延伸。（摘自J. Lambert et al., Composites Science and Technology 72（2）：337–343，2012.）

相 关

相关运算将一幅图像（通常是图像的部分）与另一幅图像（通常表现较大的场景）进行比较，以便在场景中定位与目标相似的对象。在一维（坐标轴为时间）中，这用于（举个例子）确定雷达信号传播到目标并返回的精确时间。在图3.66所示的例子中，发送的信号（目标）的时间坐标反转轮廓并沿接收信号平移，（二者）对应的值相乘然后加起来，就产生了相关运算的结果。在检测到返回信号时得到的值最大（Welch，1974）。

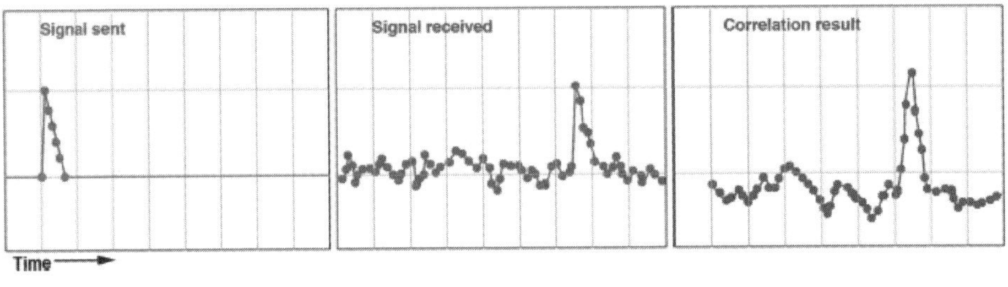

图3.66 用于雷达发射机的一维相关运算。发出的脉冲波形与接收到的信号进行相关，以确定时间延迟，进而确定到目标的距离。

除了移位并与信号相乘的波形在时间上是反向的之外，相关的数学原理与卷积是相同的。当应用于二维图像时，相关运算可以在空间域（旋转目标180°后进行卷积）或等效地在频域（把相位角改变180°）进行。对于（尺寸）大的目标图像，在频率空间中进行运算效率更高，但两种情况下的结果都是相同的（Van Heel，1987；Lewis，1995；Zhao等，2006）。相关对于定位特定的已知目标特别有用，例如产品中的缺陷（Tsai & Lin，2003）。它还应用于卫星图像的军事检查。

图3.67提供了该方法的说明。图像包含一些有随机噪声的文本，而目标本身只包含字母A。相关结果显示出在发现目标字母的地方有尖峰。当相关图像作为等轴侧视图显示时，峰值更加明显。最亮的点对应与目标相同大小和字体的字母A的出现。在另两个字体不同的字母A处有较低的峰值，但总的来说互相关对大小和形状的一致是有要求的。

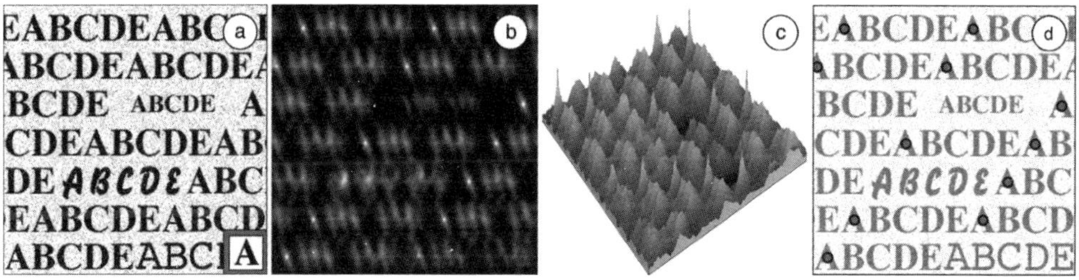

图3.67 相关示例：（a）含有多个字母并叠加随机噪声的图像，右下角嵌入目标字母A；（b）相关结果（匹配程度的灰度表示）；（c）为（b）的等轴侧视图，显示出在原图中有A的位置的尖峰；（d）为（b）中的主要峰值叠加在（a）上的效果。只有大小和字体相同的字母A被发现。

在图3.68的例子中，有乳胶球在上面的Nuclepore过滤器的SEM图像的自动计数是一个问题，因为有对比度和噪声的变化、污垢的存在，以及过滤器自身的纹理。此外，一个孤立的球体与一个被其他球体包围的球的对比度是不同的。将目标图像与每一幅图像进行相关，利用高帽滤波器对图像中的每一个峰值进行分离，得到的点可以被自动计数。图36.8中显示了几个示例图像，其中用标记显示了找到并计数的粒子。

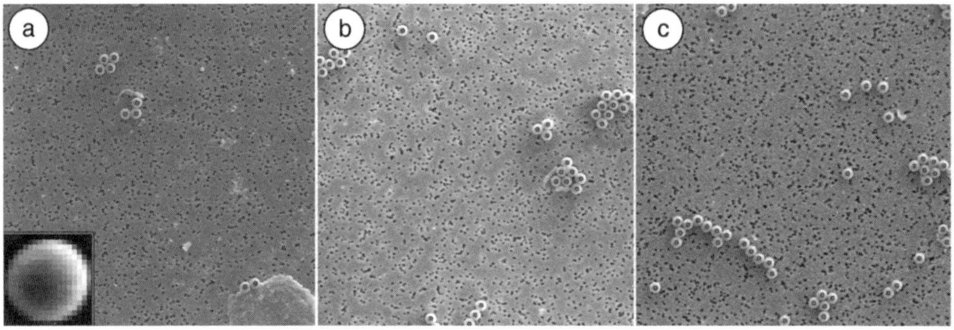

图3.68 互相关用于检测和计数Nuclepore过滤器上的乳胶球:(a)示例图像,目标图像嵌在其中(放大8×显示出像素);(b)和(c)附加示例,用红点标记出正文中描述过程的处理结果。

图3.69显示了另一个应用。为了监测从田纳西州向东吹的燃煤发电厂烟囱造成酸雨的长期损害,统计田纳西州和北卡罗来纳州边界国家森林的树木数量非常重要。一种有用的快捷计数方法是使用一棵树顶端的尖点图像作为目标,将其与整个图像相关,并计数得到的点。当然,这种方法只是近似的;它可以很好地找到部分隐藏或在另一棵树前面的树,但是会漏掉没有像目标样本那样具有特殊尖顶的树。图中的蓝色标记显示了一个未识别出树的例子。

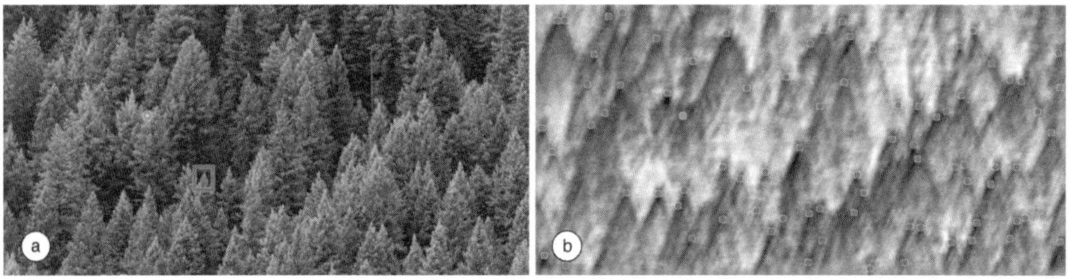

图3.69 互相关计数:(a)树木的航拍图像——红色框标记了被选为匹配目标的树顶;(b)互相关结果,用红色标记显示已识别的树顶。蓝色的圆圈标出漏掉的一个。

当合适的模板形状可用作目标时,相关可以成为一个强大的匹配工具。例如,图3.70显示了1947年雷米将军与新墨西哥州Roswell事件气球残片的照片。一些UFO爱好者声称雷米将军手中的电报上的文本可能包括关键短语“沉船受害者”(THE VICTIMS OF THE WRECK)。期望支持这个解释,原始4×5英寸底片扫描件的放大片段(如图3.71所示)被发送给作者(没有原始全图或任何背景信息或相关来龙去脉),请求协助确定内容。底片的高分辨率扫描显示,单个的字母并不比胶片上的颗粒(构成噪声)大多少,而且它们的焦点也有些模糊。这使得无论是通过视觉,还是使用光学字符识别

（OCR）软件都不可能简单地阅读文本。第一步要尝试解决图像质量问题，然后尝试提取字符，最后是单词。

图3.70 新墨西哥州Roswell事件的气象气球残片照片。红框所示是雷米将军手中的电报。（原始4×5英寸底片的扫描件由新西兰奥克兰的Martin Dreyer提供）

图3.72显示了对原始扫描图像应用带阻滤波（原文为带通滤波，应是笔误。或者理解为用原图再减去带通滤波的结果——译者注）的结果。这保留了最低和最高的频率（分别定义了字符的形状和边缘），同时减弱了与胶片中颗粒大小和间距相对应的中间频率。这在一定程度上改善了图像效果，但是文本仍然不可辨读。

幸运的是，在电报的情况，字符有已知的形式：都是大写字母，而且在每一行上均匀排列。这使得用模板匹配（用相关实现）切实可行。如图3.72所示，样本电传打字机输出的字母经过缩放、按透视规律缩短并旋转以匹配文本。将文本中的每个字符位置与完整的字母表进行相关，将结果值最高的三个字符（按字符面积归一化）制成表格，如图3.73所示。按字符必须拼写成英语单词的标准，图像片段中显示的最可能的单词是“THE VENTING（通气、排气）OF”。这种解释没有人类的判断（或愿望）牵涉其中，似乎与气球，而非外星人尸体的存在相一致。

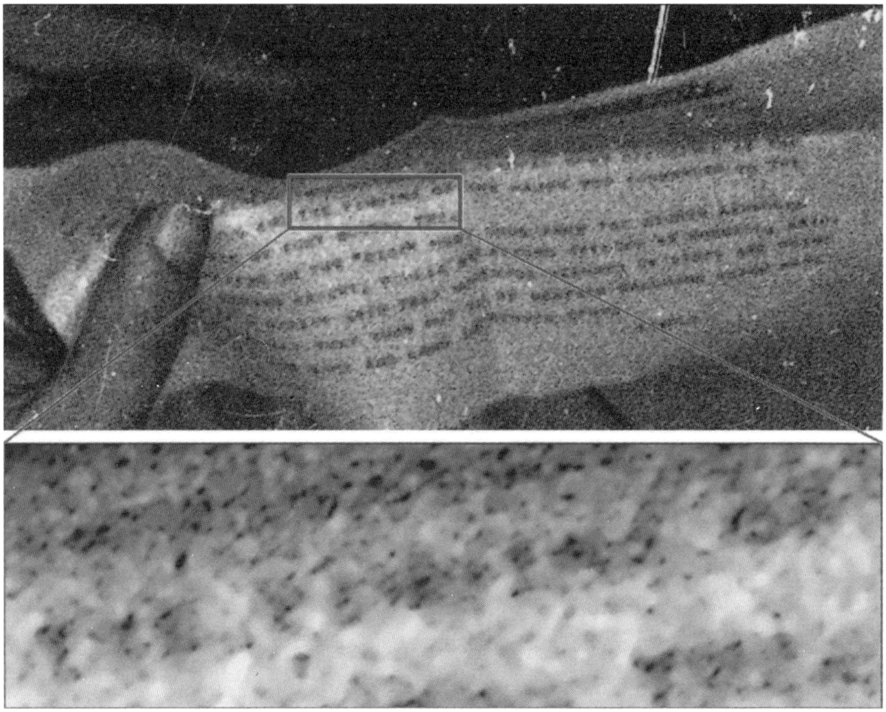

图 3.71 图 3.70 中电报的放大图，显示出文字和胶片颗粒。

与此例中已知形式打印字符的相关匹配相比，使用计算机分析手写笔迹进行确认和识别的方法是较有限的。签名具有个性化的特点。这一特性与笔迹分析技术结合，助力在线书写，特别是签名的使用。法庭文件检验通常使用计算机来增强图像对比度，实际的字符形状分析和匹配通常是由人类专家通过视觉进行的。特定笔画的形状，如字母 g 和 y 的下方的环绕，是个体生物特征的表现（见图 5.29 和图 5.30），但满足 Daubert 规则的要求还是一个挑战。计算机测量可能能够生成有助于匹配的统计数据。Srihari 等人（2002，2007）讨论了所涉及的测量和统计分析。

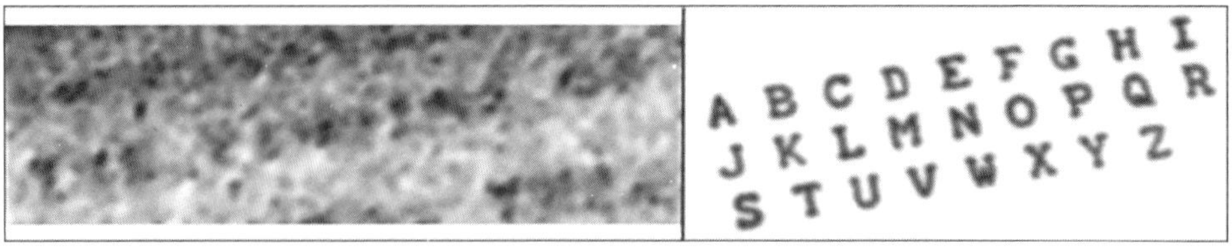

图 3.72 处理后的图 3.71 中的文本以及电传打字机字体（已缩放、旋转和模糊以与原图中匹配）。（原装电传字体，由新泽西州 Wayne 市的 David Rudiak 提供）

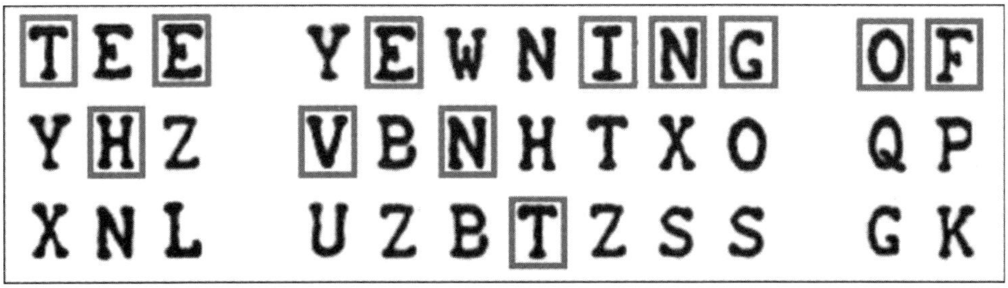

图3.73 基于相关的每个位置上的三个概率最高的字母，标出了能拼写出英语单词的组合。

互相关只是用于自动车牌读取系统的字符识别的一种方法（Comelli等，1995；Yamaguchi等，1999；Dlagnekov & Belongie，2005；Du等，2013；Zang等，2015）。由于许多原因，这是一个具有挑战性的应用。图像通常必须在很短的时间内捕获，例如，通过安装在移动警车上的摄像头扫描车辆，不管是停止的还是移动的，以发现（如声称的那样）被报失窃的汽车和给违停者贴罚单（以及很多人害怕的，建立相关记录，反映人们到过哪些地方）。车牌的安装位置会随着车型的不同而变化，而汽车后部的其他物品，如保险杠贴纸、尘垢和车牌架等，可能会影响车牌的发现。颜色、背景设计、字符形状和布局在不同州之间都有所不同（如图3.74所示），甚至在一个州内也是如此。即使可以找到并读取字符，也有必要确定出签发车牌的州。

图3.74 美国一些州的车牌类型。许多州还提供了额外的背景图形选择和定制设计。

尽管困难重重，商业化的系统还是有的。一些相机系统使用红外线照明来照亮车牌，一些州使用在红外线下能产生高对比度的颜料。第1章指出固态探测器对红外波长具有较高的灵敏度。Zhu等人（2015）描述了一个结合一系列处理步骤来定位车牌，并分离车牌内字符的系统。这些字符是根据沿着边界的弯曲点的位置来识别的。他们报告的成功率约为85%，但他们的测试数据集仅由欧洲车牌组成，这些车牌有一致的外观，即黑色字符位于白色或黄色背景之上。

小波变换

傅里叶域在图像处理中得到了广泛的应用，但并不是图像内容的唯一可供选择的表示方法。各种其他变换域也被使用，因为它们以能使访问、可视化、处理或度量信息的某些方面更容易的方式组织图像数据。存在许多可能的数学变换，其中一些已经被证明在特定的情况下是有用的。小波变换应用相当广泛，它比傅里叶变换有一个特别的优点，因为它不假设图像在所有方向上重复，因此能够更好地处理直到图像边界的值。

傅里叶变换将任意函数(如图像)构造为正弦函数的和，这些正弦函数在图像之外无限延伸。频率递增的正弦函数是变换的基函数。小波变换也使用基函数(有许多不同的选择)，但它们是局部的，所以这些项的和只在图像边界内产生值。像正弦函数的傅里叶变换一样，用于小波变换的基函数是一系列水平尺度越来越小的项(相当于频率递增的正弦曲线)，但除了这个系列，因为基函数是局部的，也必须有一个覆盖图像宽度内各个位置上每个函数的一个系列(Daubechies，1990)。

最简单的作为"母"小波的函数是Haar小波，它可以表明小波变换的基本特征(Stanković & Falkowski，2003)。如图3.75所示，这是一个简单的阶跃函数，对这个母波进行缩放的最方便、最紧凑的方法是按因子2进行缩放。将这些函数展开来拟合一个2D图像，得到一组正方形和矩形的阶跃函数，其尺寸大到整个图像区域小到单个像素不等。

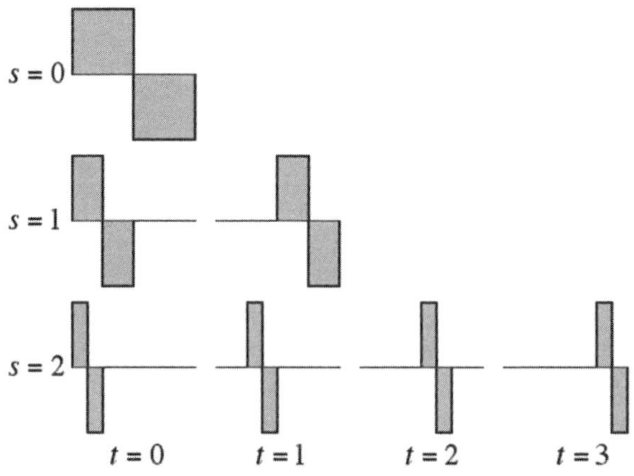

图3.75 Haar小波族。将母小波(第一行)缩放(按整数s)并平移(整数t)，形成一组完整的基函数，这些基函数乘以适当的幅值系数并求和，就可以重建被建模的原始信号。

小波变换为每个缩放、平移的小波的生成实数幅值，而不是像傅里叶变换中那样表示振幅和相位的复数。这使得直接显示结果成为可能，只需适当地缩放振幅，使其符合0~255的范围。图3.76显示了一个例子，图中显示了变换中值的排列。原始图像的副本被缩小到不同的大小，每个副本只包含该尺度下的值与被进一步缩小2倍的副本的值之间的差异。左上角的那个点包含了整个图像的平均亮度值。

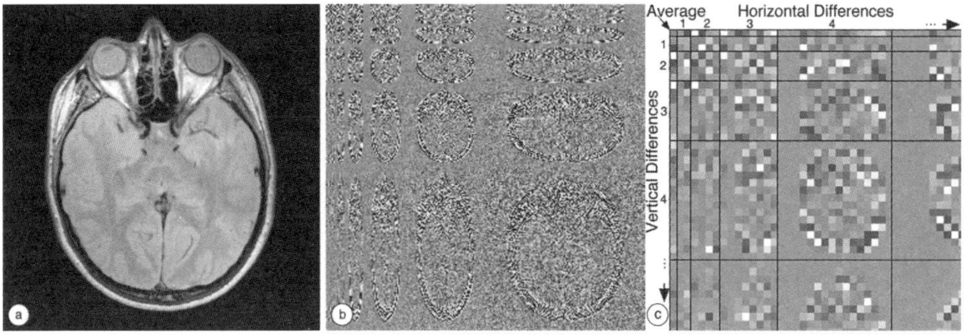

图3.76 Haar小波变换：（a）原始图像；（b）全变换（提升了对比度以显示细节）；（c）变换值的排列示意图。

许多被描述为在傅里叶空间中执行的功能，在小波空间中有直接的对应。例如，从变换中消除短尺度项并将其转换回像素空间，与从傅里叶变换中消除高频，产生大型平滑卷积效果的结果相似。相反，只保留短尺度项会产生类似高通滤波器的效果。

小波变换的一种最近的用法是指纹匹配。由于产生指纹的嵴线的间距和宽度是高度一致的，因此只有在这一狭窄范围内的间距才能产生有用的指纹图像（类似于傅里叶空间中的带通滤波器）。小波变换通过保持选定的间隔并消除其他间隔，消除了与被排除的噪声大小相似的所有小的结构。如图3.77所示，使用小波空间滤波增强了嵴线，同时抑制了阴影、噪声和污垢（Hsieh等，2003）。国家指纹数据库（自动指纹识别系统，AFIS）使用小波变换保留重要范围的变换项而舍弃其他。这比保存完整的指纹图像需要更少的存储空间（Brislawn，2002；Montoya-Zegarra等，2009）

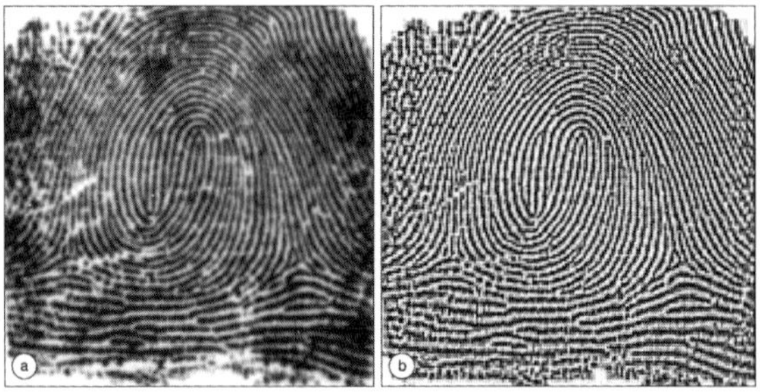

图3.77 基于小波的指纹图像滤波:(a)**原始图像;**(b)**滤波后的图像。**(**选自**C.-T. Hsieh et al., Pattern Recognition 36(2): 303–312, 2003.)

专门的处理方法

指纹是发展专门处理技术的一个重要领域,这些技术基于对图像特点(以及创建这些图像的指纹)的知识。人们在19世纪就认识到,人类手指上的嵴状纹路会持续一生,而且对个体而言是独一无二的。1883年,马克·吐温在《密西西比河上的生活》中描述了指纹被用来识别谋杀犯。19世纪80年代末,弗朗西斯·高尔顿(Francis Galton)爵士开始对基于指纹的个体识别的严谨的研究。还有其他生物计量特征,如掌纹、耳软骨模式以及虹膜标记。Jain等人(2004)列出了许多这样的特征(如图5.27所示),还有其他的,如唇印,可能在犯罪现场发现(如在玻璃上)(Prabhu et al., 2010)。Jain等人建议,使用生物识别特征的组合来确认某人的身份。例如,验证以允许进入一个安保场所。但是,该应用是将某一个体与特定的先前的记录进行比较,或者至多与一个包含已知记录的小型数据库进行比较,这与试图使用一个包含潜在匹配对象的大型数据库来认定一个未知个体非常不同。

Yager和Amin(2004)给出过一个很好的、法庭指纹图像应用的简明历史和综述;Ratha和Bolle(2004)、Komarinski(2005)和Maltoni(2009)等的著作则详细描述了获取和处理指纹图像、提取特征,以及设计和使用自动指纹识别系统(AFIS)的技术。特别是后一主题,远远超出了本书的讨论范围——本书仅限于对图像进行处理,以定位端点、小眼和分叉等构成用来匹配的细节特征。图3.78是指纹类型的基本分类。但在每一种类型中,必须确定的是细节特征相对于指纹中心的位置。有了足够多的(通常是12~16个)特征点,就可以使用AFIS找到一个可能匹配的短的列表,让人可以将它们与实际的指纹图像进行比较。

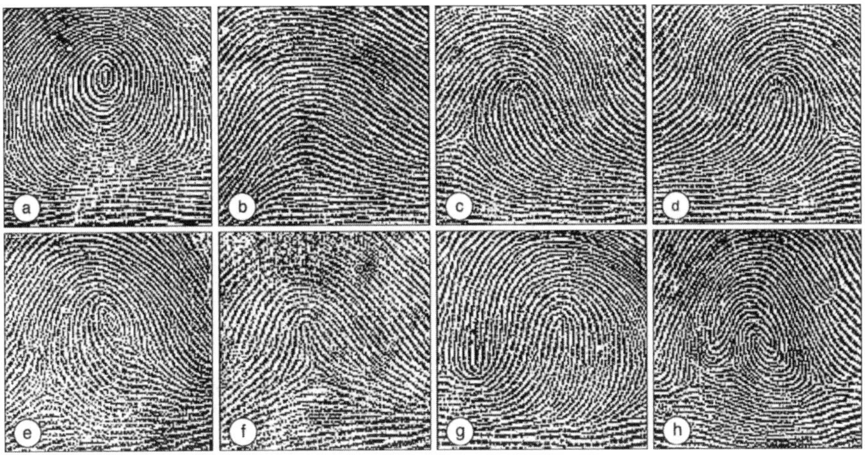

图3.78 亨利八类指纹纹形。从左上开始：环形斗、弧形纹、左箕、右箕、绞形斗、帐形纹、双箕斗、混杂型纹（原文为whorl，arch，right loop，left loop，central pocket，tented arch，twin loop，accidental pocket。翻译时参考了中文专业书籍中对指纹纹形的惯常叫法）（引自 E. R. Henry，Classification of Fingerprints，His Majesty′s Stationery Office，London，1913.）

对于理想的指印，提取过程可以按照图3.79所示的顺序进行。图中原始图像显示出嵴线纹路，很少有汗腺孔、污迹和指印中压力变化等问题，尽管存在一些可能是由于切割或污迹造成的断裂。如图3.79所示，对背景亮度校正均匀，对黑色像素进行阈值处理（使用基于图像直方图的自动算法），再应用闭运算（膨胀后腐蚀）清理嵴线纹路，然后应用图3.25所示的骨架化处理（一种有条件的腐蚀，通过反复删除边缘像素来保存纹线的拓扑结构，除了那些这样做会导致线条中断的地方）。在骨架中，端点和分支点等拓扑特征很容易识别并标出它们的位置（Farina等，1999）。

图3.79 处理一个理想的指纹图像来定位特征，如正文中所述：(a)原始指纹；(b)应用对比度校平、阈值和闭运算后；(c)骨架化并标记出端点（绿色）和分支点（红色）。

即使对于这张非常干净的初始图像，也存在潜在的问题和不确定性。图3.80仅显示了一个问题，该位置在图3.79a中以红框标记。处理结果显示一个分支点和一个端点。但这是正确的吗？原图中有几处断开处被闭运算补上了。它们是否也应该被标记为嵴线上的断裂呢？原始图像有点模棱两可。该指印中还有许多其他地方也存在类似的不确定性。

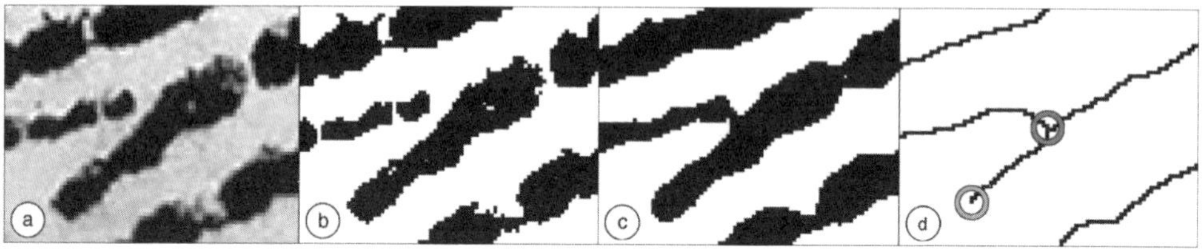

图3.80 图3.79a中标红区域的放大：(a)原始情况；(b)阈值化处理后；(c)应用闭运算后；(d)骨架，标出了分支和端点。

此外，指纹本身并不能很好地保持一致。图3.81显示了同一手指连续两次捺印出的同一区域。标出的位置是一个分支点还是端点？再捺一次又会怎样呢？另外，所示的例子是在一定程度控制的条件之下捺印的干净油墨指印。在犯罪现场真实的条件下，许多指纹的质量要差得多(如图3.82所示)，自动处理和提取细节特征是不现实的，通常需要手工标记和解释，且可能无法提供一致、精确的结果。Bharadwaj等人(2014)讨论了指纹图像、虹膜图像扫描和面部图像的质量变化及其对测量的影响。图3.83显示了同一手指的多个质量较差指印中的伪特征标记。

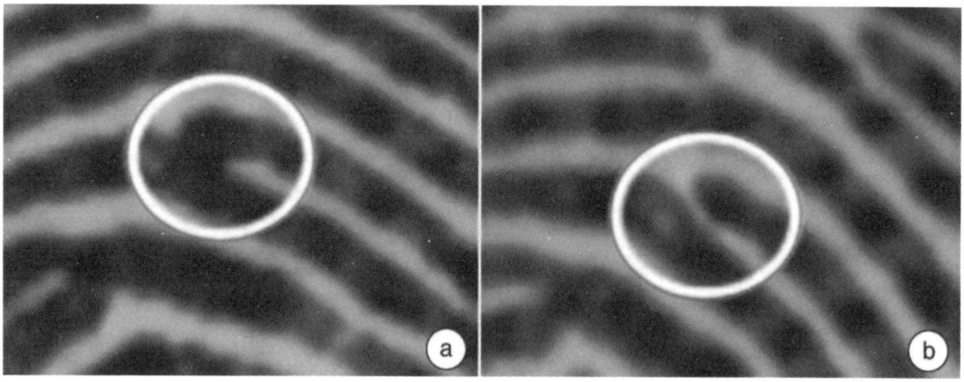

图3.81 同一手指同一部位两次捺印，显示不同的特征。(摘自I. G. Babatunde等，3(1)：15-24，2012.)

图3.82 不同质量的指纹图像。质量值：（a）0.9；（b）0.7；（c）0.4；（d）0.2。**（摘自**K. R. Moses**等，在皮纹分析、研究与技术科学工作组**（SWGFAST）**以及（美国）国家司法研究所**（NIJ）**所编的——《指纹大全》**（The Fingerprint Sourcebook），SWGFAST，**华盛顿**，2011，**第**1-33**页）**

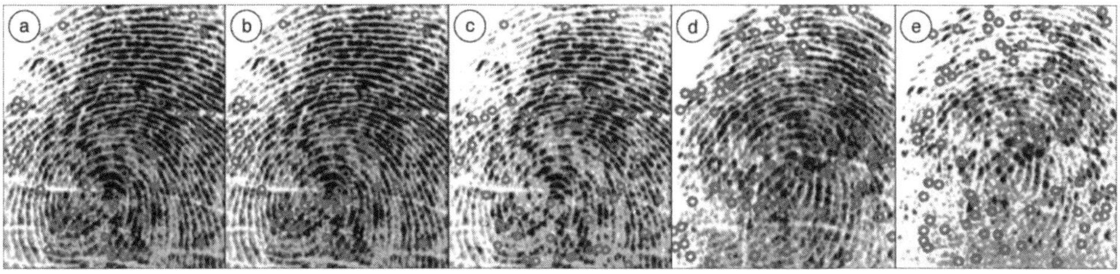

图3.83 同一手指低质量指印上的伪特征标记。（摘自S. Bharadwaj et al.，EURASIP Journal on Image and Video Processing 2014（1）：34，2014.）

尽管存在这些方面的关切，对指纹图像的自动处理已经开展了大量的工作。Hong等人（1998）提出了普遍用于比对的参考方法。该方法确定指纹图案的核心，然后增强围绕中心的嵴线的对比度和锐度。它通过在图像的不同小区域使用傅里叶变换来识别嵴线的局部朝向，如图3.84所示。然后在每个区域应用Gabor滤波器进行锐化。这些Gabor滤波器都要进行调整以适应嵴线图案的间距和局部朝向。

使用傅里叶变换并选择主导频率重建能够填补指印中的缺口和不完整区域（如图3.85所示），尽管这种补全产生伪特征的可能性是一种不能排除的隐忧。

要理解Gabor过滤器的使用，最好回忆一下第2章中介绍的反锐化蒙版，以及类似的滤波器（它们将一个像素或一组像素与周围较大邻域中各个方向的相邻像素进行比较）。这可以如图3.86所示那样，通过绘制应用于每个邻域像素的权重值的图来说明。对称的绘图显示一个中心正的峰被一个负值的环形“护城河”所围绕。这可以用高斯函数的对数、两个高斯函数的差，或者用其他公式来计算，所有这些公式的结果都非常相似，并且在所有方向上都具有径向对称性。

Gabor滤波器不是径向对称的，而是一个特定方向和频率的正弦波，乘以高斯包络线（如图3.87所示）。它同时具有频率和方向的选择性，因此可以对每个区域对应的嵴线图形给出最大响应（Yang等，2003）。通过在一个方向上进行平滑，在另一个方向上进行锐化，可以在降低噪声的同时有效地保留和增强嵴线图案，如图3.88所示。但是，虽然它可以在存在噪声的情况下恢复嵴线，它也可能“创造”出嵴线，并使用相同的间距和方向填补伪特征，如示例中所显示的那样。

也有各种各样的其他的处理方法被提出（Tico等，2002；Wen & Yu，2003；Bansal等，2009；Kaur等，2010；Singh等，2015），包括使用各种空间域滤波器、模糊逻辑和小波而不是傅里叶变换。不幸的是，许多出版物对显示的结果使用JPEG压缩，这使得很难判断处理方法的质量。此外，许多研究用的是不符合实际情况的高质量指印。

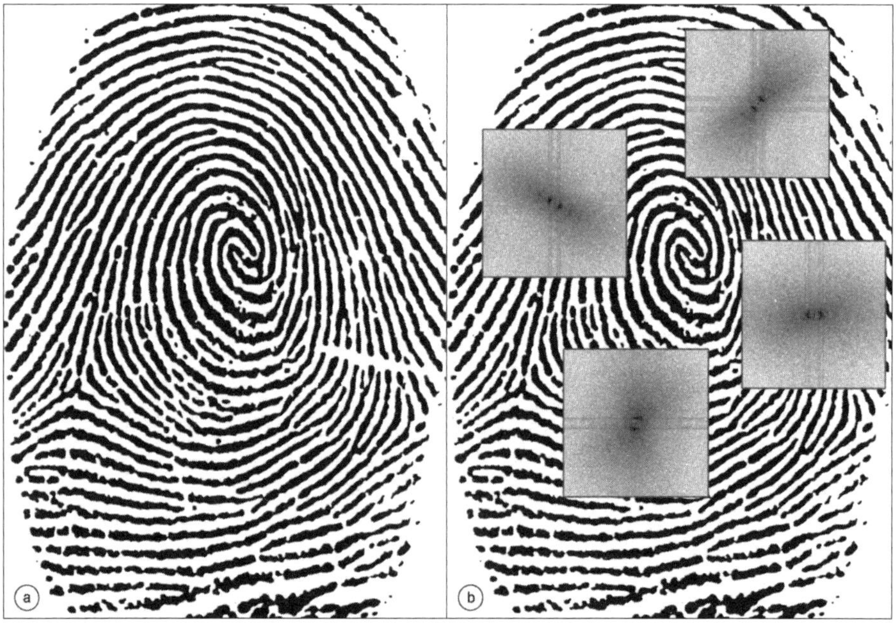

图3.84 在指纹图像不同区域计算傅里叶变换。功率谱中由尖峰表示的方向和频率可以确定嵴线的方向和间距。

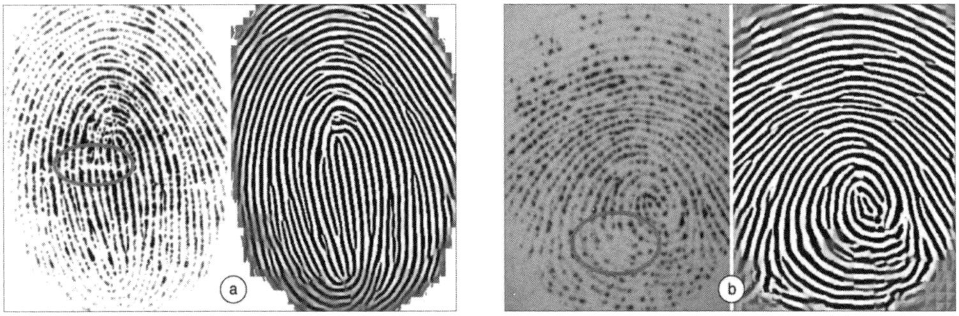

图3.85 利用傅里叶变换重建两个指印。注意每个图像上标出的缺损是如何被填充的。（摘自S. Chikkerur et al.，Pattern Recognition 40：198–211，2007.）

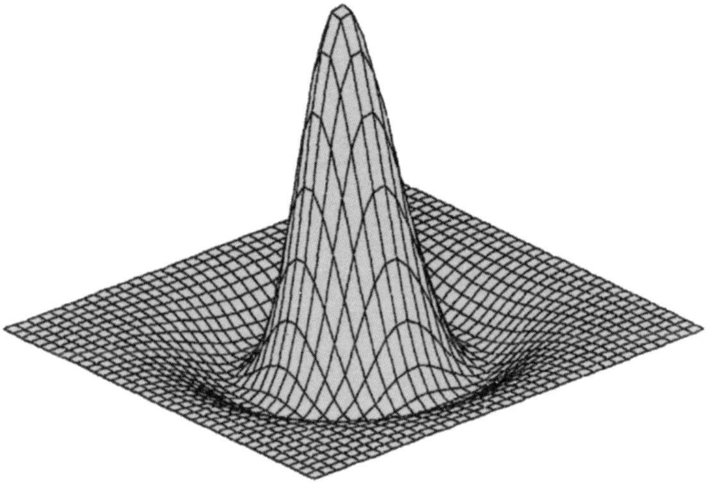

图3.86 一个各向同性锐化滤波器的权值曲线图。尖峰处的正值应用于每个邻域的中心像素，环形“护城河”中的负值应用于周围的值。

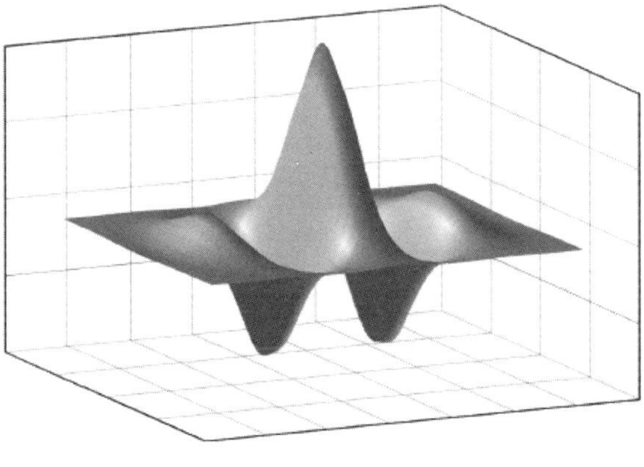

图3.87 Gabor滤波器的权值图，其方向和频率与局部嵴线图案相匹配。

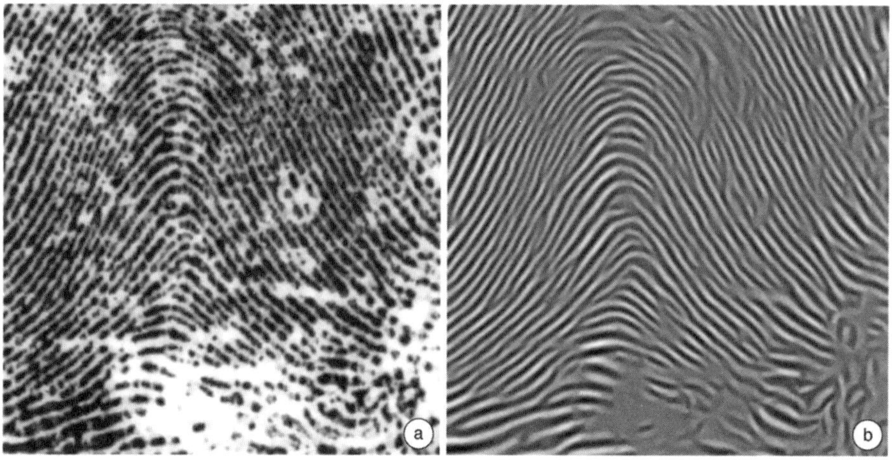

图3.88 使用局部调谐的Gabor滤波器增强指纹。请注意嵴线已经恢复，但“创造”了特征并填补了裂隙。（**摘自**R. Thai，Fingerprint image enhancement and minutiae extraction，Thesis，University of Western Australia，2003.）

美国国家标准与技术研究所（NIST）提出了一项指纹图像处理和评估的建议。国家司法研究所关于这一主题的科学工作组（SWGFAST）目前正在过渡为科学领域委员会组织的皮纹分委员会（OSAC-FRS）。尽管人们普遍对寻找解决方案感兴趣，但将这些技术中的任何一项应用于常规的典型犯罪现场指印仍是一个遥远的目标。

参考文献

T. Aach，D. Kunz.（1997）. Multiscale linear/median hybrid filters for noise reduction in low dose X-ray images. Proceedings of International Conference on Image Processing 2：358–361.

H. G. Adelmann，G. Holger.（1998）. Butterworth equations for homomorphic filtering of images. Computers in Biology and Medicine 28（2）：169–181.

L. Alvarez et al.（1992）. Image selective smoothing and edge detection by nonlinear diffusion. SIAM Journal of Numerical Analysis 29（3）：845–866.

E. Amada et al.（1981）. Recursive type digital filter. U.S. Patent 4，305，

133.

E. Arias-Castro，D. L. Donoho.（2009）. Does median filtering truly preserve edges better than linear filtering? Annals of Statistics 37（3）：1172–1206.

J. Astola et al.（1989）. Linear median hybrid filters. IEEE Transactions on Circuits and Systems 36：1430–1438.

J. Astola et al.（1990）. Vector median filters. Proceedings of IEEE 78：678–689.

I. G. Babatunde et al.（2012）. Fingerprint image enhancement：Segmentation to thinning. International Journal of Advanced Computer Science and Applications 3（1）：15–24.

X. Bai et al.（2008）. New class of top-hat transformation to enhance infrared small targets. Journal of Electronic Imaging Letters 17（3）：030501.

P. Bakker et al.（1999）. Edge preserving orientation adaptive filtering. In IEEE Conference on Computer Vision and Pattern Recognition，vol. 1.

R. Bansal et al.（2009）. Fingerprint image enhancement using type-2 fuzzy sets. In 6th International Conference on Fuzzy Systems and Knowledge Discovery，vol. 3，pp. 412–417.

S. Battiato et al.（2003）. High dynamic range imaging for digital still camera：An overview. Journal of Electronic Imaging 12（3）：459–469.

J. R. Bergen.（2001）. Method and apparatus for extended depth of field imaging. U.S. Patent 6，201，899.

C. E. H. Berger et al.（2006）. Color separation in forensic image processing. Journal of Forensic Science 51（1）：100–102.

S. Bharadwaj et al.（2014）. Biometric quality：A review of fingerprint，iris and face. EURASIP Journal on Image and Video Processing 2014（1）：34.

M. Bigas et al.（2006）. Review of CMOS image sensors. Microelectronics Journal 37：433–451.

M. J. Black et al.（1998）. Robust anisotropic diffusion. IEEE Transactions on Image Processing 7（3）：421–432.

D. S. Bloomberg，P. Maragos.（1990）. Generalized hit-miss operators. In

SPIE Conference on Image Algebra and Morphological Image Processing, San Diego, CA, pp. 116–128.

R. N. Bracewell.（1989）. The Fourier transform. Scientific American 260（6）: 86–95.

R. N. Bracewell.（2003）. Fourier Analysis and Imaging. Kluwer Academic, New York.

D. S. Bright, E. B. Steel.（1986）. Bright field image correction with various image processing tools. In A. D. Romig, ed., Microbeam Analysis 1986. San Francisco Press, San Francisco, CA, pp. 517–520.

C. M. Brislawn.（2002）. The FBI fingerprint image compression specification. In Wavelet Image and Video Compression. Springer, New York, pp. 271–288.

D. R. K. Brownrigg.（1984）. The weighted median filter. Communications of the ACM 27（8）: 807–818.

A. Buades et al.（2005 a）. A non-local algorithm for image denoising. IEEE Computer Society Conference on Computer Vision and Pattern Recognition 2: 60–65.

A. Buades et al.（2005 b）. A review of image denoising algorithms, with a new one. Multiscale Modeling and Simulation 4（2）: 490–530.

A. Buades et al.（2010）. Image denoising methods, a new nonlocal principle. SIAM Review 52（1）: 113–147.

C. J. Burges et al.（1997）. Method of image enhancement using convolution kernels. U.S. Patent 5, 647, 027.

P. Campisi, K. Eglazarian.（2007）. Blind Image Deconvolution: Theory and Applications. CRC Press, Boca Raton, FL.

J. Canny.（1986）. A computational approach to edge detection. IEEE Transactions on Pattern Analysis and Machine Intelligence 8（6）: 679–698.

A. S. Carasso.（2001）. Direct blind deconvolution. SIAM Journal of Applied Mathematics 61: 1980–2007.

K. R. Castleman.（1979）. Digital Image Processing. Prentice Hall, Englewood Cliffs, NJ.

F. Catté et al.（1992）. Image selective smoothing and edge detection by nonlinear diffusion. SIAM Journal on Numerical Analysis 29（1）：182–193.

C.-C. Chang et al.（2008）. An adaptive median filter for image denoising. In IEEE 2nd International Symposium on Intelligent Information Technology Application，vol. 2.

S. Chen，T. Y. Shih.（2002）. On the evaluation of edge preserving smoothing filter. Proceedings of Geoinformatics 43（2）.

S. Chikkerur et al.（2007）. Fingerprint enhancement using STFT analysis. Pattern Recognition 40：198–211.

H. I. Choi et al.（1997）. Mathematical theory of medial axis transform. Pacific Journal of Mathematics 181（1）：57–88.

P. Comelli et al.（1995）. Optical recognition of motor vehicle license plates. IEEE Transactions on Vehicular Technology 44（4）：790–799.

R. Dale-Jones，T. Tjahjadi.（1993）. A study and modification of the local histogram equalization algorithm. Pattern Recognition 26（9）：1373–1381.

I. Daubechies.（1990）. The wavelet transform，time-frequency localization and signal analysis. IEEE Transactions on Information Theory 36（5）：961–1005.

J. Davidson.（1991）. Thinning and skeletonization：A tutorial and overview. In E. Dougherty，ed.，Digital Image Processing：Fundamentals and Applications. Marcel Dekker，New York.

S. D. Deshpande et al.（1989）. Max-mean and max-median filters for detection of small-targets. Proceedings of SPIE 3809：74–83.

G. S. Di Baja，E. Thiel.（1996）. Skeletonization algorithm running on path-based distance maps. Image and Vision Computing 14（1）：47–57.

L. Dlagnekov，S. J. Belongie.（2005）. Recognizing Cars. Department of Computer Science and Engineering，University of California，San Diego.

S. Du et al.（2013）. Automatic license plate recognition（ALPR）：A state-of-the-art review. IEEE Transactions on Circuits and Systems for Video Technology 23（2）：311–325.

M. Elad.（2002）. On the origin of the bilateral filter and ways to improve it. IEEE Transactions on Image Proceedings 11（1）：1141–1151.

A. Farina et al.（1999）. Fingerprint minutiae extraction from skeletonized binary images. Pattern Recognition 32（5）：877–889.

J. B. J. Fourier.（1822）. Theorie analytique de la chaleur. Chez Firmin Didot，Paris.

R. Fried et al.（2004）. Repeated median and hybrid filters. Technical report，Universität Dortmund，SFB 475 Komplexität in Multivariaten Datenstrucktturen，2004：10.

M. Gabbouj et al.（1992）. An overview of median and stack filtering. Circuits，Systems，and Signal Processing 11（1）：7–45.

W. Gao et al.（2010）. An improved Sobel edge detection. In IEEE Conference on Computer Science and Information Technology，vol. 5.

E. R. Henry.（1913）. Classification of Fingerprints. His Majesty's Stationery Office，London.

Y. S. Heo et al.（2011）. Ghost-free high dynamic range imaging. In Computer Vision 2010. Springer，Berlin，pp. 486–500.

L. Hong et al.（1998）. Fingerprint image enhancement：Algorithm and performance evaluation. IEEE Transactions on Pattern Analysis and Machine Intelligence 20（8）：777–789.

H. Hotelling.（1933）. Analysis of a complex of statistical variables into principal components. Educational Psychology 24：417–441，498–520.

P. O. Hoyer，A. Hyvärinen.（2000）. Independent component analysis applied to feature extraction from colour and stereo images. Network：Computation in Neural Systems 11（3）：191–210.

C.-T. Hsieh et al.（2003）. An effective algorithm for fingerprint image enhancement based on wavelet transform. Pattern Recognition 36（2）：303–312.

R.-L. Hsu et al.（2002）. Face detection in color images. IEEE Transactions on Pattern Analysis and Machine Intelligence 24（5）：696–706.

H. T. Hytti.（2005）. Characterization of digital image noise properties based on RAW data. Electronic Imaging 2006：60590A.

A. K. Jain.（1989）. Fundamentals of Digital Image Processing. Prentice

Hall，Englewood Cliffs，NJ.

A. K. Jain et al.（2004）. An introduction to biometric recognition. IEEE Transactions on Circuits and Systems for Video Technology 14（1）：4–20.

A. Jalobeanu et al.（2000）. Satellite image deconvolution using complex wavelet packets. IEEE International Conference on Image Processing 3：809–812. INRIA Research Report RR-3955.

M. Jerian et al.（2007）. A forensic image processing environment for investigation of surveillance video. Forensic Science International 167：207–212.

X. Jia，J. A. Richards.（1999）. Segmented principal components transformation for efficient hyperspectral remote-sensing image display and classification. IEEE Transactions on Geoscience and Remote Sensing 37（1）：538–542.

W. Juneja，P. S. Sandhu.（2009）. Performance evaluation of edge detection techniques for images in spatial domain. Methodology 1（5）：614–621.

B. I. Justusson.（1981）. Median Filtering：Statistical Properties. Springer，Berlin.

W.-C. Kao.（2008）. High dynamic range imaging by fusing multiple raw images and tone reproduction. IEEE Transactions on Consumer Electronics 54（1）：10–15.

R. Kaur et al.（2010）. A novel method for fingerprint feature extraction. In IEEE International Conference on Networking and Information Technology，pp. 1–5.

C. Kervrann et al.（2007）. Bayesian non-local means filter，image redundancy and adaptive dictionaries for noise removal. In Scale Space and Variational Methods in Computer Vision. Springer，Berlin，pp. 520–532.

L. Khriji，M. Gabbouj.（1999）. Vector median-rational hybrid filters for multichannel image processing. IEEE Signal Processing Letters 6（7）：186–190.

R. Kimmel et al.（1995）. Skeletonization via distance maps and level sets. Computer Vision and Image Understanding 62（3）：382–391.

P. Komarinski.（2005）. Automated Fingerprint Identification Systems

（AFIS）. Academic Press，Burlington，MA.

M. Kuwahara et al.（1976）. Processing of RI-angiocardiographic images. In K. Preston，M. Onoe，eds.，Digital Processing of Biomedical Images. Plenum，New York，pp. 187–202.

J. E. Kyprianidis et al.（2009）. Image and video abstraction by anisotropic Kuwahara filtering. Computer Graphics Forum 28（7）：1955–1963.

R. L. Lagendijk，J. Biemond.（1991）. Iterative Identification and Restoration of Images. Kluwer Academic，Boston，MA.

L. Lam et al.（1992）. Thinning methodologies—a comprehensive survey. IEEE Transactions on Pattern Analysis and Machine Intelligence 14（9）：869–885.

J. Lambert et al.（2012）. 3D damage characterisation and the role of voids in the fatigue of wind turbine blade materials. Composites Science and Technology 72（2）：337–343.

D.-T. Lee.（1982）. Medial axis transformation of a planar shape. IEEE Transactions on Pattern Analysis and Machine Intelligence 4：363–369.

J. P. Lewis.（1995）. Fast normalized cross-correlation. Vision Interface 10（1）：120–123.

D. G. Lowe.（2004）. Distinctive image features from scale invariant keypoints. International Journal of Computer Vision 60（2）：91–110.

L. B. Lucy.（1974）. An iterative technique for the rectification of observed distributions. Astronomical Journal 79（6）：745–754.

M. Mahmoudi，G. Sapiro.（2005）. Fast image and video denoising via nonlocal means of similar neighborhoods. IEEE Signal Processing Letters 12（12）：839–842.

R. Maini，H. Aggarwal.（2009）. Study and comparison of various image edge detection techniques. International Journal of Image Processing 3（1）：1–11.

J. Mairal et al.（2009）. Non-local sparse models for image restoration. In IEEE Conference on Computer Vision，pp. 2272–2279.

D. Maltoni et al.（2009）. Handbook of Fingerprint Recognition，2nd ed. Springer，London.

S. K. Mitra，G. L. Sicuranza，eds.（2001）. Nonlinear Image Processing. Academic Press，Burlington，MA.

J. A. Montoya-Zegarra et al.（2009）. Wavelet-based fingerprint image retrieval. Journal of Computational and Applied Mathematics 227（2）：294–307.

K. R. Moses et al.（2011）. Automated Fingerprint Identification System（AFIS）. In Scientific Working Group on Friction Ridge Analysis，Study and Technology and National Institute of Justice—The Fingerprint Sourcebook. Scientific Working Group on Friction Ridge Analysis，Study and Technology，Washington，DC，pp. 1–33.

R. Nevatia，K. Babu.（1980）. Linear feature extraction and description. Computer Graphics and Image Processing 13（3）：257–269.

O. Nibouche et al.（2009）. Rotation invariant matching of partial shoeprints. In Proceedings of 13 th IEEE International Machine Vision and Image Processing Conference，pp. 94–98.

A. Nieminen et al.（1987）. A new class of detail-preserving filters for image processing. IEEE Transactions on Pattern Analysis and Machine Intelligence 9：74–90.

C. K. Olsson.（1993）. Image processing methods in materials science. PhD thesis，Technical University of Denmark，Lyngby，Denmark.

G. Papari et al.（2007）. Artistic edge and corner enhancing smoothing. IEEE Transactions on Image Processing 16（10）：2449–2462.

T. Pavlidis.（1980）. A thinning algorithm for discrete binary images. Computer Graphics and Image Processing 13：142–157.

K. Pearson.（1901）. On lines and planes of closest fit to systems of points in space. Philosophical Magazine 2（11）：559–572.

R. J. Pieper，A. Korpel.（1983）. Image processing for extended depth of field. Applied Optics 22（10）：1449–1453.

J. Piper.（2008）. Use of software to enhance depth of field and improve focus in photomicrography. Microscopy and Analysis，May，15–19.

S. M. Pizer et al.（1987）. Adaptive histogram equalization and its variations. Computer Vision，Graphics，and Image Processing 39（3）：355–368.

R. Prabhu et al.（2010）. Collection of lip prints as a forensic evidence at the crime scene—an insight. Journal of Oral Health Research 1（4）.

W. K. Pratt.（1978）. Digital Image Processing. Wiley，New York.

Q. Qian et al.（2013）. Joint focus stacking and high dynamic range imaging. Presented at SPIE Electronic Imaging Conference. IS&T/SPIE Electronic Imaging 866004.

N. Ratha，R. Bolle，eds.（2004）. Automatic Fingerprint Recognition Systems. Springer，New York.

W. H. Richardson.（1972）. Bayesian-based iterative method of image restoration. Journal of the Optical Society of America 62（1）：55–59.

G. X. Ritter，J. N. Wilson.（2001）. Handbook of Computer Vision Algorithms in Image Algebra，2nd ed. CRC Press，Boca Raton，FL.

J. C. Russ，J. C. Russ.（2008）. Introduction to Image Processing and Analysis. CRC Press，Boca Raton，FL.

P. Salembier.（1992）. Adaptive rank order based filters. Signal Processing 27（1）：1–25.

J. Salmon.（2010）. On two parameters for denoising with non-local means. IEEE Signal Processing Letters 17（3）：269–272.

S. Sarker et al.（2012）. Use of non-local means filter to denoise image corrupted by salt and pepper noise. Signal and Image Processing：An International Journal 3（2）：223–235.

M.-J. Seow，V. K. Asari.（2006）. Ratio rule and homomorphic filter for enhancement of digital colour image. Neurocomputing 69（7）：954–958.

K. Singh et al.（2015）. Fingerprint image super-resolution via ridge orientation-based clustered coupled sparse dictionaries，Journal of Electronic Imaging 24（4）：043015.

J. Sklansky.（1970）. Thresholded convolutions operations. Journal of the ACM 17（1）：161–165.

I. Sobel.（1970）. Camera Models and Machine Perception，AIM-21. Stanford Artificial Intelligence Lab，Palo Alto，CA.

P. Soille.（2002）. On morphological operators based on rank filters. Pattern

Recognition 35(2): 527–535.

S. N. Srihari et al.(2002). Individuality of handwriting. Journal of Forensic Sciences 47(4): 856–872.

S. N. Srihari et al.(2007). Biometric and forensic aspects of digital document processing. In Digital Document Processing. Springer, London, pp. 379–405.

R. S. Stanković, B. J. Falkowski.(2003). The Haar wavelet transform: Its status and achievements. Computers and Electrical Engineering 29(1): 25–44.

J. L. Starck, A. Bijaou.(1994). Filtering and deconvolution by the wavelet transform. Signal Processing 35(3): 195–211.

T. Tasdizen.(2009). Principal neighborhood dictionaries for nonlocal means image denoising. IEEE Transactions on Image Processing 18(12): 2649–2660.

R. Thai.(2003). Fingerprint image enhancement and minutiae extraction. Thesis, University of Western Australia.

M. Tico et al.(2002). Fingerprint image enhancement based on second directional derivative of the digital image. EURASIP Journal on Applied Signal Processing 2002(1): 1135–1144.

A. N. Tikhonov, ed.(1995). Numerical Methods for the Solution of ill-Posed Problems, vol. 328. Springer, London.

C. Tomasi, R. Manduchi.(1998). Bilateral filtering for gray and color images. In Proceedings of 6th International Conference on Computer Vision, pp. 839–846.

D.-M. Tsai, C.-T. Lin.(2003). Fast normalized cross correlation for defect detection. Pattern Recognition Letters 24(15): 2625–2631.

J. W. Tukey.(1977). Exploratory Data Analysis. Addison-Wesley, Reading, MA.

J. S. Tyo et al.(2003). Principal-components-based display strategy for spectral imagery. IEEE Transactions on Geoscience and Remote Sensing 41(3): 708–718.

R. M. Udre, N. Vizireanu.(2007). Iterative generalization of morphological skeleton. Journal of Electronic Imaging Letters 16(1): 010501.

A. G. Valdecasas et al.(2001). On the extended depth of focus algorithms for bright field microscopy. Micron 32(6): 559–569.

W. Vanderlinde, J. Caron.(2008). Blind deconvolution of SEM images. Scanning 30(3): 268–269.

D. Van de Ville, M. Kocher.(2009). SURE-based non-local means. IEEE Signal Processing Letters 16(11): 973–976.

M. Van Heel.(1987). Similarity measures between images. Ultramicroscopy 21(1): 95–100.

V. R. Vijaykumar, G. Santhanaman.(2014). New decision-based trimmed median filter for high-density salt-and-pepper noise removal in images. Journal of Electronic Imaging 23(3): 033011.

C. Vonesch, M. Unser.(2008). A fast thresholded Landweber algorithm for wavelet-regularized multidimensional deconvolution. IEEE Transactions on Image Processing 17(4): 539–549.

M. J. Vrhel, H. J. Trussell.(1992). Color correction using principal components. Color Research and Application 17(5): 328–338.

J. Weickert.(1996). Theoretical foundations of anisotropic diffusion in image processing. In Theoretical Foundations of Computer Vision. Springer, Vienna, pp. 221–236.

J. Weickert.(1998). Anisotropic Diffusion in Image Processing. Tuebner, Stuttgart.

L. Welch.(1974). Lower bounds on the maximum cross correlation of signals. IEEE Transactions on Information Theory 20(3): 397–399.

C. Y. Wen, C. C. Yu.(2003). Fingerprint pattern restoration by digital image processing techniques. Journal of Forensic Sciences 48(5): 973–984.

Z. Q. Wu et al.(2005). Adaptive contrast enhancement based on highly overlapped interpolation. Journal of Electronic Imaging 14(3): 033006.

N. Yager, A. Amin.(2004). Fingerprint verification based on minutiae features: A review. Pattern Analysis Applications 7: 94–113.

K. Yamaguchi et al.(1999). A method for identifying specific vehicles using template matching. In IEEE Conference on Intelligent Transportation Systems, pp. 8–13.

J. Yang et al.(2003). A modified Gabor filter design method for fingerprint image enhancement. Pattern Recognition Letters 24(12): 1805–1817.

L. Yin et al.(1996). Weighted median filters: A tutorial. IEEE Transactions on Circuits and Systems II 43(3): 157–192.

D. Zang et al.(2015). Vehicle license plate recognition using visual attention model and deep learning. Journal of Electronic Imaging 24(3): 033001.

M. Zhang, B. Gunturk.(2008). A new image denoising method based on the bilateral filter. In IEEE Conference on Acoustics, Speech, and Signal Processing, pp. 929–932.

F. Zhao et al.(2006). Image matching by normalized cross-correlation. IEEE Conference on Acoustics, Speech, and Signal Processing 2: 730–732.

H. Zhu et al.(1999). Image contrast enhancement by constrained local histogram equalization. Computer Vision and Image Understanding 73(2): 281–290.

S. Zhu et al.(2015). End-to-end system of license plate localization and recognition. Journal of Electronic Imaging 24(2): 023020.

4

比对与测量

一对一比对

成像技术最常见的司法用途之一是将一个物体或结构与另一个物体或结构进行比较。两颗子弹、两根纤维、两枚指纹乃至两张人脸的图像并排展示以显示其相似之处，并让观看者得出结论：它们是同一人或物，或同一类物品的照片。为了消除图像之间可能导致混淆的不相关差异，最好使用相同的光照角度和颜色、相同的方向等来查看它们。

工具痕迹，包括的弹壳上撞针撞击痕迹以及抛壳弹射痕迹的比对，通常用专用于此的、视场分割的比较显微镜来做。图4.1显示了子弹上的阳膛线痕迹的比对。将两者的对比度调至相当（如图4.1b所示）可以使目视比对较图4.1a更容易。图4.1c没有显示匹配，但这并不意味着它们不是来自同一支枪，因为这两颗子弹可能没有旋转对齐。

图像相关运算可以用来匹配和对齐痕迹轮廓线，取代通过视觉比较和手动调整来对齐图像。自动匹配方法已被尝试用于强度轮廓图、亮度导数图或边缘位置（León，2006；Li，2006；Hamby等人，2009）。用表面高程能更好地定量比较子弹和霰弹弹壳上的表面痕迹（De Kinder & Bonfani，1999；Banno等，2004；Sakarya等，2008；Xie等，2009；Gambino等，2011年；Fischer & Vielhauer，2012）。可以通过光学技术，如共焦显微镜、干涉显微镜、光度立体视觉，或机械触控针来确定表面高程。

图4.2是同一枪支发射的两颗子弹的高程剖面图对比（Song等，2004，2012）。在第3章中描述的相关，可以对齐两个痕迹，并测量二者匹配的程度。对于所示的示例，相关性匹配的结果为99.6%。这一数值并不是一个直接的匹配度的度量，但可以用来生成这样的度量（Geradts等，1999，2001；León，2006）。美国国家标准与技术研究所（Chu等，2013）的测试显示，在对15颗未知子弹的盲测中，所有的匹配的子弹其两两相关运算的结果是最高的。

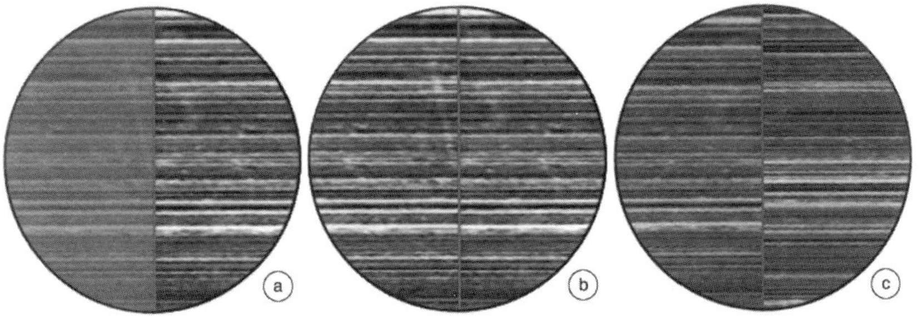

图4.1 弹头阳膛线的比对（a，b）匹配；（c）未匹配。

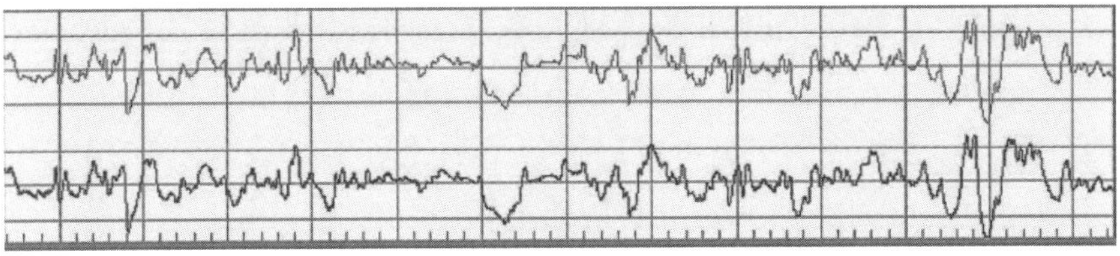

图4.2 用机械触控针描出的，同一枪支射出的两颗子弹的表面高程剖面图。纵向刻度是2 μm，横向扫描的长度1.4mm。（来自J. Song等，Journal of Research of the National Institute of Standards and Technology，109（6）：533 – 542，2004.）

无论是以机械方法还是以光学方法测量所得到的高程数据，都可以扩展到一个区域，并以图像的形式呈现。图4.3显示了一个例子，使用颜色表示高程，并细致地反映了阳膛线的形状和痕迹的存在。这些数据和反射光图像一样，可以用于测量、进行相关运算或一对一的比对，但需要保持颜色比例尺的一致，并说明其含义。

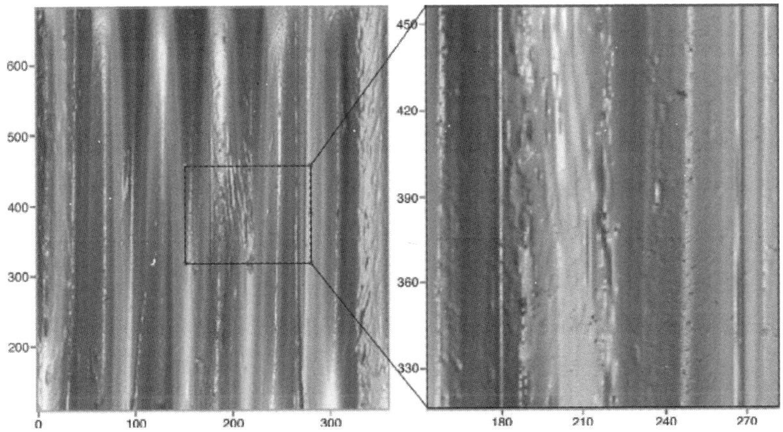

图4.3 显示子弹阳膛线痕迹的高程图，颜色表示表面高度。（来自F. Xie等，Wear 266：518-522，2009）

Hamby和Thorpe（1999）记录了弹头和子弹司法检验的悠久历史。已知最早使用成像技术进行武器识别是在1835年，伦敦一宗谋杀案中发射出的金属球上发现了模具的痕迹。1863年，对Stonewall Jackson将军误杀事件的子弹进行了类似的检查，结果显示从口径和形状上看，子弹只能是来自于自己人。霍尔（1900）首次描述了对枪管膛线在子弹上所留痕迹的测量。当然，从那时起，这一方法逐步发展成为标准的枪弹认定技术。一个科学工作组——SWGGUN（http://www.swggun.org）被组建，来对各种检验方法的检查和记录成文提供指导。

子弹和弹壳上的印迹并不是唯一的表面痕迹比较对象（Gerules等，2013）。所有的工具都会留下个性化的痕迹，这对于匹配和识别是非常有用的，而且像子弹条纹一样，也可以进行定量的比较（Balker等，2014）。图4.4显示了使用电工剪刀在黄铜薄板剪切面上留下的痕迹。由于剪刀刃口微小的不规则而产生的痕迹保留得很好，并在并列、对齐的扫描电镜（SEM）图像中完美匹配。

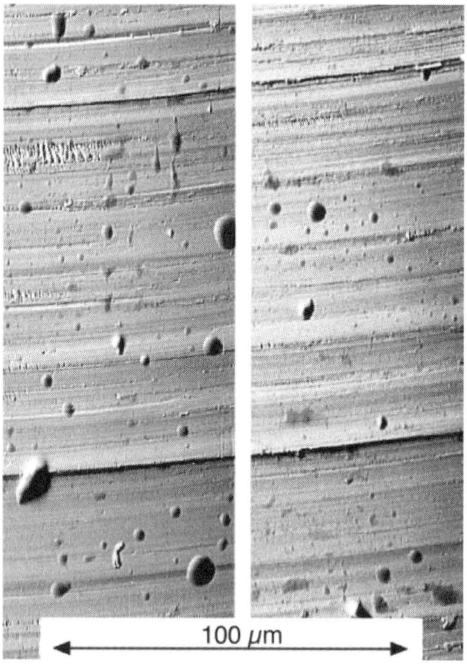

图4.4 两张黄铜板剪切面上工具痕迹的对比表明它们被同一把剪刀剪切。

当光照、影像倍率和视角等条件尽可能相似时，做图像比对最容易。在图4.5中，同一张纸的不同区域的纤维，其SEM图像由于对比度不同、纤维方向不同、放大倍数略有不同以及可能的触摸对纸张可能产生的影响，不能轻易地认为是相同的。在图4.6中，相同油漆的两块薄片的截面之间的色差，是由于显微镜上白炽灯的电压发生了轻微的变化，从而改变了光的色温，因而也改变了图像颜色。

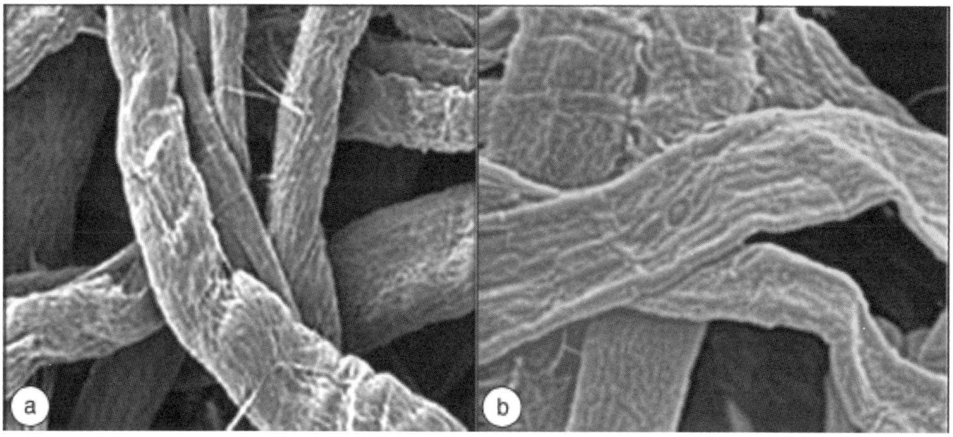

图4.5 相同的木质素纤维的SEM图像，但二者对比度和影像倍率不同。

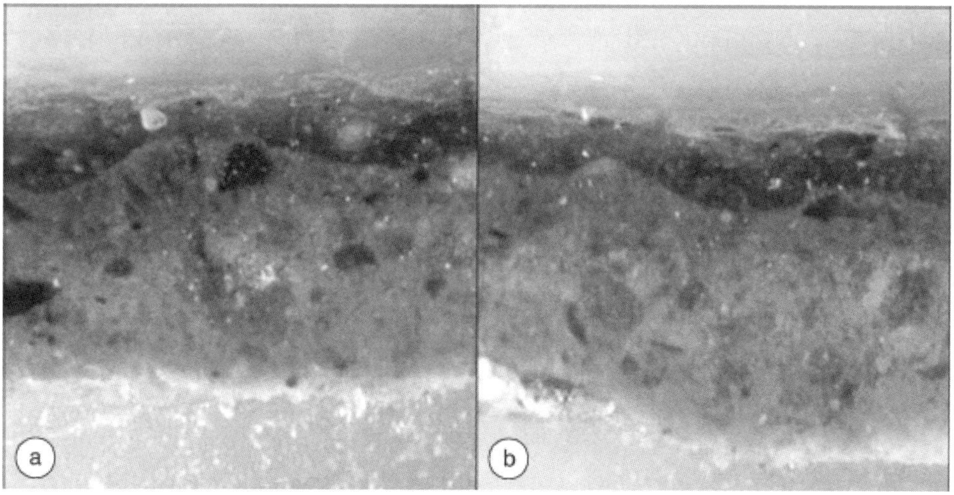

图4.6 种类相同但光照条件不同的油漆薄片的截面图。

当然，同样的规律也可以反过来发挥作用。对图像进行调整以人为地产生或强化匹配的感觉会引起严重的科学伦理问题。图4.7展示了一个例子，两张比对的SEM图像显示出良好的匹配性。图像中所示的10 μm比例尺在图像原件中被略去了。两幅图像放大倍率相差超过2倍，纤维的来源也不同。

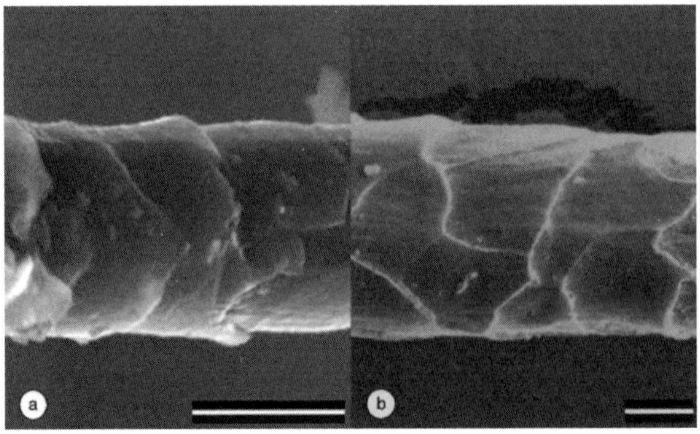

图4.7 两种纤维的SEM图像之间不恰当的比对：(a)克什米尔山羊毛；(b)绵羊毛。加到每个图像中的比例尺长度都是10 μm。

匹配特征或尺寸

图4.8显示了两个.32口径弹壳上的撞针撞击凹痕。根据不同特征(一个弹壳的凹坑中有十字形印痕而另一个没有)和不同尺寸(凹坑的大小)的存在，两幅图像表明了子弹不是同一支枪发射的。这类排除性的证据在侦查程序中很重要，但实际工作中很少会出现在法庭上。Ghani等(2010)用几何矩测度作为形状描述子来识别撞针撞击痕迹。

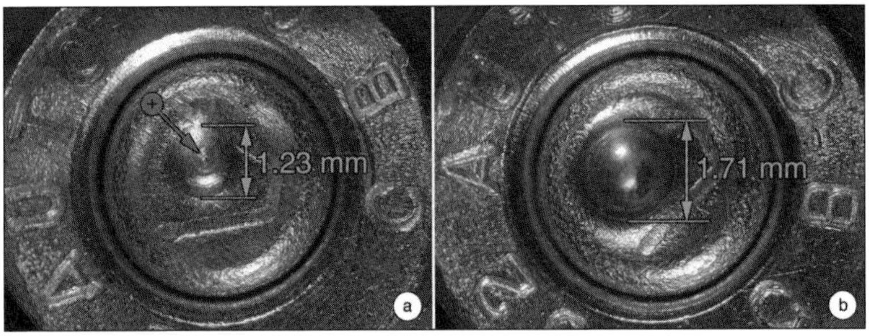

图4.8 一对一排除证据：两个弹壳底部的撞针痕迹尺寸不匹配；其中一个直径要小一些，中心有十字形状的痕迹(如箭头所指)。

当对图像进行比对时，理解其目的和局限性是很重要的。两幅图像绝不会完全一样。需要多少特征才能确认匹配？这取决于匹配的目的是要展示种属认定证据还是个体认定证据。种属认定证据，举个例子，只需证实某纤维是羊毛而不是棉花或合成纤维，而个体认定证据(更难证明)则要——可能基于一种不常见的彩色印染图案——表明纤维来自某一特定的服装。很难建立这种匹配的统计学上的确定性，因为这种印染图案发生的总体频率是未知的

（Houck，2003）。这一点将在第 5 章中进一步讨论。

对犯罪现场证据如头发的检查是经常进行的，但通常不能得出个体认定的结论，除非用毛囊附着的细胞做DNA匹配。显微毛发分析的主要挑战在于某个个体的毛发内部存在的微观特征的生物学变化，甚至在一根毛发上也存在变化，这使得情况更为复杂（Gaudette，1999）。在法庭科学界，人们普遍认为毛发并不是一种认定的手段，但由于个体间毛发的不同，它们可以在侦查中提供大量的信息。此外，如果检材毛发和已知的样本有显著差异，那么可以肯定地排除它们来自同一来源（如种族方面的差异）。将一根检材毛发与几根已知来源的毛发一一进行比较是基于以下几点：

颜色（头发的基本色调以及色素的密度、分布、大小、形状和颜色）；

结构（形式、直径、横截面形状、皮质层结构）；

表皮层特征（表皮层鳞片的大小和形状）；

获得性特征（美发、清洁）。

在这些比较的基础上，我们可以得出这样的结论：只有所有这些特征都一一相符时才能判定毛发种类的同一（Rowe，2001），而如果存在显著的差异则否定同一。当把一个毛发检材与一个已知样本联系起来时，并没有公认的标准要求两者之间必须有多少特征是相似的。然而，普遍被接受的观点是，要想在二者之间建立联系，检材毛发中所反映出的特征必须在样本毛发上全部体现出来。这种方法并不仅限于人类的头发。Robson（1997）报道过基于毛发检验识别动物种类，使用了同样的参数：毛发的直径，表皮层鳞片的分布、大小和形状。

由于无法获得各种可观察到的微观特征的频次数据（Robertson，1982；Robertson & Aitken，1986；Ogle，1998；Olen，2009），而且还没有找到一种合适的将这些特征结合起来的方法，因此，一个样本中这些特征出现的显著性不能用数字的形式表达和比较（Kind and Owen，1976），只能定性或半定性地去做。目前还不可能估计出检材毛发匹配的概率，因而引出了对鉴定结论被Daubert规则承认的关切（Houck等，2004）。不过，表现出来的匹配特征越多，被承认的可能性越大（即使是DNA图谱的匹配，对于匹配的似然率的合理解释也还存在一些争议）。但通过将毛发的显微图像与标准图像相比较来得出种类信息还是可能的，正如图4.9 所示（Deedrick，2000；Brooks等，2011）。

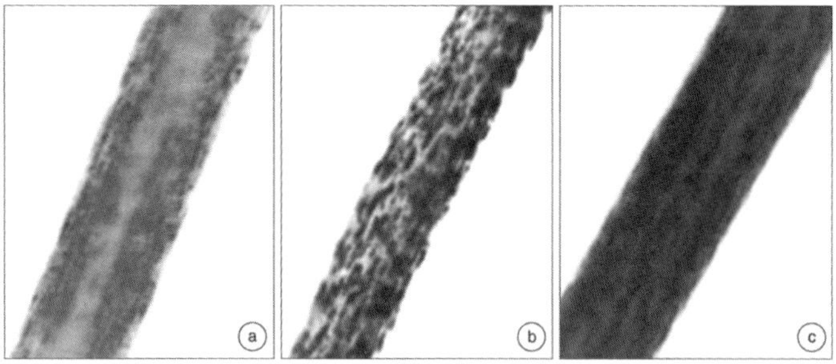

图4.9 高加索人(欧洲)、黑人(非洲)和蒙古人种(亚洲)头发的显微比较。(D. W. Deedrick, Forensic Science Communications 2(3): 1-9, 2000)

人脸识别

由于姿势的变动,以及表情、照明,更不用说头发、化妆、眼镜等的变化,面部识别是一个非常具有挑战性的问题(Torres等,1999; Zhao等,2003; Park & Jain,2010; Spain,2011)。面部识别(以及其他生物特征的使用)可分为两类主要应用:验证(verification)和识别(identification)。验证寻求进行1:1的识别:这个人是他们声称的那个人吗?它主要用来对某些安全设施的访问加以控制,有时甚至是控制对iPhone手机的访问——通过指纹传感器的形式。另一方面,识别则是一个1:N匹配问题,其中N是要从中搜索潜在匹配对象的数据库的大小。这是一个非常困难的问题。原因有很多,其中之一是相比验证的情形,要识别的图像其光照条件和姿势通常不受控制。当N的大小受到一定限制时,可以称之为"观察列表"(watchlist)应用,即将每个通过检查点(例如,机场的安检口或护照检查处)的人的图像与一些已知身份的人员相比对。

1:1和1:N的一个区别是验证过程中存储的图像和要检验的图像是高质量的,因为两者都是在检验对象的合作下获得的。相比之下,识别的情形中的图像质量通常要差得多。另一个区别是误认定和否定的接受率。在1:1的情况下,匹配的标准可能非常严格,如果不能建立匹配,通常会再给个机会重新输入,重复验证过程。在1:N的情况下,几乎普遍的做法是对潜在匹配进行排序,容许有许多错误匹配的可能性,并将少数匹配概率最高的(通常为10个左右)候选人呈现给操作人员,以便进行视觉比较和判断。采用这种排名方法的问题是,即使排名最高的候选人其匹配度也有可能很低。

Introna 和 Wood(2004)报告说,在用一个存有37000多张高质量人脸图像的大型数据库所做的测试中，最好的系统结果是73%的成功匹配和1%的误匹配。户外照片的效果更差，随着照片过时，每年成功率下降5%左右，女性的测试效果比男性和年轻受试者（18岁~22岁）更差。高误报率会导致非常烦人的干扰，这在大多数情况下是不能接受的。例如，1%的假匹配率意味着每架飞机上的两名到三名潜在乘客将被当作可能的恐怖分子拘留。

已经有许多不同的识别算法被提出。Chellappa等（1995）以及Jafri 和Arabnia（2009）的评论列出了数百条参考文献，涵盖了多种技术。一种方法是识别面部的特定关键点，比如眼角、鼻子和下巴，并测量距离。这些距离通常用来计算比值，以使姿态和图像大小的影响最小化。然后，这些数值被用于搜索数据库中潜在的匹配对象（Catterick，1992）。例如，如图4.10所示，眼角之间的距离与耳朵之间的距离之比，或者嘴唇到眼镜的距离与下巴到发际线的距离之比，被认为在脸的朝向轻微变化时基本不变（假设观察方向能看见所有这些参考点）。

Vezzetti和Marcolin（2012）对用于面部描述和匹配的标志点方法进行了综述。用来测量的点可以手工定位，也可以使用相关运算的技术。面部关键标志点的自动定位技术曾由Ju（2010）描述过。但是，即使有好的图像，这些关键点的定位的不确定性也是显著的（如图4.11所示）。即便如此，一些公司如FaceFirst（http：//www.facefirst.com）提供明码标价的系统，当顾客进入一个商店或者一间赌场时，系统被期望能拍摄他们的面部图像并通过自动检测关键特征点和计算距离的比值识别出他们是老顾客（不管是期望的还是反感的）然后通知员工。这种生物识别技术将怎样面对来自隐私权主张者的挑战还有待观察。

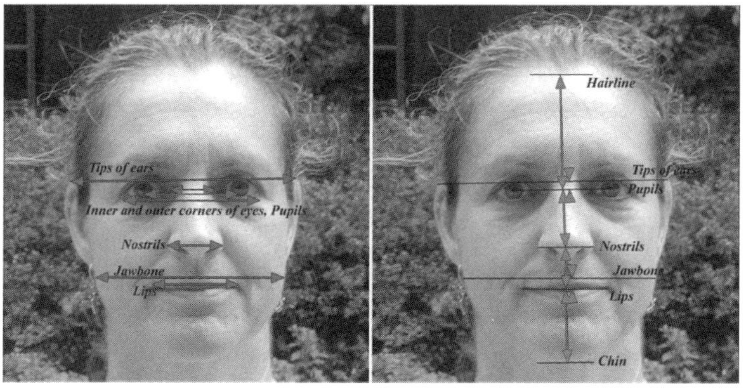

图4.10 一些用来计算进行面部识别所需的比值的垂直和水平距离示例。

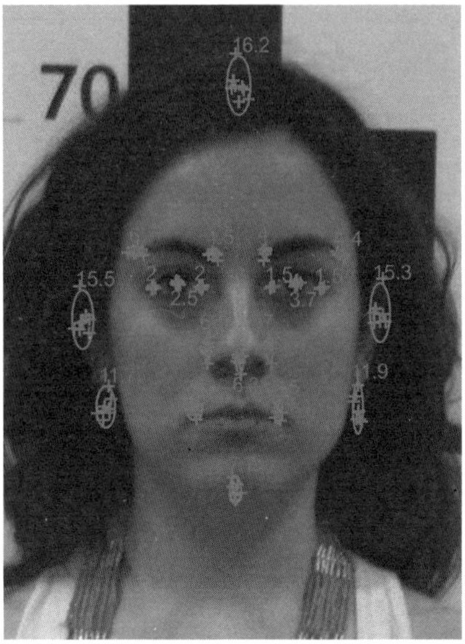

图4.11 人工标注标志点的变化情况，数字表示像素坐标的变化（R.Vera-Rodriguez等，IEEE International Workshop on Biometrics and Forensics，2013，pp. 1–4）。

一种非常不同的方法是直接将图像中的像素作为输入值，通常是神经网络的输入值，神经网络必须首先确定要提取的重要数据位，然后在专家系统中使用它们。这些系统通常需要用大量的图像、花大量的时间来训练，而结果的含义却难以理解。这种方法的一个应用是面部识别软件DeepFace（Taigman等，2013），据称其从4000人中进行人脸识别的表现"几乎与人类一样好"。其训练用了400万幅图像(平均每人1000幅不同的图像)。

第三种方法使用相关运算将整个图像与档案中的图像进行比较，最适合于1:1的验证任务，这种情况下，图像在光照和姿态方面受到严格控制。对于验证的目的，Jain等(2004)建议使用生物识别特征的组合(如图5.27所示)，包括视网膜和虹膜扫描，指印或掌印，手和脸部血管图案(Bowyer等，2013；Burge等，2013；Maltoni等，2009)。这些特征在对个体的打扰程度和数据库的建立难度上差别很大。其中的一些测试，如面部血管的红外成像，可用于验证但对识别一个身份未知的人并不实用。

人脸是三维的，需要复杂的建模来补偿方向的变化(Bagchi等，2014)。在二维的正面视图中，人脸有许多相似之处且量的差异很小。同时，人脸并不是一个刚体，姿态和表情都会引入变数。在许多情况下，通过轮廓的识别更为成功(Nastar & Mitschke，1998)。目前重点是3D方法，包括建模面部形状和曲率(Zhang和Gao，2009，回顾了各种方法)。大部分的关于3D匹配算法的报道使用的是高质量的小数据集图像，这些算法彼此之间不容易比较。

Bronstein等人（2003）提出将纹理细节和3D形状分离开来，并创建一个能模拟表情和姿态变化引起的面部变形的图像。图4.12显示了展平的纹理图像与其下的形状的图像。

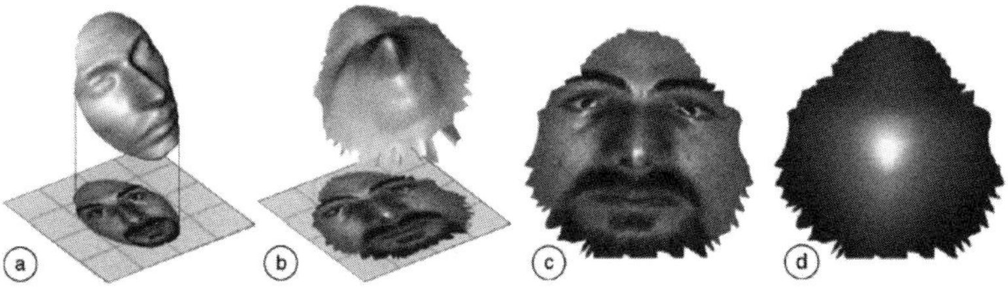

图4.12 人脸表面的表示：（a）**人脸表面纹理映射；**（b）**形状构成；**（c）**纹理展平的结果；**（d）**形状图像。**（A. Bronstein等，, Lecture Notes in Computer Science 2688：62–69，2003.）

生物特征识别手段

贝蒂荣独创的生物特征计量方法（1890，1893）是要收集罪犯头部形状的测量参数用作识别，同时用来支撑他的理论，即罪犯的头部形状异于常人。其结果是没有结论，而且所测数据很不稳定——取决于测量这些参数的人（如图所4.13示）。

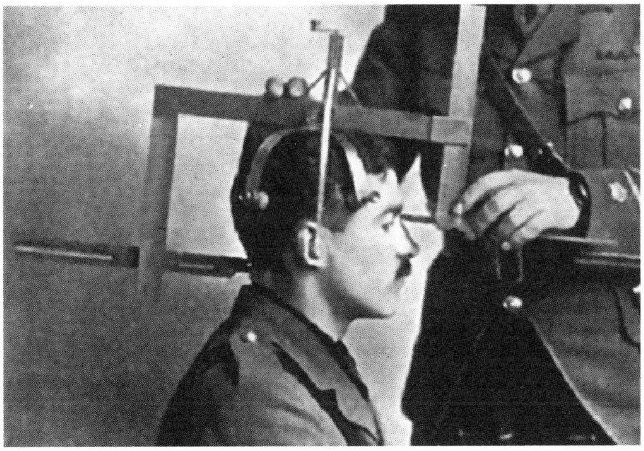

图4.13 贝蒂荣的测量犯罪分子头部尺寸的方法。

对人的识别来说，眉毛是最重要的特征之一（Sinha等，2006）。Bruce等（1999）说明，即便是根据低分辨率的图像（如图4.14所示），人们也能识别出他们所熟悉的人。Burton等（1999）指出，人类使用监控视频的图像进行识别并不十分成功，而计算机识别被认为是必不可少的，因为人类在监控过程中的疲劳因素会在很短的时间内（几十分钟）导致识别能力急剧下降。人类观察者将脸部照片与监视图像进行比对时，通常是基于一些类似的标记（耳朵、文身），而计算机识别则是基于尺寸的比值以弥补微小的朝向差异。Tom等（2013）曾试图研究在将面部照片和监控视频图像进行比对时，最具区分功能的面部特征。

图4.14 即使是在分辨率非常低的图像中，熟悉的面孔也是可以认出来的。

在最常见的、从较远距离用广角镜头拍摄的监控视频图像中，误差远远大于图4.11所示图像，且想要在数据库中检索，特征距离间的比值也不够精确。监控视频主要用于运动跟踪（如在交通中）和异常检测（如事故），但是在城市环境中的普通人，每天平均要被300个监控摄像头拍摄到，这一数字还在增长（Gray，2003）。

图4.15显示了截至2000年曼哈顿地区紧靠中央公园南部区域的室外监控摄像头的点位，现在肯定更多。正在做出努力（Collins等，2000；Hampapur等，2003）自动筛查监控视频图像以检测可疑的行为，并监测人群密度和运动。

美国联邦调查局（FBI）的下一代身份识别项目，拥有一个有1300万张罪犯脸部正面照的照片库，但与监控图像甚至其他人脸照片进行自动匹配，目前还是一个遥远的愿景。Kleinberg等（2007）使用高质量的全脸图像（如图4.16所示）来测试使用人工定位的标志点之间的比值和角度（就像图4.10和图4.11所示）进行识别的能力，以区分测试集中的一个面部图像和其他图像，失败率为80%~85%。

图4.15 曼哈顿紧靠中央公园南面的区域。红点表示截至2000年该区域室外监控摄像头的分布。

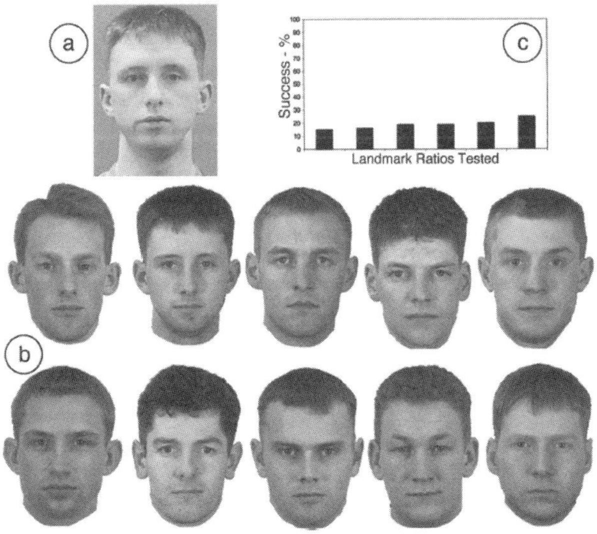

图4.16 在高质量的全脸图像中，使用手工标记的标志点之间的距离和角度比值，目标图像（a）被从测试集（b）中找出的概率只有15%~20%。（K. F. Kleinberg等，Journal of Forensic Science 52（4）：779–783，2007）

将面部照片或真实面孔与目击者描述、警察制作的画像匹配起来更加困难（如图4.17所示）。不同的观察者选择的他们认为场景或嫌疑人的重要的属性也不同，因为他们是根据自己感知到的，对象与记忆中的其他物体的相似或不同之处来进行判断，因此每个人的结果当然是不同的（Valentine，2006；Tome等，2013）。警察艺术家根据观察者的描述画出的疑犯素描很少与抓捕后拍摄的实际照片良好匹配（Klare等，2011）。从许多方面看，它们都属于漫画，强调了某些对某个观察者来说熟悉或不寻常的方面（通常是微不足道或可以忽略的）。

图4.17 警察艺术家画的画像与每人被抓后拍摄照片之间的对比。

由目击者来识别对侦查是有用的，但在法庭上往往不可信。美国司法部一份1999年的出版物提供了一个收集可靠的目击者证据的指南，其中对人类记忆引入的偏差和错误提出了许多警告（美国国家司法研究所，1999年）。

对目击者可信度的另一个考虑是他们当时在现场正在期待或关注什么。在大多数情况下，我们只能发现我们所期待的或我们正在关注的事情。观看视频的观众（图4.18显示了一帧画面）被要求数篮球在穿白衬衫的学生之间传递的次数，结果他们完全没有注意到那个穿着大猩猩服装在混乱中来回走动的人（Simons & Chabris，1999）。

图4.18 上文中所提到的视频中的一帧画面。

人的视觉受到先验知识的强烈影响。我们更有可能找到我们正在寻找的东西并予以识别（反之亦然）。大部分的识别过程，经过进化和经验，都被优化得非常高效。正如约吉·贝拉（Yogi Berra）所说：“有时候，你通过观察就能看到很多东西。”但在这个过程中，有些信息要么被忽略，要么被压制，通常不会被观察到。夏洛克·福尔摩斯经常批评华生医生“只看到而不观察”，这和“有光子落到视网膜上”与“在有意识的头脑中触发认知”之间的区别是一样的。

图4.19显示了两张照片间比对一个例子，一幅来自监控视频，另一幅来自面部照片，其中反映出的一些微妙的特征，引导观看者得出结论，两幅图像显示的应该是同一个人。例如，有一些耳朵形状的特征一致，这些特征有时可以用于匹配目的（Hurley等，2007）。正如第5章所要指出的，使用这种特征和其他生物计量特征的一个困难是需要统计一般人群中特定特征的出现情况。

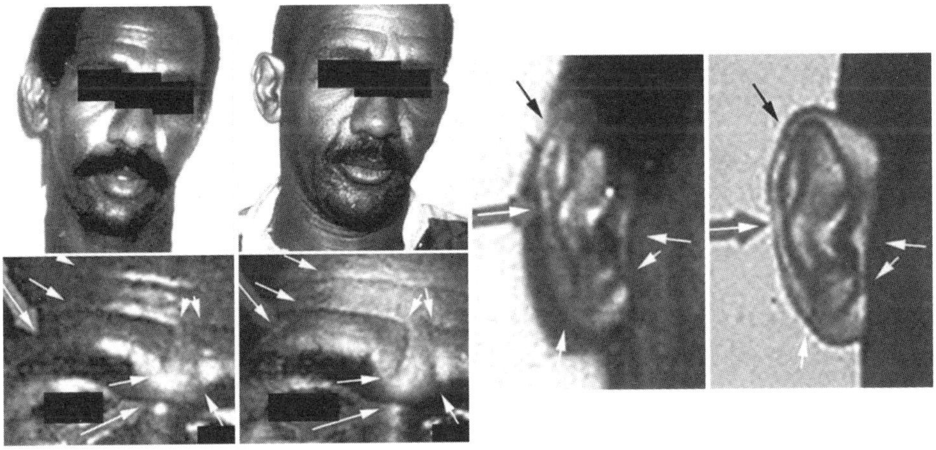

图4.19 正文中所描述的两张拥有匹配的特征的照片的一对一比对。（摘自SWGIT，第12章：司法视频分析范例，1.7版，2012年，www.swgit.org）

文身（图4.20）为判定某人与图像中的对象同一提供了充裕的可能性。Laumann和Derick（2006）报告说，24%的美国人有文身。即使是想要纹一样的图案（例如，为了表明是某帮派的成员），在文身内容或位置上通常也有足够的变化，可以作为独特的记号（Mallon 和 Russell，1999）。文身的图像无论是被记录作为面部照片的补充，还是在监控录像中被捕捉到，或是被目击者回忆起来，都可以作为有价值的识别辅助工具。Lee等人（2012）讨论了此类图像数据库的搜索策略。

图4.20 一些人们用来装饰自己身体的文身图案。

鞋印与轮胎印

成像技术的另一种相当常见的司法应用是尝试把鞋印与特定的鞋子进行匹配。其涉及很少的测量，主要是观察和比较。起重要作用的鞋印很少是鞋子的完美复制，相反，它们是不完整的，受客体纹理干扰，遗留在软和硬的表面上会有所不同，会包含有其他的物质，且经常在光线不好或不足的情况下拍摄。尽管有这些缺点，Alexandre(1996)报告说，在瑞士，通过一个按品牌和型号汇总的鞋印数据库识别出的窃贼数量是指纹的四倍。

用于运动鞋的模压鞋底设计差别很大，设计的数量也很大。Tang等人(2012)试图通过检测几何形状来简化识别过程(如图4.21所示)，从而将5000多个不同鞋底花纹设计归为8个类别。然后在每个类别中，相似度的度量定义为将鞋印与特定的鞋底图案相匹配所需的几何形变。也曾报道过其他的识别方法，但使用的都是比较小的数据库。不过，从数据库中识别品牌和型号(Ashley，1996；de Chazal等，2005)，与匹配到特定的鞋子有很大的不同。

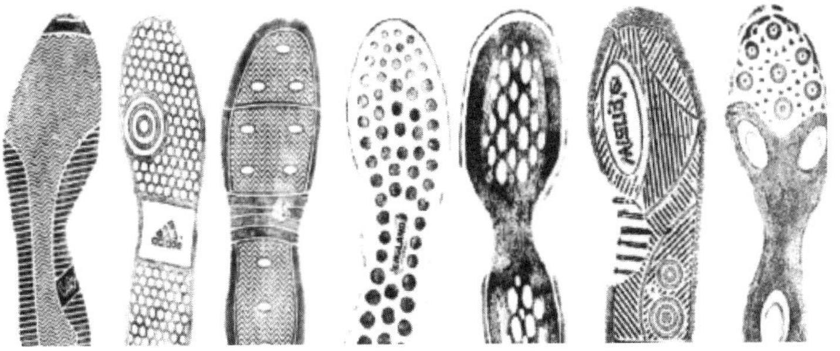

图4.21 分属八个大类的运动鞋底花纹样本。从左到右：线型、线条圆圈组合型、线条椭圆组合型、圆与弧线组合型、椭圆型、直线型、圆和椭圆组合型、仅含纹理型。（**摘　自**Y. Tang**等**，International Journal of Granular Computing，Rough Sets and Intelligent Systems 4（2）：327–360，2012）

当制作鞋子的照片时，它与鞋印的尺寸不可能完全一样，所以需要相应地调整图片的大小。这意味着在每张图片中包括一个比例尺是非常重要的。尺寸特征完成后，鞋底图像必须翻转过来，覆盖在鞋印图片上，并对齐。通过调整顶部图层的透明度，或者对图像应用导数算子，或者将两张图片放到不同的颜色通道中，可以方便进行比较。不过，走路时鞋子的弯曲使得形成的鞋印并不是拍摄时平放的鞋子的一个完美复制。

与试图通过重叠图像以进行视觉匹配相比，通常更有用的方法是从鞋印中找出特定的磨损痕迹，这些痕迹可以用来与鞋子进行匹配，如图4.22所示。鞋印上的一些痕迹可能来自嵌在鞋子里或存在于地面上的小石头或其他颗粒物，在检验时鞋底上可能没有。鞋底的继续磨损可能会产生鞋印中没有的缺陷，但如果有足够多的痕迹可以对上，就可以判断鞋印是该鞋子踩出来的。Nibouche等人（2009）测试了带有各种噪声的鞋印（可以反映客体表面的影响），使用Lowe（2004）的方法，基于局部梯度检测尺度不变特征点（如角点），在有10%噪声的情况下，成功率为90%，但在20%噪声下，成功率下降到55%。

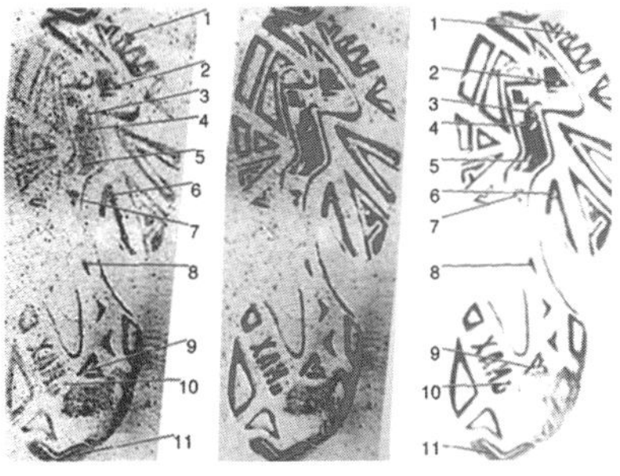

图4.22 标记匹配鞋印磨损痕迹的位置。

除了磨损痕迹之外，某些测度如鞋底花纹深度也有助于匹配。用石膏或蜡进行鞋印制模耗时且分辨率不高。图4.23比较了一个雪地鞋印的不同提取方法的结果。一种被称为结构光或条纹投影的光学测量技术，以一定角度用光投射一组直线(或点)到目标上，垂直拍摄的图像显示了与深度变化相对应的线的偏移(如图4.24所示)，软件测量位移和汇集测量数据以构建深度图像(Gorthi & Rastogi，2010)。

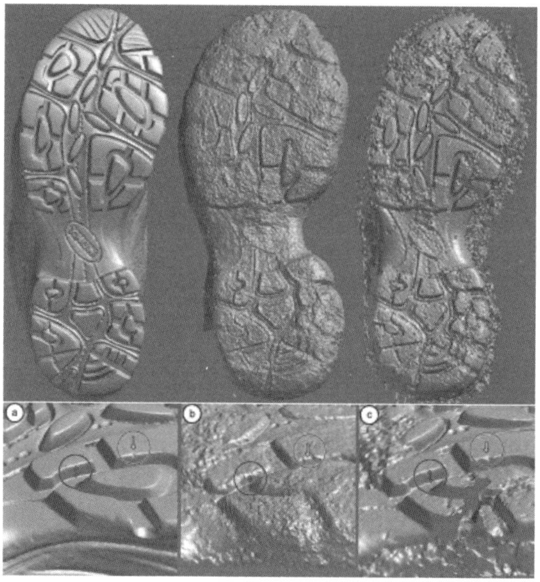

图4.23 一个真实鞋底(a)与其踩在雪地上的鞋印用石膏制模(b)和光学扫描(c)提取结果的对比。红线和绿箭头标示出深度和磨损痕迹的对比。(摘自U. Buck等，Forensic Science International 171：157–164，2007)

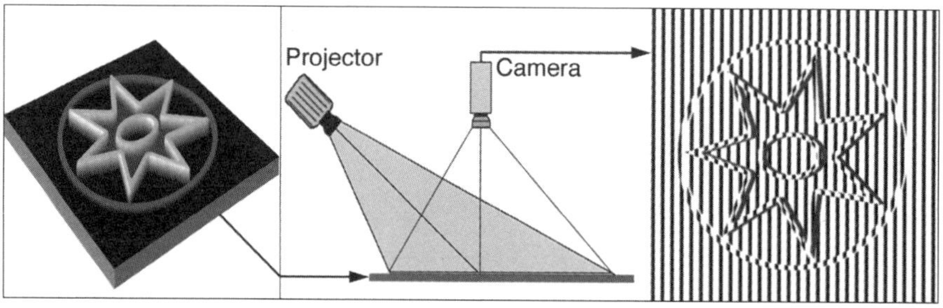

图4.24 用结构光或条纹投影来测量表面起伏的示意图。投影机将一组线条或斑点照在表面上，这些线条或斑点在相机图像中会发生位移，位移量与局部表面高度成正比。

如图4.25所示(Bodziak，2008)，车也会留下车辙印。就像鞋印一样，有时可以根据轮胎面磨损或损坏的痕迹来识别特定的轮胎，但在很多情况下，能做的最多是确定轮胎的型号（如图4.26所示）。根据胎面花纹识别轮胎品牌和型号，如图4.53所示，可以利用在线提供的胎面花纹分类图。FBI的刑事司法信息系统拥有一个鞋底和轮胎花纹数据库。鞋印和轮胎胎面证据科学工作组（The Scientific Working Group for Shoeprint and Tire Tread Evidence，SWGTREAD）的网页（http：//www.swgtread.org）为检验人员提供了一些资源的链接。有一个Excel文件格式的，超过15000个轮胎设计的数据库，就像一个关于花卉或鸟类的野外工作指南，使用各种搜索条件和关键字（例如，中心有无凹槽，花纹流向，条块的形状，条块上有无细小的切口等）会得到一个特定花纹的图像。不过，还没有设备能通过给计算机提供要查找的图像来搜索数据。

图4.25 一个轮胎印的图像及其如第2章所示的图像矫正结果。

图4.26试图将一辆废弃汽车上的轮胎型号与附近犯罪现场的车辙进行匹配。

脚印对识别动物也很有用。如图4.27所示，通过野生动物留下的足迹很容易进行物种识别。但也有可能通过对脚印图像的测量来识别个体，这种能力现在正被用于老虎等动物身上。这要求用取自每个个体的多种足迹的测量数据训练一个统计模型，但如果这样做了，接下来不用冒险去挂标签或戴无线项圈就可以评估稀少的野生、濒危物种（Alibhai & Jewell，2008；Neal &

Russ, 2012)。最近的一个例子是利用脚印追踪一只老虎,这只老虎在俄罗斯被放归野外,但游过了阿穆尔河,到中国的一个养鸡场偷鸡(http://voices.nationalgeographic.com/2014/10/16/putins-tiger-caught-in-the-act/)。

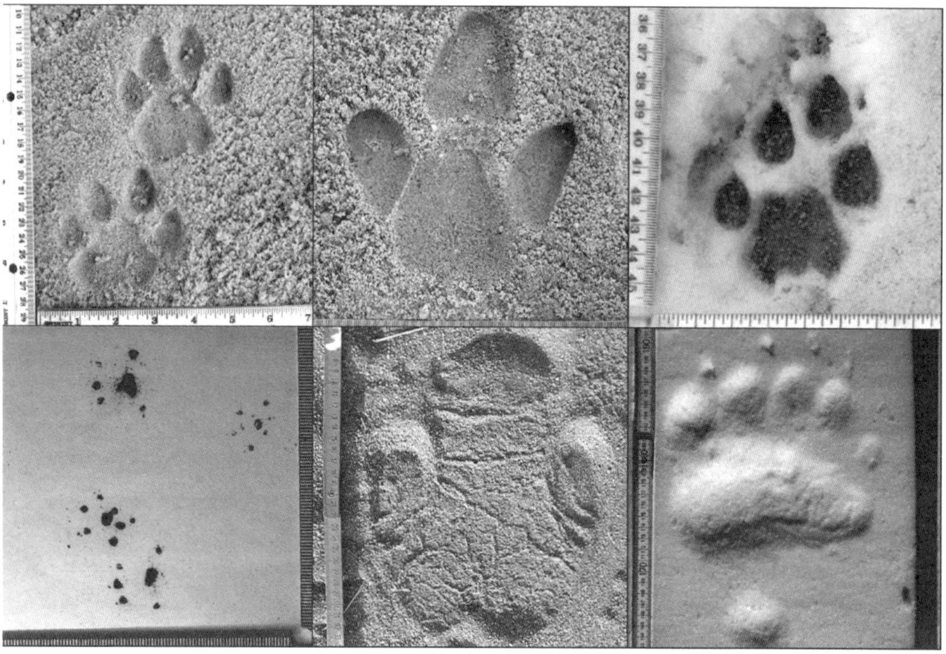

图4.27 用于识别野生种群中的个体的动物脚印(从左上开始:美洲狮、貘、猎豹、小林姬鼠、白犀牛和北极熊)。这些图像不是以同样的比例印制。足迹拍摄自沙地、泥土和雪地。(由Zoe Jewell和Sky Alibhai提供,Wildtrack.org)

反向投影

因为直接的视觉比较很容易理解,不需要任何复杂的或者数学的解释,所以只要有可能,它是陪审团的首选。例如,反向投影摄影测量法(Whitnall & Moffitt, 1989)经常被用来测量监视视频或其他远距离的人的身高(Main & Knopf, 1995; Boldrick & Dobbs, 1998; Massa, 1999)。如图4.28所示,做法是在事发同一场景中放置定标物,并叠加图像进行直接比较。

虽然它在测量方面有很多优点,但是反向投影法不能测量图像没有直接显示的东西。例如,在图4.29中,一个标尺叠加在抢劫犯影像上反映出一个高度,但是这个人不是直立的。估计分开脚站立和腿部弯曲的影响可以通过尝试建模来进行(Zhu等人, 2015)或者让某人以相同的姿势站在相同的位置，但是这种近似的准确性可能会受到挑战。

图4.28 反向投影摄影测量。将测量标准放置在先前被主体占据的场景的相同位置，使用相同的摄像机捕捉其图像，并将图像叠加到原始图像上，提供了一种直接测量主体高度的方法。（George Pearl提供，Atlanta Legal Photo Services，Atlanta，GA）

图4.29 某便利店抢劫监控视频的反向投影

如果反向投影不能使用，例如，如果场景已经被改变或摄像机发生了移动，那么就需要一些参考尺度。在图4.30的示例中，需要视频中人物的身高来区分谋杀案中的这两名黑帮成员。案发后，自助洗衣店曾进行了重新装修，摄像机也移动了，但桌子的高度可以测量并当作尺子使用。在本例中，使用了第3章中描述的几个图像处理操作来帮助进行测量。采用混合中值滤波来降低图像噪声，特别是地砖图案的透视可以用来估计摄像机的位置。Canny滤波器应用到桌面和桌腿底部的边缘，嫌疑犯的鞋底，和他的头顶来定位边缘像素。Hough变换（也在图4.39中使用）用于拟合桌面和桌腿之间的线条，以便与嫌疑人的位置相交。

图4.30 利用参照物测量：(a) 嫌疑人的视频监控画面，圆圈表示处理定位他的帽子顶部和鞋子底部，和要测量的垂直距离；(b) 前面的一个视频帧，显示用作参考的桌子，通过处理定位桌面边缘和桌腿，以及为测量垂直距离而拟合的、穿过嫌疑人位置的直线。

测量了两个尺寸：从嫌疑人脚下的地板到桌子连线的距离，以及从地板到他头顶的距离。然而，如图4.31所示，简单地使用两者的比值再乘以桌子的实际高度来确定嫌疑人的身高是不正确的，需要进行修正（在本例中约为3%），因为摄像机是以一定角度向下看的，它到参考高度的距离大于到待测高度的距离。

摄像机的位置是通过延长直线求出消失点来确定的（Criminisi等，1999；Gibson & Howard，2000；Atkinson，2001；Criminisi，2002），这些直线与12英寸地砖的网格线和墙壁线条（如图4.32所示）相适配。由于距离以比值的形式输入，且视场接近水平，因而最终结果对该位置的准确性相当不敏感（Saitoh等，1999）。用三角法求出目标物高度是很简单的，但是测量一个比例精确的图通常更容易展示给法官或陪审团看。

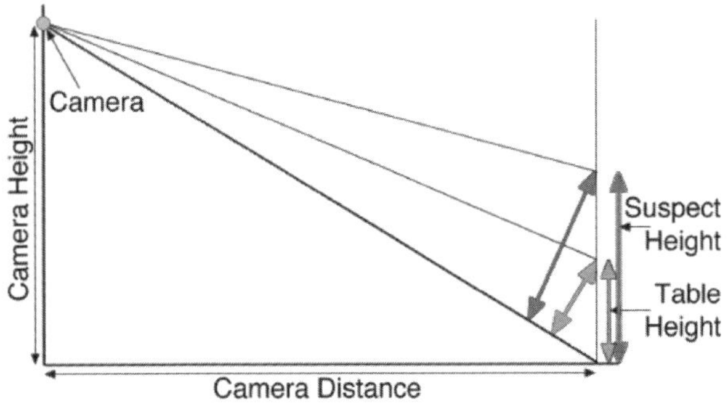

图4.31 显示相机位置与两个高度及其在图4.30中的实际反映之间几何关系的示意图。嫌疑人高度可以用三角几何或绘图法确定。

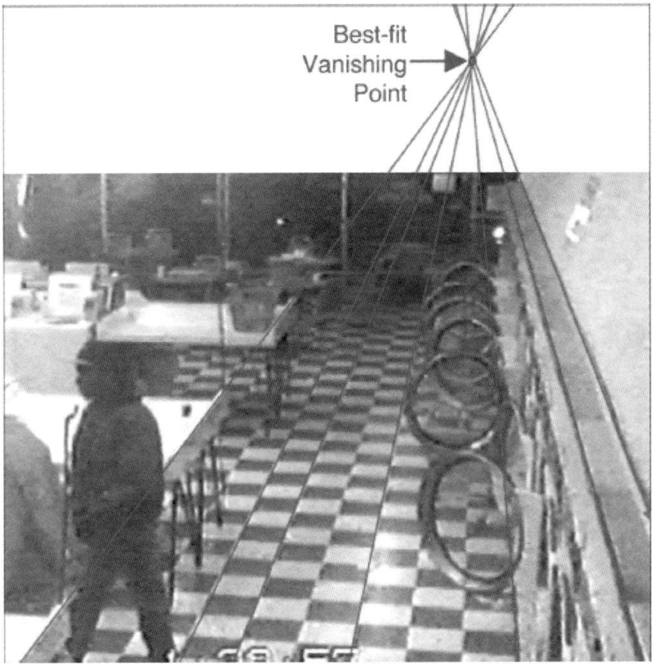

图4.32 延伸与地砖边缘及墙面标记相适配的直线确定消失点，并由此确定相机位置。延伸直线交叉点的不确定性反映出相机位置的不确定性。

除了测量的精度外，还有一些额外的未知因素必须考虑。嫌犯的帽子可能不是他的头顶，鞋底的厚度也不得而知，而且他不是笔直地站着，而是正在跨步。通过对在跑步机上行走的人的视频研究（Criminisi等，1999；Compton，2001）可知，这会减少6 cm~8 cm的垂直身高。即使有这些不确定性，测量结果也能充分排除监控录像中的人身高为5英尺6英寸的可能，最终确认他身高5英尺9英寸，使真正的罪犯受到惩罚。

尺寸测量

另一种确定大小尺寸和距离的方法需要知道相机镜头的焦距和芯片上探测器阵列的尺寸，如图4.33所示是相机镜头对准无限远聚焦的情况。图4.34显示了这个等式应用的一个示例。想要确定的是摄影师和海豹猎人的距离。该相机的技术参数为镜头焦距54毫米，1/3英寸芯片的高度为3.6毫米。已知猎人武器的长度为1.2m，其在图像中的长度为246像素。因为数字视频帧的完整画面高度是480像素，在猎人所在距离上与图像平面对应的物空间高度是1.2 ×（480/246）= 2.34 m。因而相机到猎人的距离是2.34 ×（54/3.6）= 35.1m，大大超过加拿大法律要求的最小10米的距离。

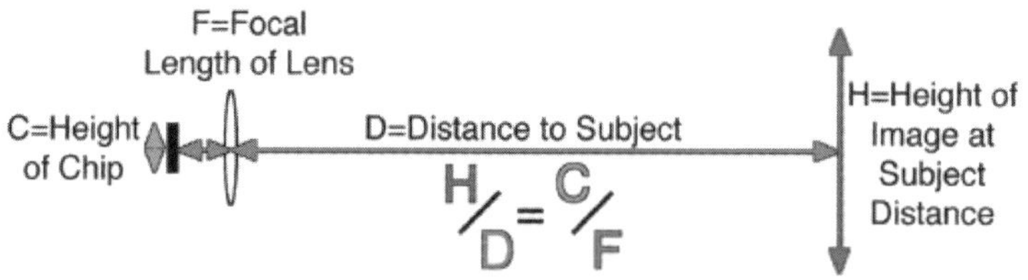

图4.33 镜头焦距F与芯片尺寸C之比和物距与视场画面实际高度之比之间的关系。

图4.34 图像尺寸与其中参照物尺寸之比再乘以参照物的实际长度可以得出物距处与图像画面对应的场景高度。（感谢Grant Fredericks，Forensic Video Solutions，Spokane，WA）

在某些情况下，了解图像的覆盖角度是很有用的。图4.35显示了基于正切函数的镜头焦距F、芯片尺寸C（水平或垂直）与相机的视场角之间的关系。

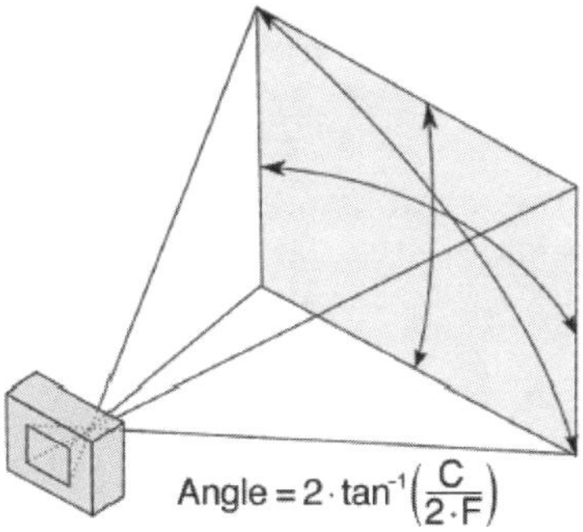

图4.35 镜头焦距F，芯片尺寸C和相机视场角之间的关系。

定位相机位置的另一个例子如图4.36所示。在便利店拍摄的手机照片不足以显示逃跑劫匪的细节，但可以用来确认目击者的位置，以支持她的描述和信息的有效性。使用图4.33中的关系计算出到几个参考目标的距离，并据此在事发地Google®地图图像上画出几个圆圈（如图4.37所示）。圆圈相交于人行道，目击者事发时就站在那里，排除了她在更远处、街道北边的可能性。

图4.36 一个便利店的照片，其中有数个参照高度用来计算相机拍摄距离。

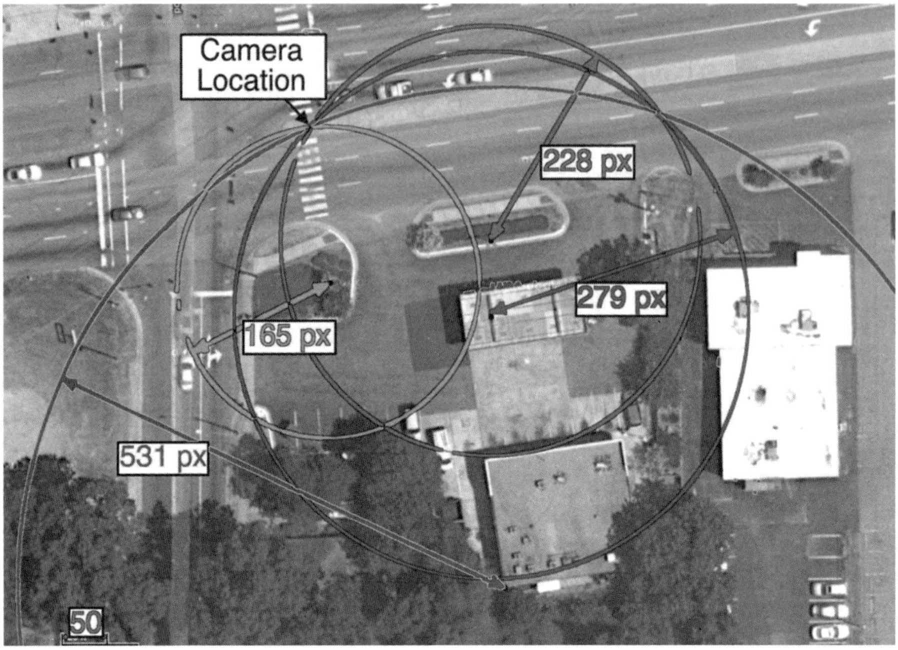

图4.37 现场鸟瞰图。其上标有从图4.36中参考点计算出的距离，这些距离用于画圆，圆圈交于相机所在位置。

摄影测量

摄影测量，特别是近景摄影测量而非航空或卫星摄影测量，在法庭科学应用、事故重建和类似应用中通常很重要。它使用对一个或多个2D图像的测量来获得关于场景的3D几何信息。在图4.28至图4.37所示的示例中，推导出单个维度就足够了，三角计算可以使用相对简单的计算机程序来执行（Jensen & Rudin，1995；De Angelis等，2007）。

在许多情况下，我们需要了解所有的空间关系，甚至重建原始现场的模型，也许还要把模型做成动画。有些时候，只有一个单一视角的图像，相机光学知识是唯一可用的工具。在其他情况下，多视角图像提供了更丰富的信息来源，这些信息可以用于几何和三角测量。

有许多涉及计算和模型构建过程的内容（例如，Atkinson，2001；Linder，2006；Fryer，2007；Luhmann，2014）超出了本书的所要介绍的范围。但它们都是从二维图像的测量开始的。常常需要恰当应用图像处理来定义和定位感兴趣的点、角和边缘，并尽量减少或消除标记这些点所需的人为判断和努力。这不是构建3D模型的唯一方法。图4.24所示的结构光（条纹投影）可用于生成深度图并构建模型。经典的测量学或扫描干涉计量仪也可以使用且不用依赖图像。

在图像上手工标记点，例如，在实物照片上使用尺子和铅笔，与在计算机屏幕上查看图像时用鼠标点点，是类似的行为，但并不完全相同。两者都依赖于人类对关键点位置的判断，但在后一种情况下可能会提供更大的灵活性，因为其具有修改图像对比度、在屏幕上放大图像或应用第2章和第3章中描述的方法做其他处理的能力。

在某些情况下，这是正确的。但是，改变对比度会导致边缘或角点出现偏移。例如，将图像放大10倍，并不能增加关于屏幕上哪个位置实际上是边缘的更多信息，正如第1章所示，实际上可能会增加确定的难度。人类交互式标记的局限，从根本上说是确定组成图像的像素点的位置。有一些方法（Fryer & McIntosh，2001）可以综合多个图像，以减少由于噪声和CFA插值的数字图像分辨率损失，但这些处理不会增加相机的分辨率。

放大一个图像可以将一段边界显示为许多像素，并且可能平滑地改变这段距离上的对比度——这还取决于它是如何实现的。点击屏幕上的某个位置甚至记录的是一个小数形式的距离：不是X = 123或124，而是X = 123.5，甚至是123.63。但是，判断边缘或其他关注的点的实际位置仍然取决于人类观察者如何理解图像。例如，桌子一角的亮度变化不一定随表面的方向线性变化，照相机也可能不以线性方式记录亮度。

通过综合来自多个像素的信息，可以确定亚像素精度的位置，使测量精度优于图像像素的大小和间距。然而，需要注意的是，所有的亚像素方法都基于这样或那样的假设。例如，在图4.38中有四个直径为50像素的圆。因为每一个圆都包含近2000个像素，所以圆心的位置可以计算为像素坐标的平均值，产生一个非常精确的值。

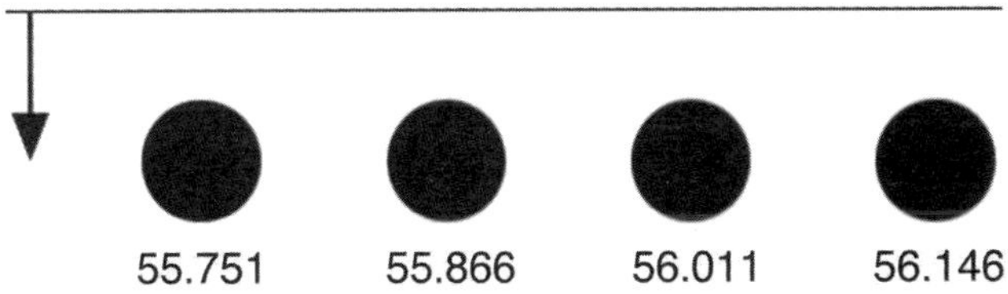

图4.38 四个圆，每个都标以其圆心位于直线下方的距离（以像素为单位）。

使用霍夫变换由桌子的边缘拟合出一条直线，如图4.30所示。这一做法基于几个假设：首先，桌子边缘是直的，并且拟合成一条直线(或任何其他预定函数)是正确的方法。其次，为了使霍夫变换成为定位边缘的合适工具，图像中该边缘的多个位置都应该用作拟合。第三，边缘的位置是由原始图像中亮度的最大梯度确定的。在图4.30的特定情况下，这些变量并不那么重要，因为即使求出的边缘的位置相对所使用的直线平移几分之一像素，也不会显著改变外推的边缘到地面的距离。但是，测量的人至少应该考虑其中的假设是什么。

在图4.39中，需要确定桌子边缘与写字板边缘的距离。两者都是直线，因此可以使用许多像素来确定最佳位置。然而，边缘的定义和它们的位置并不是那么明确，因为它们是圆角的，反射光线的方式也不同。如示例所示，使用拍照的原图像，或应用非局部方法来减少局部变动的影响，强调主要变化，或计算亮度的最大梯度，所有这些都会产生不同的边缘位置。如果测量的目的是比较不同图像中的位置，灯光的变化也会影响结果。

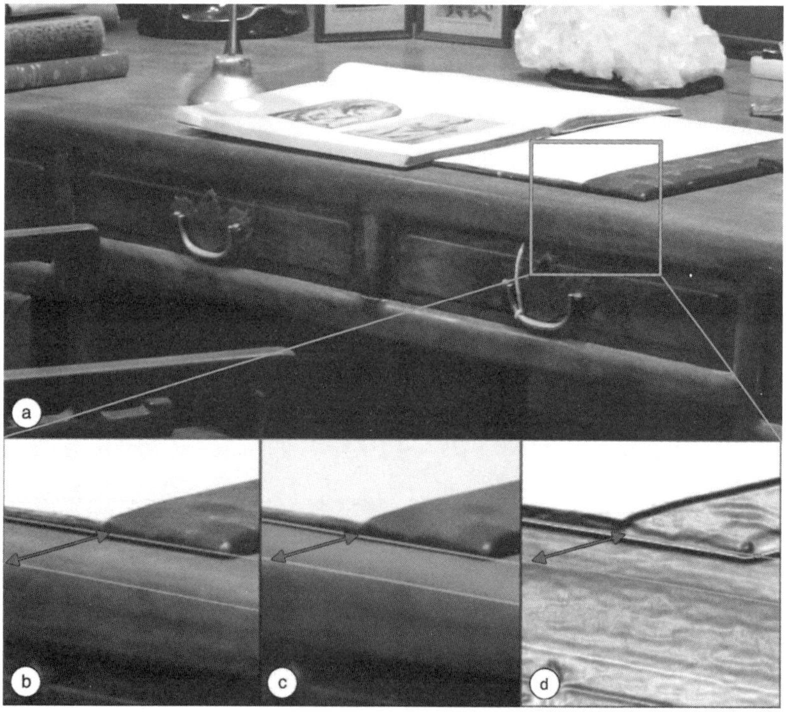

图4.39 一张桌子的照片。由于两者都是圆形的，反射光的方式也不同，因此要确定从桌子边缘到信笺簿边缘的距离是很复杂的。绿线标记出明显的边缘位置：(a)显示细节区域的原始照片；(b)在原始照片上确定的边缘；(c)应用非局部均值滤波器后确定的边缘；(d)计算最大亮度梯度确定的边缘。

使用多个像素来确定位置是首选，因为单个像素更容易被噪声破坏。如果通过单个像素之间进行插值来确定诸如边界之类的位置，那么一切都取决于亮度（以及它所代表的某种属性）随位置的变化，以及像素对亮度的表达程度（拍摄过程中噪声的影响）。当多个像素可以综合时，单个像素噪声的影响降低，但边界或直线的“形状”变得更加重要。有一些拟合方法，如广义霍夫变换，不假定任何给定的函数，如直线或圆（Hough，1962；Duda & Hart，1972；Stockman & Agrawala，1977；Ballard，1981；Illingworth & Kittler，1988）。

血迹喷溅分析是摄影测量的一个特别的应用。例如，使用喷溅血迹点最大长度与最小长度之比可以确定枪伤出口的位置。长宽比（忽略了主血迹点后面可能出现的拖尾或二次溅出的血滴）是血滴入射角度的函数，如图4.40所示。这种关系与液滴的动量、黏度和表面张力有关。

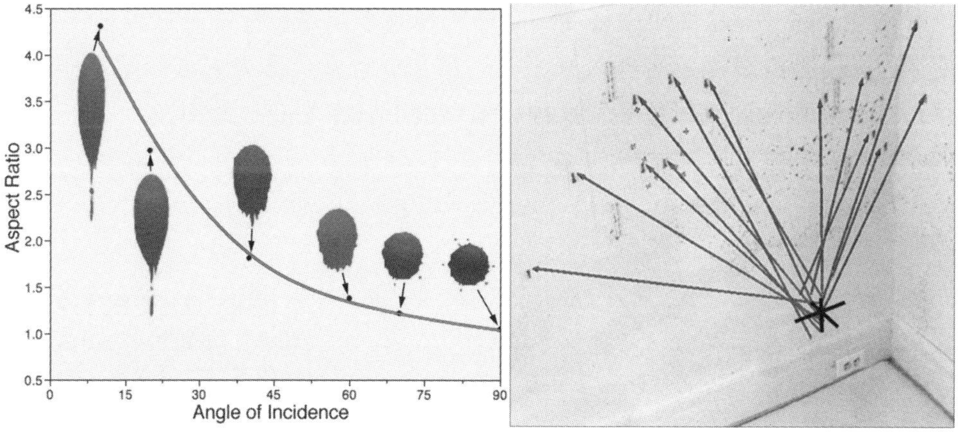

图4.40 血滴的入射角与其在飞溅血迹中产生的长宽比之间的关系，使得定位血滴的来源成为可能。

利用估算的入射角和根据血迹长度确定出的朝向，犯罪现场勘查人员从喷溅血滴处反向投射直线，这些直线汇聚于空间某一区域，从而确定出血滴的来源（MacDonell，1974；Eckert，1999；James等，2005；Buck等，2011；Bevel & Gardner，2012）。直线投影不考虑重力或空气阻力的影响，这跟具体液滴的大小有关。对于不同的表面，血滴痕迹大小和血滴体积及冲击速度之间的关系已经被测量（Hulse-Smith & Illes，2007）。这些痕迹的形状和大小对于区分飞溅的血滴和苍蝇吸食并回吐血液产生的遗迹很重要（Benecke & Barksdale，2003）。

根据受害者身上的射击残留物形态来估计射击距离的技术并不使用这种方法，而是利用射击残留物颗粒的面密度（估算）。该密度通过采样和图像分析确定（Brown等，1999）。

立体图像对

像莱昂纳多·达·芬奇这样的艺术家深谙立体视觉，并可能已经在绘画创作中使用过，但确实是随着照相机的出现，立体图像才在测量方面变得有用。和人类视觉的其他方面一样，立体视觉也是通过比较实现的：当注意力转移时，眼睛的发散角随之改变，把一个对象和另一个对象依次成像在视网膜的中央凹，告诉大脑哪一个更近一些。图4.41为立体视觉原理示意图。

立体图像对的可视化可以通过将两个图像并排放置或将它们组合成颜色浮雕来实现，如图4.42所示。将左眼图像放在红色通道中，右眼图像放在绿色和蓝色通道中，允许使用标准的立体眼镜观看。这已经在一些商业电影中使用过，但是戴眼镜对有些人来说是讨厌的，而且容易失去方向感，而且不是每个人都能看到立体效果。这种技术不太适合在法庭上使用。

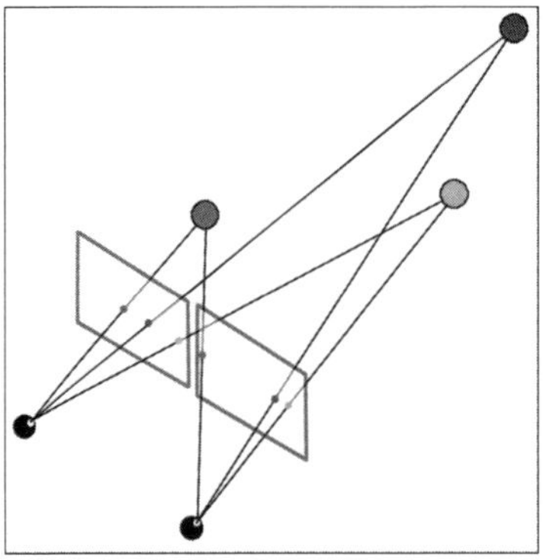

图4.41 立体视觉通过把物体的像移到每只眼睛的中央凹窝所需的眼球旋转量来确定物体的相对远近。立体照片记录了具有横向移位的两幅图像，可以看到同样的效果。

要拍摄立体图像，可以使用一种特殊设计的相机，它有两个相互距离已知的镜头，或者将相机平移一个已知的距离，然后记录第二张图像。测量立体图像以确定视场中两个位置的相对位移或视差就能够计算出它们之间的距离。这在公里到微米的尺度范围都可以做。两个相距8公里的数码相机拍摄的立体图像曾被用来测量海拔100公里处的北极光（Kataoka等，2013）。通过测量相隔6个月拍摄的恒星图像的视差，以获得与地球轨道的基线间距为3亿公里的立体图像对，可以确定到附近几个恒星的距离。

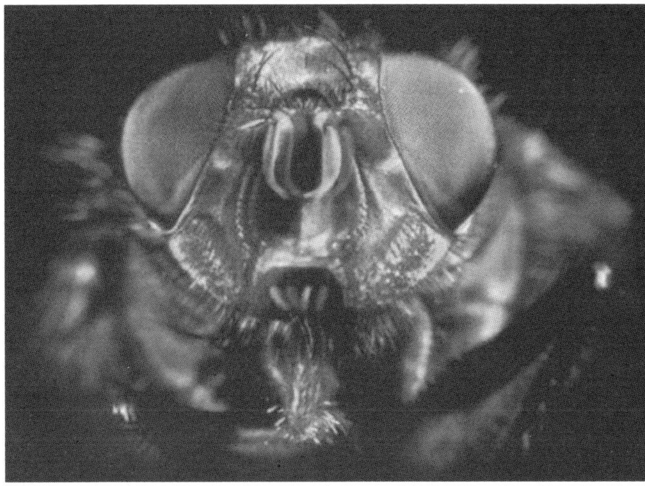

图4.42 一个苍蝇头的红、青色立体图像。两个单独的单色SEM图像以不同的颜色通道组合在一起。要观看图像，左眼前加红色镜片，右眼前加绿、青或蓝色镜片。

两个立体视图中物体的横向位置因距离不同而不同。有几种常用的几何测量方法（Boyde，1973；Piazzesi，1973）。在所有这些方法中，一个场景被从两个不同的位置拍摄，位置之间的距离或角度是已知的。有时这是通过移动拍摄点来实现的，如在飞机上用相拍摄。在航空摄影中，飞机的速度和方向是已知的，每幅照片的时间被记录下来，以记录飞行的距离（GPS标签也被使用）。

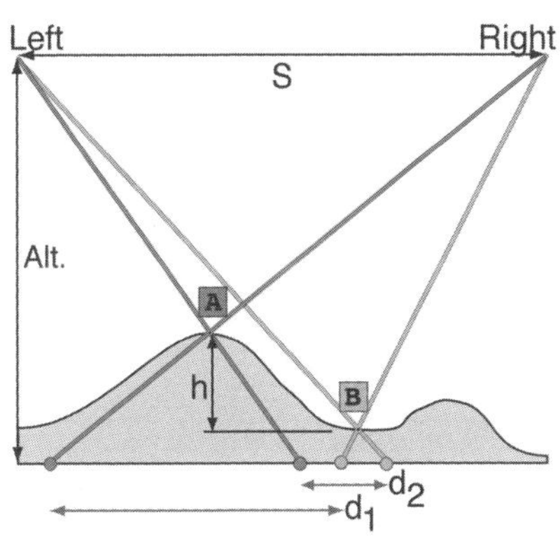

图4.43 通过测量视差距离（d），应用于公式4.1，立体视觉测量可以确定两点之间的高度差。其几何学原理既适用于平移样品，也适用于移动相机，如航空摄影的情形。

在图4.43中，S为偏移距离（飞机飞行距离或摄像机移动的距离），Alt为高度。从远处看出现在两个不同图像上的两个点（A和B，译者注）之间距离（以平行于移动的方向测量）的视差（d_1-d_2）与两个点之间的高度差成正比。通常情况下，d比S小得多，h比Alt小得多，简化后的关系为：

$$h = \frac{Alt}{S} \cdot (d_1 - d_2) \qquad (4.1)$$

双目立体方法的局限性是源于相对于目标距离较小的两视点之间的距离。基于图像像素分辨率定位标志点通常会导致深度测量精度比像素间距差一个数量级。

将摄像机放置在从不同方向观察物体的位置,并使用两个以上的视点,可以提供更好的测量精度。然而,这些图像不能简单地看作是立体图像对,需要构建一个场景的几何模型。如前几节所述,近距摄影测量是测量物体位置和布局的重要工具,其始于从单个图像中确定点和边缘的位置。

测量表面的浮雕也很重要,可以使用各种技术来完成。这包括光学仪器方法,如共焦或干涉显微镜,以及能用精密的探针"感觉"表面的机械扫描仪,如表面轮廓扫描仪或原子力显微镜。这些都是高精度的实验室工具,只能检测样本(有时是用塑料薄膜做的复制品)的微小区域,但能够表现表面细节,如划痕或污染,这些表面细节是亚微米级的,太小了,无法用其他方法检测到。图4.44显示了表面高程测量的一个示例,显示为反映高程的彩色编码表面。从这些测量结果,我们可以重现记录于原始蜡筒上的真实声音。

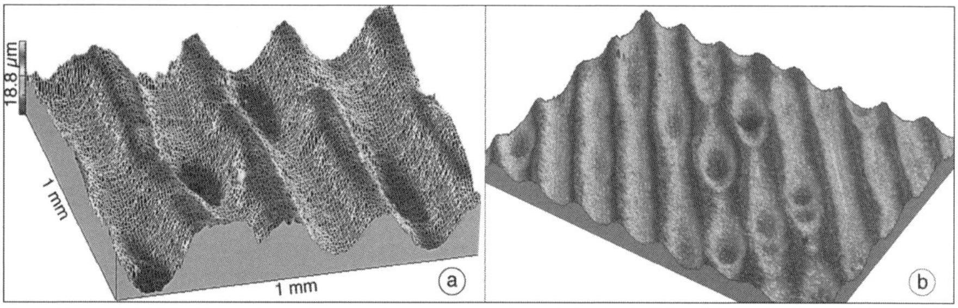

图4.44 一个有百年历史的爱迪生蜡筒上的凹槽图案:(a)**共焦显微镜观察;**(b)**干涉显微镜观察。**(**摘自**V. Fadeyev et al., Journal of Audio Engineering Society 53(6): 485–508, 2005.)

群聚量估算

作者还注意到另一个应用,最初可能是一个司法成像技术或摄影测量问题,即对政治活动、体育和音乐会场地等的人群规模估计。有时用人群的图像来评估人群的运动,判断半封闭空间中人群的行为,并处理涉及安全的问题(Davies等,1995)。然而,从地面或直升飞机的有利位置拍摄的图像并不能显示足够的细节来让实际的"人头计数"确定出席人数。实际上,有时候,就像图4.45所示,视角和光线的角度是如此之差,以至于大多数人的头部都无法被摄像机拍出来。在这一情况下，照片只显示出在灯光明亮、离舞台很近的地方，人们密集地拥挤在一起。

图4.45 一张户外音乐会场地的照片，要求从中确定观众人数。

但即使在这种情况下，图像分析仍然可以应用，不是对人群，而是对该场所的谷歌地图图像。根据音乐会负责人的证言，确定了大部分观众站立的位置。使用地图测量人群所占的面积，并应用工程上使用的人群密度标准值（例如，这类数据被用于计算楼层和电梯的负载，紧急逃生路线的规划等），可以进行估算。表4.1显示了人均占有的典型面积，单位为平方英尺。

表4.1 人群中个人所占面积的典型值（单位：平方英尺）

静态或拥挤的人群（站立，不移动）：
- 2.0（不太触碰，长时间内感觉舒适）
- 1.6（触摸，比如在电梯中，短时间内或为某种特殊目的可以接受）

移动的人群（人们站立着，可以在人群中移动）：
- 2.5（类似密集的派对的行为，可以在极少接触的情况下从其他人身边走过）
- 3.5（舒适，移动方便；也适用于一起走动的人群）

坐着的人群：
- 3.5（飞机经济舱）
- 4.2（坐在地上）
- 4.5（典型的会堂观众席）
- 8.7（成人轮椅密集排列）

活跃的人群：
- 10.0（跳舞或类似的活动 —— 人的手臂刚刚互相够不到）
- 20+（行进乐队）

如图4.45所示的情形，帐篷和一条服务街包围着这一区域，据保守假设，在前面的是密集的人群（每人2.0平方英尺），且人群密度随到舞台的距离线性下降，由此得出观众总数的一个最低估计值（用以与门票销售的报告进行比较）。对于政治集会，边界可能是街道的人行道或公园的边界。对于其他事件，可以做出类似的实际的判断。然而值得注意的是，大多数执法机构现在拒绝对人群规模做出官方估计，尤其是对政治活动。

同样的方法也适用于其他情况。图4.46显示了大约35，000只海象“出动”（Hauling-out，一种鳍足类的动物，如海狮、海豹、海象等，为休息或交配临时性地离开海水来到陆地或冰面的行为——译者注）到阿拉斯加的海滩上。这一数字是由海豹群所覆盖的面积计算出来的，而每平方米海象的密度是由一些样本测量出来的。

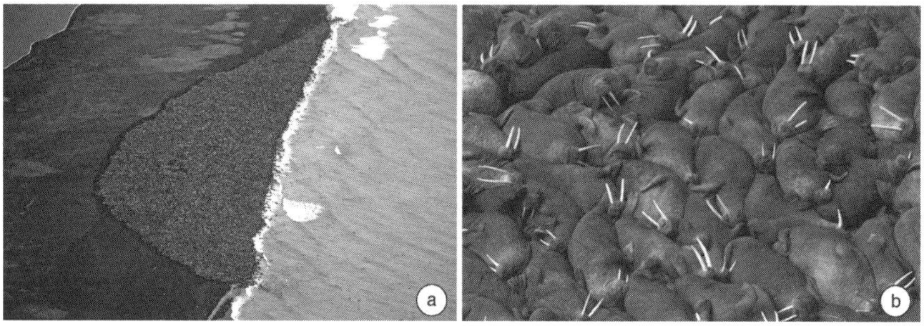

图4.46 一群海象“出动”到海滩上（a），特写照片（b）用来确定每只海象的平均面积。（由华盛顿特区的美国国家海洋和大气管理局提供）

对象测量

除了在图像上手工测量，即人使用鼠标选择点，计算机给出距离，大多数图像测量是在通过阈值或分割描绘出对象、结构或其他感兴趣的特征后进行的。图4.47和图4.48给出了示例。涂料的色料颗粒SEM图像显示明亮的物体在黑暗的背景下分散得很开。把每个颗粒隔离开，就能测量其大小和形状（用来描述形状的形状因子在图4.79中的定义和说明）。对几百个粒子的测量产生的数据可以用来描述粒子的特征，常常也可以用来确定其来源。

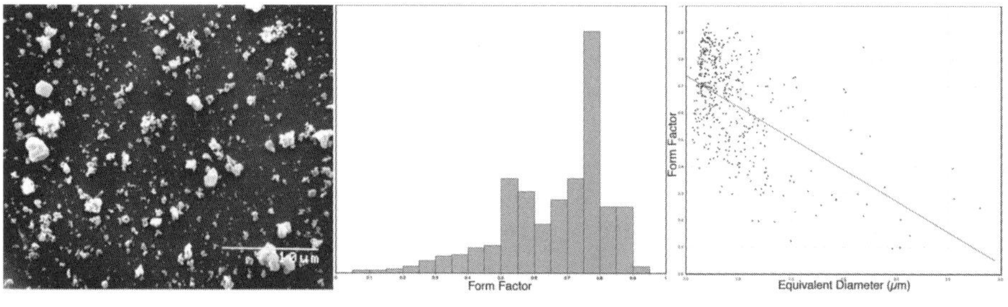

图4.47 涂料的色料颗粒的扫描电镜图像及尺寸和形状的测量。大小和形状之间的相关性是因为较大的颗粒主要是小颗粒的聚集，因此形状更不规则。

图4.48中所示的是用平板扫描仪对土壤颗粒成像，经阈值处理然后测量的结果。直径值是与不规则颗粒形状相同面积的圆的直径。从鞋子上提取的土壤颗粒的大小分布和矿物学特征有时可以与犯罪现场相匹配。土壤颜色也是一个重要的指标（Sugita & Marumo，1996）。不幸的是，土壤颜色受含水率和照明的影响。使用第2章所述的标准色卡来校正图像颜色是必需的。

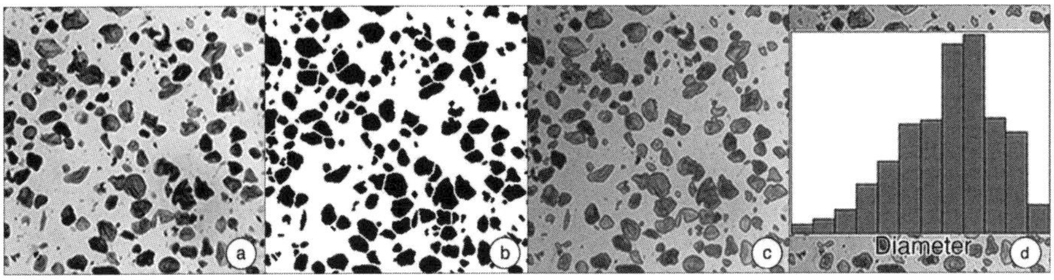

图4.48 正文中所述的土壤颗粒大小分布测量。

根据Locard交换原理，利用土壤颗粒图像来识别矿物并测量其大小分布对接触双方都可以进行。来自鞋子或轮胎的材料可能会留在犯罪现场，表明犯罪分子曾经去过的地方，除了土壤颗粒外，还可能包括头发、种子、花粉、纤维等（Bull等，2006）。土壤颗粒的检测只是法庭地球科学的一个方面，其大部分文献可以追溯到1975年Murray和Tedrow的书中，还包括许多其他非成像技术，如化学方法（Ruffell & McKinley，2005；Morgan & Bull，2007a；Pye，2007；Kobilinsky，2012；Murray，2012）。土壤是一种复杂的混合物，而且总存在一定程度的空间异质性，因此不要期望出现完全相同的匹配。在许多情况下，对土壤的检测只能提供弱的证据（Morgan & Bull，2007b）。

阈值化处理

手工测量大量的对象是枯燥乏味的，而且，由于不可再现性和操作者的期望或愿望可能产生的影响，结论通常也是令人怀疑的。出于同样的原因，手动阈值化虽然经常使用，但并不是首选的方法。阈值选择像素是基于一些界定性的特征，这些特征属于感兴趣的目标。所有类型的阈值化中最简单的是基于图像的亮度直方图。

直方图中的峰值表明，许多像素具有相似的亮度，这可能表明它们代表了相同类型的结构。将阈值设置在峰值之间可以区分当前感兴趣的目标。在图4.49的例子中，亮峰对应的是纸张，但并没有代表油墨的暗峰。因而一个统计试验被用于选择阈值（用箭头标记），该阈值用于（希望）分离出打印的字符,以便于测量和最终的识别。

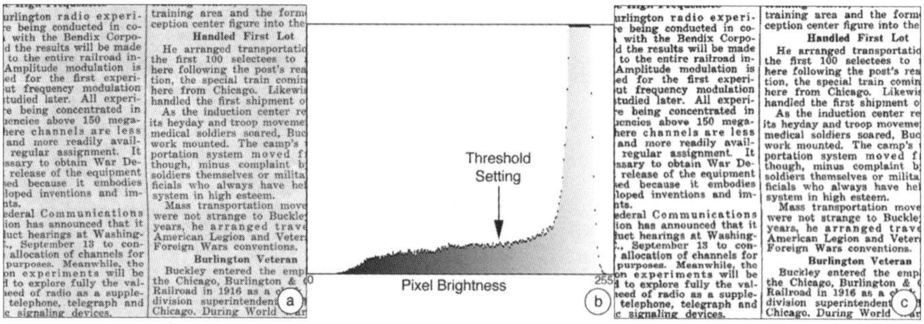

图4.49 正文所述的,亮度阈值处理以选出新闻纸上的深色印刷字符。

图4.49所示的程序是应用最广泛的方法之一,通常能产生令人满意的、至少可重现的结果。它比较每个可能阈值设置上下像素的值,并选择能使两类对象表现得最为不同且最可区分的阈值(Otsu,1979;Trussell,1979)。然而,基础的统计检验(学生t检验)默认两个种群都遵循高斯分布,这种情况很少发生。还有许多其他的统计测试,它们使用熵、像素值的模糊加权和其他方法,并且确定出与基于直方图的方法有些不同的阈值设置。

此外,还有很多其他的方法。有一种自动设置阈值的方法不仅使用像素的值,而且使用它们的邻近像素的值。这个方法隐含的逻辑是,某一目标或背景中的像素应该与其邻近像素相似,而处于边界上的像素则不然。

对于彩色图像,例如图4.50中的示例,对红、绿和蓝色通道使用亮度直方图几乎没有帮助。在该示例中,以色相、饱和度和强度(HSI)空间绘制像素值(如图4.51所示)显示了样本表面的曲率和光照如何影响颜色。例如,根据色相和饱和度选择图4.51中所示的点簇,就会生成只包含绿色对象的图像。

其他更高级的基于某种条件的技术提供了额外的选择可能。图4.50c显示了选择和分割所有小圆片(使用图4.59所示的分水岭程序),然后使用一些小圆片上的白色m作为标志,只选择那些对象,而不考虑颜色的处理结果。另外,也可以使用更特别的组合算法,这些方法基于邻接像素的颜色,以及到最近的相似邻近像素的距离等。

图4.52显示了另一种非常强大但计算密集型的技术。k-means程序(Hartigan,1975)特别适用于彩色或多通道图像(图中仅显示了两个维度,但该方法可直接推广到任何数量的维度)。一些通道可能包含派生数值,比如局部纹理或与邻近像素的差异。图中所有像素的值都绘制出来,用该方法通过搜索进行聚类。

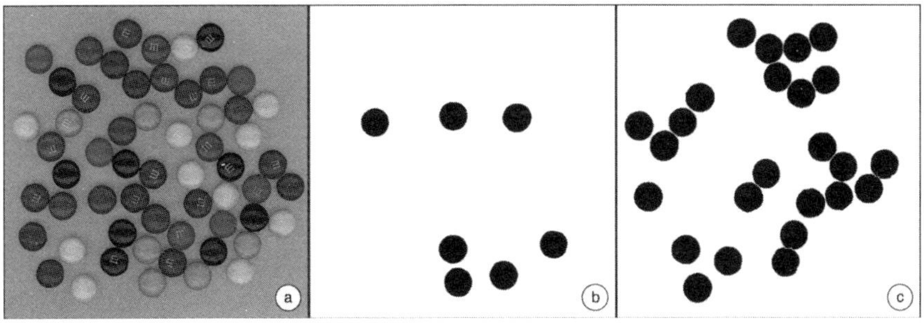

图4.50 彩色图像的分割：(a) 原始图像；(b) 通过色相和饱和度选择绿色对象；(c) 选择包含白色字母m的对象。

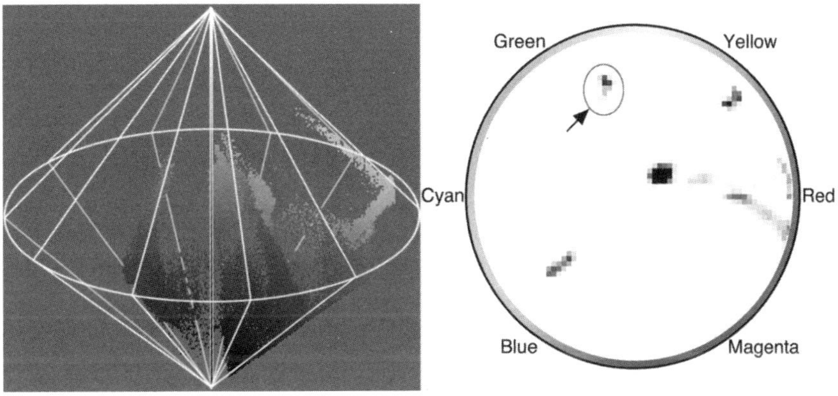

图4.51 图4.50a中像素颜色值的分布图。双锥形的HSI空间显示了因样本的曲率和光照所致的饱和度随亮度的变化。色彩-饱和度平面中绿色点簇周围的标记圆选中了图4.50b中经阈值处理的像素。

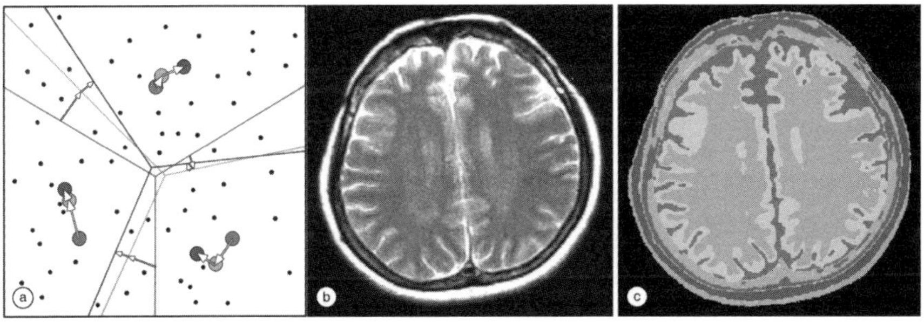

图4.52 k-means阈值。在一个n维空间中绘制出的与每个像素位置相关的值。(a) n = 2的情况。迭代过程为每组像素定位平均值和边界，直到不再发生进一步的更改。这个例子展示了基于亮度和局部对比度将磁共振（MR）图像（b）分割成6类（c）。

任意选择初始的k个位置，所有与每个位置最接近的像素点都被临时赋予这个类标识。然后使用每个类的平均值作为下一个建议的聚类中心，并重复该过程。这导致一些点改变身份，聚类边界和聚类平均值改变。该过程迭代进行，直到不再发生任何更改为止。这种方法收敛速度可能很慢，但通常能得到很好的分割结果。Liu等（1996）利用k-means聚类技术对骨骼图像进行分割，以区分骨骼结构（骨单位、管），用于测定死亡年龄。迭代中类的判别标准也可以使用中位数而不是平均值（Charikar等，1999；Fekete等，2000；Chen，2006）。

其他方法或分割涉及到一定程度的人机互动以使处理开始。例如，种子填充或区域生长方法需要在感兴趣的对象中标记一个初始点。然后对每一个相邻点进行检测，将相似点加入到生长区域（Pavlidis & Liow，1990；Adams & Bischof，1994；Tremeau & Borel，1997）。持续这一过程直到不再有相邻的点添加进来。相似度的检验可以是一个固定的颜色或亮度范围，也可以是基于生长区域的统计数据，或者是局部扩展边界附近的像素值的加权。区域增长最常见的问题是它可能会"逃离"目标，而变得可以自由地散布到背景或其他对象中。另外，虽然它对于勾勒出特定的结构很有用，但是却无法定位其他类似的结构，每个结构都必须手工标记。

图4.53说明了主动轮廓方法。它以手工绘制的轮廓开始，然后收缩，直到被对象的边界挡住（也可以使用从内部轮廓线扩展的活动轮廓）。停止可能基于颜色或亮度、梯度或其他标准。活动轮廓线可以跨越边界不明显的间隙，因为收缩准则寻求根据边界的长度和曲率最小化边界内的能量（Caselles等，1993；Blake & Isard，2000；Chan等，2000；Chan & Vese，2001）。活动轮廓线可以被称为"蛇"，而在3D中应用时，它们被称为"气球"。

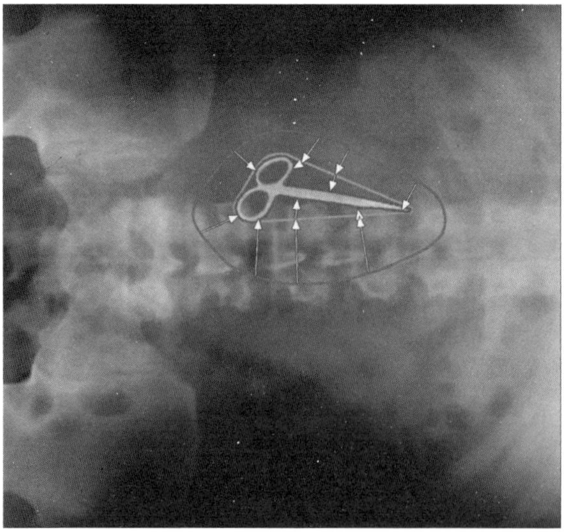

图4.53 主动轮廓分割的例子。最初的手绘轮廓（红色）在一系列步骤中收缩，直到找到边界。

这些并不是用于阈值处理和分割的仅有的方法。自顶向下的分裂和聚合分割检查图像的直方图，如果按照一些统计测试判断它不是均匀的，将区域划分成若干部分（Spann & Wilson，1985；Smith & Chang，1994）。每一个部分都被类似地检查和划分，并且这个过程继续。在每次迭代中，来自不同父区域的相邻区域比较，如果相似就合并起来。最终的结果达到单个像素的水平，并产生一组分割开的区域。

其他计算量比较大的方法包括模糊聚类分析方法，这些方法根据像素与聚类均值的不同程度对像素进行加权，而神经网络方法以整个像素值阵列作为输入开始处理。

这些自动的方法通常对具有控制和均匀的光照，平坦的表面的图像效果良好。例如，已经展示过的显微镜和平板扫描仪的例子。当处理脚印和轮胎痕迹（如图4.54所示），以及复杂表面上的指纹或血液喷溅图案等图像时，往往不那么成功。

图4.54 由同一型号（Michelin Latitude Tour HP，如右侧P入的图所示）的轮胎（但并非都是同一只轮胎）形成的交错轮胎印图像，显示出客观背景和自然光照对对比度的影响。

处理阈值化图像

阈值化或分割图像的结果通常称为二值化表示，因为每个像素要么是要测量的对象或结构的一部分，要么是背景的一部分，可以表示为0或1。这些图像通常需要进一步处理，以纠正由于阈值化而产生的误差。例如，原始灰度或彩色图像中的噪声会产生像素值的变化，阈值化可能会导致一些像素错误地划分为对象或背景。应用形态学上的开运算，如图3.24所示的血滴喷溅的例子，可以去除杂散像素。

如在图4.55中所说明的，腐蚀和膨胀的过程（及其组合成的开运算和闭运算）与用于灰度和彩色图像的类似，但更简单。因为其一般只需要计算每个像素周围取值相反的邻近像素的数量而非按像素值排序，或与一个特定的模式匹配（Haralick等，1987；Liang等，1989；Heijmans，1997；Dougherty & Lotufo，2003；Soille，2003）。在这个例子中，一次开运算和一次闭运算的结果是不同的。这是因为原始图像是模糊的。在大多数真实情况下，有足够的关于主体或成像过程的其他信息来选择正确的处理程序。

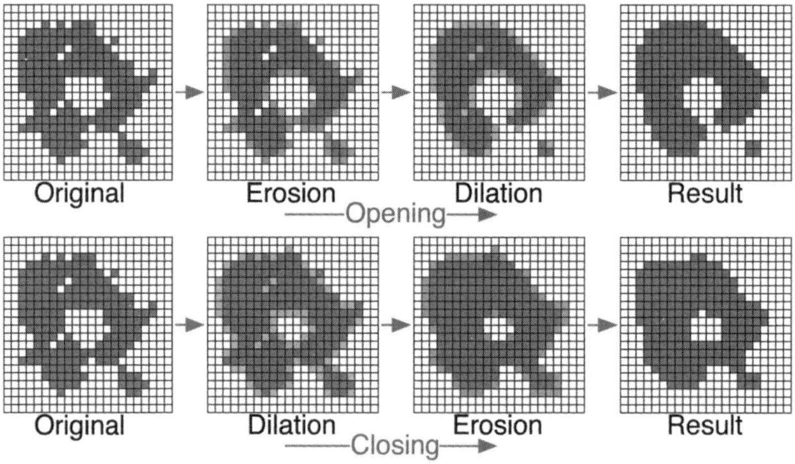

图4.55 组合腐蚀和膨胀形成开运算或闭运算，如正文所述。用彩色表示每一步处理中删除（洋红色）或添加（绿色）的像素。

形态学开运算能去除杂散像素，打开前景各区域之间的间隙，并产生一个更平滑的边界。类似地，形态学闭运算能填补小的孔洞，连接物体的断裂，并产生了更平滑的边界。图4.56显示了一个闭运算的例子。原始图像中的玻璃纤维有裂纹，会导致每个碎片被单独测量。膨胀填充了裂纹，但扩大了纤维的尺寸。腐蚀能恢复纤维的大小，但裂纹不会再次出现。

一个条件规则可以应用于腐蚀，这样沿着一个对象的边缘迭代地删除像素时就不会删除某个像素，如果这会导致像素集分裂成两部分的话（Maragos & Schafer，1986；Lam等，1992）。这样，这一过程将形状收缩至其中线或“骨架”，如图3.25所示。图4.57显示了纤维（用于造纸的纤维素）与它们的骨架重叠。测量骨架的总长度和它们的方向提供了一种直观的方式来表征纤维。骨架也被用来标记裂缝和颗粒或细胞之间的边界，以进行类似的分析。

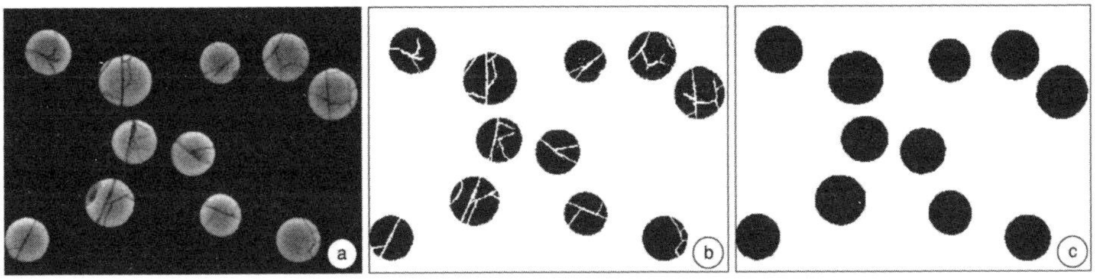

图4.56 用闭运算连接对象的各部分：（a）原始图像，破碎玻璃纤维的横截面；（b）亮度阈值化，显示纤维内部的分裂；（c）应用闭运算处理后。

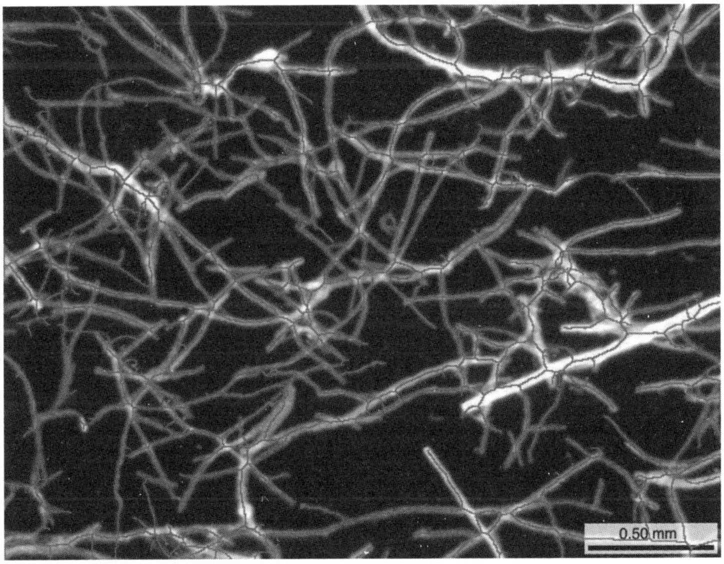

图4.57 木质纤维与其骨架重叠的图像。

如下文的进一步讨论（如图4.70所示），物体的骨架也捕捉到形状的基本拓扑特征（Kong & Rosenfeld，1989；Sossa-Azuela & Humberto，1996）。图4.58显示了骨架中端点（只有一个相接邻居的像素）的数量，它标识了每个星点的数量。

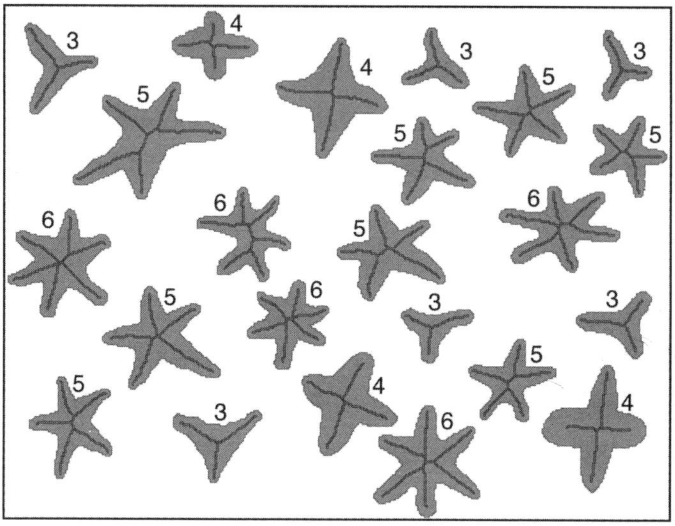

图4.58 骨架代表形状的例子。端点的数量对应于每颗星中的星点的数量。

另一个形态学处理过程，分水岭分割，分离互相接触的特征(Beucher & Lantejoul, 1979; Lantejoul & Beucher, 1981; Jernot, 1982; Russ & Russ, 1988; Beucher & Meyer, 1992; Orbert, 1993; Chen等, 2004; Angulo & Jeulin, 2007; Sun & Luo, 2009)。如图4.59所示，它向图像中的每个前景像素分配一个值，该值是到最近的背景点的距离。如果这些值被视为海拔高度，它们描述了一系列山脉。山脉交汇的分水岭是两个不同的上坡方向。擦除这些像素就会把物体分开。

图4.59 分水岭分割示例：(a)图4.50a的局部显示出互相接触的对象；(b)阈值处理后的图像；(c)用颜色编码的表示每个像素到最近的背景点距离的高度图；(d)去除山脉相交的分水岭线的结果。

多图结合

除了形态学处理外，阈值处理过的图像还可以使用布尔逻辑加以结合。例如，这些图像可能是不同原始图像(比如不同的波长范围拍摄的图像，或者经过不同的处理以提取边缘或纹理的结果)阈值处理后的结果。这些结合应用于每个像素地址。图4.60展示了四个主要函数，与（AND）、或（OR）、异或（ExOR，Exclusive OR；通常缩写为XOR）以及非（NOT）。这些操作通常组合起来使用，操作的顺序非常重要，如图4.61所示。这些图与逻辑和集合理论中使用的维恩图或欧拉图相同。

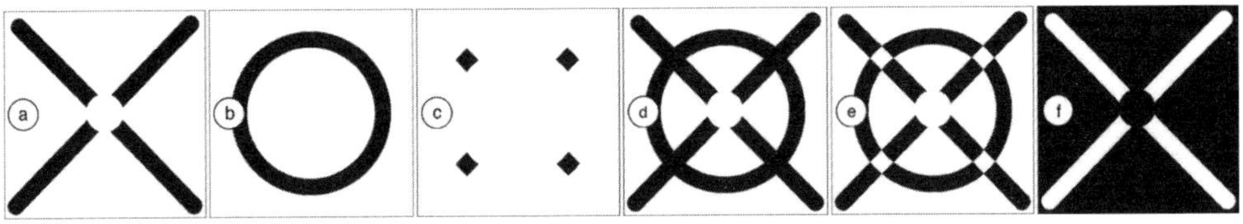

图4.60 简单布尔运算：（a）**二值图像**A；（b）**二值图像**B；（c）A AND B；（d）A OR B；（e）A ExOR B；（f）NOT A。

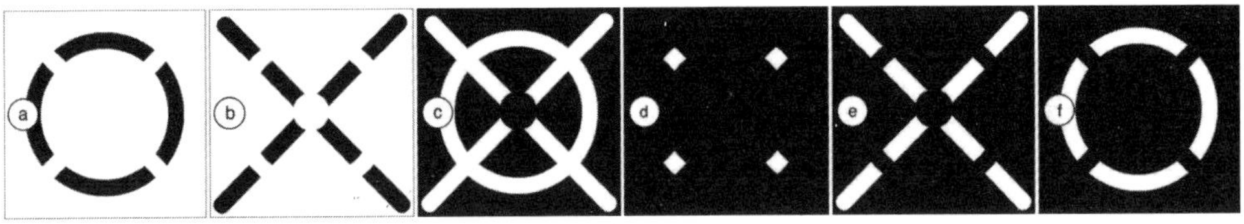

图4.61 组合布尔运算：（a）（NOT A）AND B；（b）A AND（NOT B）；（c）（NOT A）AND（NOT B）；（d）NOT（A AND B）；（e）（NOT A）OR B；（f）A OR（NOT B）。

布尔算子的组合可用于隔离图像的区域，如图4.62所示。通过结合来自每个RGB颜色通道的阈值二进制图像，可以分离出各种气球颜色。黄色是红色和绿色通过与运算的结合；换句话说，在二值化的红色和绿色通道中选择的像素对应于黄色的气球。同样，洋红色是红色和蓝色通过与运算的结合。在分离出黄色和洋红色区域之后，需要将它们从阈值化红色所得的二值图像中移除，以只留下真正的红色气球。即：

Red AND NOT（Yellow OR Magenta）

其又可展开为：

Red AND NOT（（Red AND Green）OR（Red AND Blue））

类似的操作可以隔离出蓝色和绿色的气球。执行多个操作需要注意保持组合顺序的正确性，但这并不困难，而且计算机中的实际实现非常快。

布尔逻辑也可以应用于对象级别，允许使用标记来选择特定区域（Russ，1993）。图4.50c显示了一个例子，使用m标记选择一些小圆片。图4.63显示了另一个。处理一张包含一些地块和现存建筑物的地图，以选中那些不含建筑物的地块。

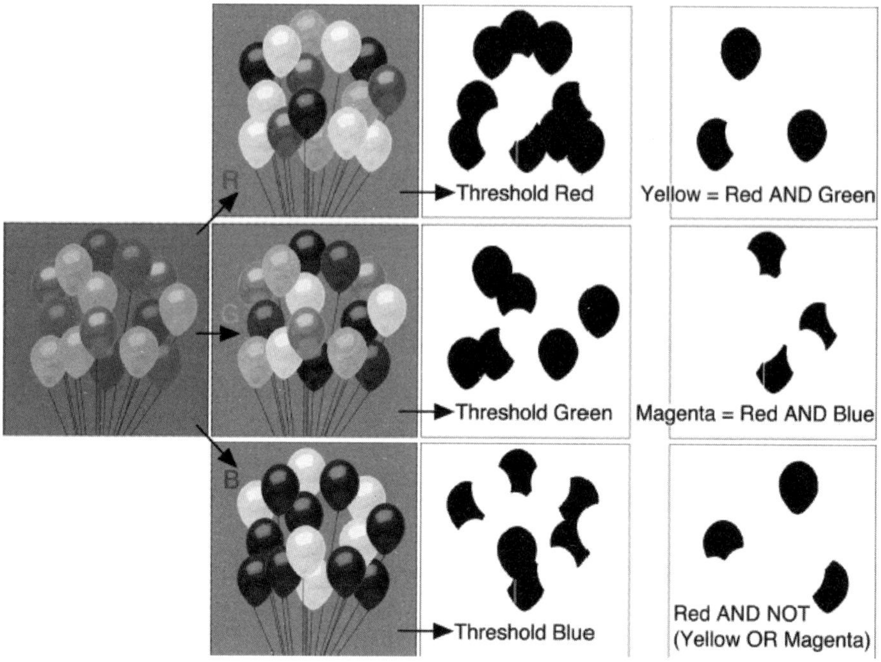

图4.62 正文中所述的,用阈值化像素进行布尔组合运算的例子。这些像素代表在红色、绿色和蓝色通道中较亮的部分。

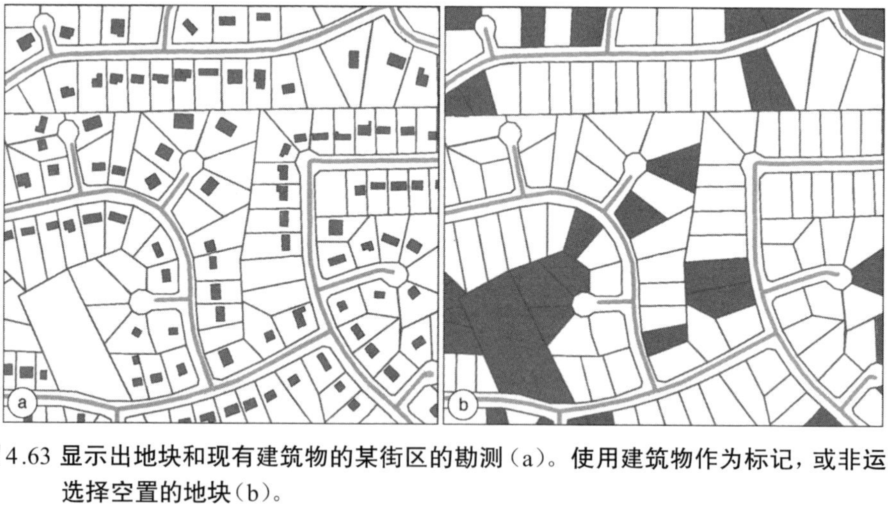

图4.63 显示出地块和现有建筑物的某街区的勘测(a)。使用建筑物作为标记,或非运算选择空置的地块(b)。

测量位置与颜色

对通过阈值化或分割圈定的图像中的对象进行测量通常可分为测量大小、颜色、位置或形状。必须理解的是,这些二维测量是基于现实场景中物体的朝向，而这些物体许多情况下是三维的。当然，受图像具体特性的影响，情况可能并不总是如此。例如，血液飞溅的图案通常基本上是平面的痕迹遗留在至少局部是平面的客体表面（希望是垂直视角拍摄，这样图2.13所示的矫正就不需要了）。许多显微图像或扫描图像也是2D的。

一些三维场景可以基于二维捕获图像进行有效的分析。例如，夜间监控摄像头捕捉到的前灯的光斑已经被用来通过直接比较识别汽车的制造商和型号（Grant Fredericks，个人通信，司法视频解决方案，2015）。

在横截面上看到的涂料层的颜色，它们的顺序和厚度，以及在不常见的情况下，它们的化学成分，如傅立叶变换红外光谱（FTIR）（如图1.16所示）或SEM X射线分析等所揭示的，有时是联系涂料薄片与犯罪现场的结论性证据。图4.64显示了横截面的示例。与色调、饱和度和强度相比，红色、绿色和蓝色强度的剖面轮廓在描述各层及其厚度方面用处要小得多。

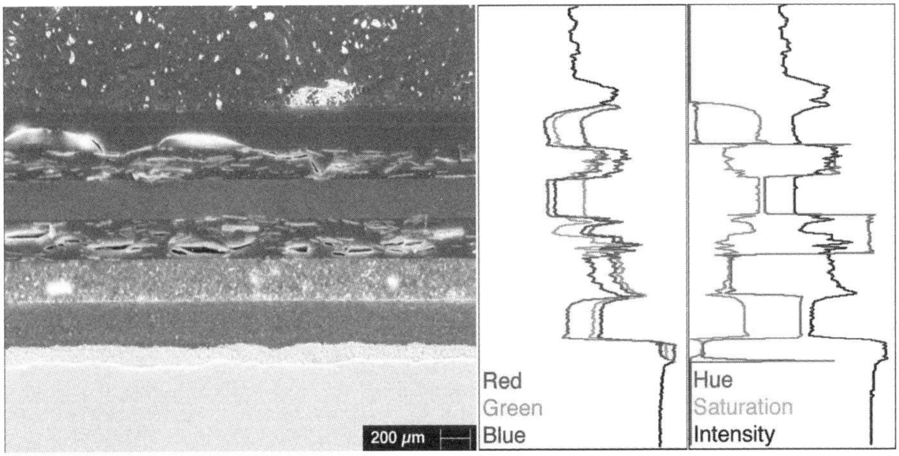

图4.64 房屋油漆的横截面显示出不同颜色的多个层。右边的图显示了颜色值的垂直剖面分布。红、绿和蓝的剖面轮廓图在通过可视的颜色及厚度区分不同漆层方面不如色调。

用于获取DNA分析图像的平板扫描仪可以生成高质量的图像，每个条带宽度上的密度平均值可以显示出不同的剖面轮廓（图4.65）。然而，这种扫描的精确度很少被用到，只有显现出的各种条段及其位置被用于比较。

数码相机不是分光光度计。用于选择红、绿、蓝三种波长的滤光片波段范围很宽，不同波长和强度的组合可以产生相同的记录信号。当需要绝对准确的色彩信息时，应使用分光光度计。不过，根据记录的颜色信号来区分不同的颜色和物体是可能的。Djozan等人（2008）利用薄层色谱法结合从数码相机上记录的RGB值，在区分41家不同制造商的蓝色圆珠笔油墨方面取得了94%的成功率。

Miskelly和Wagner（2005）通过两个滤光片记录图像，一个滤光片的吸收限略低于，另一个则略高于特定化学物质（例如，用于显现指纹和足迹证据的）的发射谱线，然后使用所拍图像的比值获得增强的结果反映该化学物质及其显现出的证据。

物体的位置可以由质心（构成物体的所有像素的平均位置的x和y坐标，如图4.38所示）或其他测度来指定，如边界圆的圆心或最大内切圆的圆心。对于不规则的形状，后一种位置测度是唯一一个保证位于物体边界之内的（例如，字母C的质心位于像素区域之外）。

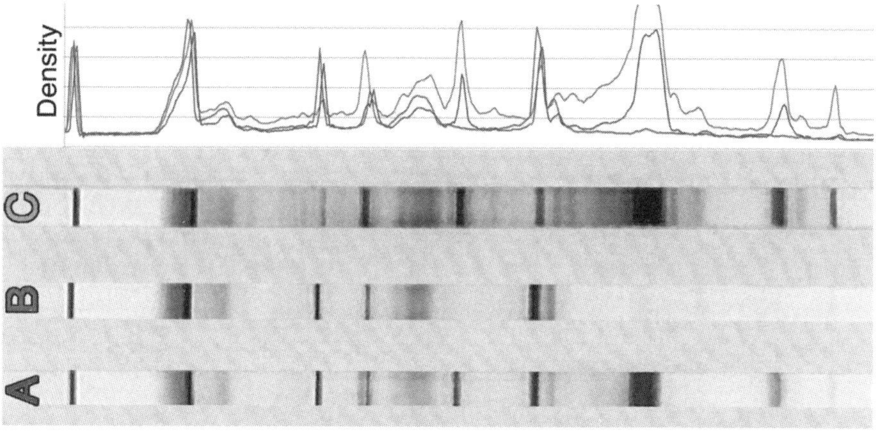

图4.65 DNA测试条的密度剖面图。

无论它是预先指定的还是后来确定的，位置可以用于多种目的。一种是确定一个物体与其他物体或其他目标之间的距离（例如，从俯瞰图上看，一个房子与其他房子或街道之间的距离有多远）。另一种是在一系列图像中跟踪人或车辆的运动，如图4.66所示。在质量较差的监控视频中识别某个目标以跟踪其运动往往是具有挑战性的（Tafazzoli等，2015）。Larsen等（2008）和Bouchrika等（2011）已经表明，在监控图像中看到的个人步态可以提供识别信息，作为摄影测量对身高、衣服颜色等测定的补充。

图4.66 在序列图像中随时间跟踪人，补偿遮挡和改变方向的例子。（摘自C. Reta et al., Journal of Electronic Imaging 24（1）：013015，2015.）

监控视频中的运动跟踪对于发现异常行为具有潜在的重要意义。在大多数情况下，异常事件是难以定义或检测的（Zhong等，2004）。一种典型的方法是跟踪单个对象的运动来提取轨迹，将这些图形进行聚类分析形成多个不同的类型，这些类型覆盖了最常见的运动模式（允许一定程度的变化或偏离），然后观察与这些轨迹不相匹配的运动路径（Cohen & Medioni，1999；Jiang等，2007）。图4.67显示了识别轨迹类别的示例（Makris & Ellis，2002）。

图4.67 将轨迹归类到不同路径的例子。（摘自D. Makris and T. Ellis，Image and Vision Computing 20（12）：895–903，2002.）

测量尺寸和形状

大小的测量经常被用来比较物体的集合。例如，图4.47和图4.48所示的颜料或土壤颗粒。这种比较的统计分析和描述在第5章中讨论。大小（和形状）的变化也可能与其他因素有关。图4.68所示的例子显示了冰淇淋在部分解冻并再冻结过程中冰晶的变化。在这个例子中，它提供了证据证明冰箱的电源曾被切断过。

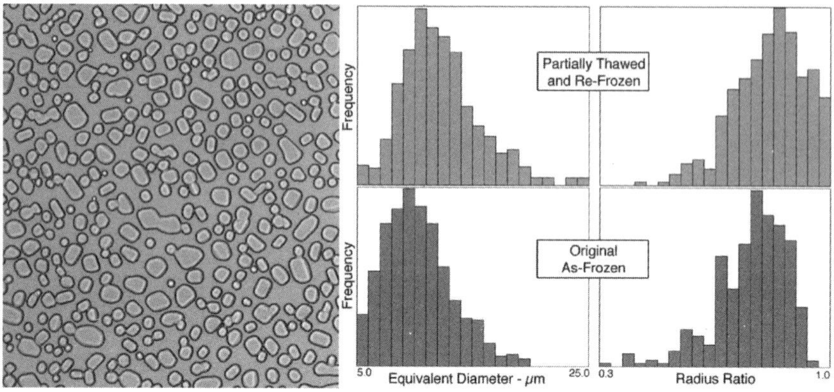

图4.68 冰淇淋中冰晶的显微镜图像，显示部分融化并再冻结导致的大小的增加和角的圆钝化。

有几种可能的大小测量方法，它们提供了关于对象的一些不同的信息。这些区域包括面积——常被报告为具有相同面积的圆的直径，且通常通过计算物体经阈值或分割所得的边界内的像素数量来确定。边界的长度给出了周长；这是很难精确测量的事情之一，因为许多边界是不规则的，而观察到的周长某种程度上是图像分辨率的函数。其他可能的测量包括长度（最大尺寸），最小外接圆或最大内切圆的直径，等等。对于所有这些，有必要决定是否包括内部缺口和孔洞。测量精度始终依赖于像素大小和图像分辨率；少于100个像素的对象通常会得到较差的结果。

无论使用哪种大小的度量，至少有一个熟悉的概念使度量可以理解。形状的测量却并不总是如此（Neal & Russ，2012）。事实上，在人类语言中，很少有文字以定量的方式描述形状。圆形指的是像一个圆，或者，对于3D物体来说，像一个球体。但是，有许多不同的方式使得物体不那么圆，如图4.69所示。西瓜和橄榄球的边界光滑，但变长了；齿轮和花等径向长度是一致的，但边缘不规则；英国硬币是多边形的。这些变化在他们内部又有变化，比如花瓣的深度和间距与齿轮上的齿的深度和间距不一样。这些形状如何被简洁地描述？

最广泛使用的形状描述子是尺寸测度的比值，在这种比值中，单位抵消了，因此它们与大小无关（除了图像分辨率施加的限制）。任何尺寸测度的形式上无量纲的比值都可以使用，而且很多已经被构造出来用于特定的应用。

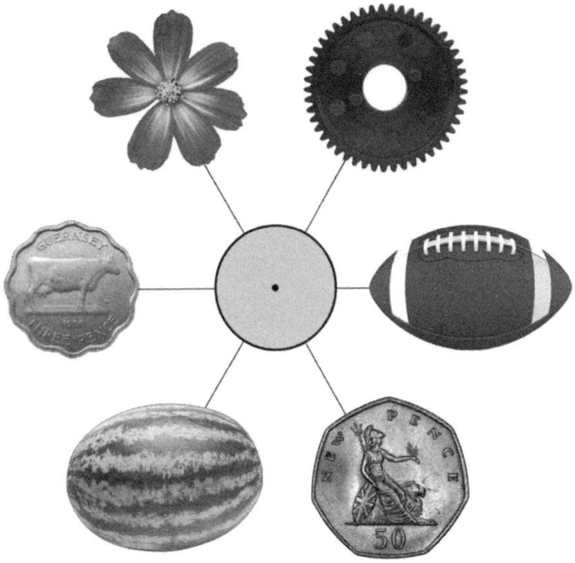

图4.69 一些以不同方式偏离圆形的形状。

内切圆与外接圆的比值（半径比）在图4.68中被用来描述冰晶部分融化并重新冻结时角变圆的情况。图4.40中采用长度和宽度的比值（纵横比）来表征血滴冲击的伸长率并确定飞行角度。可能使用最广泛（也经常被滥用）的是图4.47中用来表征色素颗粒的形状描述子。计算公式为（4 ÷ π）· 面积 ÷ 周长^2，在某些项目也被称为圆度或环度。由于它取决于周长，因此其测量受分辨率影响非常大。

对于图4.69中的形状，西瓜和橄榄球的伸长率可以用长宽比来衡量，它们之间的差可以用半径比来衡量。花和齿轮的不规则性使其形状系数小于1.0，而半径比又将二者区别开来。需要采用另一种方法来处理多面体多边形形状。例如，在边界局部曲率增加的地方检测顶角。

人类的视觉长于比较而非定量。有两种形状描述子似乎与人们在区别形状所关注的（属性）相对应。一个是拓扑的，可以用骨架来测量。如图4.70所示，骨架是形状的中线。骨架上的大多数点只有两个相邻点。具有单个邻居的是端点，具有两个以上邻居的是节点。分支可以连接两个节点（内部分支），也可以终止于端点（外部分支或终端分支）。这些都可以被计数，树枝的长度也可以测量。欧拉规则将二维图像中每种类型的拓扑特征的数量联系起来（公式4.2）：

$$\text{闭环数} - \text{分支数} + \text{端点数} + \text{节点数} = 1 \qquad (4.2)$$

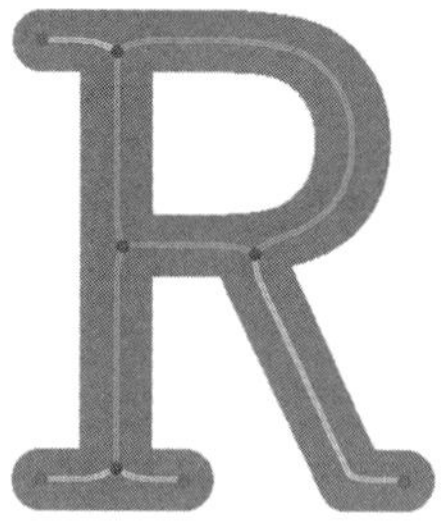

图4.70 所示形状的骨架有四个端点以红色标记，四个节点以蓝色标记，还有一个环。内部和外部（终端）分支是绿色和黄色的，可以单独计数和测量。

图4.58显示了端点的数量对应于人类视觉能立即识别的星点数量。端点的数量也用来测量图4.71中尼龙地毯纤维上的裂片的数量。加上半径比，就确定了纤维的制造商；测量中使用了许多不同的截面形状。图3.79显示了指纹的骨架，可以从中找到分支点(节点)、端点和环。然而，正如第3章所指出的，这种理想的情况只适用于超高质量的指纹。

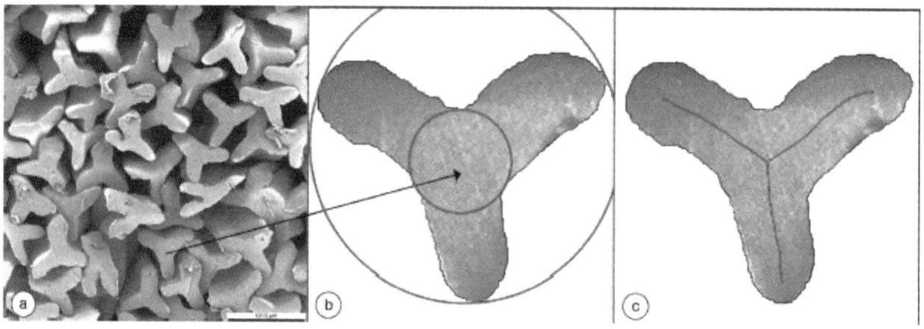

图4.71 三叶尼龙纤维横断面的扫描电子显微镜图像与自动适配内切和外接圆以及形状骨架的一个例子。（由Judy Elson提供，College of Textiles，North Carolina State University，Raleigh）

测量分支长度可以区分由不同冲击能量产生的脆性材料的裂纹。图4.72显示了测量过程和使用骨架端点来选择终端分支。删除节点将断开所有分支。使用原始端点作为标记只选择终端分支。测量每一根分支的长度和每一分支到中心孔的距离，就会得到显示(二者)相关关系的图。

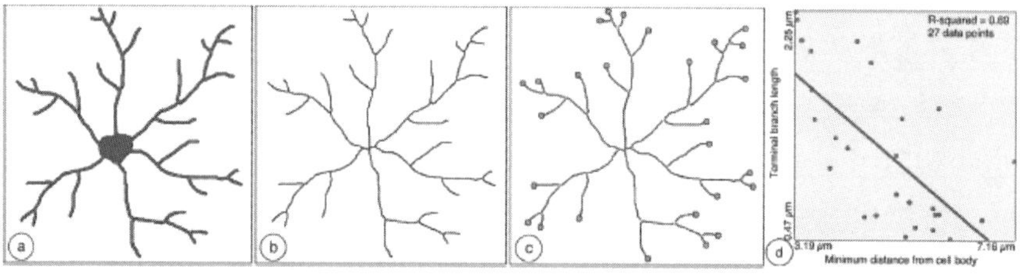

图4.72 一种脆性材料上面的冲击形成的孔洞，比如玻璃上的弹孔的图以及测量过程：（a）原始图；（b）骨架；（c）删除节点，并使用端点选择分支；（d）终端分支长度与近端到孔中心距离的关系。

人们注意到的物体形状的第二个特征是边界的不规则性。许多自然物体的表面具有自相似的粗糙度，可以用分形维数很好地描述。自然形状简单的物体很少（如与欧几里德几何相对应的球体和立方体），有些东西，如气泡，确实接近这些理想形状，因为它们被一个单一的能量项所支配；对气泡来说是表面张力。但通常情况下，边界的外观一直是不规则的，不管图像的大小。

一个著名的例子是一个问题：英国的海岸线有多长？（Mandelbrot，1967）如图4.73所示，答案取决于测量的尺度。在地图上用设置为几公里的两脚规测量，比沿着海岸线走并用100米长链子量要短。使用米尺将会沿着更多的不规则边缘测量，并给出更大的测量值。有趣的是，将测量的长度作为测量工具长度的函数绘制在log-log坐标轴上会得到一条直线。这条线的斜率给出了分形维数。人们并没有从视觉上测量这一维数，但是他们意识到一种形状或表面比另一种更粗糙（如图4.74示）。

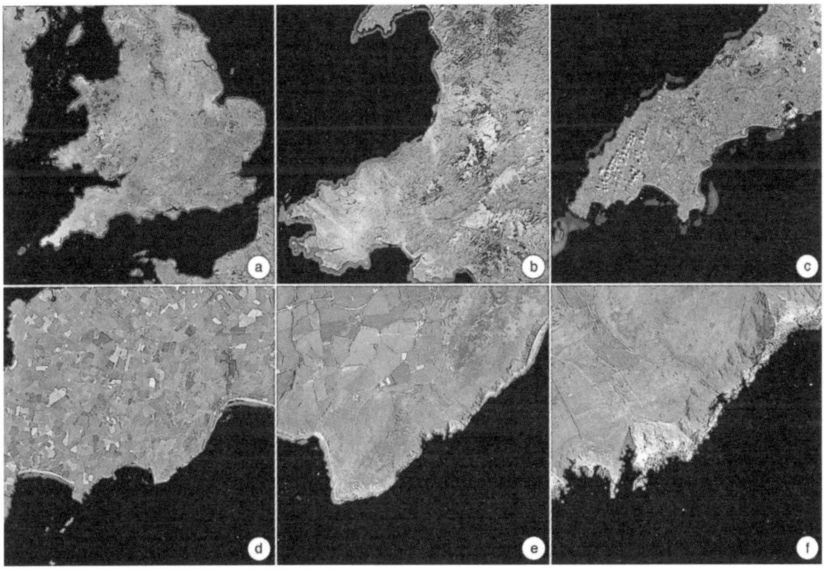

图4.73　一系列英国海岸线的图片，每一幅的比例都是前一幅的四倍（即面积是前一幅的1/16），表现出增加的分辨率和海岸线的长度。

有几种计算机算法测量物体轮廓的分形维数（Russ，1994）。用于数字化图像的最精确和最有效的方法之一是将每个像素标记为其与轮廓的距离（欧氏距离图［EDM］），将像素计数为距离的函数，并在对数-对数坐标系中绘制累积面积作为距离的函数。这条线的斜率就是Minkowski维数。图4.75显示了一个例子。

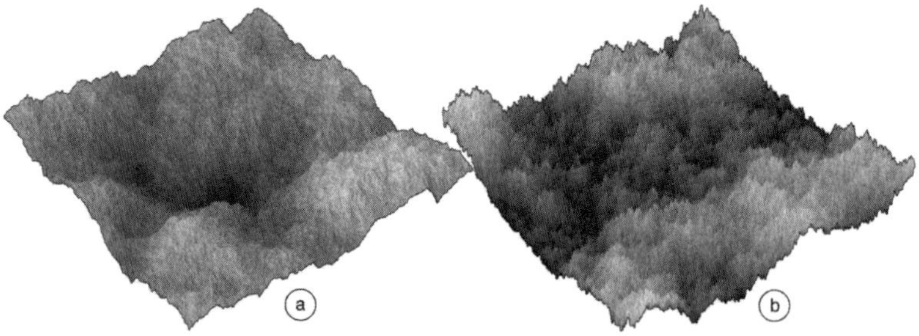

图4.74 两个振幅相同但分形维数不同的分形曲面：(a)维数=2.18；(b)维数=2.36。

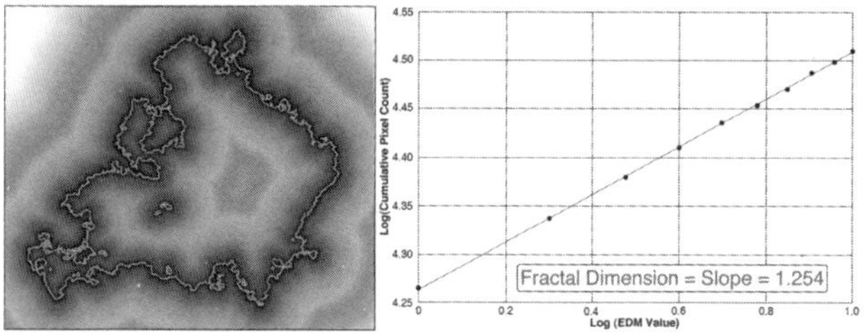

图4.75 一个尘埃粒子的轮廓，像素的颜色编码是像素到轮廓线距离的函数，以及面积作为距离轮廓线的函数的log-log曲线图。

分形物体似乎是自然界的常态，而非例外。分形维数通常与属性和历史相关。不同厂家生产的复印机的墨粉颗粒具有不同的分形维数(这影响颗粒对纸张的附着力)。不同的表面磨损、化学腐蚀、断裂和工具的使用会产生不同的粗糙度，这是分形维数所度量的。细胞的分形维数具有诊断癌症的可能性。

还有一些数学形状描述子对分类有用，但对人类视觉解释来说更困难。这些方法包括谐波分析，它将一个形状的边界表示为一系列频率增加的正弦信号的和，以及小波分析，它产生了一个包含增加的频率和位置的二维求和式(Cosgriff，1960；Schwartz & Shane，1969；Beddow等，1977；Persoon & Fu，1977；Flook，1982；Ferson等，1985；Lestrel，1997)。Drolon等人(2000)利用小波分析，将沉积物颗粒的磨损和侵蚀分类为海成的或风成的。

另一种方法是不变矩，它具有利用形状内部而不仅仅是外围的优点(Hu，1962；Teague，1980；Flusser & Suk，1993，2006)。对于脚印或鞋印之类的形状来说，这一点很重要，因为在这些形状中，边界的确切细节可能无法精确定义。Xiao和Shi(2008)利用矩来匹配鞋印鞋底花纹，而Ghani等人(2010)则利用它们识别来自撞针的印痕。这些方法的实际应用通常需要计算机软件，而且常需要统计分析程序来解释比较的意义。

使用勒让德多项式进行谐波分析，或使用四面体层级结构构建精细网格的小波分析，可用于分析三维形状。提取重要的系数通常需要主成分分析等统计技术。这已被应用于描述医学成像中的形状差异，但在法庭科学中尚未应用。

识 别

重要的是要重申，人类不是用视觉来衡量事物，而是用比较来衡量。并列比较比与记忆中的事物或在不同条件下看到的事物进行比较更可靠。但是，人类很善于识别那些他们有良好意识标签的东西。这些标签会唤起一系列的句法特征来用于触发识别。如果有足够的证据个体存在，它将引发一个结论，要么是肯定的(“是的，就是它”)，要么是否定的(“不，它不是”)。

图4.76给出了一个句法识别任务的示例。没有任何一个胎儿酒精综合征病例的句法识别检验能呈现所有的诊断指征，但足够多的证据片段可以表明诊断条件。这就是许多医学诊断，包括死因确定的运行方式。

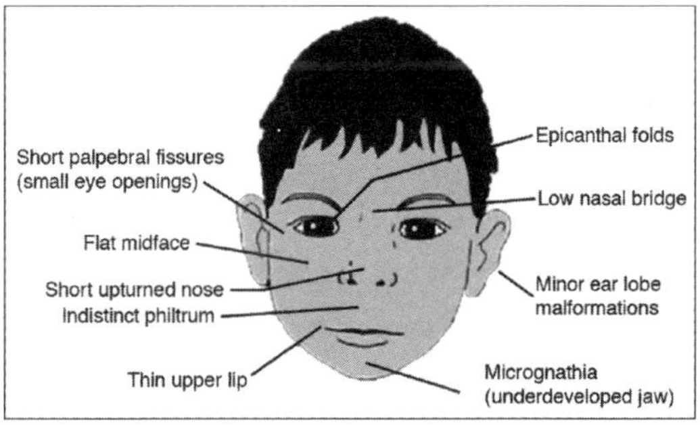

图4.76 胎儿酒精综合征的指征

句法识别与其说是一个测量过程，不如说是一个野外指南。这与使用度量和统计数据完全不同。图4.77显示了如何使用野外指南来标识一片叶子。基于某一特定特征的存在与否而做出的一系列决定会导出结论，但并不能提供有意义的概率说明结论是正确的。

测量和统计分析处理任务的方法不同。收集好对象的训练群，这必须代表一般样本，也要包括极端情况。测量训练对象，然后统计分析程序用来找到对于区分和识别不同类别对象最有用的测量值。图4.78显示了叶片识别的结果。不同物种最容易分离的坐标轴向是典型变量，它通过统计分析确定为测量值的线性组合，能够最好地分离不同类别。

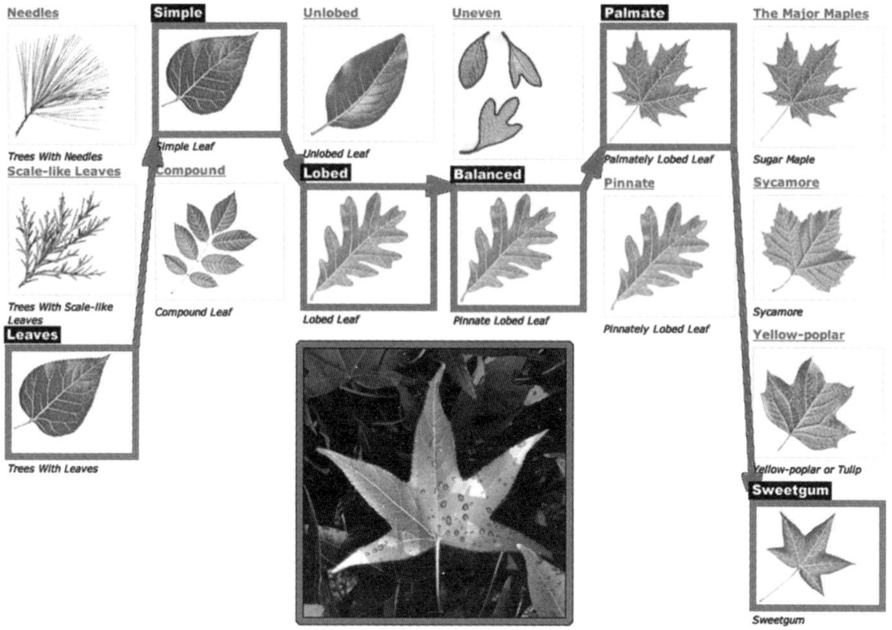

图4.77 用野外指南来识别一片叶子。

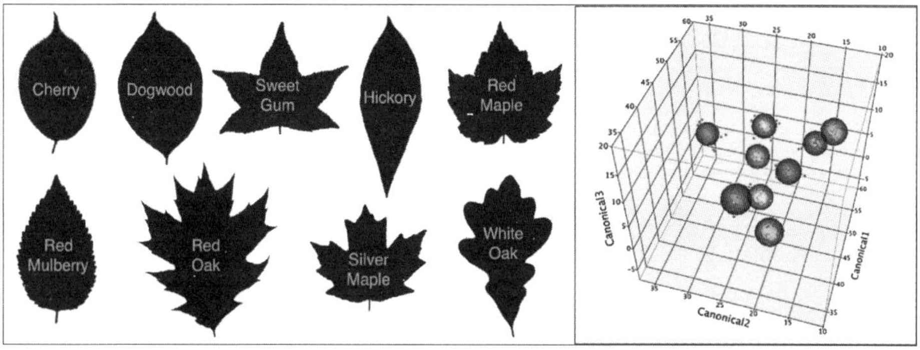

图4.78 通过形状鉴定几种叶子的品种。坐标轴为典型变量，是如图4.79所示三个形状因子的线性组合。

在本例中，典型变量组合了三个测量参数，如图4.79所示。半径比和形状因子在先前的例子中已经使用过。实度就是叶片面积与由顶点拉紧的绳子或橡皮筋勾勒出的凸边界内部的面积之比。典型变量的功能是旋转和缩放坐标轴，以消除测量值之间的任何相关或互相影响，并使标记每个类的区域变成球体。

线性判别分析（LDA）是一种执行计算的标准统计方法。当可用的度量值数量非常大时，通常有用的方法是首先应用主成分分析（PCA）来查找更少的最重要的度量值，然后对这些值应用LDA。尽管这些都是标准的统计方法，但向非技术背景的法官或陪审团解释这些方法以及结果的意义，颇具挑战性。

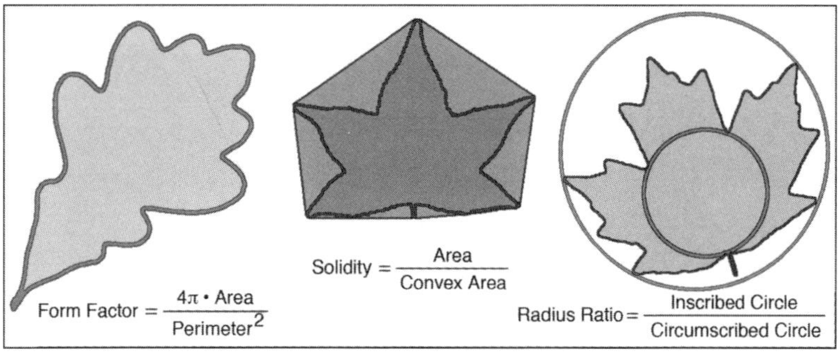

图4.79 叶片分类中使用的经测量的形状因子。

检测图像的改动

每个参与成像过程的人，特别是在科学和司法领域，真正关心的问题是什么构成了合适和恰当的处理，什么构成了不当、不道德甚至欺诈的操作。简单的回答是，任何给观众造成错误印象的改变图像的行为都是错误的。这个答案的问题在于，它没有考虑到这样一个事实，即不同的观众会在图像中看到不同的东西，而构成一个人的错误印象的因素可能并不会影响另一个人。

第一个规则是永远要存储一份原始图像的永久性拷贝，以及有关其获取的所有相关数据。第二个规则是仔细记录处理图像所采取的任何步骤，并在呈现处理后的图像时报告这些步骤。Photoshopping这个词已经成为日常用语，通常带有负面含义。但是，如果使用得当，第2章和第3章描述的方法可以增强细节的可见性，而不会添加任何错误信息。需要考虑的一个一般指导方针是，向图像添加任何内容都是不可接受的，但是抑制或去除一些信息则是可以的，如果它使剩余的现有细节容易看清（无论是视觉上的表现，还是便于测量）的话。

一些图像调整通常被认为是可接受的，并不构成通常所说的篡改。对比度的调整，包括伽马的变化，就是一个例子，它可以扩大对比度显示明区或暗区的细节（代价是在其他地方收缩它，并可能隐藏其他细节）。如图4.80所示，调整伽马值通常在图像直方图中有显示，在直方图中，它拉开一些值之间的间隔并压缩其他值。Cao等人（2010）的研究表明，可以通过对图像值应用随机抖动来隐藏这种操作(Barni等，2012)。这略微增加了图像中的噪声，但用常规方法是无法检测到的。这是否构成欺诈操作取决于具体的实例和目的。

图4.80 隐藏对比度处理：(a)原始图像及其直方图；(b)伽马调整和导致的直方图变化；(c)对像素值应用随机抖动的结果及得到的直方图。

有时会遇到这样的情况：怀疑有对图像的欺骗性操作，必须检测。一些处理操作，如重新排列目标或将它们组合在一个图像中，或对几个图像的对比度进行不同的调整以使它们看起来更相似，都有可能产生误导，而且通常是错误的。例如，有些使用复制-粘贴将某些内容插入图像，或有选择地擦除图像的其他部分，是彻头彻尾的欺骗。

如果有人愿意投入足够的时间和技能去创造伪造品，无论是图像还是其他数据，不管是否使用电脑，都可以做到。许多"优秀"的伪造图像都是在摄影暗室里精心制作出来的(图4.81展示了19世纪60年代的一个例子)，更不用说伪造的绘画复制了古代大师的画风和材料。显然，找到同一场景的另一张照片是检测照片变化的完美方法。前苏联时期的书籍经常被编辑以删除那些不受欢迎的政客和将军(通常是用灌木丛覆盖他们)，但以前的版本提供了一个现成的比较。

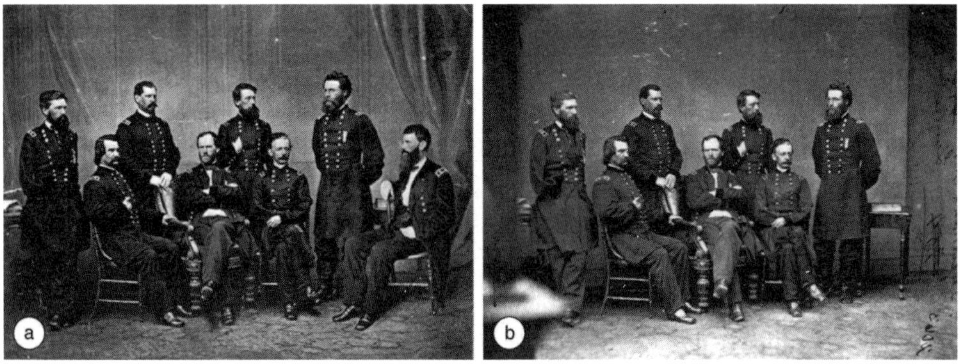

图4.81 在布莱尔将军(右边，坐着)没有出席的会议上加上他(a)。(b)是同一次会议的另一张照片。

发现此类伪造品可能非常困难，在某些情况下甚至是不可能的。在数字图像的特定情况下，软件工具（如剪切和粘贴）的便捷性使这项任务看起来很容易，但通常结果很容易看出来。有多种线索，可以检测图像的改动或把一个图像的部分粘贴到另一个图像。其中最明显的是阴影长度和角度不匹配、几何方面的不一致、焦点变化、颜色失配，以及纹理或通道噪声不同（包括噪声随亮度变化的方式）。

目前，还没有一种方法可以自动验证数字图像的真实性和完整性。文献中的技术根据其关注点可分为三个主要领域：图像来源识别（例如，根据光学和探测器特征，包括灰尘分布，识别型号，以及可能的话，使用的具体相机）、合成图像的辨别和图像操作检测。

在图4.82的例子中，小猎犬的头部被粘贴到灰狗的身体上。在这种情况下很容易发现伪造，但注意到存在的各种线索是有用的。第一个线索当然是狗脖子上颜色的突然变化。通过在它上面加一个项圈，边界被隐藏了起来，颜色的调整可以减少差异。在头部边缘进行了一些模糊处理，以防止尖锐的线条引起注意，但是局部模糊和细节丢失本身就是对图像做了一些事情的线索（Zheng & Liu，2009）。

图4.82 把两幅不同图像中的部分合成到一起的例子。

头部图像原本较小，经过放大和旋转以与身体对齐。这导致马赛克效果与原始图像不匹配。细小的细节的比例在图像的两个部分是不同的，这表明它们原本不在一起，并已从它们的原始状态以不同的倍数放大了（Popescu & Farid，2005a）。在粘贴区域的边缘也存在颜色叠加效果不一致或混叠。

图像合成的一个常见问题是，图像的两个部分上的照明是不同的。这只狗的身体从图片的右边被照亮，而头从左边照明。狗的影子与合成画面并不对应，但仍有原来头部的形状——这在图中没有显示。除了阴影不一致之外，反射和焦点随深度的变化也可能不一致。

如果结合在一起的图像片段，原来是以联合摄影专家组（JPEG）格式保存，则8 × 8图像块可能不是完全对齐的（Ye等，2007），如图4.83所示。蓝色花朵的边缘有轻微的模糊，但仍然比附近其他边缘的调焦更清晰。检查色调通道显示出JPEG压缩的8 × 8图像块在蓝花的区域是错位的（为了醒目，图4.83c中每个块左上角叠加了一个点）。

图4.83 正文中论及的一幅图像，一朵蓝色的花被添加到其中。

在某些情况下，复制-粘贴操作用于从同一图像中复制区域。在图像中找到某一对象的完全相同或几乎完全相同的副本，是欺骗性操作的一种确切迹象，因为图像中的随机统计和噪声变化使得即使是相同的对象也会表现出一些变化（如图4.84所示）。

图4.84 一幅原始图像（a）和使用复制-粘贴在其他人身上克隆一张脸形成七胞胎的效果（b）。

一般来说，不同相机和不同光照条件下拍摄的图像具有不同的噪声特征（Khanna，2009；Cao等，2014）。单图像传感器相机采用的插值（去马赛克）

因子，红、绿、蓝通道噪声的比值，以及噪声幅值随绝对亮度的变化，需要更多的努力来测量（如果使用压缩，这些信息可能会丢失，但压缩会产生自己的特征签名）。当合成来自不同来源的图像时，这些因素事实上不可能完全匹配（Popescu & Farid，2005b；McKay等，2008）。对于JPEG压缩的文件，检查第1章中显示的量化表可能会揭示图像是否保存了不止一次，或者先前压缩品质具有不同的级别（Krawetz，2007）。设备签名还可以识别其他设备，如扫描仪和打印机（Khanna等，2006）。

图像修改的检测在案件调查中通常很重要，它依赖于上面列出的所有视觉上明显的线索，以及一些通过计算起作用的工具。Farid（2006，2008，2009）系统总结了许多可用来检测图像操作和伪造的技术，Mahdian和Saic（2010）在这个主题上提供了很多参考文献。例如，大多数数码相机内置的JPEG压缩算法因制造商不同，甚至因相机型号不同而有所不同，并且会留下一些痕迹，这些痕迹可以区分图像中来源不同的部分。不同的滤色片阵列，每个芯片特有的传感器格式噪声，以及去马赛克算法，都会在图像上留下“指纹”，即使是镜头色差或传感器上灰尘分布的差异，也可以表明不同的来源。

对图像不同颜色通道的噪声水平进行统计比较，可以发现一些差异，表明图像的一个部分具有不同来源或经过不同处理（Bayram等，2006；Peterson，2005；Stamm & Liu，2010；Jeong等，2015）。傅里叶变换的直方图分析可以显示局部或全局的对比度增强。边缘对比度的测量可以检测局部变形（Avcibas等，2004）。处理方法的列表还在继续增加，但这只是代表着潜在的伪造者和法庭科学侦探之间的持续的军备竞赛，因为篡改图像和识别篡改的计算机工具在进化。幸运的是，大多数欺骗性的图像都是粗制滥造的，而且往往是由于对合适的处理程序的无知而造成的。

作为自我测试，请检查图4.85中的示例。哪一种表明枪支保险是开着的企图更容易被发现？为什么？考虑像素模式、反射、位置、保险周围的细节等。

图4.85 改动的图像（b，c），把原始图像（a）中枪支保险的位置改变了。

只要付出足够的努力和技巧，就可以实现天衣无缝、事实上无法检测的结果。然而，在科学研究中，很少仅靠一幅图像为结果提供确凿的证据。即使是声称能显示尼斯湖水怪、大脚怪等生物或飞碟图片（如图4.86所示）也未能说服怀疑者相信它们的存在。创建一组假的图像来记录一项研究是一项不切实际的困难任务，所以有意修改的图像通常不是一个严重的问题。然而，由于粗心或无知而导致的意外操作确实会发生。随着新的检测工具的出现，行为不当的研究人员多数会被发现并受到日益严厉的惩罚（Parrish & Noonan，2009）。故意伪造的问题更多的是出现在司法领域。

图4.86 尼斯湖水怪、大脚怪及飞碟的照片。

更常见的关切是，在选择被拍照的区域或裁剪照片以分离感兴趣的对象时，可能会无意识地产生偏差。小报经常因使用脱离事件背景的名人照片而受到指责，但即便是负责任的出版物，也必须判断删除背景和环境是否合适，是否与事件相关，而这种相关性可能只有在事后才变得明显。

参考文献

R. Adams，L. Bischof.（1994）. Seeded region growing. IEEE Transactions on Pattern Analysis and Machine Intelligence 16（6）：641–647.

G. Alexandre.（1996）. Computerized classification of the shoeprints of burglars' soles. Forensic Science International 82：59–65.

S. K. Alibhai，Z. C. Jewell.（2008）. Identifying white rhino（Ceratotherium simum）by a footprint identification technique，at the individual and species levels. Endangered Species Research 4：219–225.

J. Angulo，D. Jeulin.（2007）. Stochastic watershed segmentation. Presented at Proceedings of the 8 th International Symposium on Mathematical Morphology.

W. Ashley.（1996）. What shoe was that? The use of computerised image database to assist in identification. Forensic Science International 82（1）：7–20.

K. B. Atkinson, ed.(2001) . Close Range Photogrammetry and Machine Vision. Whittles Publishers, Caithness, UK.

I. Avcibas et al.(2004) . A classifier design for detecting image manipulations. IEEE International Conference on Image Processing 4: 2645–2648.

P. Bagchi et al.(2014) . Registration of three-dimensional human face images across pose and their applications in digital forensics. In A. K. Muda, Y.-H. Choo, ed., Computational Intelligence in Digital Forensics. Springer, New York, pp. 315–331.

M. Balker et al.(2014) . Quantitative comparison of striated toolmarks. Forensic Science International 242: 186–199.

D. H. Ballard.(1981) . Generalizing the Hough transform to detect arbitrary shapes. Pattern Recognition 13(2): 111–122.

A. Banno et al.(2004) . Three dimensional visualization and comparison of impressions on fired bullets. Forensic Science International 140(2): 233–240.

M. Barni et al.(2012) . A universal technique to hide traces of histogram-based image manipulations. In Proceedings of the ACM on Multimedia and Security, pp. 97–104.

S. Bayram et al.(2006) . Image manipulation detection. Journal of Electronic Imaging 15(4): 041102.

J. K. Beddow et al.(1977) . On relating some particle profiles characteristics to the profile Fourier coefficients. Powder Technology 18: 15–19.

M. Benecke, L. Barksdale.(2003) . Distinction of bloodstain patterns from fly artifacts. Forensic Science International 137(2): 152–159.

A. Bertillon.(1890) . La Photographie Judiciaire, Avec un Appendice sur la Classification et l' identification Anthropometriques. Gauthier-Villars, Paris.

A. Bertillon.(1893) . Identification Anthropométrique: Instructions Signalétiques. Impresse Administrative, Paris.

S. Beucher, C. Lantejoul.(1979) . Use of watersheds in contour detection. Presented at Proceedings of International Workshop on Image Processing, CCETT, Rennes, France.

S. Beucher, F. Meyer.(1992). The morphological approach to segmentation:

The watershed transformation. Optical Engineering 34：433.

T. Bevel，R. M. Gardner.（2012）. Bloodstain Pattern Analysis with an Introduction to Crime Scene Reconstruction，3rd ed. CRC Press，Boca Raton，FL.

A. Blake，M. Isard.（2000）. Active Contours. Springer，London.

W. J. Bodziak.（2008）. Tire Tread and Tire Track Evidence：Recovery and Forensic Examination. CRC Press，Boca Raton，FL.

M. S. Boldrick，M. W. Dobbs.（1998）. Computerized reverse projection in accident reconstruction. Experimental Mechanics 1：405–410.

I. Bouchrika et al.（2011）. On using gait in forensic biometrics. Journal of Forensic Sciences 56（4）：882–889.

K. W. Bowyer et al.（2013）. A survey of iris biometrics research：2008–2010. In M. J. Burge，K. Bowyer，eds.，Handbook of Iris Recognition. Springer，London，pp. 15–54.

A. Boyde.（1973）. Quantitative photogrammetric analysis and quantitative stereoscopic analysis of SEM images. Journal of Microscopy 98：452.

A. Bronstein et al.（2003）. Expression-invariant 3D face recognition. Lecture Notes in Computer Science 2688：62–69.

E. Brooks et al.（2011）. Digital imaging and image analysis applied to numerical applications in forensic hair examination. Science and Justice 51（1）：28–37.

H. Brown et al.（1999）. Image analysis of gunshot residue on entry wounds. Forensic Science International 100（3）：163–186.

V. Bruce et al.（1999）. Verification of face identities from images captured on video，Journal of Experimental Psychology：Applied 5（4）：339–360.

U. Buck et al.（2007）. 3D documentation of footwear impressions and tyre tracks in snow with high resolution optical surface scanning. Forensic Science International 171：157–164.

U. Buck et al.（2011）. 3D bloodstain pattern analysis：Ballistic reconstruction of the trajectories of blood drops and determination of the centres of origin of the bloodstains. Forensic Science International 206（1）：22–28.

P. A. Bull et al.（2006）. The forensic analysis of soils and sediment taken from the cast of a footprint. Forensic Science International 162（1）：6–12.

M. J. Burge et al.，ed.（2013）. Handbook of Iris Recognition. Springer，New York.

A. M. Burton et al.（1999）. Face recognition in poor-quality video：Evidence from security surveillance. Psychological Science 10（3）：243–248.

G. Cao et al.（2010）. Anti-forensics of contrast enhancement in digital images. In Proceedings of the 12th ACM Workshop on Multimedia and Security，pp. 25–34.

G. Cao et al.（2014）. Forensic detection of noise addition in digital images. Journal of Electronic Imaging 23（2）：023004.

V. Caselles et al.（1993）. A geometric model for active contours in image processing. Numerische Mathematik 66（1）：1–31.

T. Catterick.（1992）. Facial measurements as an aid to recognition. Forensic Science International 56（1）：23–27.

T. F. Chan，L. A. Vese.（2001）. Active contours without edges. IEEE Transactions on Image Processing 10（2）：266–277.

T. F. Chan et al.（2000）. Active contours without edges for vector-valued images. Journal of Visual Communication and Image Representation 11（2）：130–141.

M. Charikar et al.（1999）. A constant-factor approximation algorithm for the k-median problem. Presented at Proceedings of the 31st Annual ACM Symposium on Theory of Computing.

R. Chellappa et al.（1995）. Human and machine recognition of faces：A survey. Proceedings of IEEE 83（5）：705–741.

K. Chen.（2006）. On k-median clustering in high dimensions. In Proceedings of the 17th Annual ACM-SIAM Symposium on Discrete Algorithms，pp. 1177–1185.

Q. Chen et al.（2004）. Watershed segmentation for binary images with different distance transforms. Presented at IEEE International Workshop on Haptic，Audio and Visual Environments and Their Applications.

W. Chu et al.（2013）. Automated identification of bullet signatures based on consecutive matching striae（CMS） criteria. Forensic Science International 231：137–141.

I. Cohen，G. Medioni.（1999）. Detecting and tracking moving objects for video surveillance. In IEEE Conference on Computer Vision and Pattern Recognition，vol. 2.

R. T. Collins et al.（2000）. Introduction to the special section on video surveillance. IEEE Transactions on Pattern Analysis and Machine Intelligence 8：740–745.

D. Compton（2001）. Systematic approach to height interpretation from images. Proceedings of SPIE 4232：521–532.

R. L. Cosgriff.（1960）. Identification of shape. Ohio State University Research Foundation，Columbus，Technical Report ASTIA AD 254：792.

A. Criminisi.（2002）. Single-view metrology：Algorithms and applications. Pattern Recognition Lecture Notes in Computer Science 2449：224–239.

A. Criminisi et al.（1999）. New approach to obtain height measurements from video. In Enabling Technologies for Law Enforcement and Security. International Society for Optics and Photonics，pp. 227–238.

A. C. Davies et al.（1995）. Crowd monitoring using image processing. Electronic and Communications Engineering Journal 7（1）：37–47.

D. De Angelis et al.（2007）. New method for height estimation of subjects represented in photograms taken from video surveillance systems. International Journal of Legal Medicine 121（6）：489–492.

P. de Chazal et al.（2005）. Automated processing of shoeprint images based on the Fourier transform for use in forensic science. IEEE Transactions on Pattern Analysis and Machine Intelligence 27（3）：341–350.

D. W. Deedrick.（2000）. Hair，fibres，crime and evidence. Part 1：Hair evidence. Forensic Science Communications 2（3）：1–9.

J. De Kinder，M. Bonfani.（1999）. Automated comparisons of bullet striations based on 3D topography. Forensic Science International 101：85–93.

D. Djozan et al.（2008）. Forensic discrimination of blue ballpoint pen inks based on thin layer chromatography and image analysis. Forensic Science

International 179：199–205.

E. R. Dougherty，R. A. Lotufo.（2003）. Hands-On Morphological Image Processing. SPIE Press，Bellingham，WA.

H. Drolon et al.（2000）. Particles shape analysis and classification using the wavelet transform. Pattern Recognition Letters 21（6–7）：473–482.

R. O. Duda，P. E. Hart.（1972）. Use of the Hough transform to detect lines and curves in pictures. Communications of the ACM 15（1）：11–15.

J. Eckert.（1999）. Interpretation of Bloodstain Evidence at Crime Scenes. CRC Press，Boca Raton，FL.

V. Fadeyev et al.（2005）. Reconstruction of recorded sound from an Edison cylinder using three-dimensional noncontact optical surface metrology. Journal of Audio Engineering Society 53（6）：485–508.

H. Farid.（2006）. Exposing digital forgeries in scientific images. In Proceedings of ACM Workshop on Multimedia and Security，Geneva，Switzerland，pp. 29–36.

H. Farid.（2008）. Digital image forensics. Scientific American 298（6）：66–71.

H. Farid.（2009）. Image forgery detection：A survey. IEEE Signal Processing Magazine 26（2）：16–25.

S. P. Fekete et al.（2000）. On the continuous Weber and k-median problems. In Proceedings of the 16th Annual ACM Symposium on Computational Geometry，pp. 70–79.

S. F. Ferson et al.（1985）. Measuring shape variation of two-dimensional outlines. Systematic Zoology 34：59–68.

E. Fischer，C. Vielhauer.（2012）. Forensic ballistic analysis using a 3D sensor device. In Proceedings of the ACM Conference on Multimedia and Security，pp. 67–76.

A. G. Flook.（1982）. Fourier analysis of particle shape. In N. G. Stanley-Wood，T. Allen，eds.，Particle Size Analysis. Wiley Heyden，London，pp. 255–262.

J. Flusser，T. Suk.（1993）. Pattern recognition by affine moment invariants.

Pattern Recognition 26(1): 167–174.

J. Flusser, T. Suk.(2006). Rotation moment invariants for recognition of symmetric objects. IEEE Transactions on Image Processing 15: 3784–3790.

J. Fryer, K. McIntosh.(2001). Enhancement of image resolution in digital photogrammetry. Photogrammetric Engineering and Remote Sensing 67(6): 741–749.

J. Fryer et al., ed.(2007). Applications of 3D Measurement from Images. Whittles Publishing, Caithness, Scotland.

C. Gambino et al.(2011). Forensic surface metrology: Tool mark evidence. Scanning 33(5): 272–278.

B. D. Gaudette.(1999). Evidential value of hair examination. In Forensic Examination of Hair. Taylor & Francis, London, pp. 243–257.

Z. J. Geradts et al.(1999). Use of correlation algorithms in a database of spent cartridge cases of firearms. Proceedings of ASCI 99: 301–314.

Z. J. Geradts et al.(2001). Image matching algorithms for breech face marks and firing pins in a database of spent cartridge cases of firearms. Forensic Science International 119(1): 97–106.

G. Gerules et al.(2013). A survey of image processing techniques and statistics for ballistic specimens in forensic science. Science and Justice 53(2): 236–250.

N. A. M. Ghani et al.(2010). Analysis of geometric moments as features for firearm identification. Forensic Science International 198: 143–149.

S. Gibson, T. Howard.(2000). Interactive reconstruction of virtual environments from photographs, with application to scene-of-crime analysis. In Proceedings of the ACM Symposium on Virtual Reality Software and Technology, pp. 41–48.

S. S. Gorthi, P. Rastogi.(2010). Fringe projection techniques: Whither we are? Optics and Lasers in Engineering 48: 133–140.

M. Gray.(2003). Urban surveillance and panopticism: Will we recognize the facial recognition society? Surveillance and Society 1(3): 314–330.

A. Hall.(1900). The missile and the weapon. Buffalo Medical Journal.

Republished（1980） in Association of Firearm and Tool Mark Examiners Journal 12（4）.

J. E. Hamby，J. W. Thorpe.（1999）. The history of firearm and toolmark identification. Association of Firearm and Tool Mark Examiners Journal 31（3）：266–284.

J. E. Hamby et al.（2009）. The identification of bullets fired from 10 consecutively rifled 9 mm Ruger pistol barrels：A research project involving 507 participants from 20 countries. AFTE Journal 41（2）：99–110.

A. Hampapur et al.（2003）. Smart surveillance：Applications，technologies and implications. Information，Communications and Signal Processing 2：1133–1138.

R. M. Haralick et al.（1987）. Image analysis using mathematical morphology. IEEE Transactions on Pattern Analysis and Machine Intelligence 4：532–550.

J. A. Hartigan.（1975）. Clustering Algorithms. John Wiley & Sons，New York.

H. J. A. M. Heijmans.（1997）. Connected morphological operators and filters for binary images. In Proceedings of IEEE International Conference on Image Processing，vol. 2.

M. M. Houck.（2003）. Inter-comparison of unrelated fiber evidence. Forensic Science International 135：146–149.

M. M. Houck et al.（2004）. Locard exchange：The science of forensic hair comparisons and the admissibility of hair comparison evidence：Frye and Daubert considered. Modern Microscopy Journal，March，1–10.

P. Hough.（1962）. Method and means for recognizing complex patterns. U.S. Patent 3，069，654.

M. K. Hu.（1962）. Visual pattern recognition by moment invariants. IEEE Transactions on Information Theory 8：179–187.

L. Hulse-Smith，M. Illes.（2007）. A blind trial evaluation of a crime scene methodology for deducing impact velocity and droplet size from circular bloodstains. Journal of Forensic Sciences 52（1）：65–69.

D. J. Hurley et al.（2007）. The ear as a biometric. In Handbook of

Biometrics. Springer，New York，pp. 131–150.

J. Illingworth，J. Kittler.（1988）. A survey of the Hough transform. Computer Vision Graphics and Image Processing 44（1）：87–116.

L. D. Introna，D. Wood.（2004）. Picturing algorithmic surveillance：The politics of facial recognition systems. Surveillance and Society 2（2/3）：177–198.

R. Jafri，H. R. Arabnia.（2009）. A survey of face recognition techniques. Journal of Information Processing Systems 5（2）：41–68.

A. K. Jain et al.（2004）. An introduction to biometric recognition. IEEE Transactions on Circuits and Systems for Video Technology 14（1）：4–20.

S. H. James et al.（2005）. Principles of Bloodstain Pattern Analysis：Theory and Practice. CRC Press，Boca Raton，FL.

S. C. Jensen，L. I. Rudin.（1995）. Measure：An interactive tool for accurate forensic photo/videogrammetry. In SPIE 1995 International Symposium on Optical Science，Engineering，and Instrumentation，pp. 73–83.

B. G. Jeong et al.（2015）. Blind identification of image manipulation type using mixed statistical moments. Journal of Electronic Imaging 24（1）：013029.

J. P. Jernot.（1982）. Thése de Doctorat és Science. Université de Caen，France.

F. Jiang et al.（2007）. Abnormal event detection from surveillance video by dynamic hierarchical clustering. IEEE International Conference on Image Processing 5：145–148.

Q. Ju.（2010）. A high performance automatic face recognition system using 3D shape information. PhD thesis，University of York，York，UK.

R. Kataoka et al.（2013）. Stereoscopic determination of all-sky altitude map of aurora using two ground-based Nikon DSLR cameras. Annales Geophysicae 31（9）：1543–1548.

N. Khanna.（2009）. Forensic camera classification：Verification of sensor pattern noise approach. PhD thesis，Purdue University.

N. Khanna et al.（2006）. A survey of forensic characterization methods for physical devices. Digital Investigation 35：517–528.

S. S. Kind，G. G. Owen.（1976）. The assessment of information content gained from the microscopical comparison of hair samples. Journal of the Forensic Science Society 16：235–239.

B. F. Klare et al.（2011）. Matching forensic sketches to mug shot photos. IEEE Transactions on Pattern Analysis Machine Intelligence 33（3）：639–646.

K. F. Kleinberg et al.（2007）. Failure of anthropometry as a facial identification technique using high-quality photographs. Journal of Forensic Science 52（4）：779–783.

L. Kobilinsky.（2012）. Forensic Chemistry Handbook. Wiley，New York.

T. Y. Kong，A. Rosenfeld.（1989）. Digital topology：Introduction and survey. Computer Vision，Graphics，and Image Processing 48（3）：357–393.

N. Krawetz.（2007）. A pictures worth digital image analysis and forensics. Black Hat Briefings 1–31，UBM Tech，San Francisco，CA.

L. Lam et al.（1992）. Thinning methodologies—a comprehensive survey. IEEE Transactions on Pattern Analysis and Machine Intelligence 14（9）：869–885.

C. Lantejoul，S. Beucher.（1981）. On the use of the geodesic metric in image analysis. Journal of Microscopy 121：39.

P. K. Larsen et al.（2008）. Gait analysis in forensic medicine. Journal of Forensic Sciences 53（5）：1149–1153.

A. E. Laumann，A. J. Derick.（2006）. Tattoos and body piercings in the United States：A national data set. Journal of the American Academy of Dermatology 55（3）：413–421.

J.-E. Lee et al.（2012）. Image retrieval in forensics：Tattoo image database application. IEEE Multimedia 19（1）：40–49.

F. P. León.（2006）. Automated comparison of firearm bullets. Forensic Science International 156：40–50.

P. E. Lestrel，ed.（1997）. Fourier Descriptors and Their Applications in Biology. Cambridge University Press，Cambridge.

D. Li.（2006）. Ballistics projectile image analysis for firearm identification. IEEE Transactions on Image Processing 15（1）：2857–2865.

J. Liang et al.（1989）. Erosion and dilation of binary images by arbitrary structuring elements using interval coding. Pattern Recognition Letters 9（3）：

201–209.

W. Linder.（2006）. Digital Photogrammetry：A Practical Course，2nd ed. Springer，Dusseldorf，Germany.

Z.-Q. Liu et al.（1996）. Bone feature analysis using image processing techniques. Computers in Biology and Medicine 26（1）：65–76.

D. G. Lowe.（2004）. Distinctive image features from scale invariant keypoints. International Journal of Computer Vision 60（2）：91–110.

T. Luhmann et al.，ed.（2014）. Close-Range Photogrammetry and 3D Imaging，2nd ed. De Gruyter，Berlin.

H. L. MacDonell.（1974）. Flight Characteristics and Stain Patterns of Human Blood. U.S. Government Printing Office，Washington，DC.

B. Mahdian，S. Saic.（2010）. A bibliography on blind methods for identifying image forgery. Signal Processing：Image Communication 35（6）：389–399.

B. W. Main，E. A. Knopf.（1995）. New application of camera reverse projection in reconstructing old accidents. SAE Technical Paper 950357. Society of Automotive Engineers，Warrendale，PA.

D. Makris，T. Ellis.（2002）. Path detection in video surveillance. Image and Vision Computing 20（12）：895–903.

W. K. Mallon，M. A. Russell.（1999）. Clinical and forensic significance of tattoos. Topics in Emergency Medicine 21（3）：21–29.

D. Maltoni et al.（2009）. Handbook of Fingerprint Recognition，2nd ed. Springer，New York.

B. B. Mandelbrot.（1967）. How long is the coast of Britain? Statistical self-similarity and fractional dimension. Science 155：636–638.

P. Maragos，R. W. Schafer.（1986）. Morphological skeleton representation and coding of binary images. IEEE Transactions on Acoustics，Speech，and Signal Processing 34（5）：1228–1244.

D. J. Massa.（1999）. Using computer reverse projection photogrammetry to analyze an animation. SAE Technical Paper 01-0093. Society of Automotive Engineers，Warrendale，PA.

C. McKay et al.（2008）. Image acquisition forensics：Forensic analysis to identify imaging source. In IEEE International Conference on Acoustics，Speech，and Signal Processing，pp. 1657–1660.

G. M. Miskelly，J. H. Wagner.（2005）. Using spectral information in forensic imaging. Forensic Science International 155：112–118.

R. M. Morgan，P. A. Bull.（2007a）. Forensic geoscience and crime detection. Minerva Medicolegale 127：73–89.

R. M. Morgan，P. A. Bull.（2007b）. The use of grain size distribution analysis of sediments and soils in forensic enquiry. Science and Justice 47（3）：125–135.

R. C. Murray.（2012）. Forensic examination of soils. In L. Kobilinsky，ed.，Forensic Chemistry Handbook. Wiley，New York，pp. 109–130.

R. Murray，J. C. F. Tedrow.（1975）. Forensic Geology：Earth Sciences and Criminal Investigation. Rutgers University Press，New York.

C. Nastar，M. Mitschke.（1998）. Real time face recognition using feature combination. In IEEE International Conference on Automatic Face and Gesture Recognition，pp. 312–317.

National Institute of Justice.（1999）. Eyewitness Evidence：A Guide for Law Enforcement. U.S. Department of Justice，Washington DC.

F. B. Neal，J. C. Russ.（2012）. Measuring Shape. CRC Press，Boca Raton，FL.

O. Nibouche et al.（2009）. Rotation invariant matching of partial shoeprints. In Proceedings of 13th IEEE International Machine Vision and Image Processing Conference，pp. 94–98.

R. R. Ogle.（1998）. Individualization of human hair：The role of the hair atlas. Microscope 46：17–22.

C. T. Olen.（2009）. Forensic hair comparison：Background information for interpretation. FBI Forensic Science Communications 11（2）：1–17.

C. L. Orbert et al.（1993）. Watershed segmentation of binary images using distance transformations. Presented at SPIE Symposium on Electronic Imaging：Science and Technology.

N. Otsu.（1979）. A threshold selection method from gray-level histograms. IEEE Transactions on Systems，Man，and Cybernetics 9（1）：62–69，377–393.

U. Park，A. K. Jain.（2010）. Face matching and retrieval using soft biometrics. IEEE Transactions on Information Forensics and Security 5（3）：406–415.

D. Parrish，B. Noonan.（2009）. Image manipulation as research misconduct. Science and Engineering Ethics 15（2）：161–167.

T. Pavlidis，Y. T. Liow.（1990）. Integrating region growing and edge detection. IEEE Transactions on Pattern Analysis and Machine Intelligence 12(3)：225–233.

E. Persoon，K.-S. Fu.（1977）. Shape discrimination using Fourier descriptors. IEEE Transactions on Systems，Man，and Cybernetics 7（3）：170–179.

G. Peterson.（2005）. Forensic analysis of digital image tampering. In M. Pollitt，S，Shenoi，ed.，Advances in Digital Forensics. Springer，New York，pp. 259–270.

G. Piazzesi.（1973）. Photogrammetry with the scanning electron microscope. Journal of Physics E 6：392–396.

A. C. Popescu，H. Farid.（2005a）. Exposing digital forgeries by detecting traces of re-sampling. IEEE Transactions on Signal Processing 53（2）：758–767.

A. C. Popescu，H. Farid.（2005b）. Exposing digital forgeries in color filter array interpolated images. IEEE Transactions on Signal Processing 53（10）：3948–3959.

K. Pye.（2007）. Geological and Soil Evidence：Forensic Applications. CRC Press，Boca Raton，FL.

C. Reta et al.（2015）. Three hypothesis algorithm with occlusion reasoning for multiple people tracking. Journal of Electronic Imaging 24（1）：013015.

J. Robertson.（1982）. An appraisal of the use of microscopic data in the examination of human head hair. Journal of the Forensic Science Society 22：390–395.

J. Robertson，C. G. G. Aitken.（1986）. The value of microscopic features in the examination of human head hairs：Analysis of comments contained in questionnaire returns. Journal of Forensic Sciences 31：563–573.

D. Robson.（1997）. Animal fiber analysis using imaging techniques. Textile Research Journal 67：747–752.

W. F. Rowe.（2001）. The current status of microscopical hair comparisons. Scientific World 1：868–878.

A. Ruffell，J. McKinley.（2005）. Forensic geoscience：Applications of geology，geomorphology and geophysics to criminal investigations. Earth-Science Reviews 69（3）：235–247.

J. C. Russ.（1993）. Method and application for ANDing features in binary images. Journal of Computer Assisted Microscopy 5（4）：265–272.

J. C. Russ.（1994）. Fractal Surfaces. Plenum Press，New York.

J. C. Russ，J. C. Russ.（1988）. Improved implementation of a convex segmentation algorithm. Acta Stereologica 7：33–40.

N. Saitoh et al.（1999）. Study on height measurement from a single view. Proceedings of International Conference on Image Processing 3：523–526.

U. Sakarya et al.（2008）. Three-dimensional surface reconstruction for cartridge cases using photometric stereo. Forensic Science International 175：209–217.

H. P. Schwartz，K. C. Shane.（1969）. Measurement of particle shape by Fourier analysis. Sedimentology 13：213–231.

Scientific Working Group for Imaging Technology（SWGIT）.（2012）. Section 12：Best practices for forensic video analysis，ver. 1.7. www.swgit.org.

D. J. Simons，C. F. Chabris.（1999）. Gorillas in our midst：Sustained inattentional blindness for dynamic events. Perception 28：1059–1074.

P. Sinha et al.（2006）. Face recognition by humans：Nineteen results all computer vision researchers should know about. Proceedings of IEEE 94（11）：1948–1962.

J. Smith，S. F. Chang.（1994）. Quad-tree segmentation for texture-based image query. In Proceedings of the 2nd ACM International Conference on Multimedia，pp. 279–286.

P. Soille.（2003）. Morphological Image Analysis: Principles and Applications. Springer，New York.

J. Song et al.（2004）. Standard bullets and casings project，SRM 2460/2461. Journal of Research of the National Institute of Standards and Technology 109（6）：533–542.

J. Song et al.（2012）. Development of ballistics identification—from image comparison to topography measurement in surface metrology. Measurement Science and Technology 23：054010.

J. H. Sossa-Azuela，J. Humberto.（1996）. On the computation of the Euler number of a binary object. Pattern Recognition 29（3）：471–476.

N. A. Spain.（2011）. Face recognition in forensic science. In S. Z. Li，A. K. Jain，ed.，Handbook of Face Recognition，2nd ed. Springer，New York.

M. Spann，R. Wilson.（1985）. A quad-tree approach to image segmentation which combines statistical and spatial information. Pattern Recognition 18（3）：257–269.

M. C. Stamm，K. J. R. Liu.（2010）. Forensic detection of image manipulation using statistical intrinsic fingerprints. IEEE Transactions on Information Forensics and Security 5（3）：492–506.

G. C. Stockman，A. K. Agrawala.（1977）. Equivalence of Hough curve detection to template matching. Communications of the ACM 20（11）：820–822.

R. Sugita，Y. Marumo.（1996）. Validity of color examination for forensic soil identification. Forensic Science International 83（3）：201–210.

H. Q. Sun，Y. J. Luo.（2009）. Adaptive watershed segmentation of binary particle image. Journal of Microscopy 233（2）：326–330.

F. Tafazzoli et al.（2015）. Genetic feature selection for gait recognition. Journal of Electronic Imaging 24（1）：013036.

Y. Taigman et al.（2013）. DeepFace：Closing the gap to human-level performance in face verification. In Proceedings of IEEE Conference on Computer Vision and Pattern Recognition，pp. 1701–1708.

Y. Tang et al.（2012）. An efficient clustering-based retrieval framework for real crime scene footwear marks. International Journal of Granular Computing，

Rough Sets and Intelligent Systems 4（2）：327–360.

M. R. Teague.（1980）. Image analysis via the general theory of moments. Journal of Optical Society of America 70（8）：920–930.

P. Tome et al.（2013）. Identification using face regions：Application and assessment in forensic scenarios. Forensic Science International 233（1）：75–83.

L. Torres et al.（1999）. The importance of the color information in face recognition. Proceedings of International Conference on Image Processing 3：627–631.

A. Tremeau，N. Borel.（1997）. A region growing and merging algorithm to color segmentation. Pattern Recognition 30（7）：1191–1203.

J. Trussell.（1979）. Comments on "Picture thresholding using an iterative selection method." IEEE Transactions on Systems，Man，Cybernetics 9（5）：311.

T. Valentine.（2006）. Forensic facial identification. In A. Heaton-Armstrong et al.，ed.，Witness Testimony：Psychological，Investigative and Evidential Perspectives. Oxford University Press，Oxford，pp. 281–307.

R. Vera-Rodriguez et al.（2013）. Analysis of the variability of facial landmarks in a forensic scenario. In IEEE International Workshop on Biometrics and Forensics，pp. 1–4.

E. Vezzetti，F. Marcolin.（2012）. 3D human face description：Landmarks measures and geometrical features. Image and Vision Computing，30（10）：698–712.

J. Whitnall，F. H. Moffitt.（1989）. The reverse projection technique in forensic photogrammetry. In H. Karara，ed.，Non-Topographic Photogrammetry，2nd ed. American Society for Photogrammetry and Remote Sensing，Falls Church，VA，pp. 389–393.

R. Xiao，P. Shi.（2008）. Computerized matching of shoeprints based on sole pattern. Lecture Notes in Computer Science. Proceedings of the 2nd International Workshop on Computational Forensics 5158：96–104.

F. Xie et al.（2009）. Automated bullet-identification system based on surface topography techniques. Wear 266：518–522.

S. Ye et al.（2007）. Detecting digital image forgeries by measuring inconsistencies of blocking artifact. In IEEE International Conference on Multimedia and Expo, pp. 12–15.

X. Zhang, Y. Gao.（2009）. Face recognition across pose: A review. Pattern Recognition 42: 2876–2896.

W. Zhao et al.（2003）. Face recognition: A literature survey. ACM Computing Surveys 35（4）: 399–458.

J. Zheng, M. Liu.（2009）. A digital forgery image detection algorithm based on wavelet homomorphic filtering. In Digital Watermarking. Springer, Berlin, pp. 152–160.

H. Zhong et al.（2004）. Detecting unusual activity in video. Proceedings of the IEEE Conference on Computer Vision and Pattern Recognition 2: 819–826.

A. Zhu et al.（2015）. Human pose estimation with multiple parts model based on upper body categories, Journal of Electronic Imaging, 24（4）: 043024.

5

解释与展示证据

阿洛·格思里在20世纪60年代的一首歌“爱丽丝的餐厅”中，对警方展示的他的犯罪（违法倾倒垃圾）证据这样描述：“27张8 × 10的彩色光面照片被用作证据指控我们，上面有圆圈和箭头，每张照片背面有一段话，解释照片内容”。在他的案件中，这些照片没有什么作用，因为法官是盲人，而且被告认罪了。有时，犯罪和证据完全在法官或陪审员的常识范围之内，几乎不需要花什么力气来使他们专注于关键信息或者去解释其含义。但在很多情况下却并非如此，因此有必要提请人们注意具体证据并解释其获得方式和所包含的意义。图像（证据）的情况往往就是这样。

人类在很大程度上依赖视觉来了解他们的世界。听觉、触觉、味觉和嗅觉提供的信息要少得多。这一点在我们如何应对感官的局限上表现明显。大多数视力有缺陷的人都戴矫正眼镜或隐形眼镜。有些听觉损失的人会戴助听器，但据医生们说，这些人通常要等很多年才能真正得到助听器。随着年龄的增长，味蕾的密度逐渐降低，唯一的补救方法就是添加更多的调料。对一个普通的大学生来说，视觉提供了90%以上的学习内容（尽管如此，口头授课仍然是典型的教学方法）。坊间证据表明，先天失明的人仍然会在其他感官证据的基础上，构建对周围环境的一种精神上的图像。我们也是以图像的形式思考和做梦的。

但是，人类的视觉是很有选择性的。人们总是在场景中识别和观察那些我们已有对应的心理标签的东西。这包括识别我们通过个人交往认识和从电视上认识的人，而通常忽略其他人。在解释过程中，很大程度上排除了那些不熟悉的、不具威胁性的、不运动的，以及被认为不重要的东西。没有标签，无论是个体的标签（如罗伯特）还是类别的标签（如爱尔兰塞特犬），很难描述某样东西。

大多数对事物的口头描述依赖于名词（“It’s like a…”）而不是形容词。特别是对图像的回忆，会忽略那些我们没有简单识别标签的东西。通过跟踪眼球运动，来监控在一个典型的场景中人们的注意力转向哪里，证明了超过90%的地方完全被忽略了，甚至未予一瞥。然而，这些被忽略的地方可能是一些关键证据之所在。图像处理的工作是使这些证据变得可见和相关，使用的不仅仅是阿洛所说的圆圈、箭头和文字段落。

取证学与辩论术是一个词（Forensics），这个词来自拉丁语，它原本是修辞学的一部分。修辞学与语法和逻辑构成了中世纪时期大学的“三学”，此后发展到“四学”——算术、几何、音乐和天文，最终到哲学（因此，最高的教育学位是哲学博士，即使是电气工程或别的什么看上去并不属于现在所定义的哲学的学科）。取证学被描述为让自然界没有赋予声音的事物发出声音，这些事物即指物证，也包括图像。这就对律师和专家加以责任，他们必须完全掌握事实，并能够向陪审团清楚地呈现事实——让事实发声。

图像显示

硬拷贝印制并不是展示图像证据的一个好的方法。阿洛的27张光面彩色照片至少是摄影所得，应当通过良好的暗室技术加工，能产生（与实际情况）一致的色彩精度，高的空间分辨率，覆盖宽广的色域。当然，并不是法庭上使用的所有照片都具有最高的质量（Payne-James等，2012）。大多数电脑的喷墨和激光打印机在这些方面都有问题。令人惊讶的是，在纸上打印一些彩色的点，确实能产生人们满意的硬拷贝记录，作为对熟悉对象的“摄影级别”提示物。但是，这项技术的局限性是重大的，需要理解和重视。

首先是色域，即可以再现的颜色的范围，由此决定显示微小变化的能力。彩色印刷把青色、黄色、洋红和黑色的小圆点印在白纸上。青色、洋红和黄色分别是第1章中讨论的红、绿和蓝的互补色，相比之下，它们覆盖的颜色空间比例要小得多。如图5.1所示，即使在一些较好的喷墨打印机上使用了额外的彩色墨水（通常是浅洋红色、淡青色和灰色），颜色覆盖范围也不及电脑显示器，也没触及色域图边缘处的完全饱和的颜色。各种阴极射线管（CRT）和液晶显示器（LCD）显示的细节略有不同，但至少大致对应于如5.1图中所示的三角区域。激光打印机的情况通常更糟。

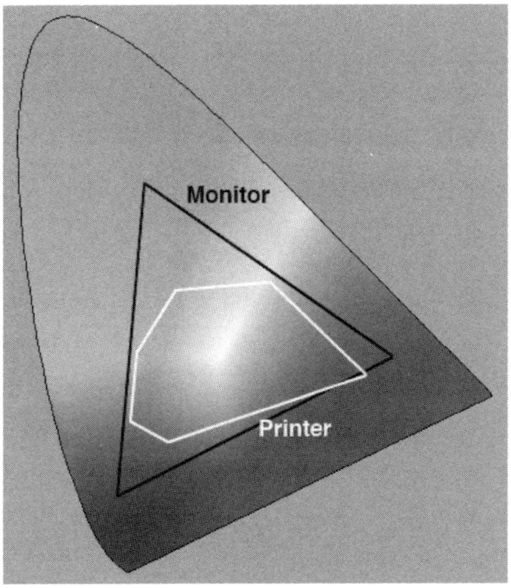

图5.1 在国际照明委员会（CIE）的可视颜色图上计算机显示器和喷墨打印机色域的对比。

图5.1没有显示出浅颜色和深颜色（对应于图的第三个坐标轴，垂直于页面）带来的额外的问题。浅颜色是通过不用油墨覆盖纸张表面而产生的。如果纸张不是完全白色的，那就会引入某种色调，加上彩色墨点很少，最终产生的色彩饱和度很低。同样地，深颜色的产生须包含较高比例的黑色墨点，这些墨点覆盖了白纸，也降低了反射率，从而限制了颜色饱和度。所以，可以表现出的总色域，或者说颜色范围是很小的。纸张的光洁度也有影响（无论是光面的或亚光的，以及它是否被涂上涂层以防止油墨渗透产生模糊并降低饱和度）。最后，观察印刷品时的光照条件也会改变被感知到的颜色。

打印输出的分辨率比照相用介质也差得多。高质量的激光打印机的纸张打印参数可设置为每英寸2400点（2400 dpi），对应地，喷墨打印机设定单个液滴为几微微升。但这都是针对单个色点的，产生一种可视的颜色需要在一个小单元中包含许多色粉颗粒或墨滴，这些颗粒或墨滴不是分离的。其结果（即实际的分辨率——译者注）很少能接近300像素每英寸（ppi），即在通常阅读距离下人类视觉的分辨率。类似本书的书籍也使用色点来形成图像，但是使用的设置能产生小得多的色点，获得更高分辨率的结果。但这还是不如照片效果好。拥有小得多的染料分子或卤化银颗粒的照相材料要好得多，整体分辨率要高到5倍。用放大镜检查照片可以揭示更多的细节，而检查电脑打印出来的东西，只会发现组成它的墨点。

用于最新一代手机和笔记本电脑的液晶显示屏通常分辨率为300 ppi或更好，但由于红、绿、蓝的亮度可以单独控制，他们只需要三种颜色（按点或条纹排列）形成每个颜色单元。此外，发光显示器更明亮，有更广泛的色域（虽然它仍然没有覆盖更饱和的颜色，如图5.1所示），且背照光的颜色是已知和稳定的。如第2章所述，校准系统，使显示器上显示的图像和打印的实际效果在视觉上匹配，可以通过减少色域和限制显示器的性能以匹配打印机的能力来完成。

还有一个不以硬拷贝的形式向陪审团展示图像的合理理由，其更多是心理上的而不是物理上的。硬拷贝让他们低头看，从而把他们与提供解释的证人分开，也把他们彼此分开。最好有一个大家都能看到的共同的焦点让他们参与到诉讼进程中来。这意味着要借助一个大的显示器。一个专为陪审团而设的大屏幕是最佳的显示器（在法庭的其他地方必定会有一些其他的显示器，但是陪审员看到的那个才最重要）。

多台小型的显示器与打印输出存在一些同样的问题，另外还有将它们校正一致的困难。在光线明亮的房间里使用带屏幕的投影仪效果不好，色彩饱和度很差，从不同的角度看会产生不同的色彩效果。投影机，尤其是使用红、绿、蓝三种不同光源的较亮的投影机，也很难配准和校正。将房间灯光调暗来允许使用投影仪是一个非常糟糕的主意，因为它甚至容易分散注意力，让人昏昏欲睡。

任何显示器都存在一个校准的问题。图5.1所示的最大色域的局限意味着部分饱和和完全饱和的颜色都将显示为相同的效果。在许多情况下，最好的解决方案是使用降低饱和度的设置，使相对变化保持可见（通常称为相对比色法），但这使许多颜色显得苍白。此外，颜色可能会受到显示器使用的背照光（荧光、发光二极管[LED]或其他）的影响。诸如Gretag Macbeth校准系统这样的设备可以用来确保显示器上的颜色与视觉匹配，但这必须提前安排，而且要有技术人员在现场维护。即使图像中的实际颜色对案件不重要，如果它们不正确，也会影响陪审团的查看和解读。

一旦决定了具体的显示设备及其设置以便评审团查看图像，就可以考虑展示模式了。只是将图片放入PowerPoint、Keynote或类似的演示工具中，然后快速浏览幻灯片，显然不是一个好方法。首先，它使演示按照预定的脚本进行，难以有效地回应提问或跟踪新的发现。任何一个被迫看完这类幻灯片的人都能证明这种令人精神麻木的结果。此外，这些演示工具大多数不能很好地处理图像。它们会降低分辨率，改变颜色，这正是前几章中所警告应该避免的。

这需要举证者有更多的技巧，但在可能的情况下，根据需要使用处理和分析图像的软件调出图像是最好的解决方案。不管是专业的软件如MATLAB®，无处不在的Photoshop®（后面还会介绍），还是免费的软件像ImageJ，通过在软件中打开一个图像，来显示至少能向陪审员表明作证者描述的处理过程实实在在地执行过，而且作证者知道如何使用这个软件。这为解释所使用的方法和证明结果的合理性奠定了基础。在法庭交叉验证中，这确实可能会导致被要求演示实际的处理过程。因此，把可以单步执行并解释的脚本化处理过程保存起来以备不时之需是一个好主意。

准备包括原始图像副本和最终处理后的副本的文件非常有帮助，二者都要有多种尺寸原大的和经过裁剪以显示重要细节的，以及大小适合100%显示在屏幕上的。在屏幕上放大和平拖图像需要事先计划好放置到哪里，如何放置。对观众来说，这可能会导致失去位置感。在原始图像和最终（处理所得）图像中叠加圆圈和箭头（最好是在一个可以移除的图层上），以指示细节的位置，是会有帮助的。这只是阿洛所说的圆圈和箭头的科技化的版本。

解释和展示的程序

并不是说整个过程都应该被实时再现。许多涉及的操作都太耗时、太复杂，重要的只是结果。但是，仅展示一下结果本身也是一种糟糕的做法，因为它会让整个过程看起来像魔术一样，并不能表明涉及了大量的计算和“真正”的科学，也不会让人信任。有一种方法已被证明对演示处理过程及其结果很有用，那就是表明信息实际上是存在于原始图像中，只是被处理过程“带出来”或被处理得更容易看到了。

实现这一点的一个好方法是预先准备一个图像序列，一步一步地显示整个过程，尽可能包括处理了10%、20%、30%等的中间步骤。通常这一序列可以通过将原始图像和结果图像按比例混合在一起创建中间图像的方法来实现。如果要求说明操作过程，每一步操作都应展示出来（即使只是简短地）以记录和解释整个过程，同时提供文字叙述。从头到尾依次展示过渡图像，每个图像显示大约几秒钟，生成一个合理的短图像序列，显示逐渐出现的重要信息，并将结果与原始图像联系起来。大约10秒到30秒的图像序列似乎很适合捕捉和保持兴趣。如果对多个图像进行类似的处理，通常只需要显示其中一个图像的序列。

动态变化不容易在纸质书中显示，但是下面的几个示例尝试使用几个中间图像来表示过程。图5.2中的示例显示了图2.34中图像的gamma调整，同时逐步放大到感兴趣的细节。在实践中，可以创建一个由10个或更多步骤图像组成的序列，显示从原始图像到结果的平滑过程。最终的结果将是一部陪审团成员熟悉的“电影”，因为在电影和电视节目中同样的东西非常普遍（尽管其结果是人为的，而且比现实生活中要好得多）。一系列的图像可以是独立图像文件的形式，也可以是单个图像中的一系列图层的形式保存，这取决于个人喜好和所使用的软件。作者喜欢将它们作为帧组合在一个数字电影文件中，该文件允许使用箭头键在序列中单步前进或后退。

图5.2 这是一个用图像序列显示以感兴趣的区域为中心的渐进式放大的例子，同时通过改变gamma值来调整图像的对比度。

图5.3中的示例是图2.35中的同态滤波。以不同的比例将原始图像和结果图像混合创建出中间过渡图像；使用标记或轮廓线将注意力引向将要增强信息的位置，从而创造出一个关注焦点。非常重要的是，在使用这样的序列时，图像的配准、颜色的平衡，以及任何不属于被描述的变化部分的东西都要绝对保持一致和完好，这样就不会干扰被描述的过程和兴趣点。

通常，这些序列使用时最好一次说明一件事。在某些情况下，可以审慎地将多种操作步骤并行说明。图5.4中的示例显示了对一幅图像同时调整颜色、亮度以及镜头畸变。图5.5所示为同时调整图像的非均匀背景亮度和锐化边缘对比度。在所有的这些例子中，标明那些存在细节但在原始图像中不容易看到，而在处理后的图像中很明显的特定区域，能让观看图像的人确信，即没有使用过欺骗性的技巧，只有不涉及人为判断或企望特定结果的、好的、基础牢固的、确定成立的算法。

图5.3 一个图像序列的例子，它记录了图像处理步骤的应用，以及将在原始图像中不明显或不易察觉的信息可视化的能力。

图5.4 一个图像序列的例子，记录了颜色和亮度调整，以及视差和镜头畸变的纠正。

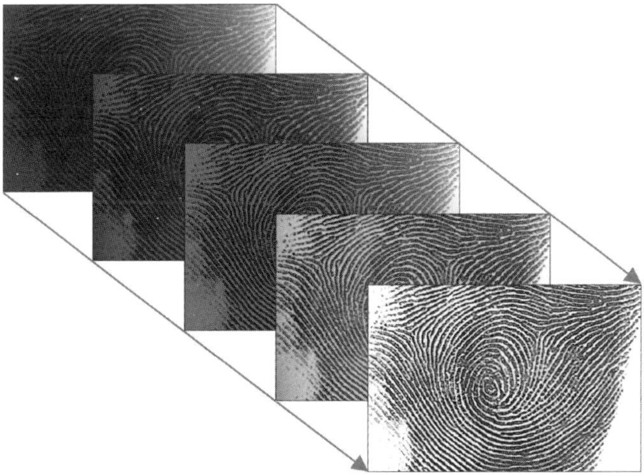

图5.5 一个图像序列的例子，记录了非均匀背景亮度的调整和边缘对比度的锐化。

最后，在某些情况下，只处理图像的部分区域是有帮助的，其余部分不做修改，从而为更改的区域提供一个参考和边框。图5.6显示了一个反卷积处理应用于车牌图像的例子，其中只处理了框选出的区域。一种常用的显示监控视频证据的技术是在感兴趣的目标周围设置一个圆圈，如图5.7所示，该圆圈与目标一起移动，同时对该区域提高对比度或进行其他增强，并略微降低其他区域的亮度。

图5.6 一个图像序列的例子，展示只对轿车后部车牌部分进行反卷积处理。

图5.7 高亮感兴趣区域而暗化背景的例子。

比 对

在大多数情况下，比对应该是在并列图像间进行，具有相同的比例和朝向，并尽可能具有相似的亮度和对比度。图5.8展示了一个示例，应用相同位置和颜色的箭头将眼球吸引到弹壳上的相似痕迹，这些痕迹来自撞针和抛壳器。

为了将一幅图像与另两幅图像(其中一幅图像比较相似而另一幅则不

同）进行比较，并列比对也仍是首选。图5.9显示了一个例子，其中警方的模拟画像师画的素描看起来更像图5.9a中未参与作案的人，而不像图b中的真正的犯罪者。图片中人脸的大小不一样，是应该预先校正的。这个例子更多的是说明，目击者及根据其描述所作画像的可靠性，而非实际的图像比较。合成图像和艺术家画的模拟画像可以是有用的调查工具，但不应该用作审判证据（美国国家司法研究所NIJ，1999）。

图5.8 弹壳上撞针痕迹和抛壳器痕迹的并列比对。

图5.9 两张人脸照片（a，b）与警方画像师所作的嫌疑人画像的比对。（来自B. F. Klare et al.，IEEE Transactions on Pattern Analysis and Machine Intelligence 33（3）：639–646，2011.）

与更多的对象进行比较，或者比较对象呈现出多种变化，而这些变化并非所要比较的特征，则要困难得多。图5.10展示了一个五种纺织布料比较的例子。因为颜色和尺寸比例各不相同，所以很难确定哪些有规律性图案的布料在犯罪现场留下了特别的印痕，哪些没有；或者织物上每英寸的线数是多少。去除颜色，只留下一幅……图像，使图像的比例调整到一致，一次只比较一组对象，应该是更好的做法。将布料或其他材料的图像与犯罪现场记录的印痕进行比较（Luong & Roux，2009）也需要比例和朝向的匹配。图5.11

显示了一个例子(Fisher, 2000),其中印痕图像没有旋转以与那张有腰带和布料的图像对齐。

图5.10 纺织图案的比对因颜色差异和图像比例的不同而变得复杂。

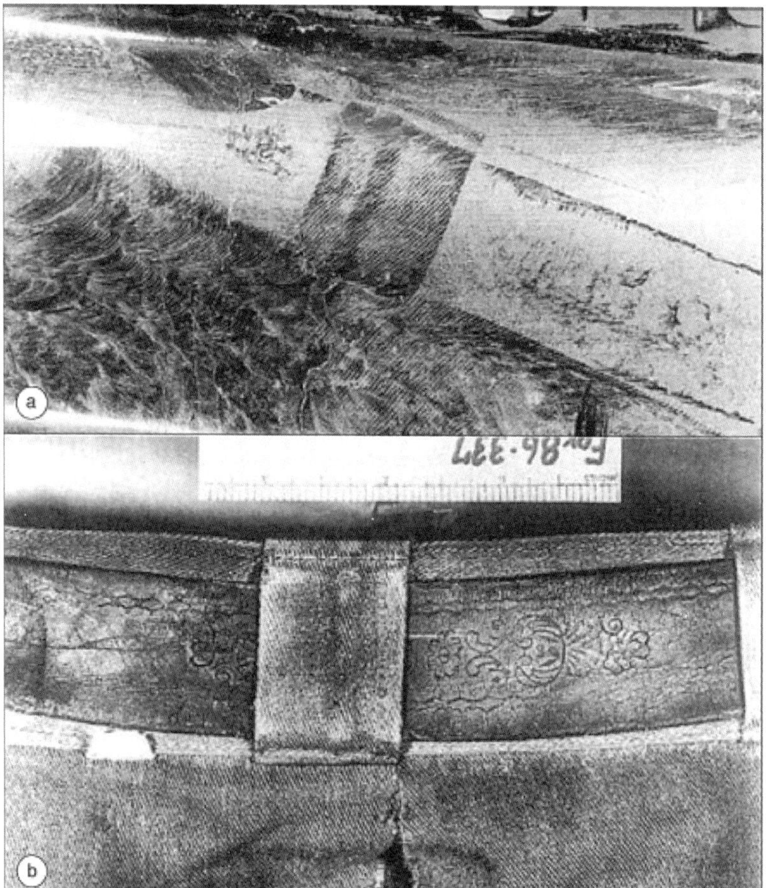

图5.11 一次事故中遗留在镀铬的汽车保险杠表面的印痕(a)与受害者裤腰带和腰带环图像(b)之间的比对。(来自B. A. J. Fisher, Techniques of Crime Scene Investigation, CRC Press, Boca Raton, FL, 2000.)

计算机绘图与动画

技术正在走进法庭，有时是犹犹豫豫的，有时则是横冲直闯的。计算机显示器、虚拟现实和其他视觉辅助工具的使用，给证据（包括且尤其是图像证据）的呈现带来变革。这包括照片（包括原始的和经过处理的），以及计算机图形和动画。当存在实际犯罪的图像时，例如反映便利店抢劫案的监控录像，通常要将这些影像展示给陪审团。当多个视角可以组合起来从不同方向显示现场（以及劫匪），并且画面时间同步时，显示画面（如图5.12所示）可以帮助陪审员弄清实体格局，并对案件有所了解。但是，这些图像很少包含足够的信息来最终确定被告是抢劫犯，在某些情况下反而使人觉得这样的认定是不可能的，从而可能产生相反的效果。

图5.12 从四个监控摄像头拍摄的典型的四画面视频中截取的一帧，显示一名抢劫犯正在进入一家便利店。（Grant Fredericks**提供**，Forensic Video Solutions**公司**，Spokane，**华盛顿州**）

呈现与某一特定事件有关的复杂证据可能需要律师和证人进行艰苦的描述，以便了解时空数据的细节。正如Burns（2001，第271页）所说，“展示通常采用报告的形式，科学家必须准备好以一种让有典型的科学恐惧症的法官和陪审团能够理解的方式来解释该报告。展示就是一切。”

Lederer（2004，2005）曾将威廉玛丽法学院（College of William and Mary Law School）用技术武装起来的法庭描述为一种可以期许的模式。这是学校和国家法院中心共同努力的成果，也是法庭技术试验性工作的世界典范。值得考虑的是，这些设备怎样能不仅用于展示用前几章所示方法进行图像处理和分析的结果，而且用于计算机图形学和动画的相关领域(O'Flaherty, 1996)。陪审团成员们整天暴露于大量的、配有精心制作图像的电视和电影之下，他们通常期望证据的呈现具有同样的水平，并相信如若不然就意味着证据和案件的不足。

拥有太多的材料也有潜在的危险。陪审员可能受不了有大量的现实或令人不舒服的画面，或者也难以理解和记忆过多的东西。例如，在2015年波士顿马拉松爆炸案审判这样的重大案件中，在长达一个月的时间里，展示了大量监控视频、照片、图表和其他材料。帮助陪审团将这些材料组织、关联起来对律师提出很高的要求。

简单但经过深思熟虑和精心准备的绘图，对于使证据被陪审团接受是至关重要的(Gardner & Bevel, 2009)。例如，在图5.13中，依据标准的法医检验示意图，枪伤的入口和出口可能会被误读，那样的图将受害者看成是躺在地板上。图5.13中的绘图提供了简单但有效的另一种解释：她的腿是在一个台阶上抬起的(Dalley, 2009)。在图5.14中，刺伤的角度用计算机图形来表示，该图形显示了刺入伤口、肋骨位置和心脏之间的关系，只声称这个入口垂直于脊椎并不能很好地说明问题。

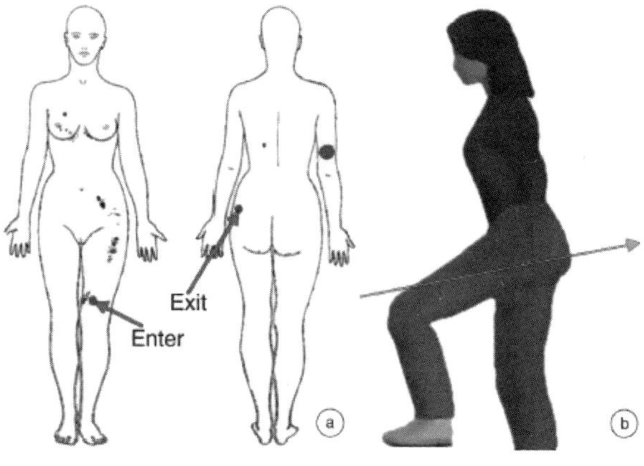

图5.13 标准的关于枪伤的子弹进出口法医检验示意图，以及一个说明受害者姿态的计算机生成的图像。(摘自I. Dalley在R. M. Gardner和T. Bevel等所编的《实用犯罪现场分析与重建》一书中的内容。(R. M. Gardner, T. Bevel, eds., Practical Crime Scene Analysis and Reconstruction, CRC Press, Boca Raton, FL, 2009, pp. 249–272.)

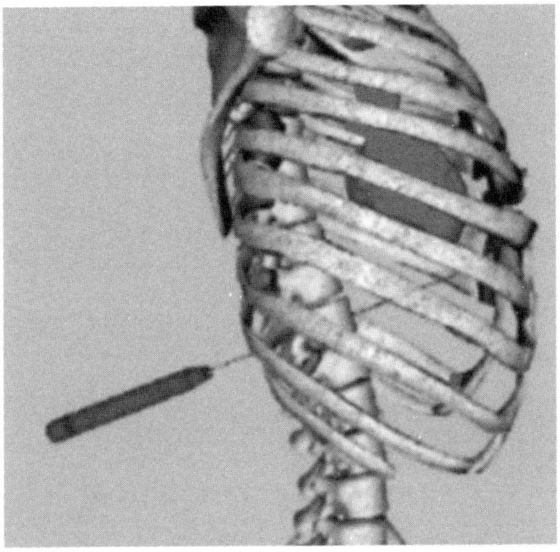

图5.14 计算机绘图说明刺伤的角度。

在Foley and Van Dam（1984）、Hearn and Baker（1997）和Kanatani（2015）等的著作中，描述了基于图像测量构建3D模型的数学原理。在法庭上越来越逼真的模型的使用，从图表扩展到效果图，再到动画，也许在未来还会用到沉浸式3D可视化（Little等，2000；Noond等，2002；March等，2004; Burton等, 2005; Se & Jasiobedzki, 2006; Cavagnini等, 2007; Ma等，2010; Urschler等，2012）。

动态模型

诸如此类的静态图有助于理解事件，但是活动的图像可以更生动地传达动态情况。例如，事故重建是对车辆碰撞等事件的原因和过程进行调查、分析并得出结论的科学过程。图像分析是以二维（2D）图像的形式收集测量数据，在某些情况下可采用立体成像进行测量，或采用勘测和近距摄影测量技术来计算距离和角度。利用相关等图像处理方法对多幅图像中的匹配点进行定位，以利于计算场景的三维坐标数据。摄影测量可以用来收集现场证据，计算位置和距离，然后利用这些位置和距离数据生成基于证据的图形表示（如图5.15所示）。在某些情况下也会使用第4章所述的反向投影方法（Main & Knopf，1995；Boldrick & Dobbs，1998；Massa，1999）。

将多源的测量数据（包括图像）组合起来，并生成用于可视化的3D模型的软件有很多，但通常经验丰富的专家才能有效使用。基本的三角函数计算很简单，但是很烦琐，而且超出了大多数人的经验范围。在某些情况下，可能需要专家就所使用的程序和算法作证。一些程序使用几何图形生成简单的模型，而有一些程序则可以接近电影中的真实感。

向陪审团展示最有效的真实感并不容易，太过或不足都会分散注意力，降低模型的影响力。确切地说，将摄影测量数据用于生成计算机图形和其他表现手段，不是图像分析的内容。但是，了解一点测量数据（比如，点的位置和图像中物体的尺寸，这些数据可用前几章介绍的方法得到）用于这一目的的方法是很有帮助的。

图5.15 用现场证据（刹车痕）生成事故的计算机图形（感谢Ken Richardson供图，Engineering Experts公司，Mt. Pleasant，南卡罗来纳州）

例如，图像测量可以描述事故中留下的滑动痕迹。为了从这些轮胎痕迹中更准确地确定速度，公认的事故重建原则须考虑到路面的坡度和状况、每个轮胎上分布的重量、每个轮胎在滑动时相对于其路径的状况和方向等。重型卡车的刹车系统与轿车和轻型卡车大不相同。考虑这些工程方面的因素和内在的物理原理，就有可能从滑动痕迹中得出车辆的速度。

用于取证的动画的准确性取决于创建动画所用数据的准确性和可验证性。这些数据可能是由一方或双方司机、目击者、事故发生后赶到现场的警察，以及分析车辆结构损坏情况的工程师提供的证词，也包括道路上的刹车痕迹，还可能是事件的监控录像。有些车辆装有可以存储有关车辆运行重要信息的车载电脑，或可以反映车辆行驶方向的仪表盘摄像机。即使其中一个参数发生了微小的变化，也可能导致结果发生显著变化。而且基于本质上相同的证据也经常可能会生成几个不同的场景。

通过对涉及动态的、多个物体的过程进行建模，可以创建显示不同时刻位置的地图（图5.16）或真实感计算机图形模拟（如图5.17所示）。这些司法取证动画，在法庭上使用时，必须支持和证实现有的证据，并且支撑的证据必须与被采纳的动画结合使用（Schofield等，2001；Clifford & Kinloch，

2007；Schofield & Kinloch，2007，2009）。（对此类展现方式的）要求是相关性、真实性（证据支持）和专家意见支持。这些展示方式在民事和刑事案件中的可采性往往不同。

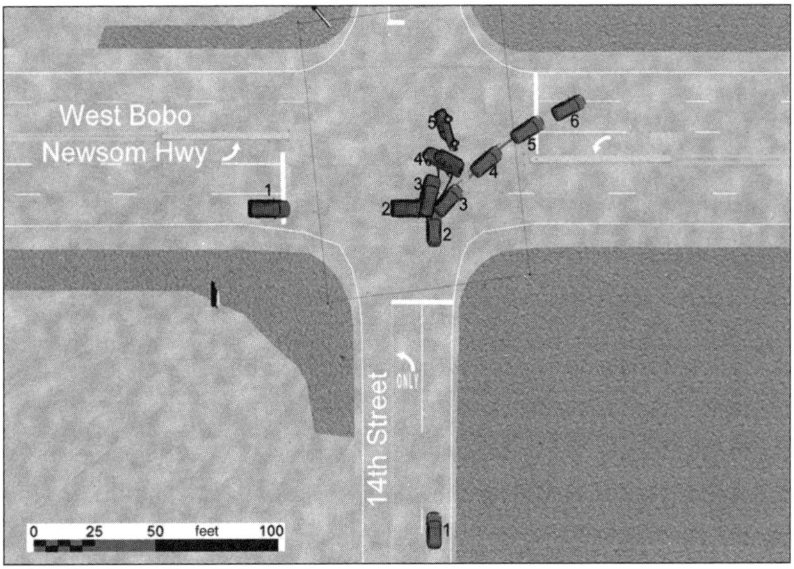

图5.16 地图视图的例子，显示了在事故发生的不同时间汽车的位置。（感谢Ken Richardson供图，Engineering Experts公司，Mt. Pleasant，南卡罗来纳州）

图5.17 表现一场翻车事故的动画中的三帧静态画面。（感谢Ken Richardson供图，Engineering Experts公司，Mt. Pleasant，南卡罗来纳州）

使用计算机技术生成解释性的动画是使用照片、图表和模型的合乎逻辑的扩展，因此在某种程度上与以视觉形式表示信息没有什么不同。然而，正如前几节所指出的，当论点得到视觉辅助的支持时，人们更容易被说服，而且至少在一定程度上，真实感越强效果越好。这是否是一件好事则是另外一回事——这也不是一个新近的担忧（Vanderbilt，1950）。如果一方使用计算机图形而另一方不使用，那么这种辅助工具的使用可能会影响陪审团的决定。人们更有可能记住看到、听到的东西，而非仅仅是听到的东西；因而如果论点有视觉辅助，他们更有可能相信。在审议过程中，如果陪审团获得计算机图形证据，可能会引起人们对偏见的更多担忧。

《联邦证据规则》第403条允许排除有偏见的证据，但未明克不公平偏见的具体内容，只是以一种循环论证的方式说使事实审查员(陪审团)犯错是不对的。但这也暗示，看门人(法官)知道正确的结果应该是什么，并且知道可能会出错。一般来说，在可视化的过程中使用过度的现实感被认为会产生偏见。例如，利用真人演员重演由一方，或另一方演绎的戏剧化的犯罪过程，可能成为证据排除或申诉的理由(Hennes，1994)。引入暴力，特别是血肉横飞的画面，可能增加陪审员的偏见(Kassin & Garfield，1991)。当计算机生成的可视化效果与真的演员变得难以区分时，也同样会产生这种担忧，甚至将犯罪现场可视化作为调查的一部分(例如，帮助儿童回忆事件)，也可能存在问题(Hershkowitz等，1998)。

图形应在简短的片段中使用。研究表明，陪审员的平均注意力持续时间只有几分钟，当存在复杂的解释时，注意力持续时间就会缩短(Krieger，1992；Lederer，1994)。当陪审员把注意力集中在引人注目的证据上时，注意力就从律师身上移开了。许多出庭辩护律师习惯于成为被关注的焦点，并控制陈述的节奏，因此必须相应地调整自己的策略。道德能力(ethical competence)的要求似乎还需要律师了解、可能还需要精通使用这些技术进行演示(这并不意味着精通软件或设备的操作)。解释图形来历和含义的专家的角色仍然是需要的。此外，法庭上的技术援助设备，往往需要技术人员的协助，以维护、调整和操作它们。硬件或软件的故障会带来很大麻烦，必须小心避免。

计算机图形学的另一个非常专业的领域是利用面部照片来推断年龄增长的影响。如图5.18所示，这通常用于儿童，如通过呈现预期的当前外貌图像来帮助寻找过去丢失或被拐的儿童。在图5.18中，根据一张3岁儿童的照片，生成了4岁、6岁、10岁和16岁的预测外貌，如第一行所示。下面一行显示的是孩子相应年龄的真实照片。这些预测的图像对于调查目的而言是有用的，对诉讼则不然。

同样的方法也适用于成人面貌。图5.19显示了男性和女性面孔的示例，按10年的时间间隔预测外貌。这些预测是基于关键点的相对移动，以及皮下肌肉和组织的生长发育和随后的变化(Suo等，2010)。

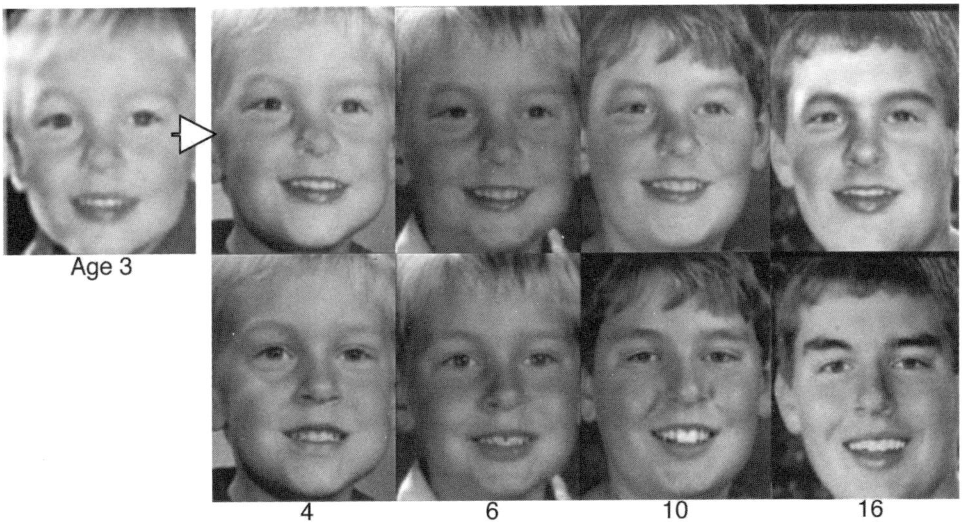

图5.18 儿童面部的增龄预测：上面一行显示的是从3岁时的原始照片生成的图像；下面一行显示的是对应年龄的真实照片。（来自J. O’Callaghan，“长大了！增龄软件让你看到孩子成年的模样”，2015年2月6日《每日邮报》）

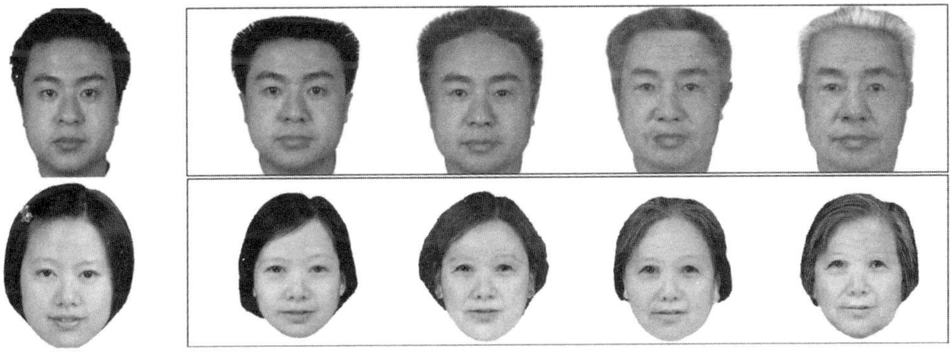

图5.19 成人面部增龄：每10年进行一次预测。（摘自J. Suo等，IEEE Transactions on Pattern Analysis and Machine Intelligence 32（3）：385-401，2010.）

面部摄影图像增龄的方法与由颅骨重建面部的方法有很大的不同。后者也是一项重要的法医技术，它可以通过添加肌肉和组织，不管是利用真实的模子还是计算机模型，来建立面部形象。虽然结果常常在视觉上引人注目（如图5.20所示），而且一些历史人物确实与当代绘画和描述相一致，但从没有两个用同一套骨骼遗骸重建的结果是完全相同的。正因为如此，法医面部重建一般不符合审判中证据采信的Daubert标准（如下一节所述），但它可以作为鉴定遗骸和进行调查的辅助（Helmer等，1993）。

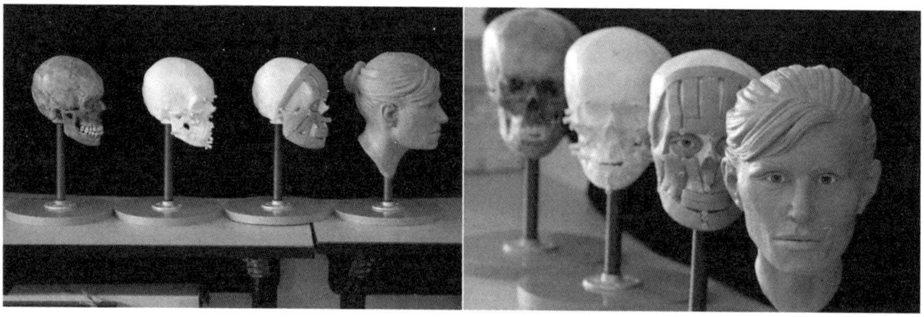

图5.20(由颅骨)重建面部过程的一个例子。(来自K. T. Taylor, Forensic Art and Illustration, CRC Press, Boca Raton, FL, 2000.)

解释处理和测量

向总体上没有技术背景，甚至对科学和数学有恐惧症的法官或陪审团，采用满屏公式的方法并不能很好地解释图像处理所起的作用(有大量证据表明，即便是面向一个坐满学生的大讲堂，并假设他们具有更好的知识背景和学习动机，用这种方式解释也不太理想)。人类绝大多数是视觉学习者。也有其他的学习方式，包括听、读、思考和动手操作，但是在法庭上，看和听是仅有的选择。因此，第一要义是保持口头解释的简单性，使用尽可能少的技术术语，并对这些术语进行直白(但不是过度简化)的解释；其次是说明处理步骤的含义和相关性或重要性。

如果用到颜色校正，显示CIELab颜色方程是没有帮助的。解释在不同颜色的灯光下东西看起来不一样，比如商店里的衣服，更熟悉也更有用。然后，显示从原始捕获的彩色图像到矫正图像的逐步过渡，同时说明，这种转变是基于已知或假设一个特定的区域是中性灰、没有颜色，或者基于事后对现场照明的测量等，能够让我们对图像的整体或被照亮的部分进行调整。这样的做法更直截了当，技术上正确，且容易理解。

同样，基于增加边缘亮度变化的锐化(用USM锐化或是第3章所述的某种更激进的技术)，最好的解释是，人类视觉通过发现亮度的变化，并放大这些变化来感知边缘，而且所描述的过程与视网膜中的神经元是一样的。这种解释同样是直截了当的、正确的和易理解的。如果对此有疑问，可以使用进一步的图表和示例(当然，图表和示例应该提前准备好)。

当指出事实上每个人都在杂志和电视上看到过的哈勃望远镜拍摄的照片，是用同样的方法校正以消除光学造成的模糊时，反卷积处理会变得更加可信。将其效果解释为与戴眼镜矫正视力模糊相同的原理，是一种不精确的类比，并不是对实际过程的描述，但在呈现法庭展示时是有效的。

多视图尺寸计算（近景摄影测量）通常使用三角法。但是，结果通常可以用比例精确的绘图和图表来表示，而非展示矩阵和余弦函数，并试图解释最小二乘解。从图像中提取证据可能涉及很复杂的程序，其展示过程的每个部分类似的原则都适用，特别是涉及计算机时。

大多数人对尺寸的测量有基本的了解，但在美国很少有人熟悉公制单位。即使使用的校准标准和软件是基于微米、厘米、千米等，在展示时也最好将其全部转换为英寸、英尺和英里。角度应该用度而不是弧度，即便如此，也最好用更为熟悉的事物说明角度，像钟表面上小时（30°）和分钟（6°）的增量。在将测量结果与犯罪现场或其他证据联系起来时，简图非常有用。如果使用交互方式显示，如计算机显示器，将测量值和图表叠加到照片上，为清楚起见，可以删除它们，然后再叠加上去来说明测量过程和结果，这是非常有用的。

在第4章中所示的反向投影，是确定尺寸（如嫌疑人的身高）的首选方法，其原因并不在于它根本上就比其他技术更准确——事实并非如此。无论使用何种测量方法，使用监控视频来确定一个人身高的局限性，在于视频图像的固有分辨率（扫描线的间距）和基于这个人的姿态、鞋子等的一些假设。反向投影的优点是，它提供了一个直接可见的结果，不需要任何关于方法的解释，也不需要对摄像机视角、广角镜头畸变等原因造成的透视变形进行三角几何或其他的校正。

Photoshop的问题

Adobe Photoshop只是众多图像处理工具之一，其包含有第2章和第3章中展示的许多功能，甚至包括第4章中展示的一些测量功能。但是，除了中值滤镜、USM锐化、基于CIELab色温调色，以及测量物体的大小和圆度，Photoshop还包含了大量的手工编辑和操作图像的工具。它可能是这类软件中最广为人知的，拥有经25年的积极营销和广泛使用建立起来的知名度。

通过剪切-粘贴来拷贝和复制区域，用能隐藏原始内容的图案“智能”地填充区域的工具，将区域或对象拉伸到新的大小和比例的图像扭曲工具等，都是用于图形艺术，而不是用于科学或法庭科学图像处理。它们也确实常用于设计、绘图和其他类似用途，其应用可以在，例如电视上播放的许多广告中看到。但是，这些工具的易用性，使得它们很有可能也会应用于司法取证方面的图像。第4章给出了一些检测这种篡改的方法，但是只要有足够的技巧和时间，完美的伪造总是有可能的。就这一点来说，必须依靠的是证据链和图像的来源，而这需要另外证明。

大多数人都见过很多修改过的图片，通常都是出于搞笑的目的或者是为了作广告，所以他们相信图片作者没有什么问题，而主要是Photoshop（或类似的软件）本身的问题。一旦提到Photoshop，眼见为实就不一定了。事实上，photoshopping这个词，意为用电脑软件改变图像，显然已经成为一个公认的动词。

描述用MATLAB（由马萨诸塞州Natick的Mathworks公司出品）图像处理工具箱进行的图像处理的专家会声称，自己被授权使用的是高端（昂贵）专业软件包，该软件通常授权给大学和大公司的研究部门。用ImageJ实现一个与Photoshop完全相同的功能正在获得应该是由公正的科学专家组成的团体的认同。ImageJ是美国国立卫生研究院（National Institutes of Health）推出的一个免费共享软件，其中包括主要由全球专业人士贡献的新增功能。但是，如果你使用Adobe Photoshop，使用经过充分验证的、完全适当的、由专业程序员精心设计，但有时会被狂热的发烧友误用的处理算法执行相同的处理过程，那么你可能会使自己和处理的结果遭受质疑。

本不应该是这样，但确实如此。理想情况下，使用处理工具的正当性应该是结果的适当性，而对特定实现工具的选择应该基于算法的正确性和编程的可信度。一些ImageJ例程是由业余程序员使用一些近似和快捷方式（这些近似和快捷方式继承自计算机性能远不如现在的时代）构建的。而Adobe Photoshop程序员则投入了专业知识和大量的时间来获得算法的正确和执行的高效。

使用Photoshop附带的优点之一，是内置的可以记录所有已执行更改和处理的功能。这一功能必须开启，但同时要将应用的功能（包括其设置）与图像内容本身记录在同一个文件中，以使数据与图像一起复制和传输。这可能是一个重要的特性，比如，它能允许按名称显示步骤列表，以应对关于所用处理（方法）的质疑。如果法庭交叉验证中使用了一份关于所有错误步骤和别的实验的记录，这也可能会是一个缺点——这是只应保存最终成功的（操作的）日志的另一个原因（即使这样，在Photoshop中也不一定总是产生相同的结果，特别是在使用不同版本的软件时）。也可以用上面提到的其他软件记录脚本捕获相同信息，但是它们经常用晦涩难懂的计算机语言表示，不太容易解释。这样的处理过程的记录是可查看的信息。

其他一些用作图像数据库的软件包可以记录对图像文件的所有访问，而且访问图像需要密码。特别是在医疗系统中，常常会有一个单独的人员列表，他们允许向文档中添加（或删除）图像，查看和处理文档中的图像。

如果陪审团受过软件方面的培训，并了解“CSI效应”（认为简单的按几下按键就能无限增强任何图像），那就太好了。许多陪审员希望在审判中看到这种表演，他们可能会错误地、不恰当地认为，如果没有提供这种展示，论点就缺乏支持的证据。然而，专家或律师的目的不是教育陪审团或试图克服普遍的偏见。他们必须与一个特定的陪审团打交道，并利用有限的时间以最有效的可行方式传递对一个特定案件的重要的事实。这就不允许花时间或转移注意力来比较不同的软件程序，也不允许对图像分析的极限进行科普。

为Photoshop辩护或加以解释需要时间，而这时间花在其他事情上更好些。作者在自己的计算机以及其他计算机上都有前面提到的三个程序，并且在不同的时间使用它们。在方便性、可编程性和具备特定的有用功能方面，它们各有短长。但是，在准备技术报告或分析时，尽管可以使用Photoshop等方便的程序来探究某个想法，但在创建最终报告时，在大多数情况下会使用MATLAB执行和记录相同的处理过程。为什么？只是为了消除任何可能需要答案和解释的问题，以免分散人们对报告的注意力。

不幸的是，MATLAB不是一个容易学习或讨人喜爱的程序。它非常昂贵，而且有一个非常陡峭、令人生畏的学习曲线。即使是为Mathworks公司工作的人也承认，用户界面“可能需要花一些工夫”。其他人对此则有更富“色彩”的评价。而Photoshop则是唾手可得的，具有友好的、熟悉的、菜单驱动的用户界面（尽管某些功能的名称选择及其组织方式可能令人眼花缭乱）。有很多书籍（甚至包括Photoshop for Dummies®——Photoshop 傻瓜教程）和在线资源教授使用方法（其中大多数是着眼于平面艺术，而不是严肃的图像处理和分析）。

接着做比较。ImageJ是免费的，但是因为大多数功能是由许多不同的人贡献的，所以标准是不一致的；组织和菜单布局令人生畏，经常变化，而且通常没有帮助；技术支持(通过互联网)是由用户社区提供的，有时是不可信的，而且并不总是及时、清晰或正确的。一旦你知道自己想做什么，在哪里能找到想要的函数，并准确理解它们是如何工作的(这可能需要认真的测试甚至分析代码)，这个程序使用起来很方便。

决定使用什么软件不是一个简单的问题，其答案也不是对每个人或每种情况都一样。但是，有必要了解选择软件的权衡因素：其中，肯定包括对软件的认识，以及使用软件的专家与陪审团成员之间的联系。

可信度

以调查为目的使用由图像导出的证据能很好地为执法人员接受，尽管他们和大多数人一样对可能发生的事情抱有不切实际的期望。作者曾收到警察的一项正式的请求，要求移去一幅监控图像中的一个标志牌，以便他们能看到在其后面的罪犯的脸。在法庭程序中使用图像证据时，有时会遇到有关图像处理程序和结果的关注。在介绍处理过的数字化的图像及从中获得的数据时，参与其中的每个人——调查人员、律师、法官和陪审团成员头脑中都可能有疑问。这些问题的出现是因为电脑处理图像的能力，而不仅仅是Photoshop的问题。从根本上说，人们想知道科学是否可靠，从业者是否称职和诚实。

其中，一些问题是在专家接受作证之前经由资格审查过程(voir dire process，法语，本意为“说出真相”)解决的。法官是守门人，其标准是可靠和有帮助。在美国这样的对抗性制度中，守门人的任务并不是评判分析的结果(专家的意见)，而是评判所使用的原则和方法。使用交叉询问和反方专家可以挑战(某一方的)意见。

如果法官判定，某一主题是作为外行的陪审员在没有专业的知识或协助的情况下能够理解和做出决定的，则可以排除专家证词和意见。有关《联邦证据规则》的详细分析，特别是关于专家证词的702和703条款以及Daubert标准(参见https：//www.law.cornell.edu/rules/fre/rule_702)。在其他一些场合和情况下，专家是由法官而不是案件的一方指定；原则上，这样做应当不会改变专家的证词，除非它可能改变针对某种主张而提出的问题的性质。

Daubert标准适用于专家的原理和方法，而不是专家使用这些原理和方法得出的结论。如上所述，看门人的角色并不能取代对抗性的制度，是交叉论证和反方的专家来讨论结论。但是，无论是在预先审理还是在庭审中，反方律师积极挑战专家资格的情况并不少见，重要的是冷静地应对这些问题。作者曾被问及为什么在研究生课程中得了一个B（这是一门经济学课程，不是学位课程，只是没有得到应有的重视）。但这一事件揭示了对背景调查的深入程度——在这一案件中，翻出了50年前的大学成绩单——这是可能会遇到的。

Daubert标准为证据采信提出了一个很高的门槛，法官很少有技术背景来了解细节，但通常却负责对专家证明文件的审查。陪审员们不一定会信服这些证明。证据是否被采集除了专家的背景和资格外，更取决于证据展示本身的质量。如果所提供的资料清楚，以陪审团所理解的方式加以解释，并被视为对质疑（特别是对交叉质证时的质疑）做出了回应，那么证据就会更加可信。参考已制定的标准是有帮助的。这与不涉及数字成像的其他技术证据的情况没有什么不同。

律师向咨询专家索取报告，以便更好地理解和准备他们的案子，期望不需要法庭作证，这是很正常的。在许多案件中，期望手头有了适当的信息，不经审判就能达成解决。例如，这可能使得，嫌疑人看到针对他或她准备的确信无疑的证据而认罪。但庭外和解在民事损害案件和专利诉讼中格外常见。

这些专家报告是享有特权的工作产品，机密性受法律保护，除非专家随后被要求作证，在这种情况下，这些报告可以被查阅。但是，最保险的做法是假定报告是可能被查阅的。书面报告应该包括执行的步骤的全部细节，但在大多数情况下，只有初始和最终的图像或数据。如果需要进行庭审，动画、图像序列和其他解释性材料可以稍后制作。报告需要专门的语言和结构，律师应协助提出阐明方法和结论的建议。

在记录证词和庭审的阶段，都要带上所有必要的支撑材料，但仅限于这些材料。这包括你准备的所有书面报告（不是草稿），以及得出结论所依据的文件或报告。你带来的任何东西都可能被查阅。在你的电脑上存有其他可能的解释和草稿不是一个好主意。只把对你的作证有用的软件和文件装上。在某些案件中，一个明智的做法是使用一台单独的电脑，与处理邮件和其他资料的分开。

标　准

现有的图像和相关材料数据库有很多，例如应用于不同制造商的油漆、染料和纤维中的颜色的数据库。除了国家指纹数据库之外，还有地方性的人脸照片、驾照照片和枪支登记的书册。有一个弹壳上3D条纹和印痕图案，以及螺丝刀和凿子工痕条纹图案的汇编。对于轮胎胎面和鞋底花纹，SWGTREAD（几个科学工作组（Scientific Working Groups，SWG）之一）维护着一个数据库（http：//www.swgtread.org）。材料分析科学工作组（SWGMAT，2000）和美国测试与材料学会（ASTM，2014）已经发布了油漆片的比对标准，其中包括各种化学分析技术，以及颜色和显微检验。国家司法研究所（NIJ）和国家标准与技术研究所（NIST）拥有重要和有用的资源。网络搜索很可能会找到用于与多种类型证据进行比对的标准参照材料。

在20世纪90年代，美国联邦调查局（FBI）成立了科学工作组，研究涉及许多技术和科学课题的问题。其中之一，是成像技术科学工作组（SWGIT）制定的与图像处理和分析有关的指导准则、标准和最佳操作方法，以及推荐使用的术语的标准定义。并不是所有相关或潜在的主题都被涵盖，没有特别推荐的操作方法也不一定就会被排除在外。但是，遵守这些准则是成像技术在法庭上使用的一个好方法，通常会使得证据和证词被采信。SWGIT（2015年终止了其实际作用）发布的文件列表以及来自其他组织的相关文件的链接，可访问https：//www.swgit.org/documents。

在与数据库打交道时，理解类别识别和个体识别之间的区别是很重要的。类别识别是指，例如，特定的轮胎印与已知的胎面花纹（例如由Michelin Latitude Tour HP轮胎所遗留）相匹配，如图4.54所示。第4章描述了一个可能对该任务有用的数据库。但是，道路上有成千上万这样的轮胎，可能在附近地区就有几百个（这应该通过与经销商和分销商核实）。如果特定的标记，如切割或磨损的边缘可以在轮胎印中识别出来，并与特定轮胎上具有相同间距和位置的相同标记匹配，则更有可能对轮胎进行个体识别。

概率与贝叶斯准则

还有必要估计在轮胎总数中（无论是在全部轮胎数量中，还是当地轮胎的数量中）相同型号轮胎上发现具有相同间距的类似切口和磨损痕迹的概率。显然，能够识别和匹配的切割和标记越多，在一个轮胎上找到它们的可能性就会降低，个体识别的可信度就会增大。但它不可能是100%，这就是为什么要用“合理怀疑之外”（beyond a reasonable doubt）这个说法。个体识别的司法分析（不是下一节讨论的类别差异），不应使用确定度的固定阈值。这里描述的贝叶斯似然比是一种报告证据的价值及其对最终结论影响的恰当的方法。Taroni等（2000，2002）非常有力地指出了经常会遇到的、在诸如DNA匹配和纤维转移证据等的报告分析中解释概率的情况。

确定特定的轮胎面花纹对应于特定的品牌就是分类（图像）的一个例子。通常这些图案有足够的不同，因而除非轮胎磨损严重或表面情况很差不足以留下印痕，他们能够以高置信度基于一些句法特征（如中央沟槽的存在，图案的方向性，条块的形状）进行分类。当分类要用到测量值，特别是当类别中存在一些自然变化时（如第4章中所示的叶子），不确定性的概率就更大。

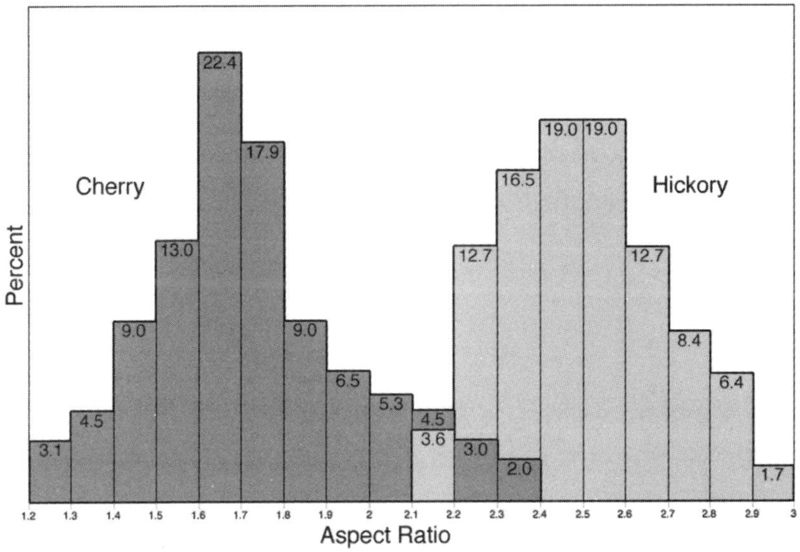

图5.21 樱桃和山核桃树叶片长宽比（长/宽）的测量数据

图5.21显示了第4章中介绍的樱桃和山核桃叶片长宽比测量值的分布数据。如果一个特定叶子的测量值大于2.4，并且只能选择樱桃或山核桃，那么根据这些数据，叶子肯定属于山核桃。同样，如果它小于2.1，则肯定属于樱桃。如果测量值落在2.1到2.4之间（如图5.22所示），那么叶子是樱桃树叶的概率是多少？

把这些对应的柱状图里的百分比加起来，对应于樱桃叶为（4.5 + 3.0 + 2.0）= 9.5%，山核桃叶为（3.6 + 12.7 + 16.5）= 32.8%。因此，测量对象属于樱桃叶的概率是9.5 ÷（9.5 + 32.8）= 22.5%。如果长宽比在2.2和2.3之间，是樱桃叶的概率是3.0 ÷（3.0 + 12.7）= 19.1%。然而，只有当有同等数量的樱桃和山核桃叶出现时，这些结论才是正确的。如果已知该区域的树多为山核桃，则根据结合条件概率的贝叶斯准则修正最终的概率。

图5.22 山核桃叶（a）和樱桃叶（b）具有相同长宽比（2.28）的例子。叶子大小、叶脉图案和其他的形状描述子是不同的。

对于这个例子，假设先验信息是在该地区80%的树木，因而80%的叶子（只是近似或假设，但适用于此处的说明）属山核桃，测得某片叶子的长宽比为2.28，介于2.2和2.3之间。贝叶斯准则（公式5.1）计算最终概率（按贝叶斯的术语称为后验概率）为：

$$P(R|E)=\frac{P(R|E)}{P(E)}\cdot P(R) \tag{5.1}$$

其含义为给定已知事实（称为证据，evidence）E（测得的长宽比），结果R（这是樱桃树叶）的概率P（R|E）（范围从0到1，意为0%到100%）等于结果R的先验概率P（R）（在该地区20%的叶子是樱桃树叶的事实）乘以在樱桃叶（R）中发现证据E的概率P（E|R）与发现证据E的总概率P（E）之间的比值。这称为似然比（Likelihood Ratio）。

直方图给出了分式中的概率。P（E|R）为0.03（3.0%，长宽比在2.2~2.3之间的樱桃叶的比例）。计算分母稍微复杂一些。P（E）为两种情况的概率之和：R（樱桃叶）和非R（记为~R，山核桃叶）。分母可以展开如公式5.2所示：

$$P(E)=P(E|R)\cdot P(R)+P(E|\sim R)\cdot P(\sim R) \tag{5.2}$$

由直方图数据，可以计算得0.03 × 0.2+0.127 × 0.8 = 0.108。把所有这一切放在一起计算最终的整体或后验概率，即树叶是樱桃叶片的概率为（0.03 ÷ 0.108） × 0.20 = 0.056，或这片叶子来自一棵樱桃树的可能性是5.6%。

多重概率组合规则如公式5.3所示。根据两个独立的测量（或证据）E_1和E_2得到结果R的概率为：

$$P\left(R \middle| E_1 \cap E_2\right)=\frac{\Lambda_1 \cdot \Lambda_2 \cdot P(R)}{\Lambda_1 \cdot \Lambda_2 \cdot P(R)+P(\sim R)} \tag{5.3}$$

此处符号∩表示“与”运算，或者两个条件（例如，树叶的长宽比和面积，同时有相应的该地区的直方图数据）的同时满足。Λ为观察到测量值（E）属于该类别（R）的概率与不属于该类别（~R）的概率之比，称为先验比率，计算结果如公式5.4所示：

$$\Lambda_i=\frac{P\left(E_i \middle| R\right)}{P\left(E_i \middle| \sim R\right)} \tag{5.4}$$

可以用同样的方式结合其他信息。使用描述概率的格式（例如，在证据和背景信息，即表达式中的先验概率的基础上，以概率的形式说明起诉是正确的，被告是有罪的），可以将注意力集中到每个证据的相对重要性和存在的不确定性上面。

评估概率

计算犯罪的总体后验概率是陪审团的任务。事实证据是用来说明先验证据E的。专家证人的任务往往是估计似然比，并解释和证明估计的正当性。当然，律师喜欢让专家就最终结论（有罪或无罪）发表意见，因为他们作为专家的角色可能会让陪审团更看重该意见。要注意不要落入这个陷阱。

专家只能接触到一小部分证据，如果有独立的、与案件的罪与非罪有关的认识，那么应该作为事实证人而不是专家来陈述。专家的作用是根据提供给的证据，对与其他假设相反的某种假设表达一定程度的支持。这就是以似然比的形式就具体证据的证明价值恰当表述，比如“基于在两件不同的服装上发现的超过两种类型的纤维，有天然的和合成的，有强有力的证据支持服装与汽车座位接触过的可能性”或“用血迹所做的DNA分析结果表明，嫌疑人是血液来源的可能性是任一不相关男性的300多倍。”

专家的报告和直接证词通常对其当事人（通常是检方，或者是民事案件中的原告）提出的假设进行评论。这些报告忽略了对另一个（或多个）假设的评估，也不提供负面结论或小于1的似然率。例如，在上面纤维证据的情形中，在确定似然比时应考虑到不存在物质双向交换的情形。找到在某一方向上发生转移的纤维，会为找到另一方向转移证据的可能性提供依据。如果没有发现，则这一情况可能需要注意。

在作者的经历的一个案件中，证据是嫌疑人所拥有的螺丝刀刀口上的油漆片，它被与在犯罪过程中被撬开的窗户上的油漆比对。但是，漆片的多层颜色顺序对不上，颜料颗粒也对不上，所以油漆薄片不能匹配。因此，该证据并没有增加被告有罪的可能性。地区助理检察官问，这一结论是否在某种程度表明被告是无辜的。答案是“当然不是，这和那个问题一点关系都没有。”

尤其重要的是要避免逻辑上称为转置条件（Theransposed Conditional）的陷阱。谬论的一个简单例子是：“所有乌鸦都是有翅膀的鸟；因此，如果一只鸟有翅膀，它一定是一只乌鸦。”就律师可能使用的论据而言，这变成了控方的论据：“如果被告是无辜的，那么找到这一证据的可能性只有1%；因此，他有99%的概率是有罪的。”相反，辩方可能会争辩说，虽然只有1%的人口会产生观察到的证据，但这仍然是一个很大的数字，可能是该地区的数万或数十万人，所以嫌疑人是无辜的概率几乎是100%。在这两种情况下，谬论都使用了“机会”这个词。同样的原始数据及其经过适当计算的重要性，可以通过语言加工来讲述两个不同的故事。似然比不是可能性的声明，而是对某一特定证据价值的适当估计（Aitken & Stoney，1991）。

Blair和Rossmo（2010）举了一个产生条件转置的例子。1974年，六名男子因涉嫌爱尔兰共和军在英格兰伯明翰的一系列爆炸案而被捕。他们的手被用棉签擦拭，然后做了硝酸甘油痕迹检测。一名法庭科学专家作证称，根据检测结果呈阳性，他确信他们曾触摸过爆炸物。然而，许多其他物质也能产生同样的结果，包括油漆、汽油、肥皂和扑克牌。证词混淆了可能因为处理爆炸物导致检测阳性的后果与处理爆炸物产生该检测结果的可能性。

发生在英国的另一个案件是一个比较著名（或不太光彩）的案例，其中涉及使用贝叶斯准则评估证据的方法。主题是鞋印证据，专家考虑了几个因素：图案、尺寸、磨损，或损坏的存在。嫌疑人鞋底的图案很独特，与鞋印相符。为了评估另一个人的鞋子留下脚印的可能性，这位专家将在所有犯罪现场发现的带有这种图案的鞋印的频率作为总的证据概率，而不是已出售的带有这种图案的鞋子的比例。这种图案比较常见，在犯罪现场数据库中出现的频率为20%，尽管这种鞋子只占全国鞋子总数的很小一部分。使用的频率0.2给出的似然比为1（如果被告留下鞋印的话，鞋印被发现的概率）除以0.2（其他人遗留的概率），结果为5。也就是说，如果是被告留下了痕迹那么该证据被发现的可能性五倍于它（鞋印遗留）是一个偶然事件（的情况）。

同样地，鞋子大小与出现的一般概率进行了比较。考虑到鞋印尺寸测量的一些不确定性，随机事件发生的概率被判定为0.1，其对应的似然比为10。对鞋子的磨损情况也进行了类似的判断，专家认为，根据磨损情况或损坏程度，可以排除50%的这种特定鞋底图案和尺寸的鞋子，因而似然比为2。将这些比率乘起来得到总的结果为（$5 \times 10 \times 2$）= 100。

Evett等（2000）曾经提出一个言语量表来对非技术性受众描述似然比的含义，如表5.1所示（例如，对于V值小于1的情况，如果没有发现鞋印等证据，则倒数值1/V给出辩方相应的结果值）。相应地，结果被描述为“证据为‘被告的鞋子留下鞋印痕迹’的主张提供了适度的支持”。在这个案件中，陪审团认定被告有罪（其中还有其他证据）。但在上诉时，恰恰是由于贝叶斯定理的使用，判决被明确地推翻了。因为贝叶斯定理制定了一种评估证据的方法，而评估证据是陪审团的任务。法院的解释是，不应指示他们如何评价证据或做出该判决。

表5.1 证据价值的惯用表述

似然比	文字描述
$1 < V \leqslant 10$	有限证据支持
$10 < V \leqslant 100$	适度证据支持
$100 < V \leqslant 1000$	较强证据支持
$1000 < V \leqslant 10000$	强有力的证据支持
$10000 < V$	非常有力的证据支持

来源：I. W. Evett et al.，*Science and Justice* 40（4）：233–239，2000.

当然，这一决定遭到了众多反对（比如，看一下Fenton等，2014a，2014b），而且它对其他案件，尤其是美国案件的影响一点也不明显。但确定的是，必须非常清楚根据现有数据确定概率的基础。同时，所讨论的总体是狭义的还是广义的也是至关重要的。此外，虽然表5.1中描述性短语的使用是为了传达一种适当的解释，而不是钻研数字或方程，但如果遇到挑战，可能有必要分解开来并清楚地解释似然比的基础和含义。这不是一项微不足道的任务。

贝叶斯法则（公式5.1）直接来源于条件概率的概念。它允许结合多个条件和先验信息来估计一个假设的置信度。作为一种结合多来源证据的严格方法，它适合于使用多个不同个体或类型的证据的情况。有很多关于贝叶斯统计的书籍，比如Stone（2013）。Bishop（2007）将贝叶斯方法具体应用于模式识别任务中。Evett和Weir（1998）将其应用于DNA证据的司法解释，Leon（2006）将其应用于子弹痕迹的匹配。Mortera和Dawid（2006）利用图表将不同的证据片段和它们的似然比联系起来，但在许多情况下，这些图表可能会使陪审员感到困惑，而不是启发他们。

在合适的情况下，贝叶斯方法可以用于概率的参数分布，如高斯分布（如图5.26所示），但因为它不依赖于分布的性质，也可以使用从实际总体确定的测量分布来确定概率，比如前面提到的鞋印和叶子的例子。许多测量值，尤其是形状的测量值，都不是高斯分布的，因此对自然总体进行足够的采样来表征概率是很重要的。在分布的末端这一点尤其重要，因为通常该处数据点很少，但是估计识别的概率需要这些数据点。获得足够的样本值来表征一个分布的平均值通常是相当简单的。确定极值、极限和分布的形状通常要困难得多。

采样（只检查粒子、纤维等总体的一个子集）对匹配估计结果的可靠性的影响很少被考虑，而且只有在假设采样是均匀和随机的情况下才会考虑。Curran和Buckleton（1998）利用贝叶斯逻辑估计采样对结果的影响，他们假设总体为高斯分布，对随机收集证据并进行抽样。

专家之间的分歧常常归结于对分布形状的不同估计，或者对应该使用什么总体进行比较、各种概率和似然比的不同估计。在缺乏分布的实测数据的情况下，常常需要作出一些假设，并尝试证明这些假设是正确的。根据Daubert标准，这常常会引起可靠性和已知性能的问题，这将在下一节中讨论。在数据稀疏的情况下，使用高斯形状的分布是很常见的。这个分布如图5.26所示。一些生物特征数据，比如成年人的身高，通常遵循这种正态分布。另一些则已知符合其他分布，如对数正态分布（其中测量值的对数呈现为高斯分布）；实例包括水果和蔬菜的大小，树枝和植物根的长度。许多其他分布都是未知的。

各种模型和评估的可信度是对专家证人陈述和辩护能力的一种考验。陪审团的任务是决定哪些（如果有的话）专家应该相信，并自行决定形成“超越合理怀疑”的可能性有多大。这个门槛要高于针对专家意见的要求。专家意见必须以“合理程度的不确定性”满足应用领域的标准。对专家意见的这一要求是对结果最低程度的信任。当然，在得到保证的情况下，专家可以表达更高程度的信心。

区分类别

前一节描述的贝叶斯准则的应用，适用于识别或观察单个结果的概率。重要的是要理解概率取决于分布的形状。当几个分布重叠时，有可能确立一个决策点来最小化出错的概率或成本。根据总体总量的相对大小和分布的形状，该决策点并不一定是直方图交叉的最低点，也不一定是使错误识别每个类别中对象的概率相等的点。如图5.23所示，假设测量值的分布恰当地表示了重叠的总体，则决策点的位置显示出了每一个超出决策点直线的分布的尾部。

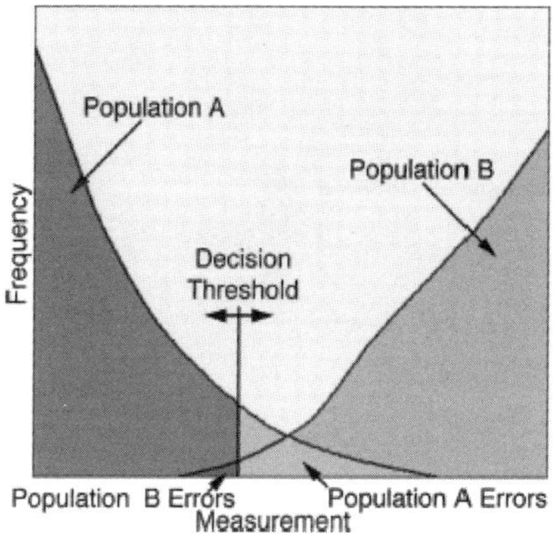

图5.23 如正文中所讨论，在分布相互重叠时设定一个决策点。对某一对象错误分类的概率是通过每个分布尾部超过决策阈值的面积百分比来度量的。

错误地识别对象属于总体B（因为测量值大于决策阈值），而事实上它是总体A的一个成员，这一误判的概率为总体A的尾部延伸到阈值以上部分的面积除以总体A分布的总面积。换句话说，它是在阈值之外的分布或者测量值的比例。因为它使用实际测量的两个总体分布的形状和大小，它比参数统计检验更可靠（比如，在每一本入门级统计学书籍中都有的学生t检验，它是基于高斯型分布的假设，平均值和标准差这两个参数可以用来正确地描述随机变量）。还有一些非参数的检验（不假定特定的分布形状），但都需要一些关于数据分布以及它们如何重叠的信息。

测量值超过决策阈值比例的计算同样适用于总体B。没有必要设置阈值，使这两个比例或错误概率相等。例如，在质量控制的情况下，判定一个零件是坏的，而实际上它是好的成本可能很小——仅仅是零件的成本，但是输出一个有缺陷的零件的成本可能非常高。例如，在法律责任方面。生物医学成像也有类似的考虑。由于责任问题，人们对自动诊断非常关注。例如，使用图像分析识别涂片中癌细胞(Rutenberg等，2001)，或乳房X光片中的病变(Karssemeijer等，1998)的程序。最广为接受的做法，是将识别可疑特征的决策阈值设置得非常低，接受许多假阳性，这些假阳性随后可以由有经验的人，或通过应用另一种测试再次筛查，但希望将可能遗漏疾病的假阴性最小化。

基于分布细节的误差概率的计算可根据特定的测量对象来确定。考虑下面的例子：图5.24显示了美国成年男性和女性的身高分布。将决策阈值设置在66英寸到67英寸之间。会使两个总错误概率相等，有15%的概率女性会被误认为男性，反之亦然。其他决策点的结果可以通过直方图来评估。

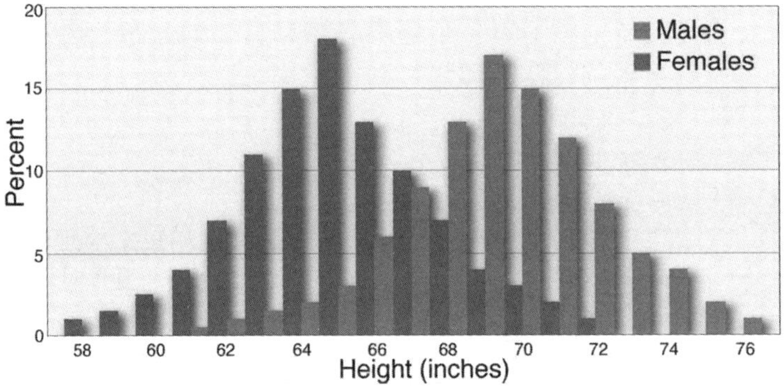

图5.24 美国成年人身高直方图。

Daubert 标准

专家证人和事实证人之间的区别，在于前者在向陪审团做解释和解读证据方面的作用。事实证人提供关于案件所感知的或认为自己感知到的证据。专家证人对某一在日常经验之外的特定主题有专门知识，因此被要求评价证据及其与案件的关系。专家证言不限于对证据意义的意见。它也可以用来向陪审团解释科学。这就提出一个如何解释的问题，一些律师喜欢真正的科学，而另一些更喜欢"陪审团"科学(Piganelli，2007)。后者通常援引仅覆盖基本要素的类比，并省略与结果无关(或似乎无关)的部分。但专家仍应准备好解释这些问题，以及为何遗漏或简化这些问题(如果遇到质疑的话)。

美国最高法院的Daubert裁决(Daubert v. Merrell Dow Pharmaceuticals，92-102，509 U.S. 579，1993)，以及后来明确和扩大该裁决的诸多案例，改变

了专家证词采信的标准。正如已经指出的那样，在美国联邦法院和许多州法院（如图5.25所示），Daubert标准要求审判法官（可能不精通所涉及的科学或技术，或证据的统计学评估）确定所用的科学或技术，是否已经过科学的测试并接受了同行审查，是否在科学界被广泛接受，是否具有已知的性能和经过测定的相对于标准的错误率，这是一个比之前Frye规则（Frye v. United States，54 App. D.C. 46，293 F. 1013，1923）要求的“相关科学界普遍接受”更为严格的标准。在许多情况下，需要知道性能和测量错误率会造成困难。在欧洲的司法系统中，没有关于科学证据或专家证词的具体采信规则。法官负责对与每个案件有关的科学证据进行自由评估。

美国国家科学院（National Academy of Sciences）的国家研究委员会（National Research Council）2009年发布的报告《改进美国的法庭科学：前进的道路》（*Improve Forensic Science in The United States: A Path Forward*）也强调，有必要改进对法庭科学方法有效性的检验，并制定可靠性和准确性的量化测量。笔迹分析（笔迹学）、咬痕分析（法庭齿科学；参见Jarvie and Harvey，1976；Dorion，2011）等方法已经受到质疑，甚至被降格为伪科学或“垃圾”科学。对一般大众来说，必要的概率分布并不存在。用来进行测量和表征尺寸和形状的规程也受到质疑，因为过于主观和容易滥用。同样，用传统测谎（Pavlidis & Levine，2002）代替或结合面部血流热成像的努力并没有使测谎变得可靠。

图5.25 地图显示应用Daubert（或类似）规则的州与使用Frye标准的州的比较。弗吉尼亚州和威斯康星州有自己的采信规则。

误差和变化

前几章介绍的技术都符合公开出版和同行评审的要求。对有效性和错误率进行定量评估往往更加困难。问题的一部分在于“错误（Error）”的概念——这个词通常被理（误）解为意味着某人不正确或不恰当地执行了某个功能，计算机代码没有正确地实现算法，或者一个人意外或故意地曲解了结果。这并不是错误一词在这里的意义（Christensen等，2014）。相反，当一个过程被正确、恰当地应用时，它指的是计算或测量的结果与真实值之间的差值。

因此，误差是一个统计上定义的值，也许称为变化应该更好。一些简单的操作，比如用一把尺子重复测量一根绳子的长度，会产生一些小的变化。这些变化源于尺子上标记的有限的间隔，对绳子的拉伸，绳子在尺子上放置的方式，温度和湿度变化的影响，进行测量的不同人的视力等。如果使用几把不同的尺子，则会出现另一个变化源。在许多情况下，当变化有多个独立的来源时，它们结合（根据统计学的中心极限定理）起来产生高斯分布或正态分布的测量结果。这时，平均值被认为是最可能的真实值。定义该函数的数学公式如公式5.5所示，分布的熟悉形状如图5.26所示：

$$G(x)=\frac{1}{\sigma\sqrt{2\pi}}\cdot e^{-\frac{1}{2}\left(\frac{x-\mu}{\sigma}\right)^2} \quad (5.5)$$

对高斯分布的情况，标准差（通常使用希腊字母σ表示）说明变化的数量。标准差用公式5.7计算，式中有N个测量值x_i，希腊字母μ代表均值，按公式5.6计算。标准表达形式如11.60±0.23英寸，意味着均值μ是11.6英寸，它是真实长度的最佳估值。测量值将介于从11.60 – 0.23 = 11.37英寸到11.60 + 0.23 = 11.83英寸的范围之间。68%的测量结果，介于11.4英寸~12.06英寸（2σ），95%的测量结果，介于10.91英寸~12.29英寸（3σ）。

$$\mu=\frac{1}{N}\sum x_i \quad (5.6)$$

$$\sigma=\sqrt{\frac{1}{N}\sum\left(x_i-\mu\right)^2} \quad (5.7)$$

这是标准的统计学，在每个入门课程中都会教授。当然，对于任何测量数据集都可以按公式5.6和公式5.7计算均值μ和标准差σ的值，但其本身并不一定保证实际的分布是高斯型的。还有其他的统计检验，可以确定一个分布可与高斯型相区分的概率。例如，根据计算数据的偏度和峰度（比如使用Excel®电子表格），但通常不这么做，尤其是测量的值很少的时候。

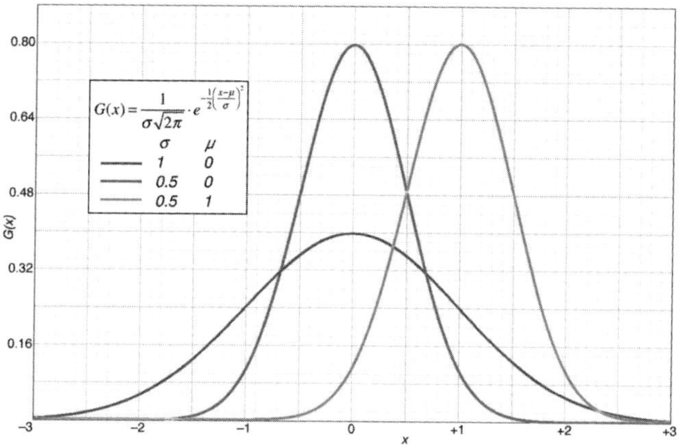

图5.26 高斯或正态分布的形状，是均值 μ 和标准差 σ 的函数。

有一些常用的基于均值和标准差进行数据集比较的统计检验，但这些检验仅适用于分布为高斯分布，且均值和标准差是数据的恰当和完整描述的情况。学生t检验是应用最广泛的检验之一；它计算两组值存在显著差异的概率（作为平均值、标准差和每组数据点数量的函数）。t检验不适用于决定单一的测量或观察值能否与总体区分开来的情况，无论分布的形状如何。

图5.24中高度分布为高斯分布（恰当的说法是分布的斜度、峰度等检验不能将其与高斯分布区分），因此t检验是合适的。女性和男性的高度分别是65.4 ± 0.5英寸和69.3 ± 0.5英寸。应用t检验的结果表明，这两个总体差异的概率超过99.99%。大多数统计学教科书都有附录，其中的表格提供了用t检验计算的值的概率。

依靠平均值和标准偏差的一个问题是，许多法庭科学中测量值的可变性并不为人所知，也没有经过检验。这些测量值中许多可能不具有方便的高斯分布，以使均值和标准差成为恰当或有意义的数据描述符。但在缺乏实际数据的情况下，通常假定一个高斯形状，甚至对均值和标准差的估计，以便进行方便的计算。这种假设及其结果是可能被质疑的。

即使是公认的法庭科学方法也有一个有限的变化，但在大多数情况下它还没有被确定。例如，人们普遍认为指纹对一个人来说是独特且不变的标记。即使这在理论上是正确的（Neumann，2012），大多数实际的指纹证据是不完整的，可能被污染，受到遗留表面和形成指纹时手指的压力的影响，而且是基于定位相对较少的特征点来认定匹配的。第3章说明了其中的一些困难。这样得到的匹配认定是否应该给予绝对的信任（零错误率）呢？

对头发的检验提供了另一个困难的例子，即使用来自犯罪现场的证据来确定与嫌疑人的匹配。正如Olen（2009）所指出的，单个个体的毛发内部甚至沿着一根毛发的不同段都存在微观特征的变化。头发不是一种正确识别的手段，对头发的检验不能为满足Daubert标准所需的显微镜下可观察的各种特征提供概率估计（Robertson，1982；Robertson & Aitken，1986；Ogle，1998；Rowe，2001）。

尽管有一些警告，在1985年，头发匹配的使用仍然被认为是一种有用的司法鉴定技术（FBI，1985）。仍然有一些人为它辩护（Robertson，2002；Watkins等，2004；Taupin，2004；Freckelton & Selby，2015）。联邦调查局和美国司法部最近承认，他们的专家在250多个案件中“夸大了犯罪现场证据和被告头发认定的证据”（Hsu，2015）。

正如图4.9所示的那样，头发可以提供侦查信息，如种族身份的差异。而且如果被调查的头发和已知的样本有足够的差异，可以认为具有排除作用。但是，头发样本在毒品毒理学分析中是有用的（Moeller等，1992），如果头发样本中包含来自毛囊的细胞，就有可能进行DNA分析。

对DNA鉴定有时赋予的高可信度，是关于错误率的另一个未经证实且有时自相矛盾的说法。对于一些罕见的特征和标记，在一般人群中发生的频率无疑是很小的，但在包括嫌疑人在内的更为特定的人群中，发生的频率不一定就那么小，无论它是一个种族群体还是相关的家庭成员。在缺乏实测统计数据的情况下，往往会做出有问题的推断，并对概率作出错误的解释。

对于许多用于识别的基于图像的测量。例如，两眼间距与两耳间距的比值，还没有大量集中的统计数据，尽管收集了一些图像（Evison & Bruegge，2010）。这就是为什么基于这种测量标准的面部图像检索还要依赖人通过视觉上比较，来决定是否找到了匹配者。关于这些人类决策的变化或错误率也没有很好的数据。在作者参与的一个谋杀案件中，陪审员被要求使用质量低劣的监控图像（图1.27是一个例子）来确定审判的被告。值得注意的是，在众多的实际目击者中，没有人能够从被辨认队列中认出被告。图像，尤其是质量差的图像，并不是最好的识别手段。当然，在许多情况下，它们可能是唯一可用的证据。

当涉及图像所表现的证据，面对一般总体可变性的量化数据的缺乏，如何才能向法官和陪审团恰当和可理解地解释置信度的问题呢？最好的方法似乎是使用前一节所述的贝叶斯公式，该公式准确而清晰地把各种不确定性的来源分开。但重要的是，要知道实际的概率是多少，这意味着必须对总体进行充分的采样和测量。对许多应用来说，确定这些数据是一个重大挑战。例如，Petraco等（2012）利用贝叶斯分析方法讨论了子弹、弹壳和其他工具痕迹的分析方法。

识别个体

Jain等（2004）描述了可用于个人识别的各种生物特征（如图5.27所示），尽管这主要是为了识别和验证已知的个人（例如，用于设施或文档访问权限控制），而不是搜索数据库来识别未知的人。其中许多涉及图像，并推荐结合使用多个标准。但是，对于它们中的大多数来说，在一般人群或特定人群中特定特征或测量值的分布是未知的。例如，对于声纹就不存在这样的数据，虽然有时会对一个语音样本和另一个语音样本进行直接比较（Morrison，2010）。

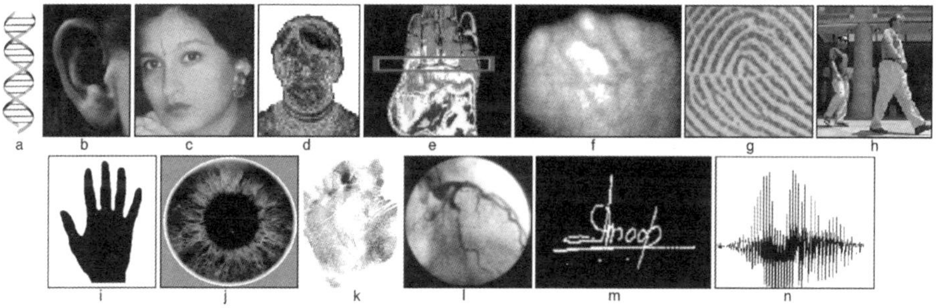

图5.27 生物特征的例子：(a)DNA；(b)耳朵；(c)脸；(d)面部热图，(e)手部热图；(f)手部静脉；(g)指纹；(h)步态；(i)手形；(j)虹膜；(k)手掌印；(l)视网膜，(m)签名，以及(n)声音。（摘自 A. K. Jain et al.，IEEE Transactions on Circuits and Systems for Video Technology 14（1）：4-19，2004.）

Spaun（2007）写道："使用自动生物计量识别系统进行面部识别、耳朵识别、手部识别、步态分析和身高测定，将大大提高联邦调查局司法取证工作的效率。然而，迄今为止，在司法系统内部尚未接受执行上述任务的生物计量识别系统。这类系统必须不断地评估和验证，才能在法庭上被接受。"

正如第4章所提到的，对个体的测量首先是由Bertillon创立的，他在头部、手、臂和脚上指定了11个尺寸，期望这些尺寸随体重或年龄变化不大。将这种测量扩大到图像似乎是很自然的，并且一直是正在进行的鉴定工作的主题。Theoharis等人（2008）的研究表明，基于小波的面部和耳朵变形三维模型的系数可以用于生物特征识别。例如，验证某个人能否通过安保门禁。但这种方法需要复杂的三维测量和大量的计算，不适用于大型数据库搜索。

例如，如果可以比较头部同一侧的轮廓图像，从而使用标志点进行统计分析，耳朵可能像指纹一样具有个体特殊性（Purkait & Singh，2008）。但是，由于耳朵是三维的，从监视图像中获得如图4.19所示那样足够的精度（Hoogstrate等，2001），是成问题的。Sforza等人（2009）对大量个体进行了测量，发现大小和角度确实会随着年龄的增长而发生一些变化。

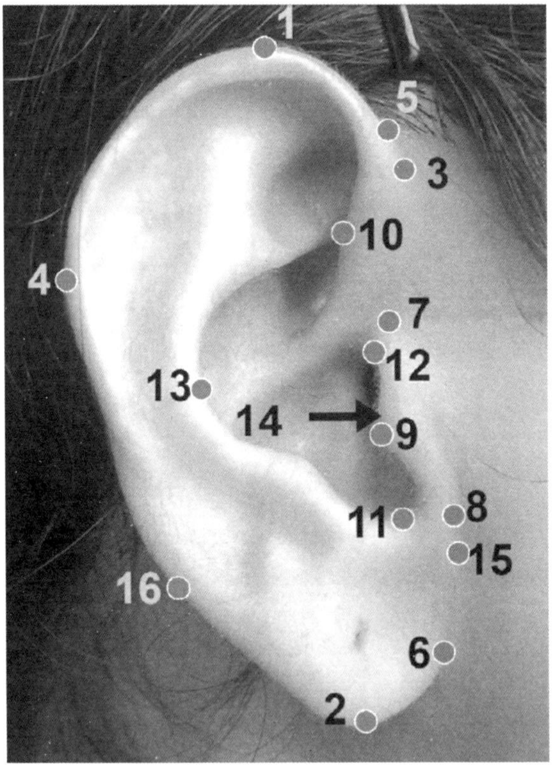

图5.28 人耳上的特征点，据此可以确定一些比值和角度，用以进行统计分析和比对。（引自R. Purkait and P. Singh，Forensic Science International 178（2）：112–118，2008.）

笔迹分析是基于人的查找和特定特征的比较。例如，描摹签名可能包含诸如笔画端点的钝头、重描或抖动等特征，这些特征被解释为反映其伪造（行为）的特征。当要知道是否一个特定的人写了给定的文件很重要时，检验者要求一定数量的已知手写的样本进行比较，其中包括相似的单词和短语。然后比较具体的特征，如字母和字母部分的形状（Harrison等，2009），如图5.29和图5.30所示。但这是一种可视的、人为的比较，而不是基于测量和通过统计分析的比较。类似的比较曾经应用于打字机打印文件，以检测和匹配由于磨损或污损而形成的字符的微小变化。随着打字机的消亡和计算机打印机的替代，这种应用消失了。

当概率较低，并且可能特定区域或感兴趣的群体与总体的概率不同时，确定适当的值可能特别困难，并会受到质疑。例如，在当地或某一特定人群的成员所穿的鞋中，有多大比例有被发现的鞋印图案？这可能与制造商报告销售的鞋子的总比例有很大的不同。有多少衬衫的图案或颜色与监控图像上看到的相同？或者，与嫌疑人属于同一群体的人中拥有由断点和分支（指纹细节）组成的指纹图案，从而能够产生相同的局部指印的概率是多少（Kellman等，2014）？当然，这也适用于其他证据。例如，DNA图谱中的匹配标记。

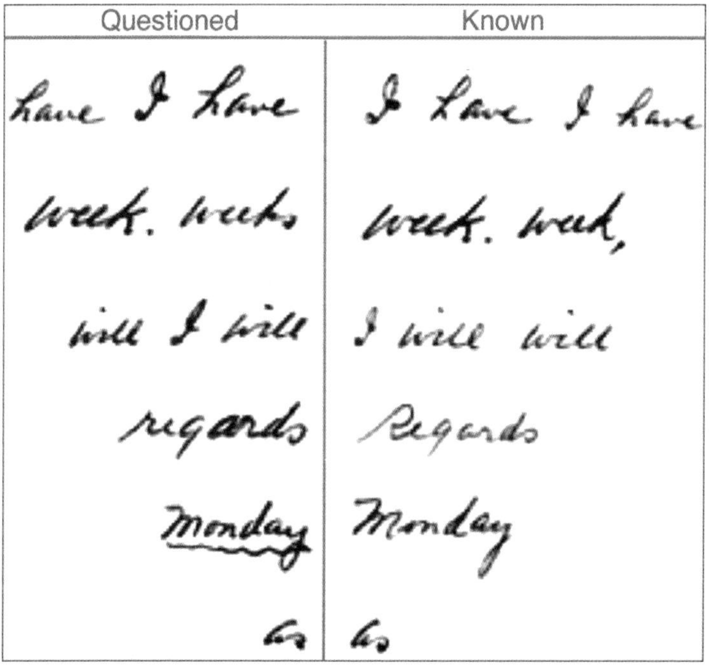

图5.29 在书写人存疑的文字和几份已知样本间进行的单词和字母形状比对。（来自Grant Sperry，文件检验服务公司，Germantown，TN.）

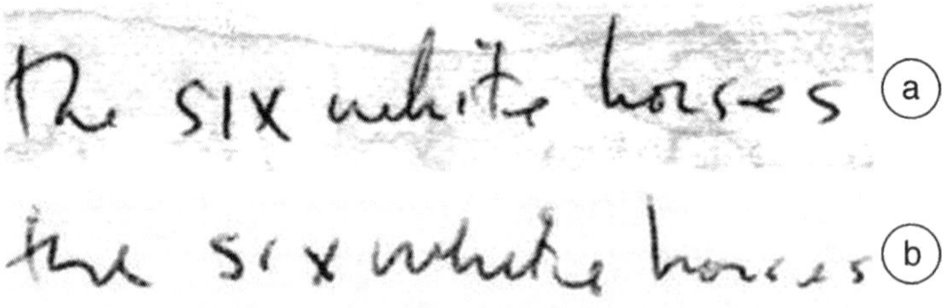

图5.30 笔迹的比对:(a)歌词本上的笔迹,该歌词本在一个装有据信是鲍勃·迪伦在1965年纽波特传统音乐节上演奏过的电吉他的箱子里;(b)鲍勃·迪伦的一份手稿上的已知样本。多个相似点帮助确认了吉他属于鲍勃·迪伦,后来这把吉他在佳士得拍卖了近100万美元。

在大多数情况下,如果一方在诉讼中使用专家,另一方也会使用专家。当有可能查明对方是谁时,就有可能查阅其出版物或其他证词,这些将有助于准备对所提供的证据的观点和可能解释的理解。然后,专家可以帮助律师预测可能出现的一些重要的分歧。在不同的环境和情况下,专家在审判或作证中提供及时意见和向对方专家提出一连串质问的能力各不相同。

解释不确定性

测量不确定度一直是一个令人关注的问题,并且可能成为质疑的话题。几乎没有几个陪审员(或法官和律师)会熟悉由像79.3 ± 1.2 cm这样的形式表达的不确定性的概念。即使高斯统计确实适用于测量,标准差背后的概念,以及各种类型误差(如假阳性和假阴性)之间的差异,也很难解释。例如,有90%的可能性某个鞋印是嫌疑人的鞋子所留的这种说法,与通常更正确的说法——有90%的可能性这个鞋印与那只鞋子的鞋印无法区分——并不相同。重要的是,不要让律师向专家灌输错误的陈述统计数据,或其含义的说法。

最好将结果表示为"计算所得尺寸为31.2英寸,且数据精确到真实值小于29.8英寸或大于32.6英寸的概率小于1%"。如果更合适的话,使用两个标准差和5%也可以,但要做好迎接这种质疑的准备:"这难道不意味着真实尺寸有可能大于32.6英寸吗?"如果对多个图像,比如摄像机的连续帧,所做的测量可以结合起来,那么总体误差或不确定性就会变小。

例如,在从监控图像中确定某人的身高时,可能需要计算被告的身高与测量结果不同的概率。在可能的正和负误差不相同的情况下,应该使用适当的值。例如，在行走过程中跨步时高度的变化总是减少。关键是要使结果让陪审团成员根据常识就能理解。

血迹形态分析通常使用按由冲击点的伸长率反映的角度绘制的直线，并忽略了许多次要因素，如重力、空气阻力和可能的血迹来源的运动。如果遇到质疑，承认这些是很重要的，但要指出，它们最多只能算一个较小的影响，通常小于各种线聚集在一起的形成的区域的大小。很少有这样的情况，血迹来源位置的一英寸或更小的移动，对理解所揭示的一系列事件产生重大影响。

当质疑真的出现时（它们总会出现），溜进专家模式，钻进方程式和科学术语里，或者躲在证书后面，都是一个非常糟糕的主意。相反，这个挑战实际上应该被看作是一个机会，尽可能向陪审团详细解释说明，使用简单的图表和材料——希望事先都已准备好。律师的工作就是把专家带到案件中，帮助预测这些具有挑战性的问题，并要求准备适当的解释以备回答。专家的工作是在法庭上听取质疑的问题，然后将注意力完全转向陪审团（或在某些情况下转向法官），并做出回应。不要试图说服提出问题的律师——他或她不是重要的目标受众（而且很可能已经知道或并不关心答案）。

对处理或测量图像的方法和程序的质疑是尤其困难的。因为需要向非技术人员解释理论和数学概念，对其重要性和相关性可能难以确定的出版物历史的依赖，以及讲完这些所需要的时间。在这段时间里，有些人的眼睛可能会变得呆滞。使用如图5.2到图5.6所示的逐步序列会有所帮助。如果在质疑出现在庭前预审期间，经过同行评议的出版物记录就更加重要。但对方律师甚至有可能要求获得计算机源代码（可能是为了让其他专家检查），以确定所述算法是否已被忠实地执行（Berg，2000）。如果使用了商业程序来执行这些步骤，那么访问源代码可能会很困难。

假设性问题是一个常用的陷阱，用来把专家作证从实际证据及其解释转移开。但是，我们总是有可能回答说，没有考虑和评估某个特定的假设场景，也没有形成任何意见。法院规定，专家必须考虑最显而易见的其他原因和对证据的解释，但并非要求考虑所有的可能。一些“如果……”的问题可能会超出“最显而易见的”范围或专家的专业领域，在这种情况下，拒绝回答和解释原因是很重要的。这种对某一专业领域局限的承认非但不会损害专家的可信度，反而通常会让专家的意见在这种情况下更受尊重。

专家在法庭上的目的不是说服对方的律师，而是说服陪审团。在作证时，重要的是给出准确而简短的回答，而不是试图组织一场研讨会。但是，在对陪审团讲话时，需要多长时间就讲多长时间，律师没有什么好办法来打断对问题的回答。结果应该是帮助陪审团理解最初的答案，但同时也增加专家的可信度，并顺便阻止律师问更多那些令人讨厌的挑战性问题。

当然，这本书也想教会律师法庭科学专家的作用和及其最佳使用。与专家证人很好地合作并不是一定要成为另一名专家，完全地掌握科学知识。更重要的是试着去理解陪审员所听到和理解的，并澄清他们所面对的问题和答案。帮助专家找到最合适的词汇来描述一个技术点，是向陪审团有效陈述的关键。

律师需要让他们的专家做好准备，准备盘问那些为对方工作的人，然后努力找出对案件至关重要的关键点。有时，最好只是问问专家证人，他们认为最重要的正面的和潜在的负面的点是什么——他们有可能知道。律师的任务是找出最好的方法来引出和组织重要的信息和解释。

参考文献

C. G. G. Aitken，D. A. Stoney.（1991）. The Use of Statistics in Forensic Science. Ellis Horwood，London.

American Society for Testing and Materials.（2014）. Standard E1610-14：Standard guide for forensic paint analysis and comparison. American Society for Testing and Materials，Philadelphia，PA.

E. C. Berg.（2000）. Legal ramifications of digital imaging in law enforcement. Forensic Science Communications 2（4）：1–19.

C. M. Bishop.（2007）. Pattern Recognition and Machine Learning. Springer，New York.

J. P. Blair，D. K. Rossmo.（2010）. Evidence in context：Bayes' theorem and investigations. Police Quarterly 13（2）：123–135.

M. S. Boldrick，M. W. Dobbs.（1998）. Computerized reverse projection in accident reconstruction. Experimental Mechanics 1：405–410.

D. C. Burns.（2001）. When used in the criminal legal process forensic science shows a bias in favour of the prosecution. Science and Justice 41（4）：

271–277.

A. M. Burton et al.(2005) . Gates of global perception：Forensic graphics for evidence presentation. In Proceedings of 13th Annual ACM International Conference on Multimedia，pp. 103–111.

G. Cavagnini et al.(2007) . Reverse Engineering from 3D Optical Acquisition：Application to Crime Scene Investigation. Taylor & Francis，London，pp. 195–201.

A. M. Christensen et al.(2014) . Error and its meaning in forensic science. Journal of Forensic Science 59(1)：123–126.

M. Clifford，K. Kinloch.(2007) . The use of computer simulation evidence in court. Computer Law and Security Report 24：169–175.

J. M. Curran，J. Buckleton(1998) . Sampling in forensic comparison problems. Science and Justice 38(2)：101–107.

I. Dalley.(2009) . Developing and using demonstrative exhibits in support of the crime scene analysis. In R. M.

Gardner，T. Bevel，eds.，Practical Crime Scene Analysis and Reconstruction. CRC Press，Boca Raton，FL，pp. 249–272.

R. B. J. Dorion，ed.(2011) . Bitemark Evidence：A Color Atlas and Text，2nd ed. CRC Press，Boca Raton，FL.

I. W. Evett，B. S. Weir.(1998) . Interpreting DNA Evidence：Statistical Genetics for Forensic Scientists. Sinauer，Sunderland，MA.

I. W. Evett et al.(2000) . Impact of principles of evidence interpretation on structure and content of statements. Science and Justice 40(4)：233–239.

M. O. Evison，R. W. V. Bruegge.(2010) . Computer-Aided Forensic Facial Comparison. CRC Press，Boca Raton，FL.

Federal Bureau of Investigation(FBI)，U.S. Department of Justice.(1985). Proceedings of the International Symposium on Forensic Hair Comparisons. FBI，Washington，DC.

N. E. Fenton et al.(2014a) . When “neutral” evidence still has probative value(with implications from the Barry George Case) . Science and Justice 54 (4)：274–287.

N. E. Fenton et al.(2014b) . Calculating and understanding the value of any type of match evidence when there are potential testing errors. Artificial Intelligence and the Law 22：1–28.

B. A. J. Fisher.(2000) . Techniques of Crime Scene Investigation. CRC Press, Boca Raton, FL.

J. D. Foley, A. Van Dam.(1984) . Fundamentals of Interactive Computer Graphics. Addison-Wesley, Reading, MA.

I. Freckelton, H. Selby.(2015) . Expert Evidence：The Forensic Examination of Hairs. Thomson Reuters, Sydney, Australia.

R. M. Gardner, T. Bevel.(2009) . Practical Crime Scene Analysis and Reconstruction. CRC Press, Boca Raton, FL.

D. Harrison et al.(2009) . Handwriting examination：Meeting the challenges of science and the law. FBI Forensic Science Communications 11(4).

D. Hearn, M. P. Baker.(1997) . Computer Graphics. Prentice Hall, Upper Saddle River, NJ.

R. Helmer et al.(1993) . Assessment of the reliability of facial reconstruction. In M. Iscan, R. Helmer, eds., Forensic Analysis of the Skull：Craniofacial Analysis, Reconstruction, and Identification. Wiley-Liss, New York, pp. 229–243.

D. B. Hennes.(1994) . Manufacturing evidence for trial：The prejudicial implications of videotaped crime scene reenactments. University of Pennsylvania Law Review 2125–2181.

I. Hershkowitz et al.(1998) . Visiting the scene of the crime：Effects on children’s recall of alleged abuse. Legal and Criminological Psychology 3(2)：195–207.

A. J. Hoogstrate et al.(2001) . Ear identification based on surveillance camera images. Science and Justice 41(3)：167–172.

S. S. Hsu(2015) . FBI admits flaws in hair analysis over decades. Washington Post, April 18.

6

彩图

图 1.2 来自庞贝的可能是描述犯罪现场的古罗马马赛克拼图。

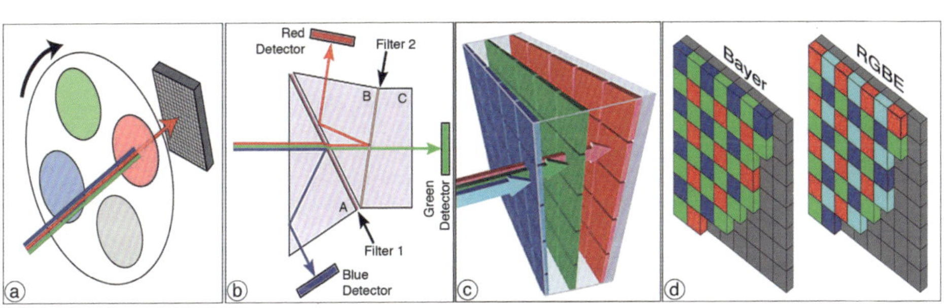

图 1.3 彩色相机的设计：（a）旋转滤光片轮；（b）三芯片；（c）堆叠传感器；（d）彩色滤镜阵列。

图 1.5（a）为颜色标准；（b）为使用 Bayer CFA 相机记录的颜色值。

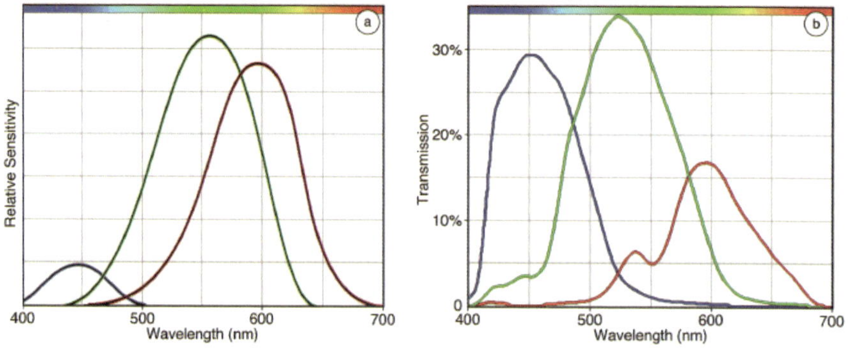

图 1.7 人眼的短波长、中波长及长波长视锥细胞（a）和 CFA 中 RGB 滤色镜透射曲线（b）的相对灵敏度对比。不同相机品牌甚至同一制造商不同型号之间的滤镜差异很大。这里展示的只是一个代表性的样本（佳能 5D）。

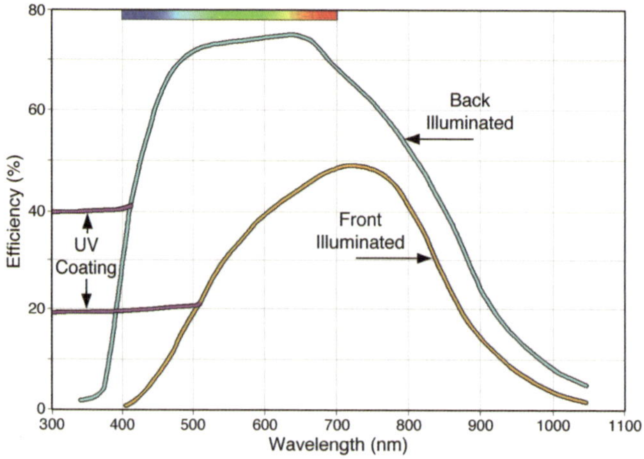

图 1.8 典型硅传感器的效率，比较了常见的前照明方式以及通过减薄、后照明所获得的改进，以及将光谱响应扩展到紫外范围的有机镀膜的效果。

图 1.9 RAW 格式拍摄的以不同预设色温打开的室外图像。

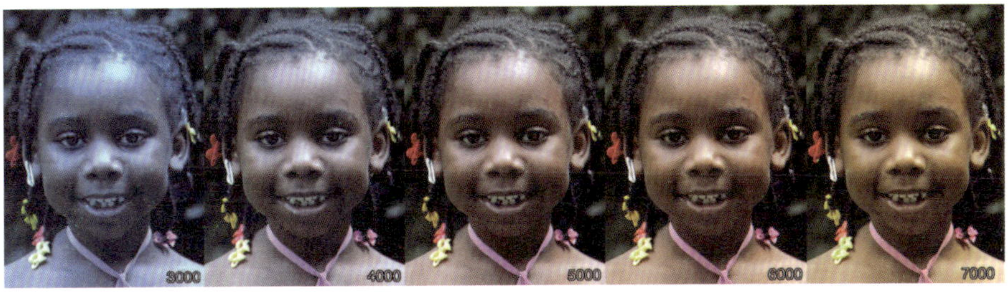

图 1.10 RAW 格式拍摄的以不同预设色温观看的女孩面部图像。

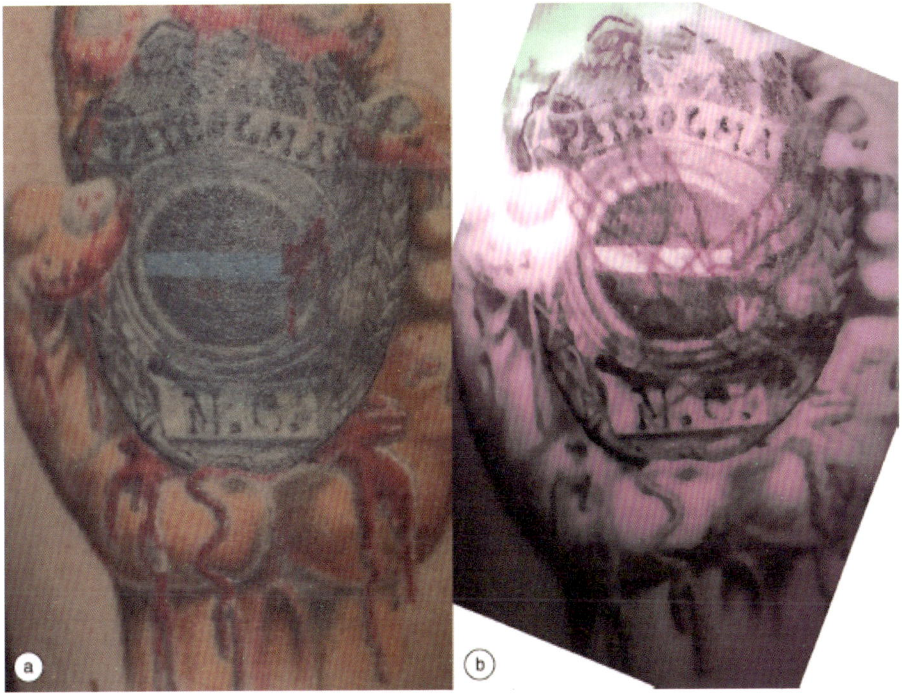

图 1.11 红外光下看到纹身之下：（a）通过 PECA 918 滤光片记录的可见光的图像；（b）是通过 PECA 908 滤光片记录的红外光图像。可以看见隐藏的鹰纹身的线条。（北卡罗来纳州司法学院的 Ross Robinson 提供）

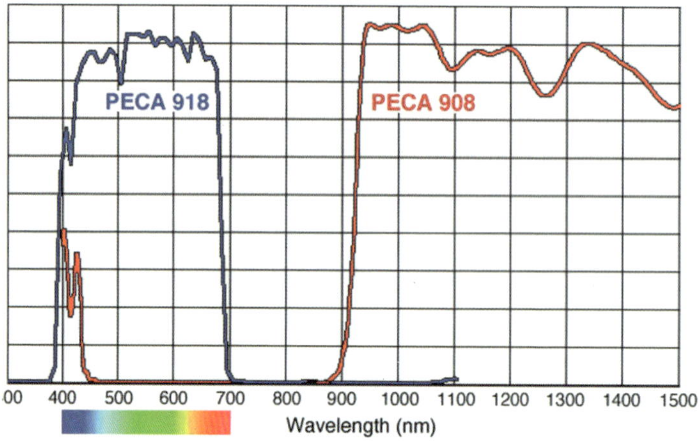

图 1.12 图 1.11、图 1.13 和图 1.14 中用在相机前方的可见光（PECA 918）和红外（PECA 908）滤光片。

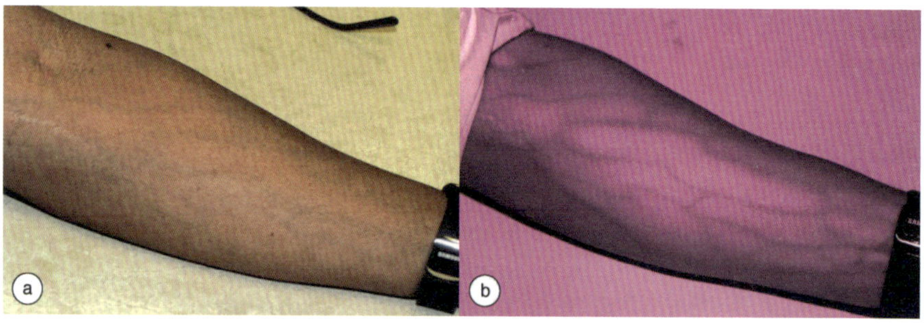

图 1.13 一个黑皮肤人手臂中血管的可见光（a）和红外线（b）图像。（北卡罗来纳州司法学院 Ross Robinson 提供）

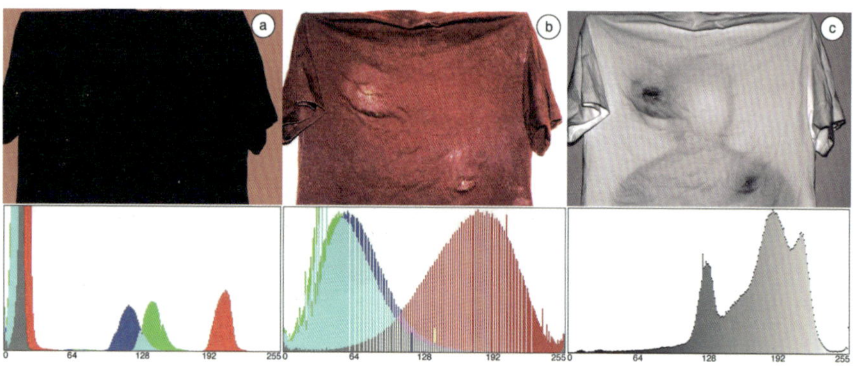

图 1.14 深色 T 恤中的弹孔和火药燃烧痕迹：(a) 可见光（PECA 918 滤光片）图像和红色，绿色和蓝色通道的直方图；(b) 扩大对比度显示 T 恤上的洞和一些变色区域；(c) 红外图像（PECA 908 滤光片）显示火药在弹孔周围燃烧，还可看出印在靶标（T 恤固定在其上）上的轮廓。（北卡罗来纳州司法学院 Ross Robinson 提供）

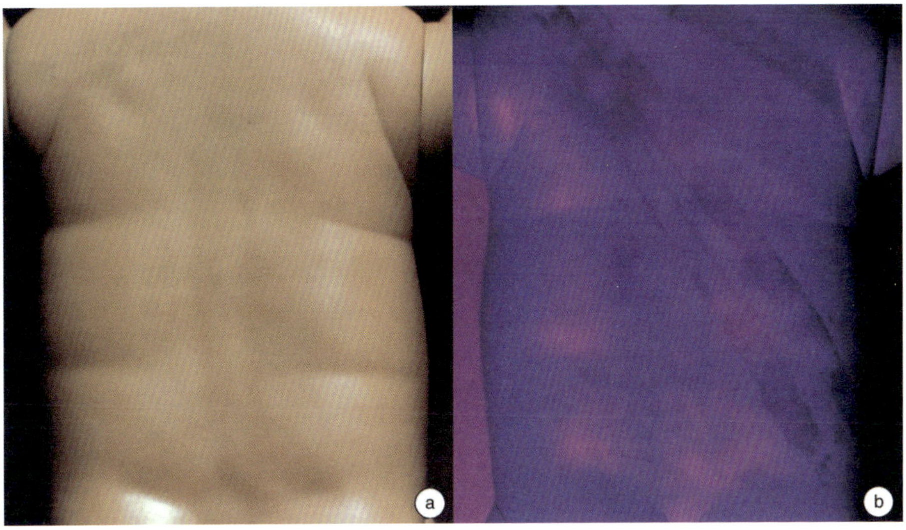

图 1.15 文中描述的防晒剂痕迹，其中（a）为可见光和（b）为 UV 图像。（北卡罗来纳州司法学院 Ross Robinson 提供）

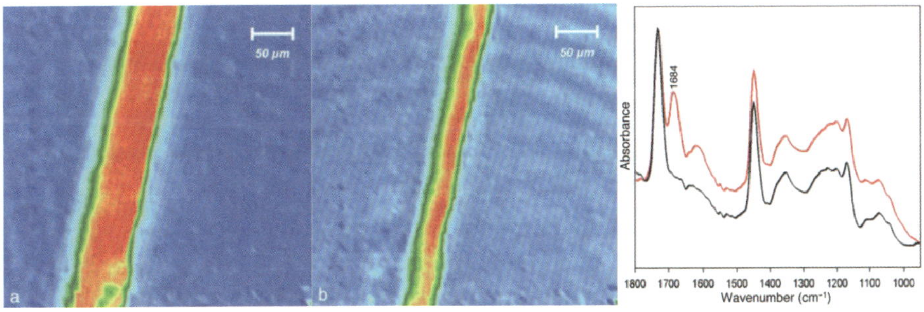

图 1.17 如文中所述，FTIR 光谱下用不同波长成像的双组分人造纤维。（参考 K. Flynn et al.，Journal of Forensic Science 51（3）：586–596，2006.）

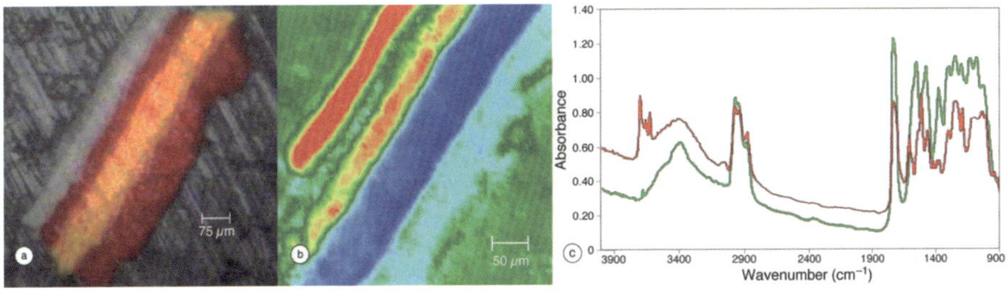

图 1.18 如文中所述根据红外光谱区分两层红色油漆。（参考 K. Flynn et al.，Journal of Forensic Science 50（4）：1–10，2005.）

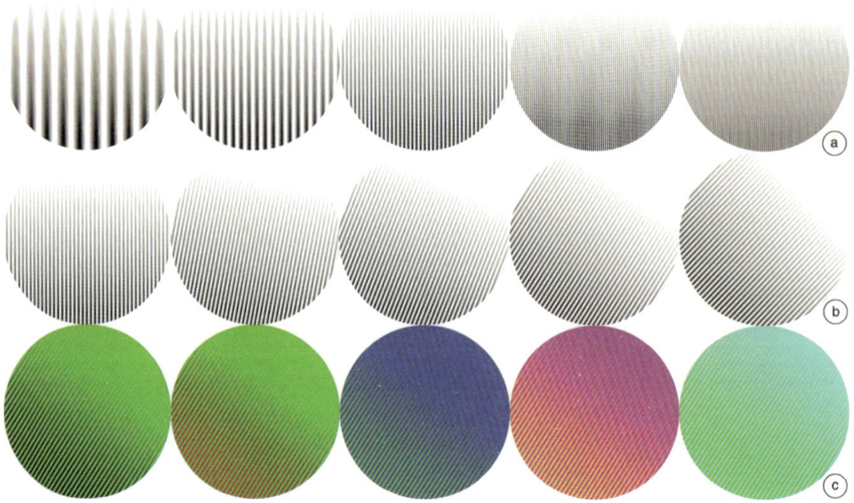

图 1.20 亮度按正弦变化、对比度不同的条纹，显示间距、方向和颜色对条纹分辨的影响。请注意，本书使用的平板印刷技术可能会改变图像的视觉效果，并产生具有更小间距的莫尔干涉图案。

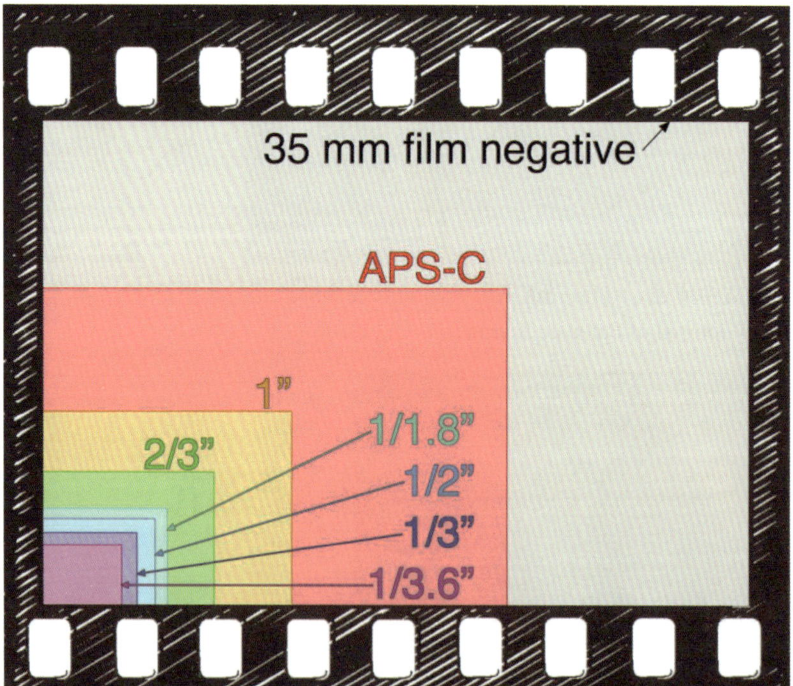

图 1.26 几种常见的数码相机芯片尺寸与 35mm 负片胶卷的比较。APS-C 或更大的尺寸常见于专业型号中，较小的尺寸则见于便携式相机和智能手机的相机中。看上去令人费解的尺寸命名指的是对角线的长度。

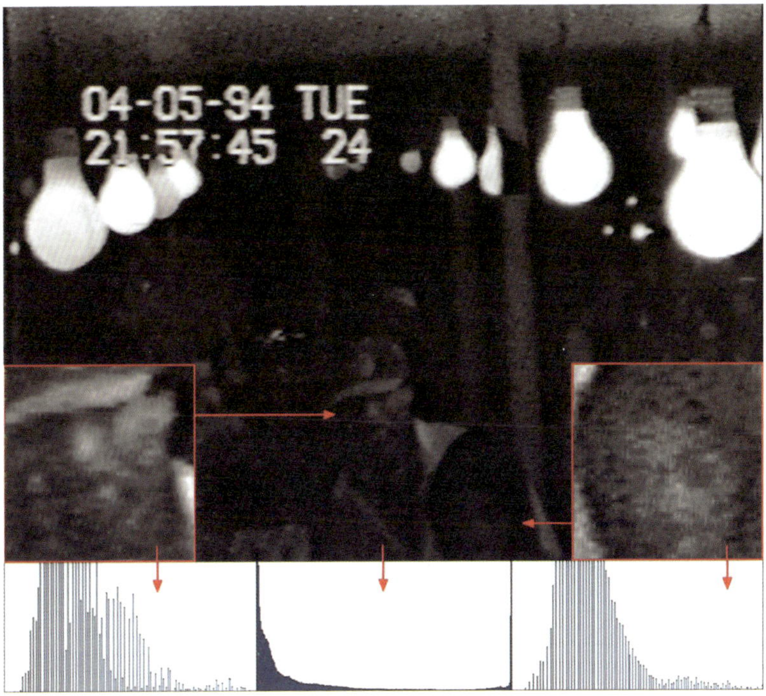

图 1.28 一个犯罪现场的监控图像，放大了嫌疑人的面部尺寸并提升了对比度。直方图显示了原始图像与调整后的插入图像的亮度值。

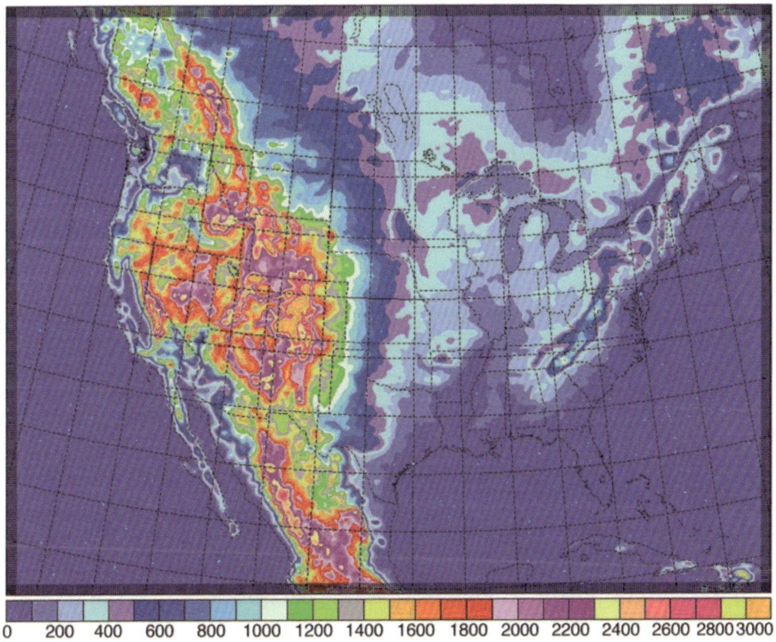

图 1.29 美国的地形图（标记海拔以米为单位）。

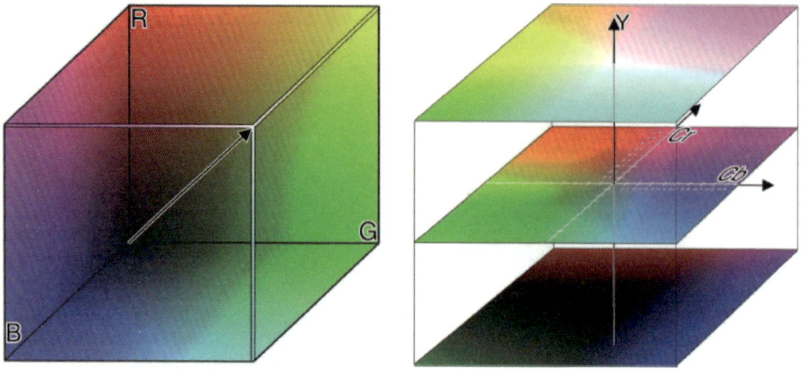

图 1.31 RGB 和 YCbCr 空间比较

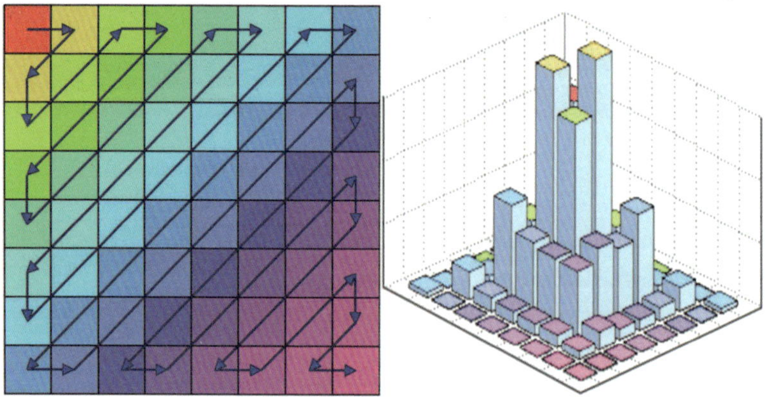

图 1.33 用于从最低频率到最高频率扫描 8×8 DCT 块中变换值的 Z 字形图案。初始红色块标记是 DC 分量或平均亮度，记录的是与前一块平均值的差值。其他块的颜色表示频率逐步升高。 如在一个 8×8 图像块的幅度图样例中所示，较高频率的分量通常具有较低的幅度并且可以舍入为零。

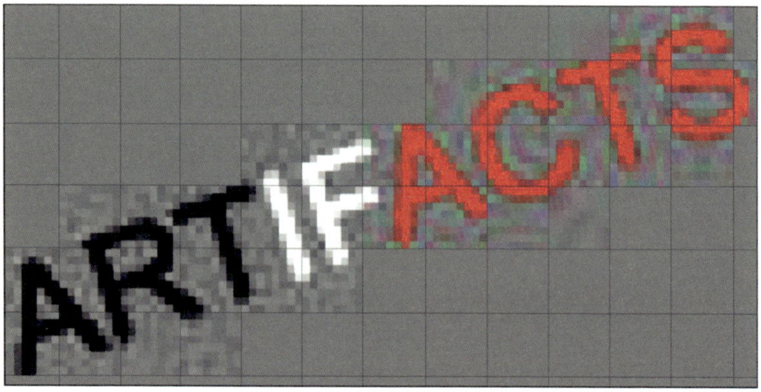

图 1.34 JPEG 压缩后，字母边界附近的像素会失真。亮度和颜色的变化出现在每个（标记出的）8×8 像素块的原本均匀的背景中。

图 1.36 压缩会严重影响颜色数据。（b）和（c）是像素的颜色（色调）5：1 JPEG 压缩前后的图像，整个像素块被赋予一个颜色值。

图 1.37 10 :1 JPEG 压缩的效果：（a）原始未压缩图像的放大部分；（b）JPEG 压缩后，个别辣椒无法识别，标牌也不再清晰；（c）颜色（色调）通道显示许多 8×8 块变成单一颜色。

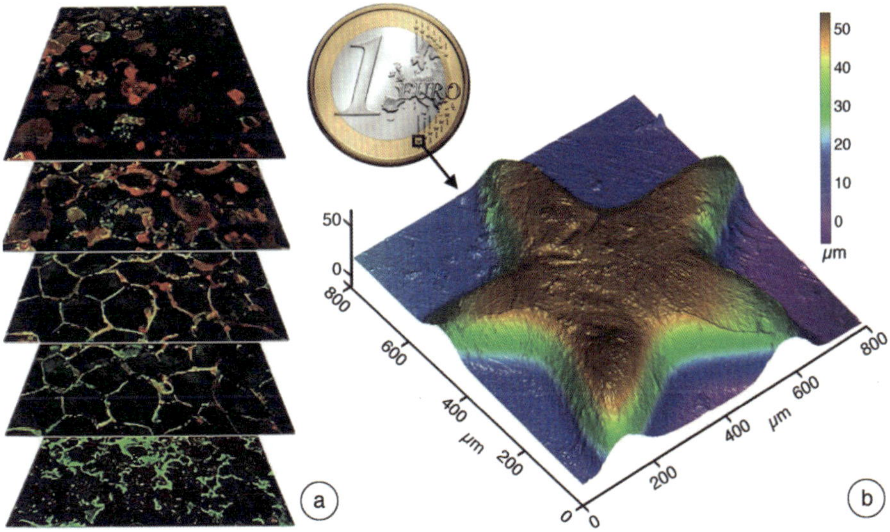

图 1.51 共聚焦光学显微镜成像示例：（a）通过生物组织的一系列荧光发射的光学切片图像和（b）硬币表面的高程图。

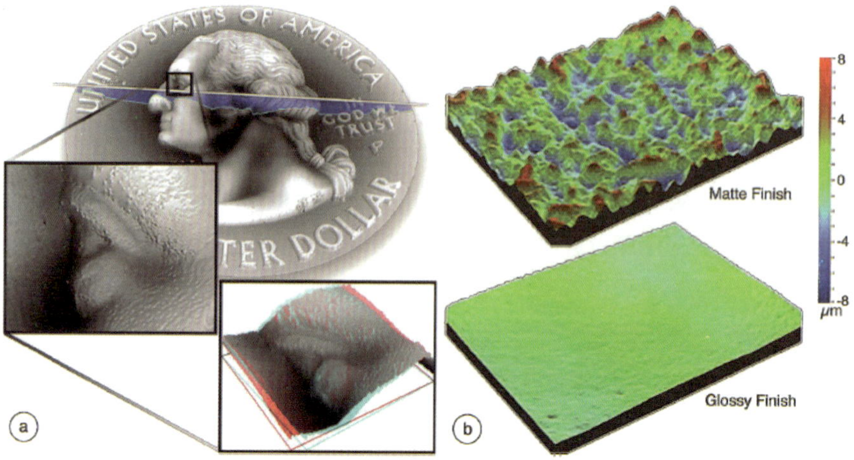

图 1.52 表面凹凸的干涉显微镜图像：（a）用灰度值表示的硬币表面高程，细节显示表面的立体视图；（b）哑光和大光纸照片表面高程的渲染图。（（a）来自 P. de Groot，Advances in Optics and Photonics 7：1-65，2015。）

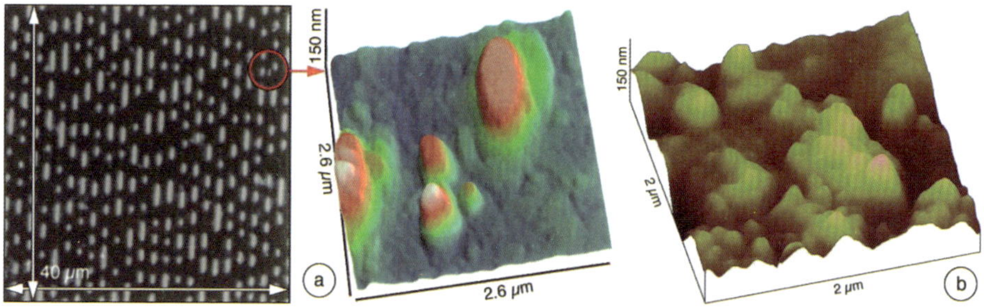

图 1.53 AFM 图像：（a）DVD 压模表面，通过颜色标志渲染显示表面缺陷；（b）利用亮度值表示高度的蜘蛛丝表面渲染图。（由南卡罗来纳州克莱姆森大学的 Delphine Dean 提供。）

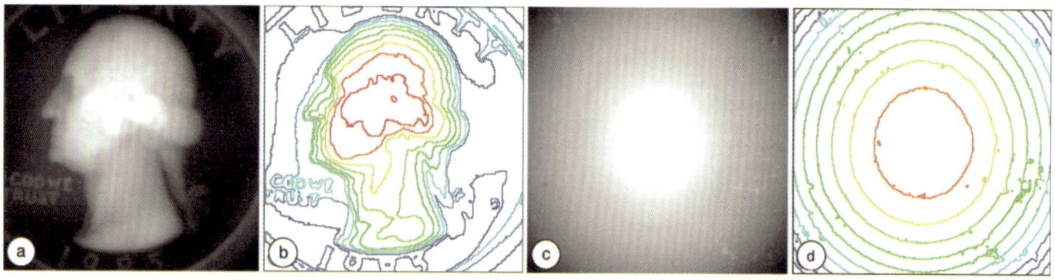

图 1.54 利用颜色标识轮廓（等高）线的物体表面深度图像（来自扫描式表面轮廓仪）：（a）硬币表面；（b）用轮廓线描绘出表面凸起的区域和头部中心的一个小凹痕；（c）滚珠轴承表面，（d）用轮廓线表示粗糙度和失圆度。

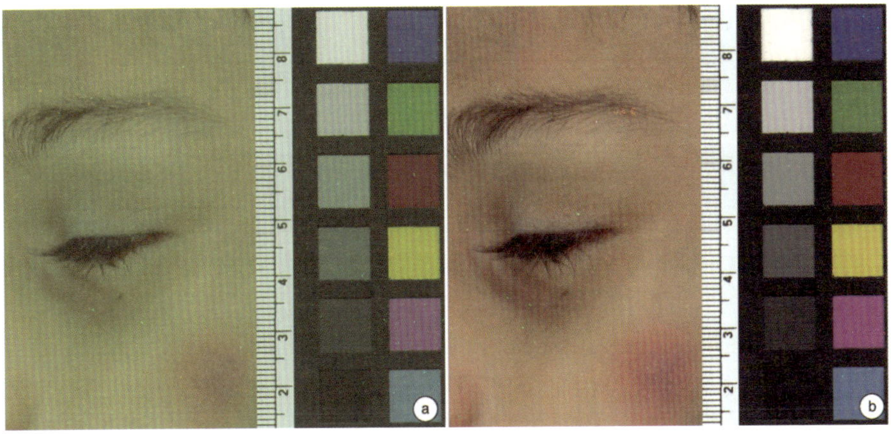

图 2.3 配有尺寸和颜色校准比例尺的儿童脸部瘀伤照片：（a）拍摄所得照片；（b）色彩校准后的图像。

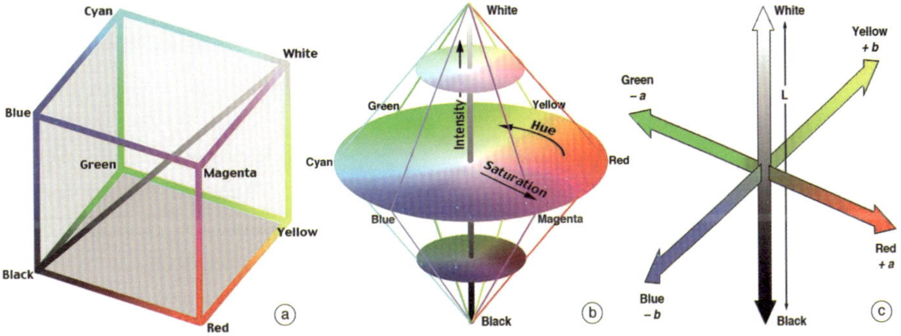

图 2.4 几种颜色空间坐标系：（a）RGB 立方型颜色空间；（b）双锥型 HSI 颜色空间；（c）球形 Lab 颜色空间。

图 2.5 静物绘画作品，其彩色像素的颜色空间表示如图 2.6 所示。

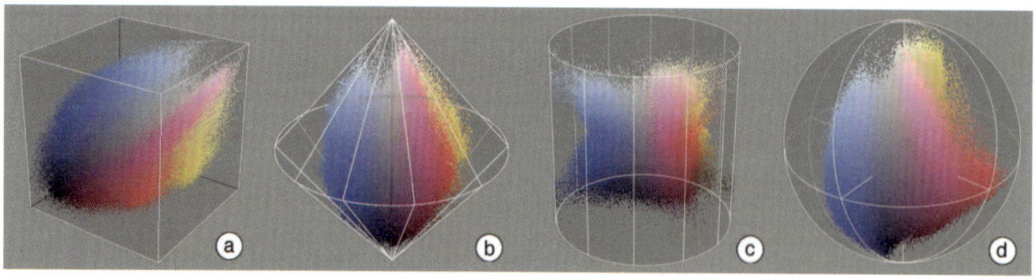

图 2.6 图 2.5 中像素的颜色值表示图像：（a）RGB 立方型颜色空间；（b）双锥型 HSI 颜色空间；（c）Lab 球形颜色空间。

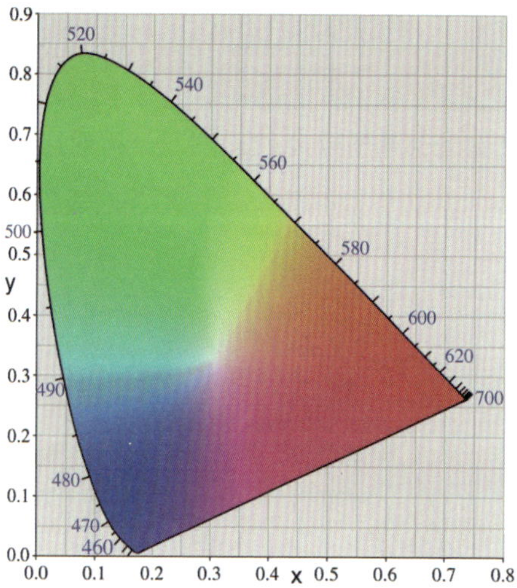

图 2.7 1931 CIE 色度图。颜色沿边缘完全饱和，波长单位为纳米，亮度是垂直于页面的第三个轴。

图 2.8 在摄影棚开始拍摄系列照片前使用的色卡。

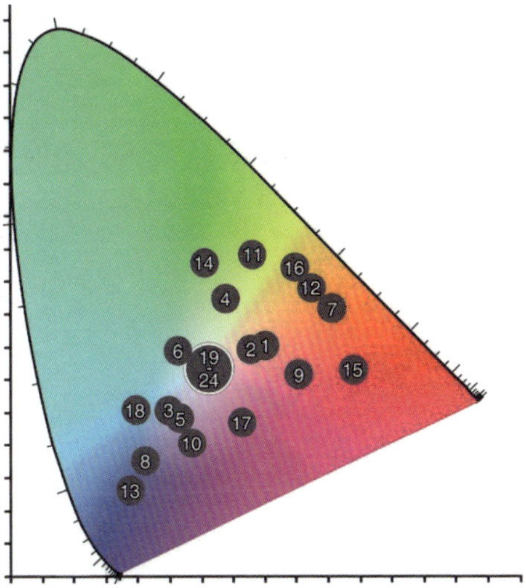

图 2.9 在 CIE 色度图上表示的色卡颜色（颜色也会随亮度（即垂直于页面的坐标轴）的变化而变化）。

图 2.10 使用二级标准进行色彩校正。将涂料条（圆圈里）校准并装在标尺上，以便测量所得之 RGB 值可用于图像颜色校准。（a）编织地毯的原始图像和（b）颜色校准后的图像。

图 2.11 中性点颜色调整：（a）标有中性色点的原始图像；（b）调整图像；（c）叠加在图像亮度直方图上的红色、绿色和蓝色通道的调整曲线。

图 2.12 可以通过已知的摄像机位置或反向投影确定两个人之间用红色箭头标记的水平距离。

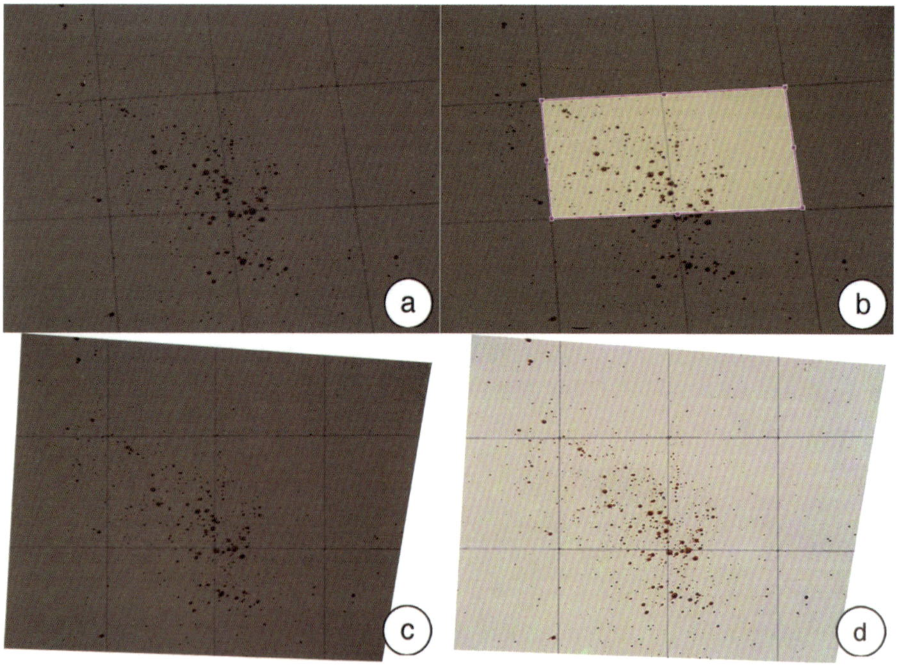

图 2.13 图像校正：（a）瓷砖上血迹的原始图像；（b）对瓷砖各角进行标记以建立基准点；（c）图像透视校正；（d）亮度调整，增加对比度并将不均匀的照明拉平。

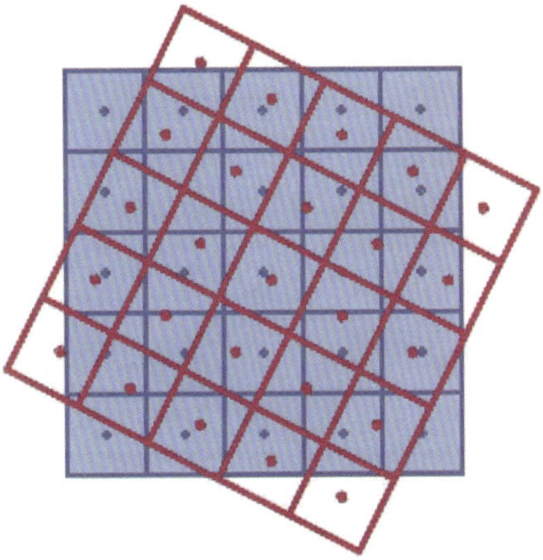

图 2.20 更改像素网格的比例、角度后，新像素位置位于原始坐标之间。

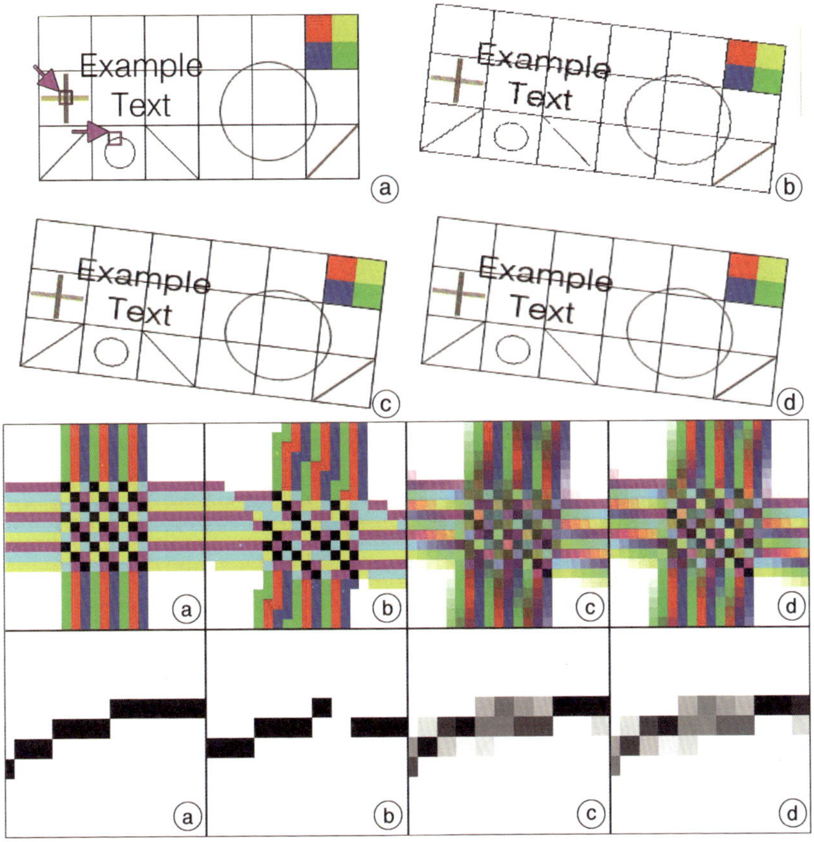

图 2.21 插值改变了图像中的像素，如文中所述：(a)原始测试图像；(b)最近邻插值；(c)双线性插值；(d)双立方插值。底部的放大样本来自(a)中标有箭头的两个区域。

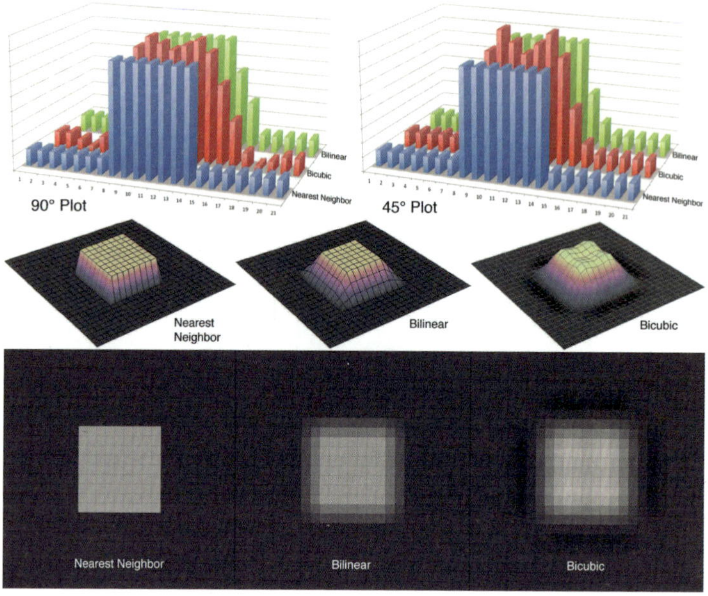

图 2.23 如文中所述的 3×3 正方形放大 3 倍的插值方法比较。

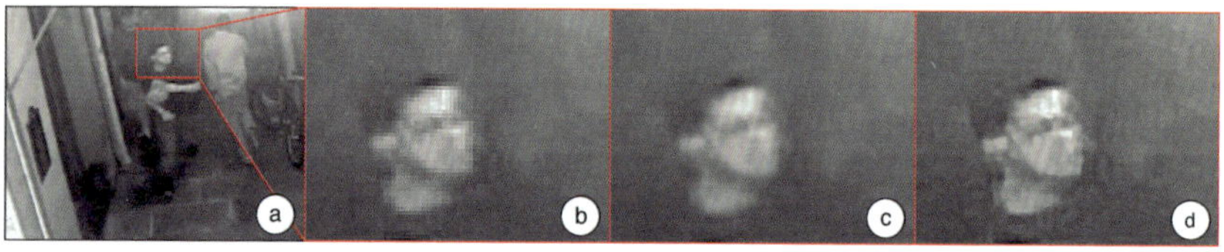

图 2.24 放大和插值方法的比较：(a)原始图像；(b)最邻近插值 5 倍放大；(c)双线性插值；(d)分形插值。

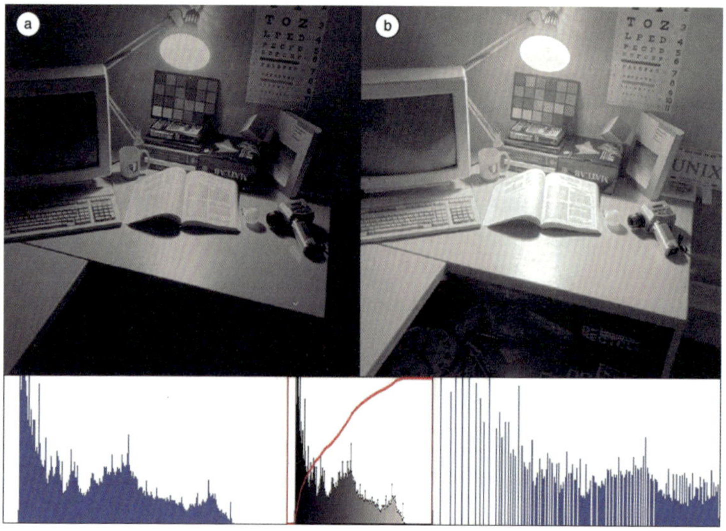

图 2.30 将直方图均衡化应用于图像。明亮处（例如灯泡上印制的内容）和黑暗区域（例如桌子下方）的细节都得到了改善。显示为红色的传递函数是累积直方图，或者说是直方图的积分。

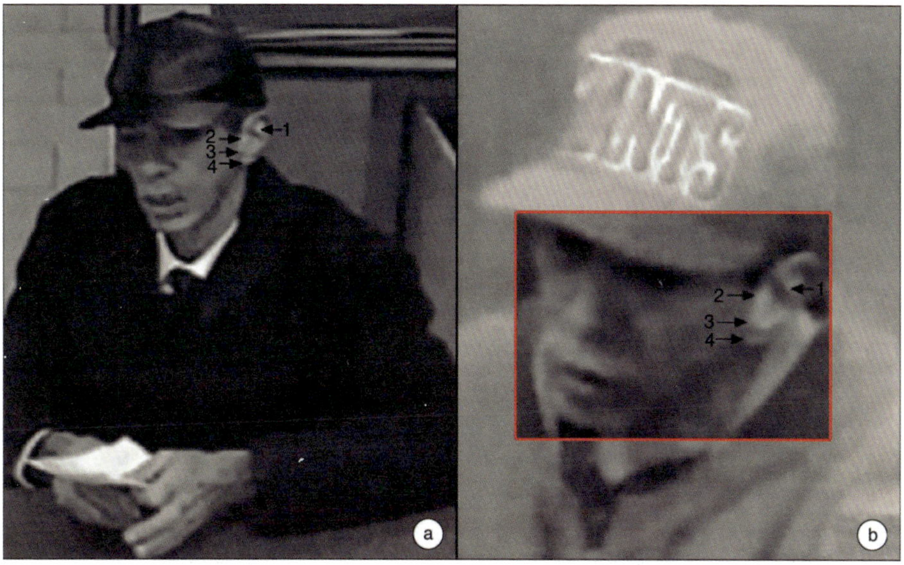

图 2.31 调整直方图以进行比对。将（b）中红框标出的区域调整为尽可能接近（a）中面部区域的累积直方图，以便于图像比对，特别是耳朵形状的细节。

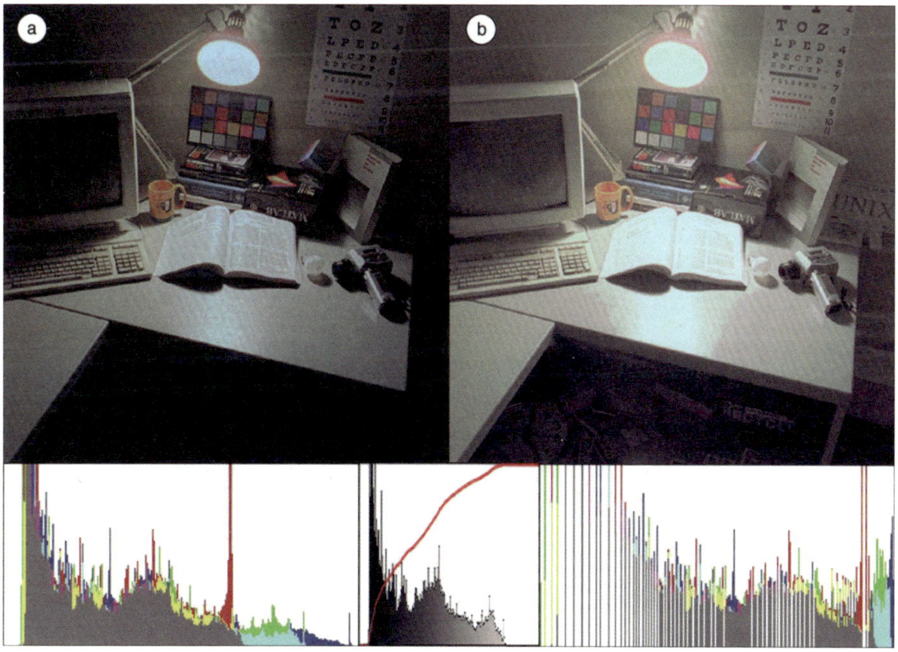

图 2.32 与图 2.30 相同的示例，不过是彩色的。根据亮度通道计算得到相同的变换函数并仅对该通道应用，而颜色数据不变。

图 2.33 处理彩色图像：（a）原始照片；（b）分别均衡 RGB 通道，导致颜色发生重大变化并引入新颜色；（c）仅均衡亮度数据，保持颜色信息不变。

图 2.35 同态滤波：（a）原始图像和（b）处理后图像，其中可以看到有轨电车和建筑物中的人。

图 2.36 曝光对噪声的影响：（a，b）1/2000 s，ASA 800；（c，d）1/125 s，ASA 64。

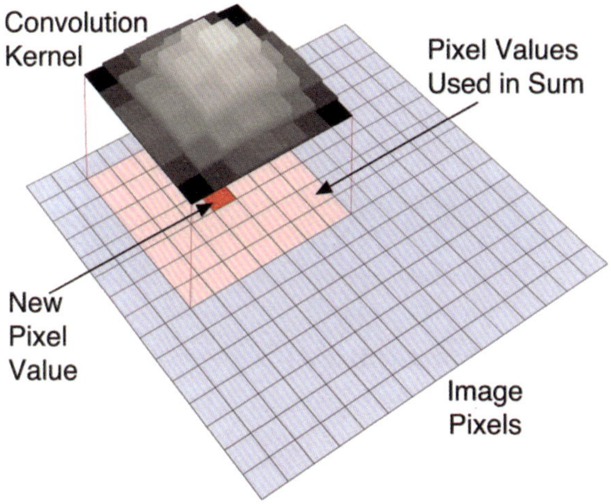

图 2.37 在空域图像中应用卷积核的示意图。该卷积核中的值具有高斯函数的形状。卷积核应用于原始图像中的每个位置，计算灰度值从而形成新的图像。

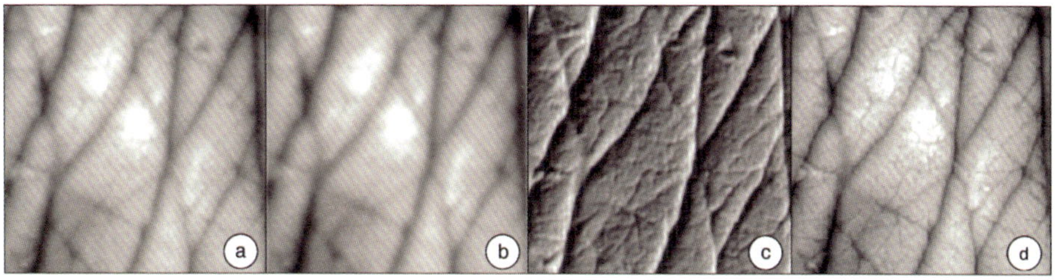

$$\begin{bmatrix} +1 & +1 & +1 \\ +1 & +1 & +1 \\ +1 & +1 & +1 \end{bmatrix} \quad \begin{bmatrix} +2 & +1 & 0 \\ +1 & 0 & -1 \\ 0 & -1 & -2 \end{bmatrix} \quad \begin{bmatrix} -1 & -1 & -1 \\ -1 & +9 & -1 \\ -1 & -1 & -1 \end{bmatrix}$$

图 2.38 具有 3×3 算子的卷积示例：(a) 原始图像（人体皮肤）；(b) 平滑；(c) 求导；(d) 锐化。 每个算子中心的红色值表示正在计算新灰度值的像素的位置。

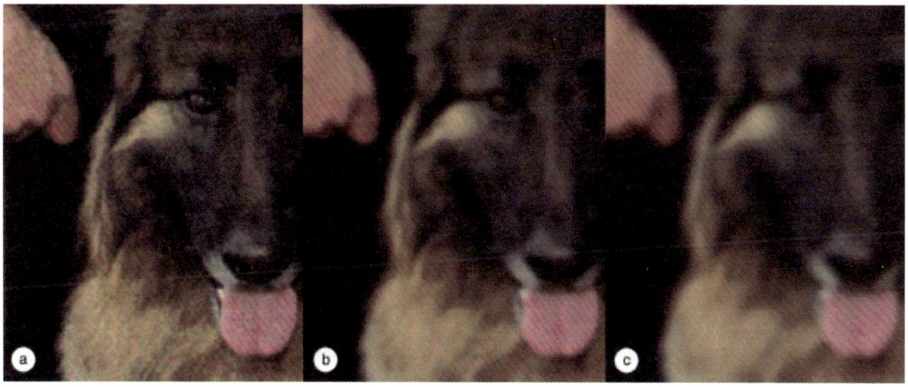

图 2.39 使用不同标准差的高斯卷积平滑图 2.36b 中的图像：(a) 0.5 像素；(b) 1.2 像素；(c) 2 像素。

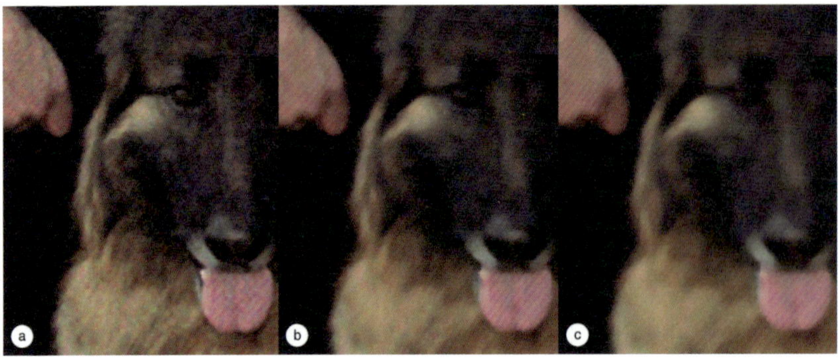

图 2.41 应用于图 2.36b 中图像的中值滤波器（与图 2.39 相比）：（a）半径为 1 像素；（b）半径为 2 像素；（c）半径为 3 像素。

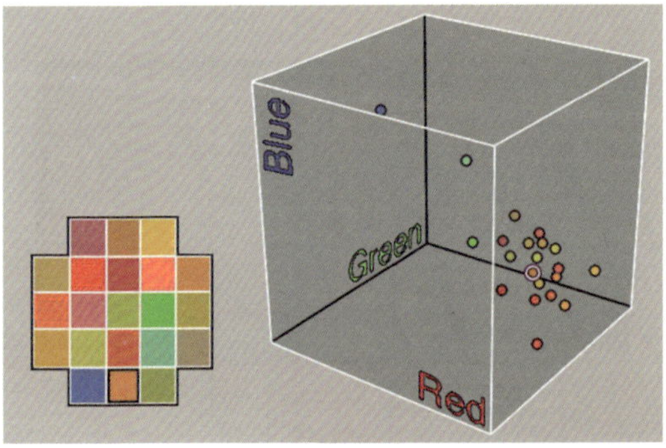

图 2.44 矢量中值滤波。对于所示的 5 像素宽的邻域，将每个像素的颜色值绘制为坐标，计算到其他点的矢量距离之和并确定和最小（标记）的点。

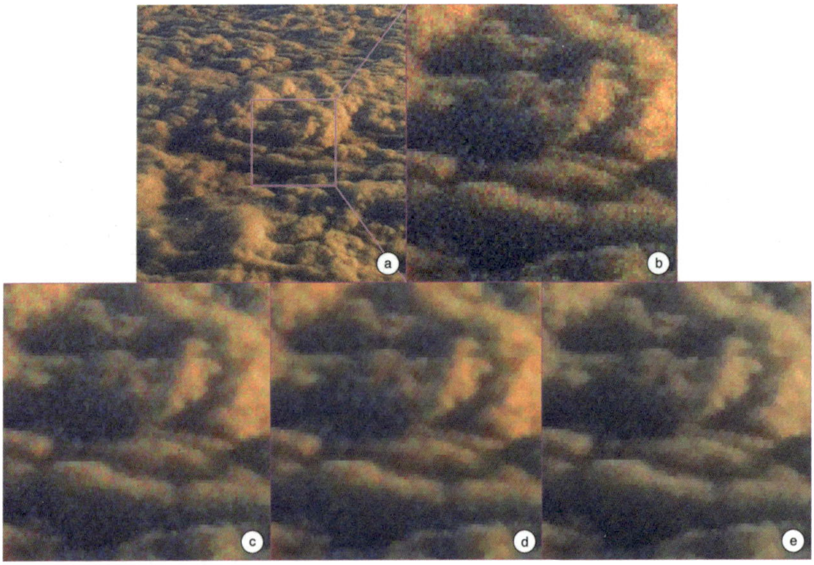

图 2.45 中值滤波器的比较：（a）从飞机窗口用手机拍摄的云朵的原始图像；（b）像素噪声的局部放大图像；（c）仅对 L 通道进行中值滤波；（d）队各个 RGB 通道进行中值滤波；（e）颜色矢量中值。 所有情况都使用包含 21 个像素的 radius = 2 邻域。

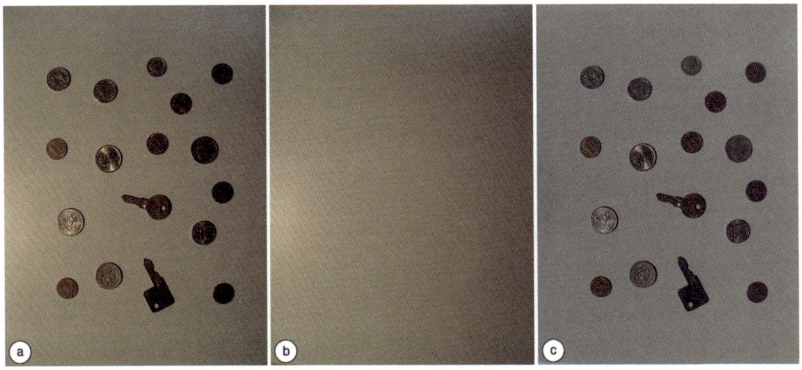

图 2.47 移除测量的背景：(a) 原始图像；(b) 去除样本的图像；(c) 差异 = (a) - (b)。

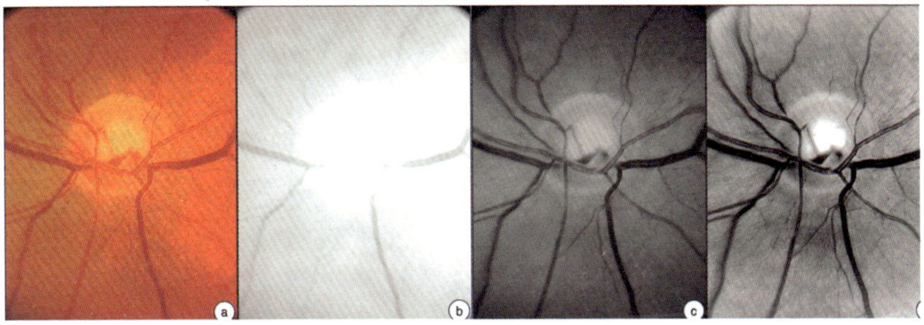

图 2.48 对测量背景图像进行非均匀照度处理：(a) 来自眼底镜的视网膜图像，照明使毛细血管难以辨别；(b) 红色通道包含很少的细节，但显示照明的情况；(c) 绿色通道在图像中具有大部分对比度；(d) 绿色与红色的比值显示更均匀的对比度并显示更多细节。(图 (a) 由 Farmington 的康涅狄格大学健康中心的 George Mansoor 提供。)

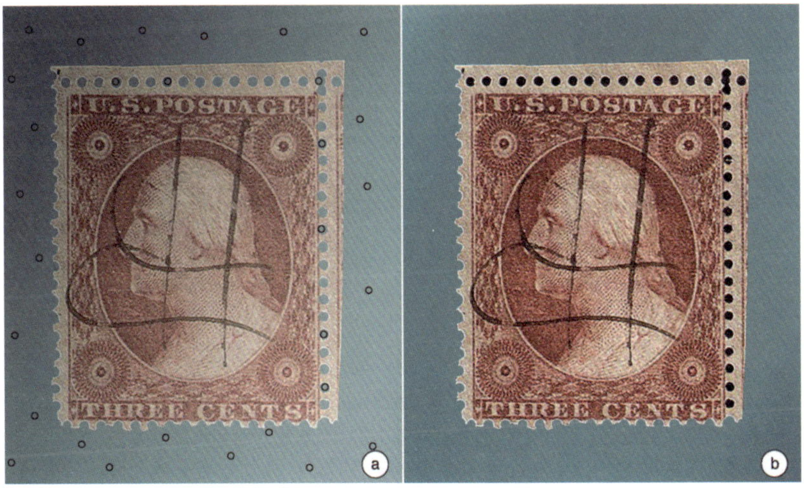

图 2.55 彩色图像的背景亮度校平：(a) 原始图像，圆圈标记用于拟合背景的 30 个位置 (b) 减去背景函数后的图像。

图 2.60 色相谱中红、绿、蓝部分三种色相相差 10% 的区域间的对比（类似于图 2.59）。本书所用的印刷技术可能会导致一些颜色的变化和色差。

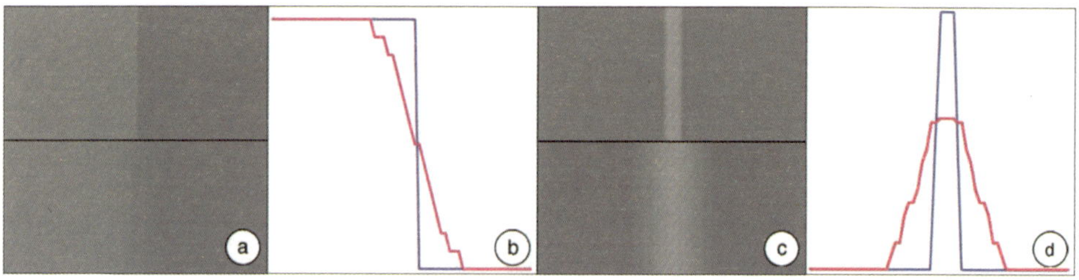

图 2.61 亮度阶及其导数：（a）一个明锐的和一个模糊的 10% 亮度阶；（b）图（a）中亮度阶跃的分布曲线；（c）（a）图中亮度阶跃的水平方向导数；（d）图（c）中的亮度分布的剖面曲线。

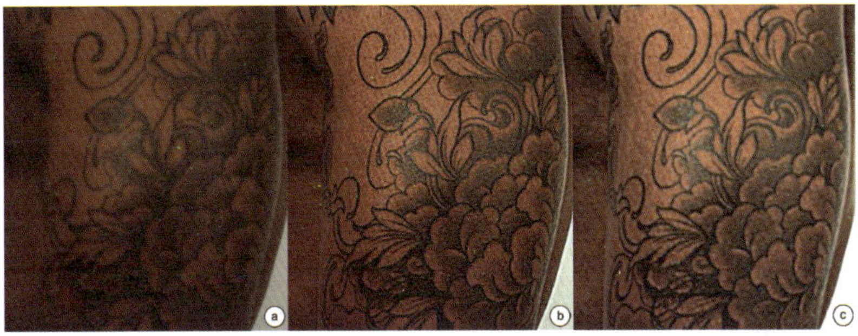

图 2.66 锐化深色皮肤上的黑墨水纹身图像；(a) 原始图像；(b) 应用拉普拉斯锐化滤镜的图像；(c) 应用同态滤波处理的结果，其增加对比度但拓宽了线条。

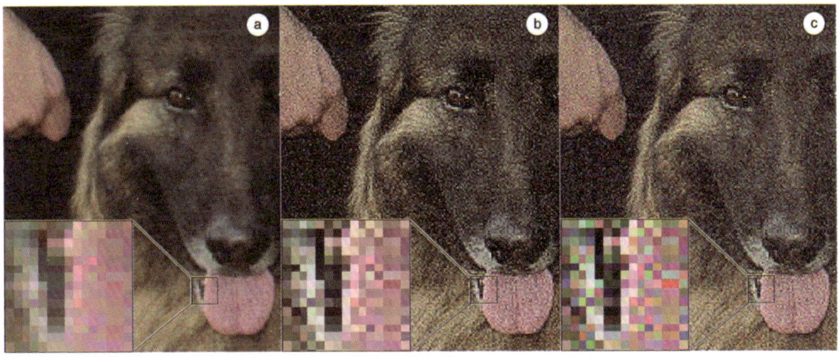

图 2.67 锐化图 2.36d 中的图像：(a) 原始图像，放大区域能看出单个像素；(b) 对 Lab 空间中锐化 L 通道；(c) 锐化应用于 RGB 空间中每个通道。

图 2.71 对彩色图像应用去锐化的掩模：(a) 原始图像（静物画的一部分），(b) 反锐化蒙版应用于 L 通道，(c) 反锐化蒙版应用于 R、G 和 B 通道。

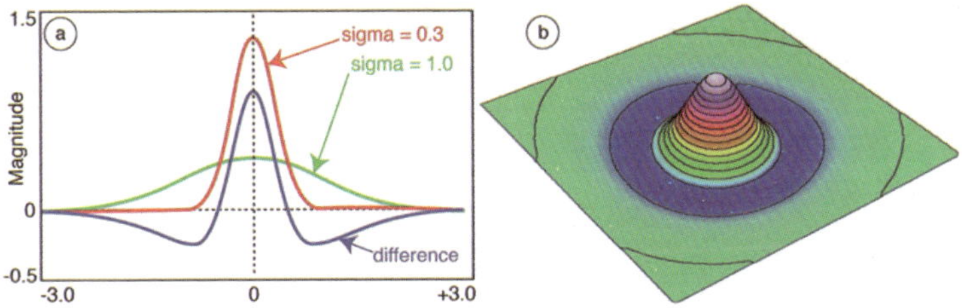

图 2.73 高斯差分：(a) 两个标准差不同的高斯曲线及其差值，以及 (b) 差值的二维等轴侧视图。中心峰周围的黑暗“壕沟”为负值。

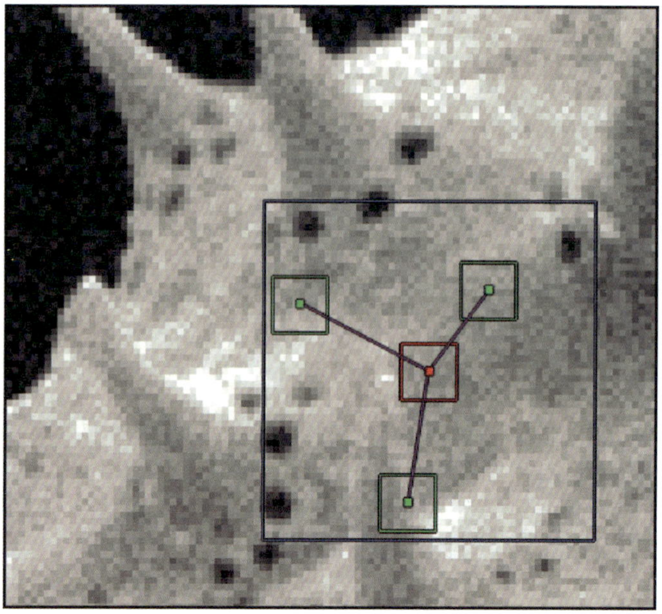

图 3.7 非局部均值方法示意图。中央红色像素的新值是在搜索区域（蓝框）内所有像素（绿框）的强度的平均值，每个像素根据各邻域（绿框）与中心邻域（红框）强度结构的相似性进行加权。

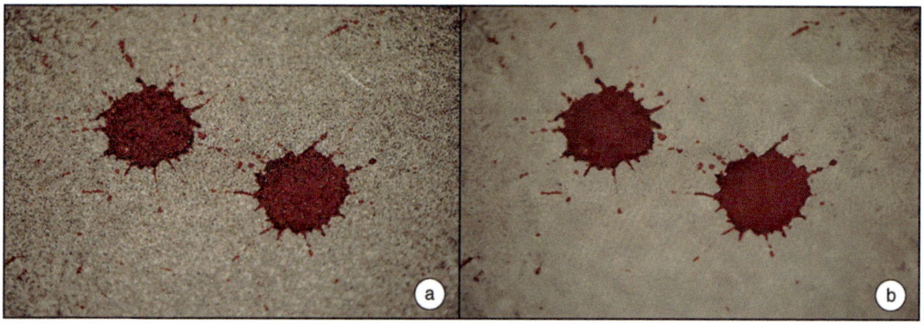

图 3.10 非局部均值滤波应用于砂纸上的血溅图像。

图 3.12 监控图像降噪比较：(a) 原始图像；(b) 各向异性扩散处理；(c) 非局部均值处理。

图 3.13 事故现场图像降噪对比：(a) 原始图像；(b) 混合中值滤波处理；(c) 各向异性扩散处理，(d) 非局部均值处理。

图 3.15 非局部均值滤波应用于一幅 JPEG 压缩图像：（a）原始图像的放大局部；（b）JPEG 压缩后的图像，（c）非局部均值滤波应用于（b）的结果。

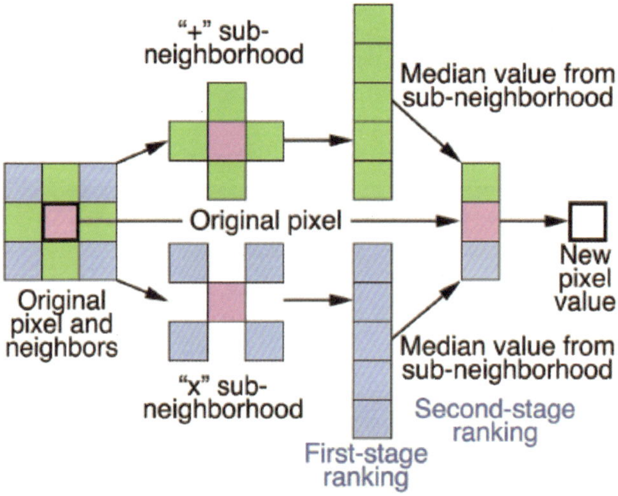

图 3.18 3×3 混合中值滤波中使用的邻域像素的示意图。两组像素都包含中心像素，并分别进行排序。然后对每组的中值和中心像素再次排序，选择最终的中值赋予中心位置的像素。

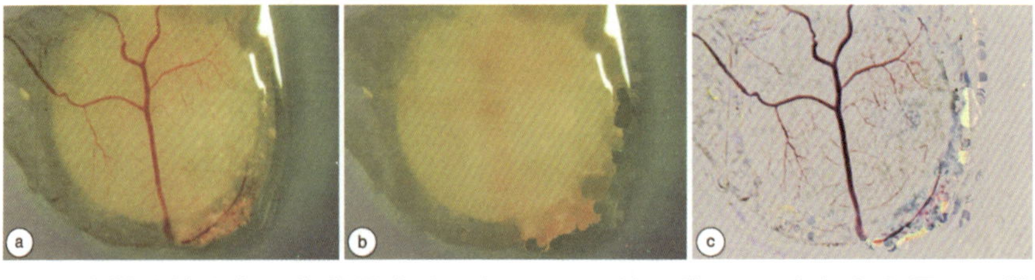

图 3.23 文中描述的彩色图像背景去除示例：（a）原始图像；（b）由颜色向量开运算产生的背景；（c）原始图像减去（b）中的背景图像。（感谢加利福尼亚州 La Jolla 市斯克里普斯研究所的 Kathy Spencer 提供图（a））

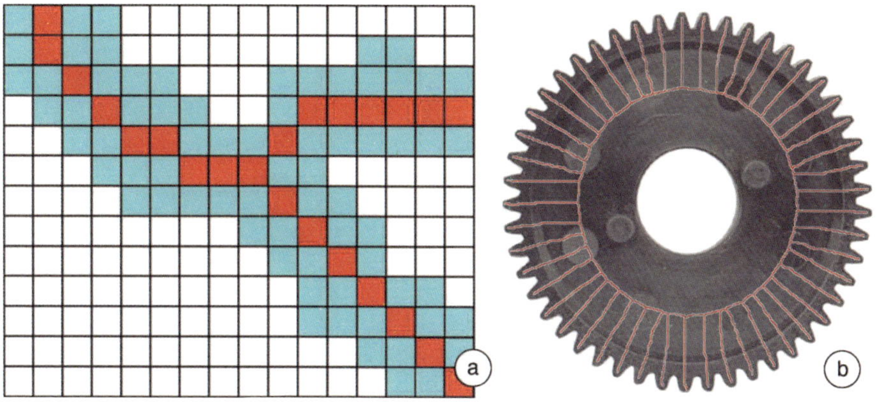

图 3.25 利用迭代腐蚀运算的骨架化：(a) 反复侵蚀形状上的蓝色像素，使其只剩下中轴，（中轴上的像素不能去掉，否则与目标上其相邻的像素之间无法连接）；(b) 齿轮的骨架表征了其形状。

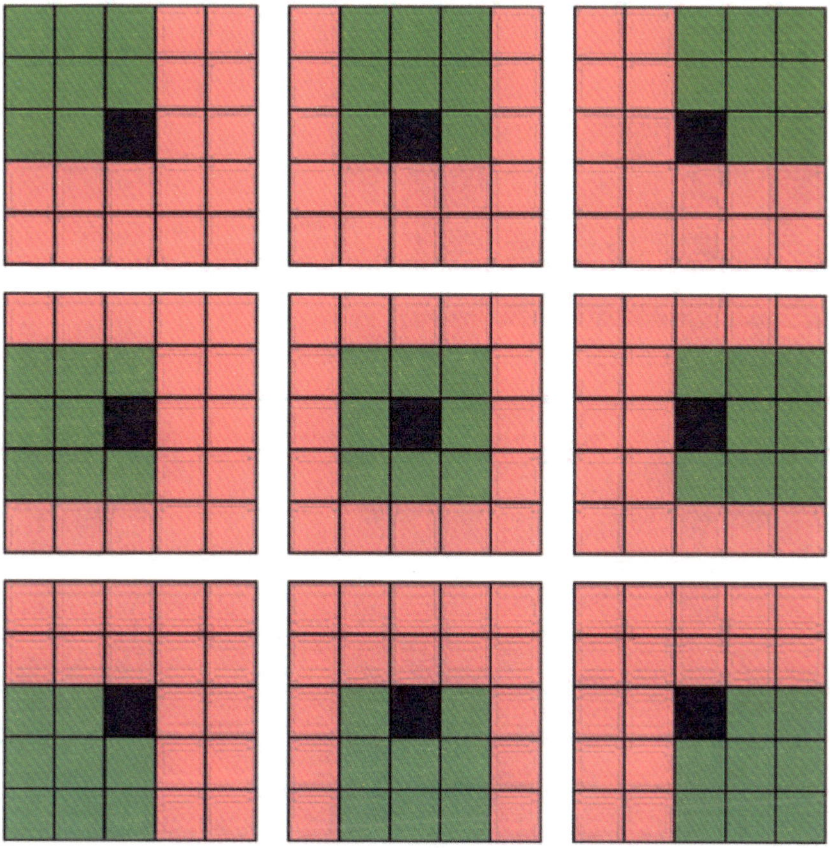

图 3.31 5×5 邻域内 9 个 3×3 个子区域（绿色）。Kuwahara 滤波将方差最小的子区域的均值赋给中心像素（黑色）的位置。

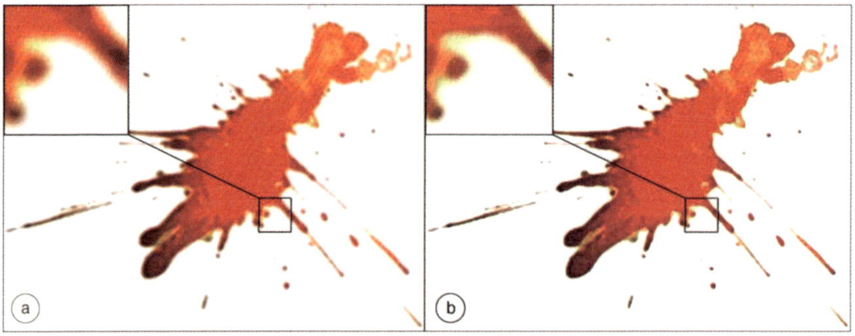

图 3.32 用 Kuwahara 滤波器锐化边缘：(a) 血溅图案的原始图像；(b) 处理后边缘被清晰地描绘出来。

图 3.36 用 Sobel 梯度滤波器生成的每个颜色通道的轮廓，由一张照片生成一幅艺术色彩素描。

图 3.41 多通道卫星数据的主成分分析：(a) 可见光通道及 (b) 从 9 个光波段导出的三个最重要的组合，分别赋给红、绿、蓝三通道。

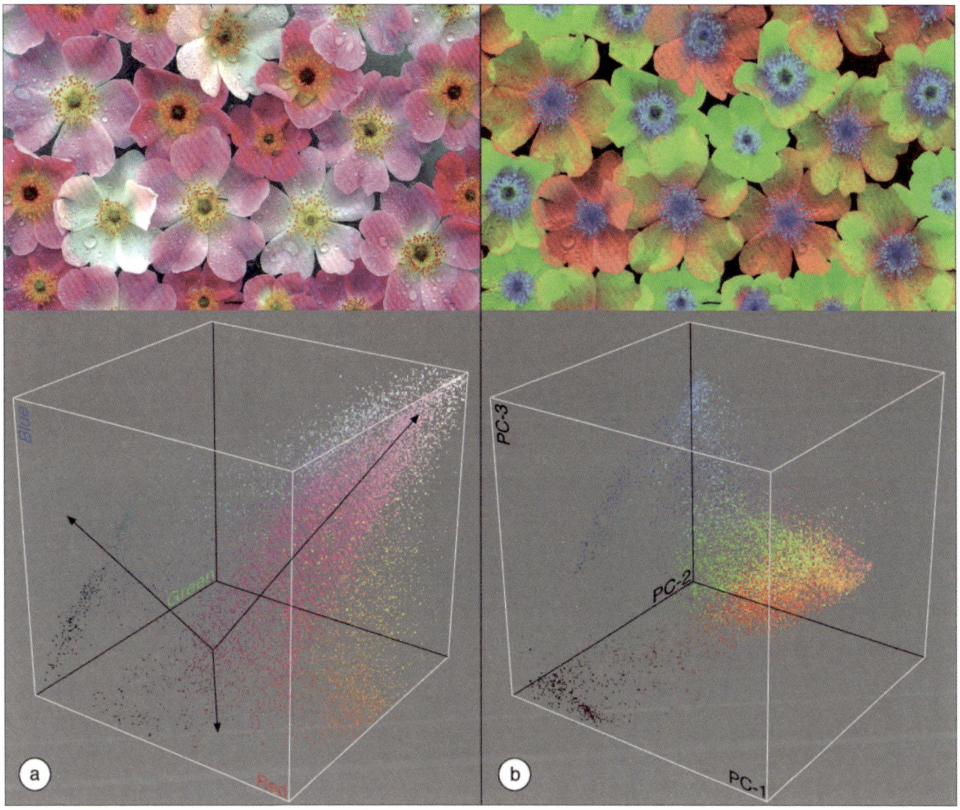

图 3.42 一幅图像的主成分分析：(a) 原始图像及其像素值绘制在 RGB 坐标系中，导出的对应于数据点实际分布的主坐标轴叠加在上面；(b) 将主坐标轴上的值分别赋予红、绿、蓝通道而导出的图像。

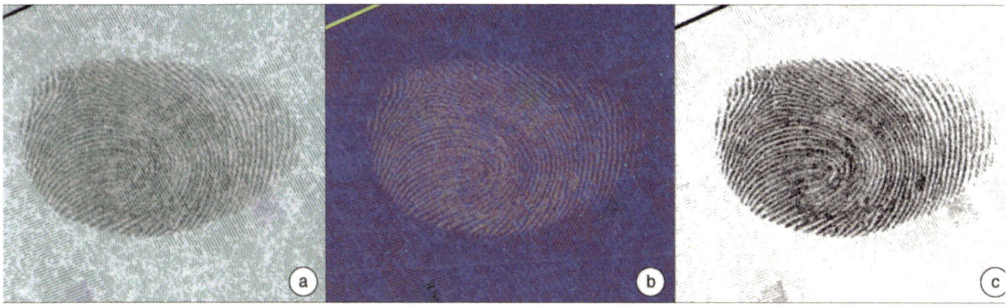

图 3.43 一张支票上指纹图像的主成分分析：(a) 原始图像；(b) 将 PCA 值赋给 RGB 通道的结果；(c) 仅使用沿第一个（最重要的）主轴的值形成的单色图像。（感谢 George Reis 提供图 (a)）

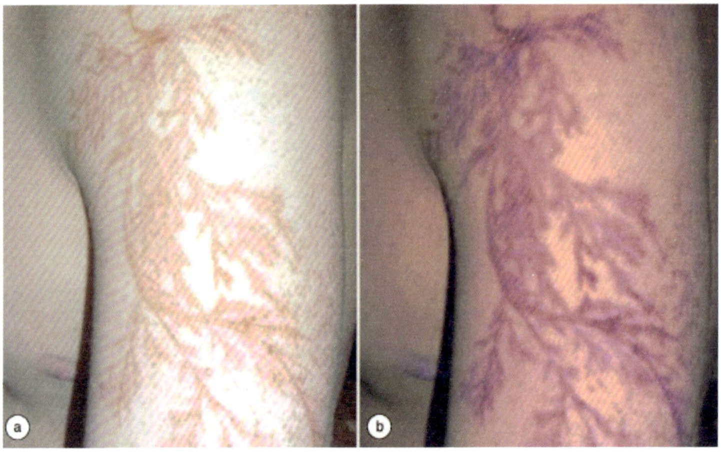

图 3.44 雷击引起的 Lichtenberg 图形的颜色和对比度增强：（a）原来的颜色；（b）使用 PCA 增强图形的对比度。

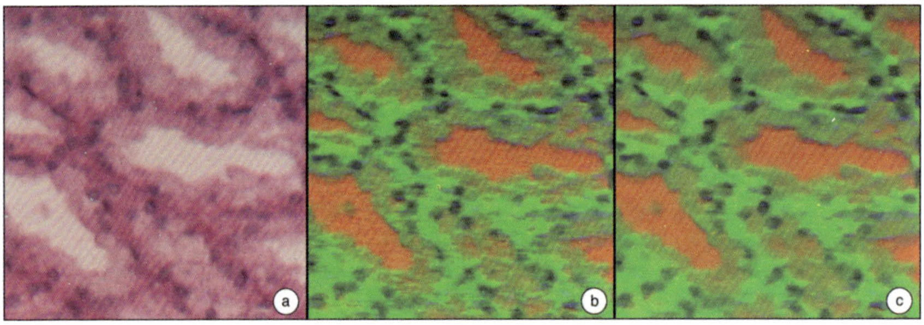

图 3.45 处理一幅 PCA 变换后的图像：（a）经染色的生物组织的原始图像，（b）PCA 变换后的图像；（c）对（b）应用非局部均值滤波的结果。

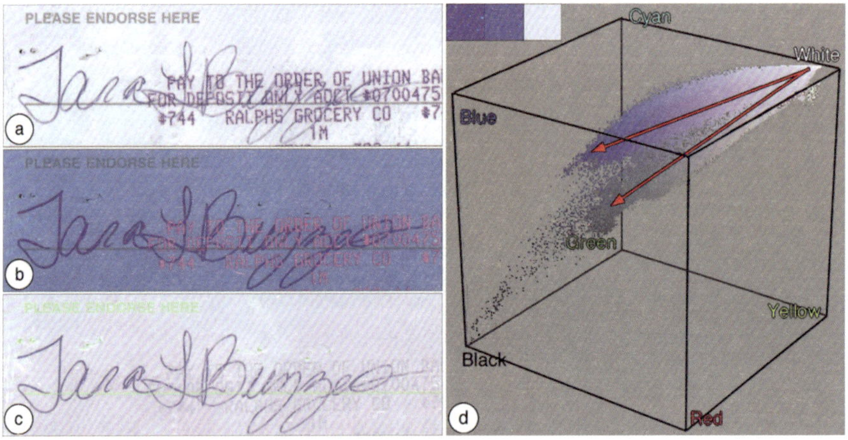

图 3.46 定义所选颜色轴：（a）一张作废的支票上的签名的原始图像；（b）将主成分分配给 RGB 颜色通道得到的结果；（c）将坐标轴赋予所选颜色向量的结果，（d）表示纸张和两种油墨像素的颜色向量。插入的小图分别显示了银行印章、签名油墨和纸张颜色的采样颜色，一起显示的还有拟合得到的、非正交的坐标轴。（承蒙 George Reis 提供图（a））

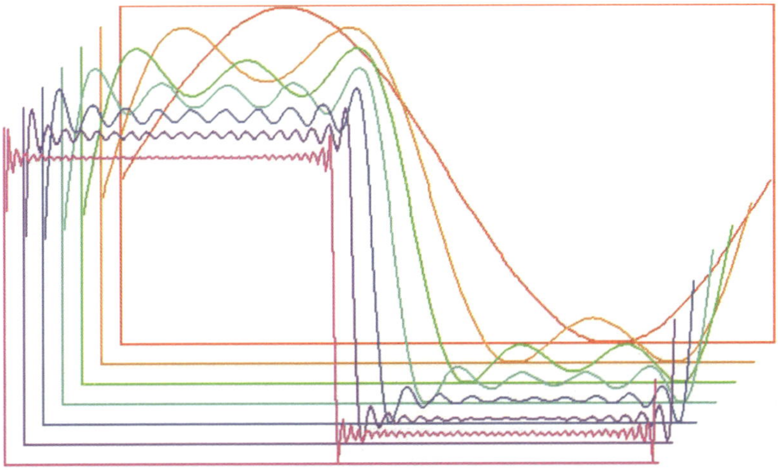

图 3.48 用傅立叶级数中的 1、2、3、5、10、20 和 40 个非零项逼近一个阶跃函数。

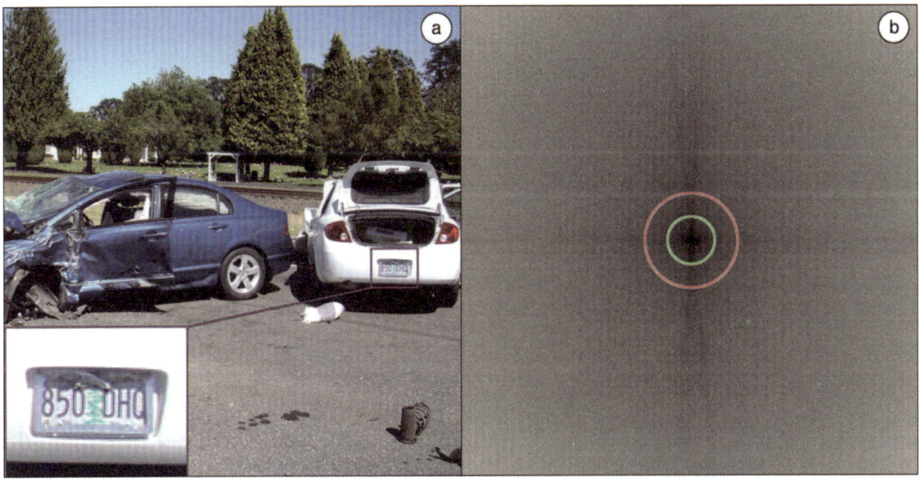

图 3.50 图 3.51 和 3.52 中滤波用的图像及其变换：(a) 原始图像；(b) 亮度数据的傅里叶变换功率谱（彩色圆圈表示文中描述的巴特沃斯滤波器 50% 截止点的半径）。

图 3.53 同态对比度压缩：(a) 原始图像；(b) 结果。

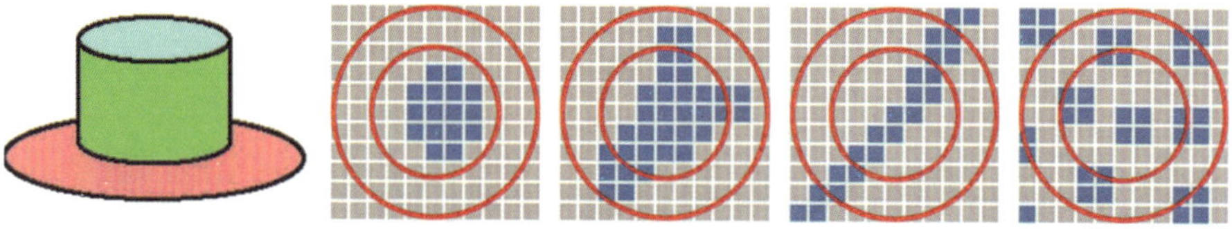

图 3.56 高帽过滤器示意图。帽檐位于与图像中像素的亮度相对应的“表面”上。任何亮度值超过帽顶的像素都可以被检测到。图中第一个图案会被滤波器发现，但是其他的图案则因它们的大小，超出了帽顶的范围，或者靠的太近（相比帽檐宽度）而被忽略。

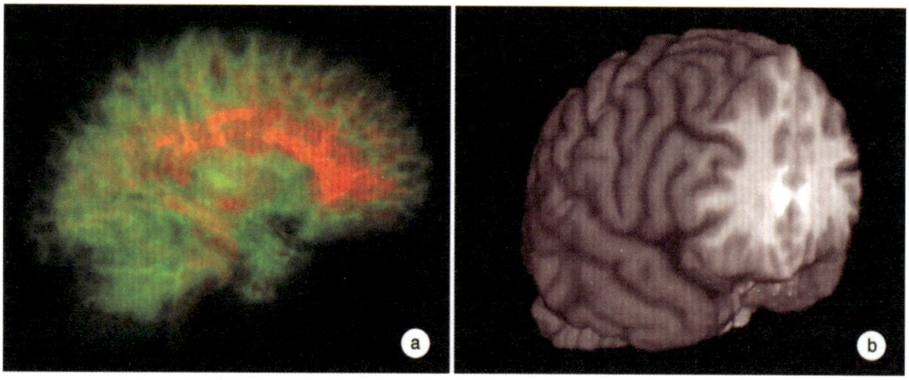

图 3.63 人类大脑的两种视图：(a) 用色彩表示体素密度的半透明展示，(b) 部分切除后的表面渲染效果。（承蒙西澳大利亚大学的 Paul Bourke 供图）

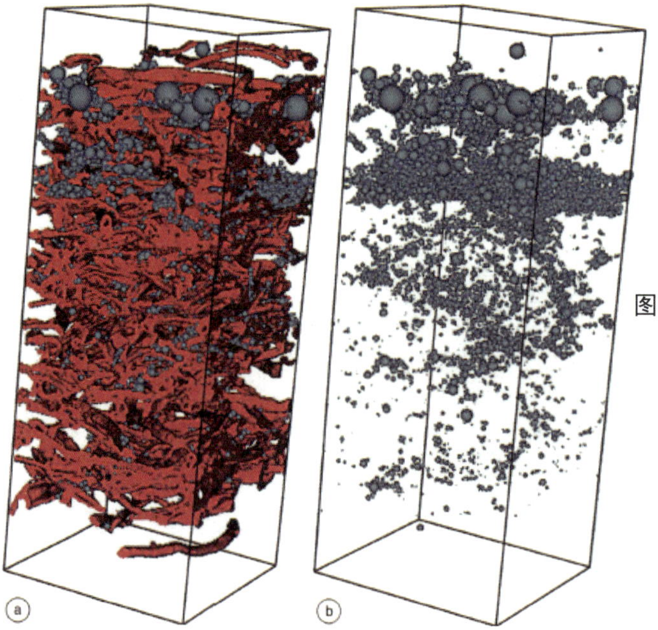

图 3.64 基于层析成像的过滤模型。过滤器中的非织造纤维用红色表示，不同大小的颗粒用蓝色表示，可以看出它们被过滤器捕获。（德国凯泽斯劳滕 Math2Market 公司 Andreas Wiegmann 供图）

图 3.65 测试后的部分复合材料试样的层析重建，包括表面可见的横向基体裂纹（左），以及使基体材料透明（右）以显示缺陷向内部延伸。（取自 J. Lambert et al., Composites Science and Technology 72（2）：337–343，2012.）

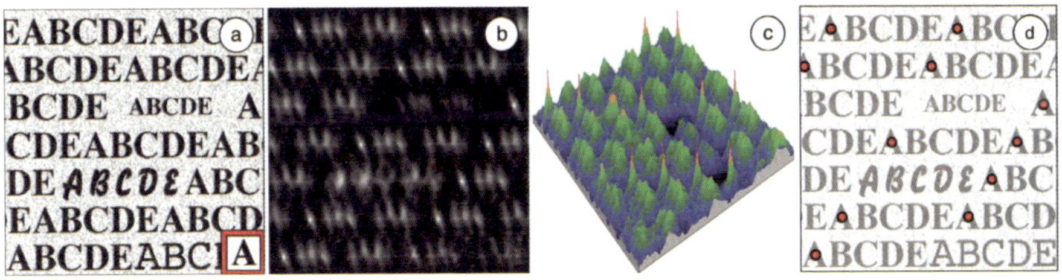

图 3.67 相关示例：(a) 含有多个字母并叠加随机噪声的图像，右下角嵌入目标字母 A；(b) 相关结果（匹配程度的灰度表示）；(c)(b) 的等轴侧视图，显示出在原图中有 A 的位置的尖峰；以及 (d)(b) 中的主要峰值叠加在 (a) 上的效果。只有大小和字体相同的字母 A 被发现。

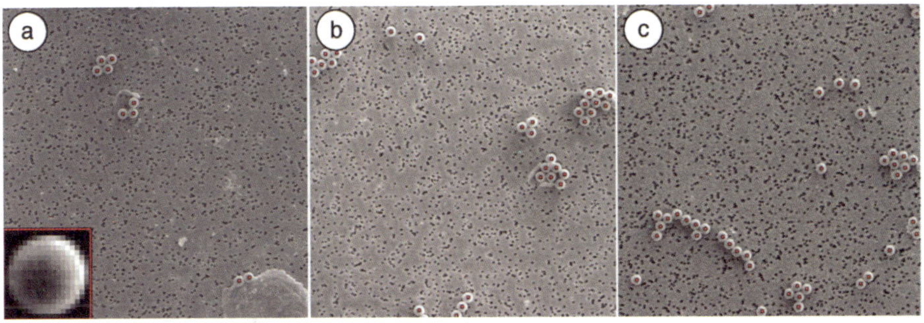

图 3.68 互相关用于检测和计数 Nuclepore 过滤器上的乳胶球：(a) 示例图像，目标图像嵌在其中（放大 8× 显示出像素）；(b) 和 (c) 附加示例，用红点标记出正文中描述过程的处理结果。

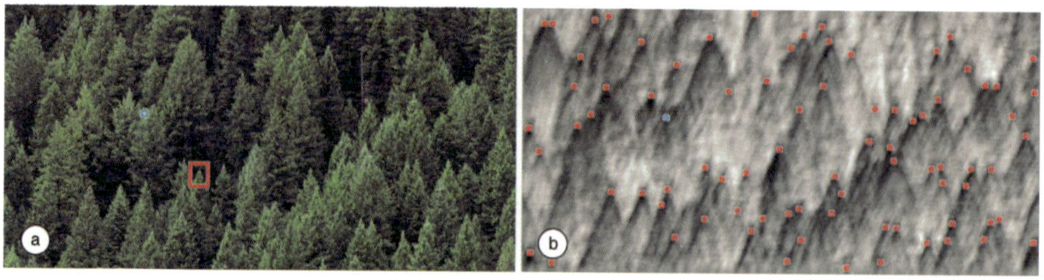

图 3.69 互相关计数：(a) 树木的航拍图像——红色框标记了被选为匹配目标的树顶；(b) 互相关结果，用红色标记显示已识别的树顶。蓝色的圆圈标出漏掉的一个。

图 3.70 新墨西哥州 Roswell 事件的气象气球残片照片。红框所示是雷米将军手中的电报。（原始 4×5 英寸底片的扫描件由新西兰奥克兰的 Martin Dreyer 提供）

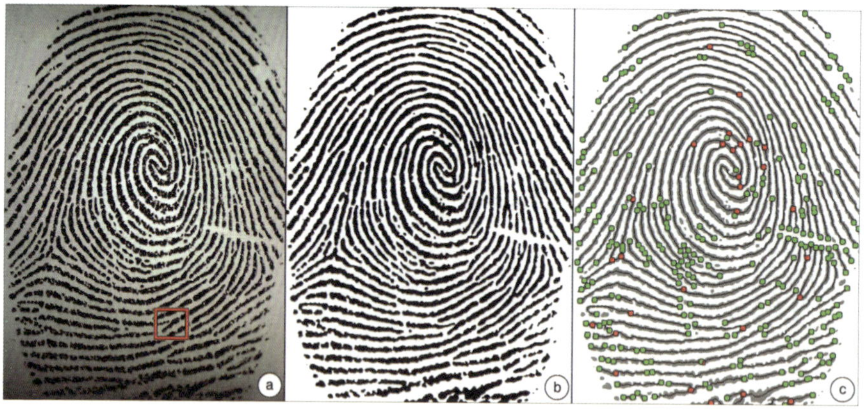

图 3.79 处理一个理想的指纹图像来定位特征，如正文中所述：(a) 原始指纹；(b) 应用对比度校平、阈值和闭运算后；(c) 骨架化并标记出端点（绿色）和分支点（红色）。

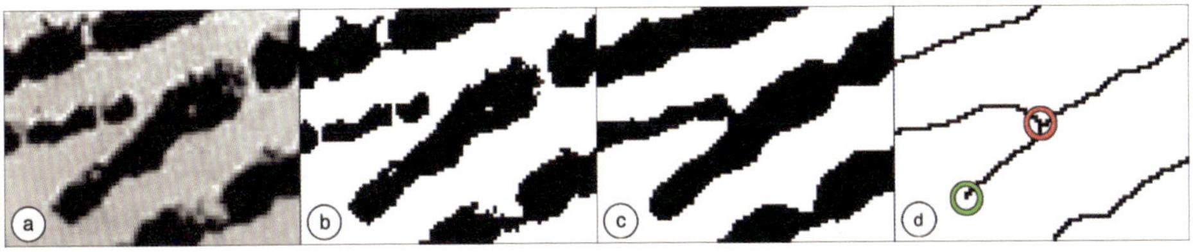

图 3.80 图 3.79a 中标红区域的放大：(a) 原始情况；(b) 阈值化处理后；(c) 应用闭运算后；(d) 骨架，标出了分支和端点。

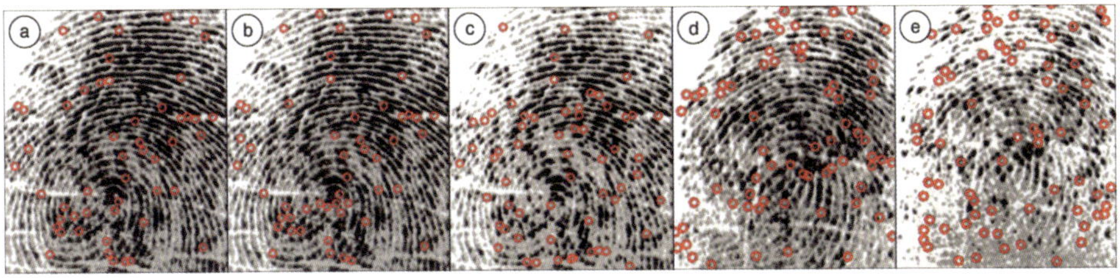

图 3.83 同一手指低质量指印上的伪特征标记。（摘自 S. Bharadwaj et al.，EURASIP Journal on Image and Video Processing 2014（1）：34，2014.）

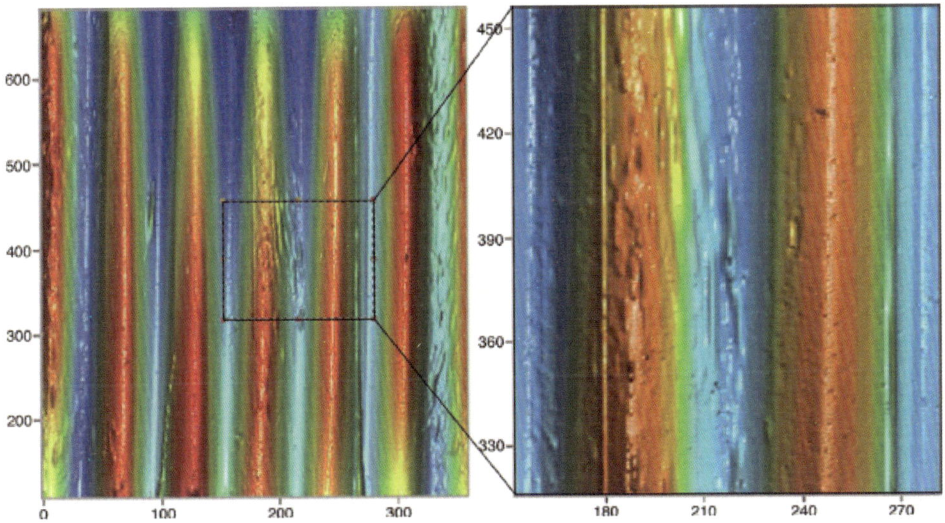

图 4.3 显示子弹阳膛线痕迹的高程图，颜色表示表面高度。（来自 F. Xie 等，Wear 266：518-522，2009）

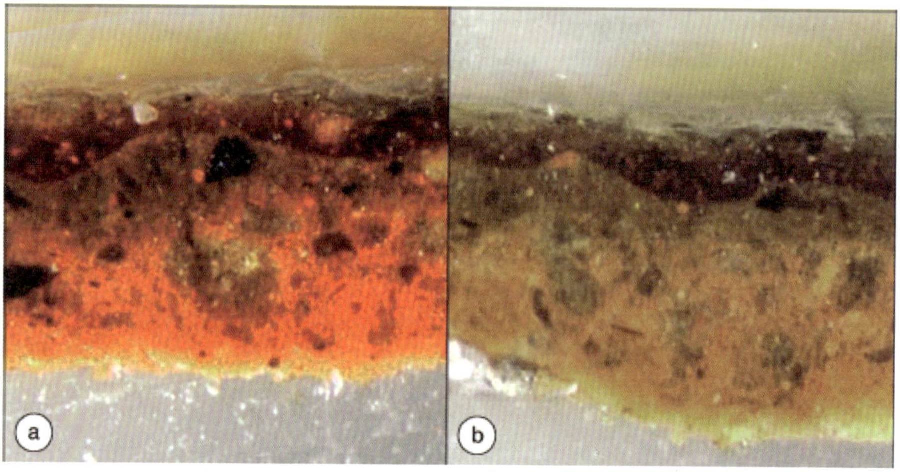

图 4.6 种类相同但光照条件不同的油漆薄片的截面图。

图 4.8 一对一排除证据：两个弹壳底部的撞针痕迹尺寸不匹配；其中一个直径要小一些，中心有十字形状的痕迹（如箭头所指）。

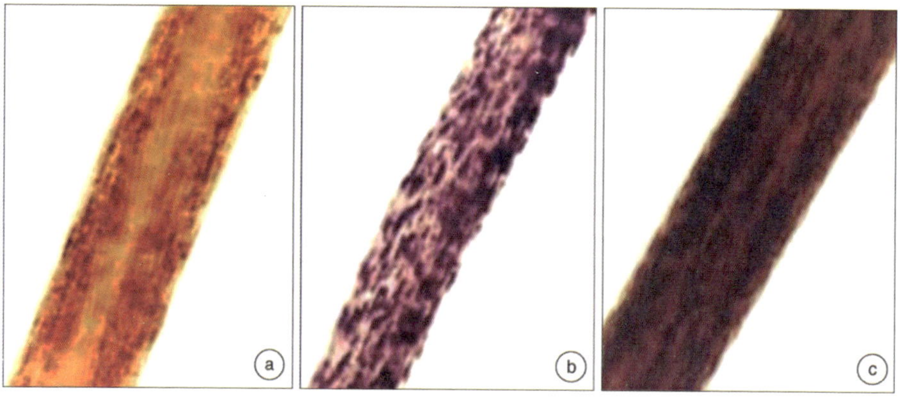

图 4.9 高加索人（欧洲）、黑人（非洲）和蒙古人种（亚洲）头发的显微比较。（D. W. Deedrick，Forensic Science Communications 2（3）：1-9，2000）

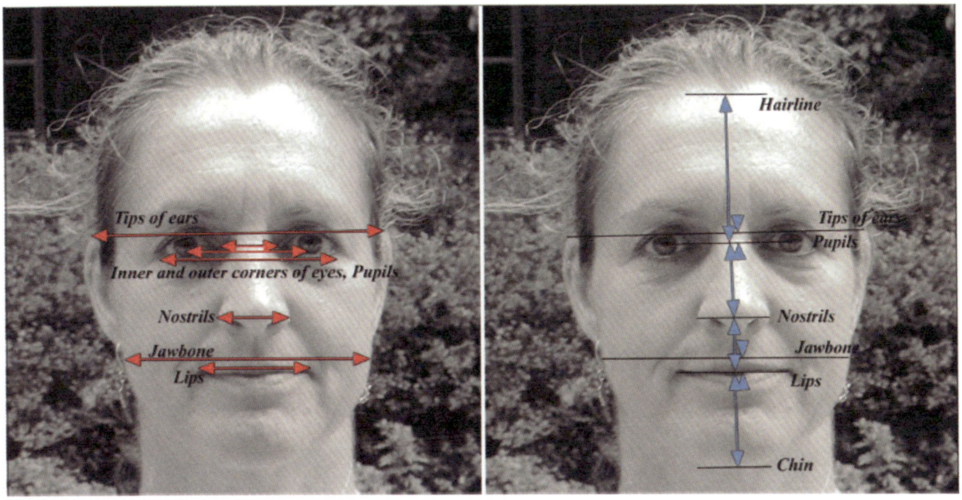

图 4.10 一些用来计算进行面部识别所需的比值的垂直和水平距离示例。

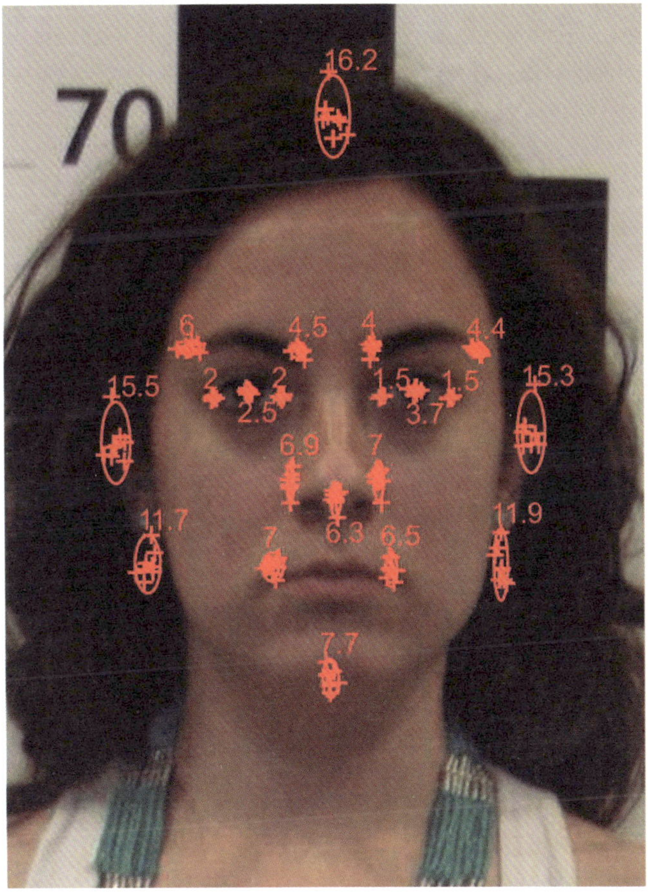

图 4.11 人工标注标志点的变化情况，数字表示像素坐标的变化（R. Vera-Rodriguez 等，IEEE International Workshop on Biometrics and Forensics，2013，pp. 1–4.）。

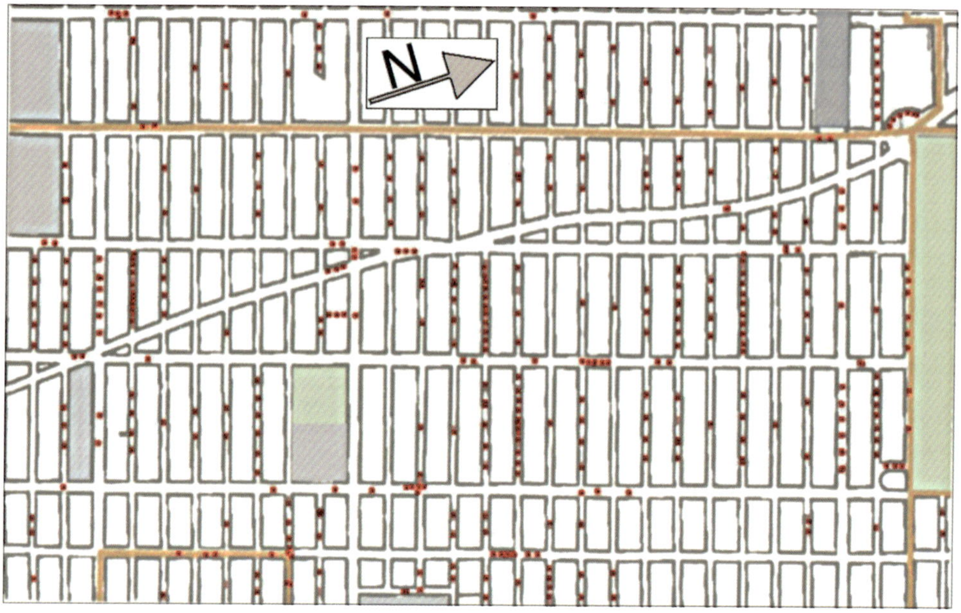

图 4.15 曼哈顿紧靠中央公园南面的区域。红点表示截至 2000 年该区域室外监控摄像头的分布。

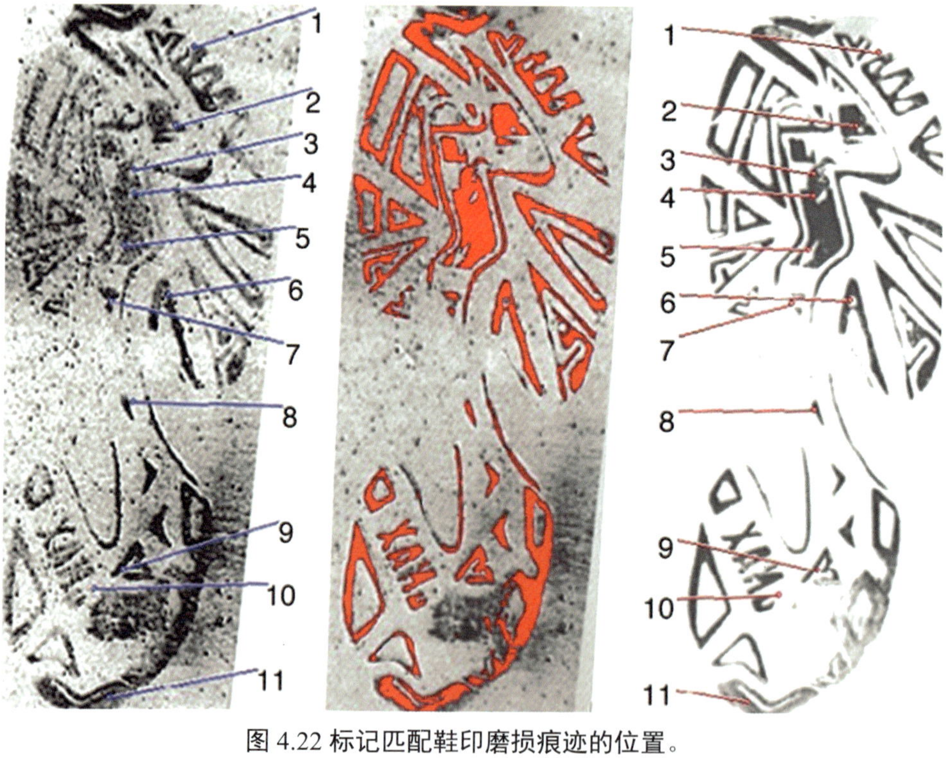

图 4.22 标记匹配鞋印磨损痕迹的位置。

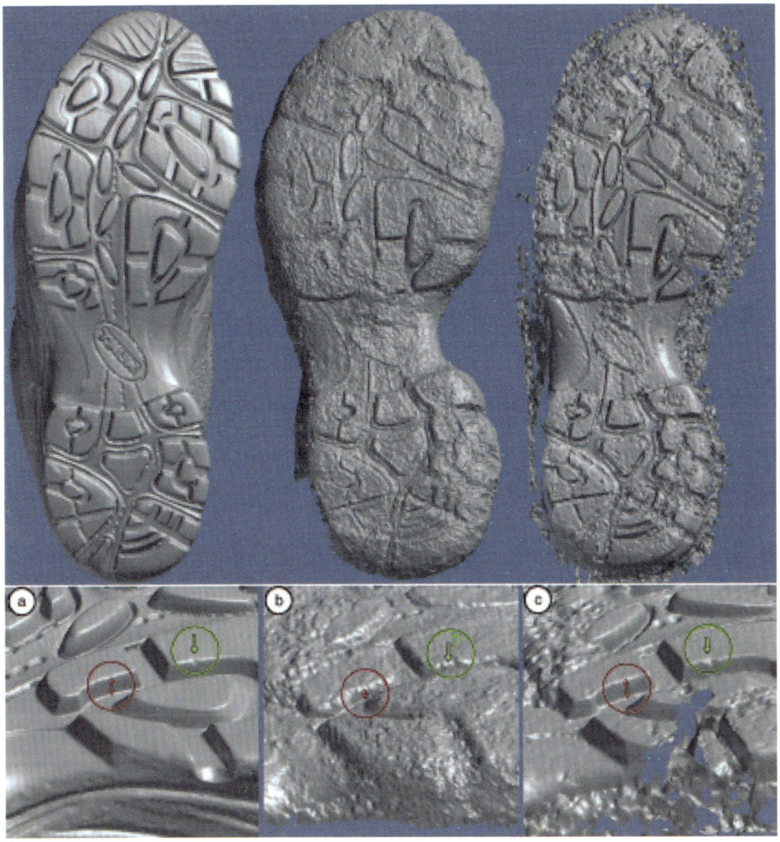

图 4.23 一个真实鞋底（a）与其踩在雪地上的鞋印用石膏制模（b）和光学扫描（c）提取结果的对比。红线和绿箭头标示出深度和磨损痕迹的对比。（摘自 U. Buck 等，Forensic Science International 171：157–164，2007）

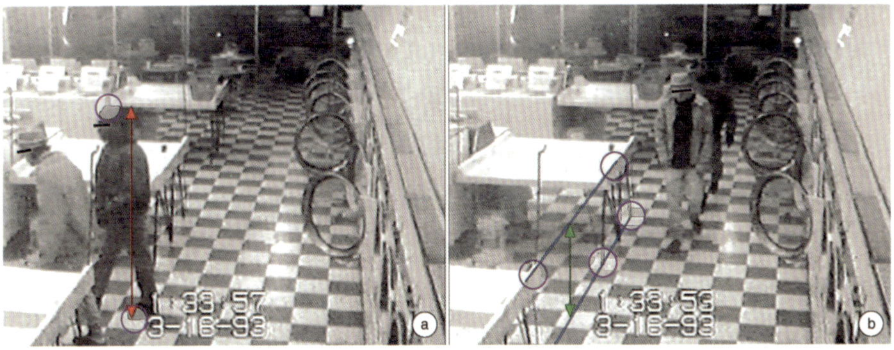

图 4.30 利用参照物测量：（a）嫌疑人的视频监控画面，圆圈表示处理定位他的帽子顶部和鞋子底部，和要测量的垂直距离；（b）前面的一个视频帧，显示用作参考的桌子，通过处理定位桌面边缘和桌腿，以及为测量垂直距离而拟合的、穿过嫌疑人位置的直线。

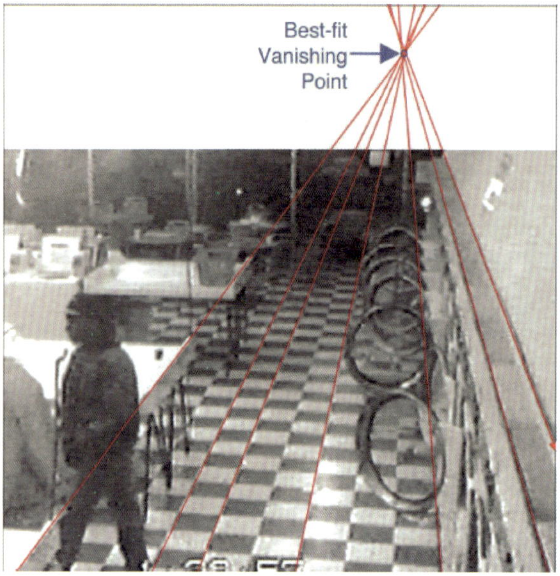

图 4.32 延伸与地砖边缘及墙面标记相适配的直线确定消失点，并由此确定相机位置。延伸直线交叉点的不确定性反映出相机位置的不确定性。

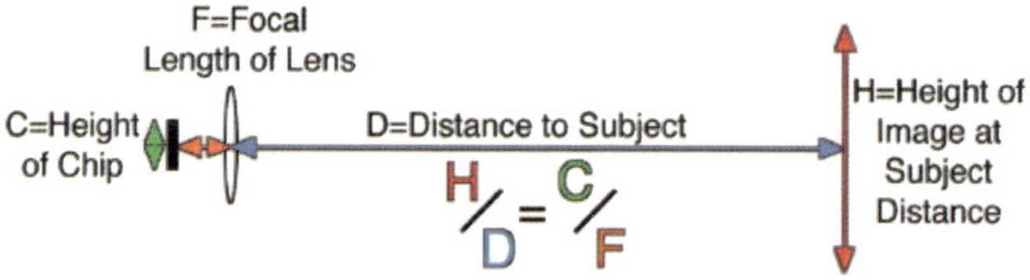

图 4.33 镜头焦距 F 与芯片尺寸 C 之比和物距与视场画面实际高度之比之间的关系。

图 4.36 一个便利店的照片，其中有数个参照高度用来计算相机拍摄距离。

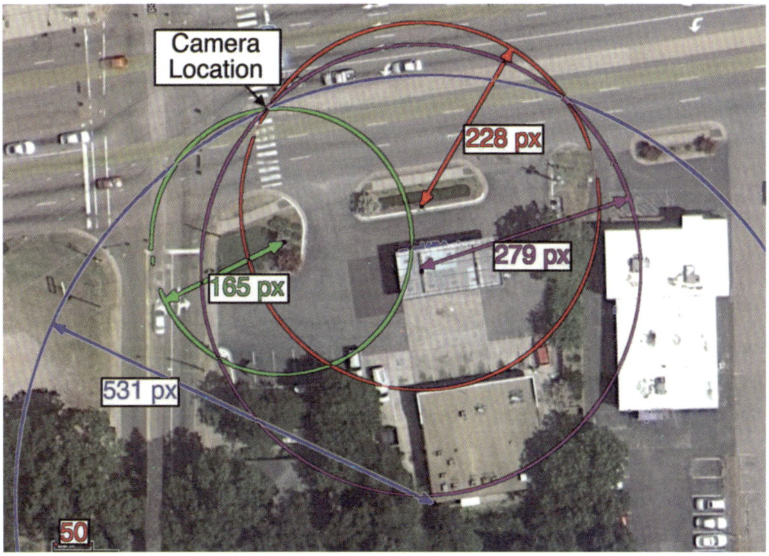

图 4.37 现场鸟瞰图。其上标有从图 4.36 中参考点计算出的距离，这些距离用于画圆，圆圈交于相机所在位置。

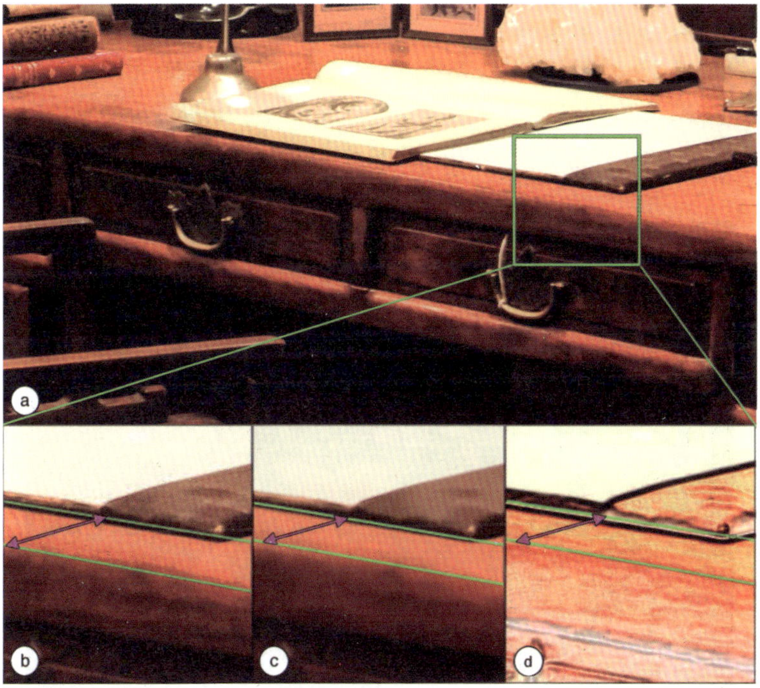

图 4.39 一张桌子的照片。由于两者都是圆形的，反射光的方式也不同，因此要确定从桌子边缘到信笺簿边缘的距离是很复杂的。绿线标记出明显的边缘位置：(a) 显示细节区域的原始照片；(b) 在原始照片上确定的边缘；(c) 应用非局部均值滤波器后确定的边缘；(d) 计算最大亮度梯度确定的边缘。

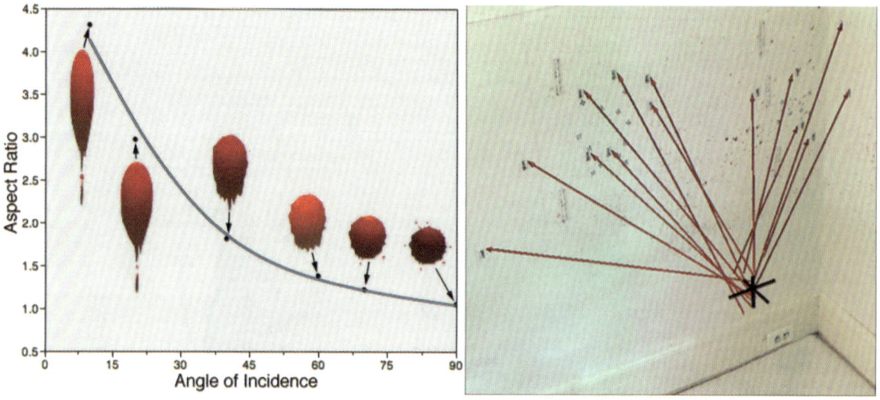

图 4.40 血滴的入射角与其在飞溅血迹中产生的长宽比之间的关系使得定位血滴的来源成为可能。

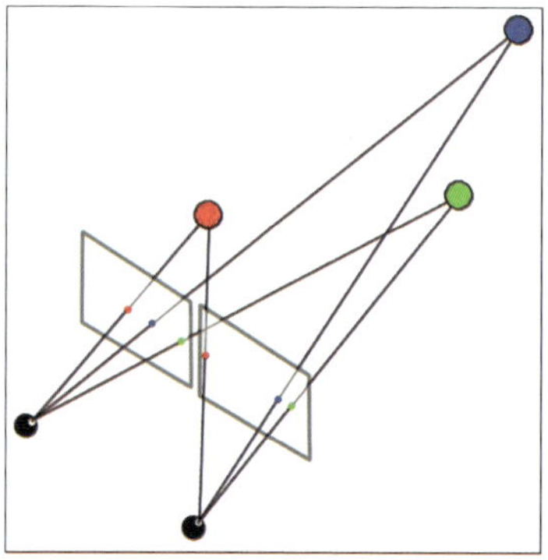

图 4.41 立体视觉通过把物体的像移到每只眼睛的中央凹窝所需的眼球旋转量来确定物体的相对远近。立体照片记录了具有横向移位的两幅图像，可以看到同样的效果。

图 4.42 一个苍蝇头的红、青色立体图像。两个单独的单色 SEM 图像以不同的颜色通道组合在一起。要观看图像，左眼前加红色镜片，右眼前加绿、青或蓝色镜片。

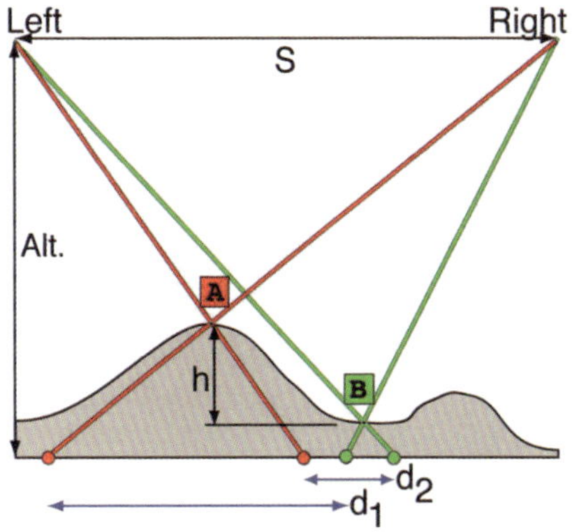

图 4.43 通过测量视差距离（d），应用于公式 4.1，立体视觉测量可以确定两点之间的高度差。其几何学原理既适用于平移样品，也适用于移动相机，如航空摄影的情形。

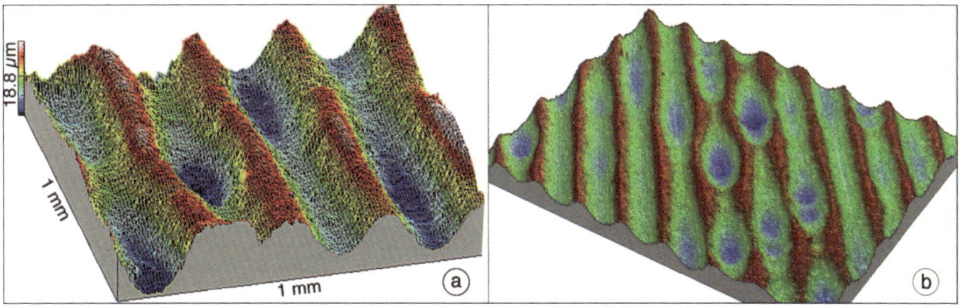

图 4.44 一个有百年历史的爱迪生蜡筒上的凹槽图案：(a) 共焦显微镜观察；(b) 干涉显微镜观察。（摘自 V. Fadeyev et al.，Journal of Audio Engineering Society 53（6）：485–508，2005.）

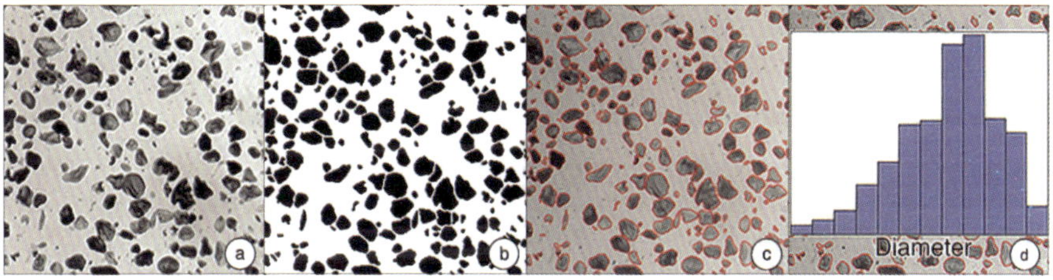

图 4.48 正文中所述的土壤颗粒大小分布测量。

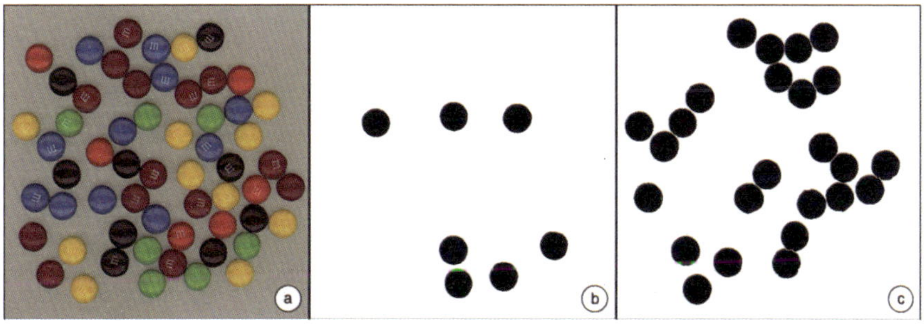

图 4.50 彩色图像的分割：(a) 原始图像；(b) 通过色相和饱和度选择绿色对象；(c) 选择包含白色字母 m 的对象。

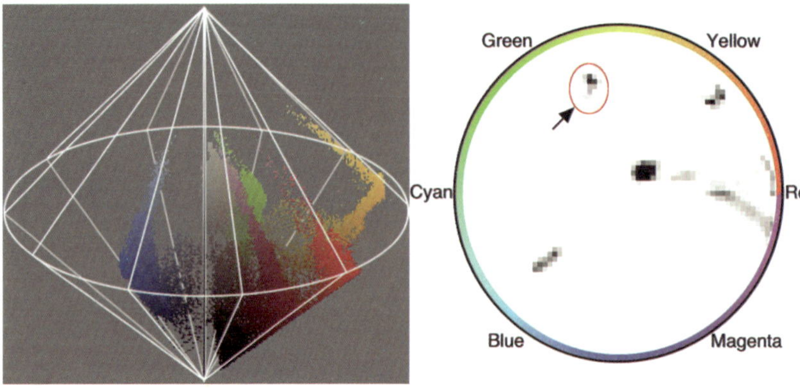

图 4.51 图 4.50a 中像素颜色值的分布图。双锥形的 HSI 空间显示了因样本的曲率和光照所致的饱和度随亮度的变化。色彩 - 饱和度平面中绿色点簇周围的标记圆选中了图 4.50b 中经阈值处理的像素。

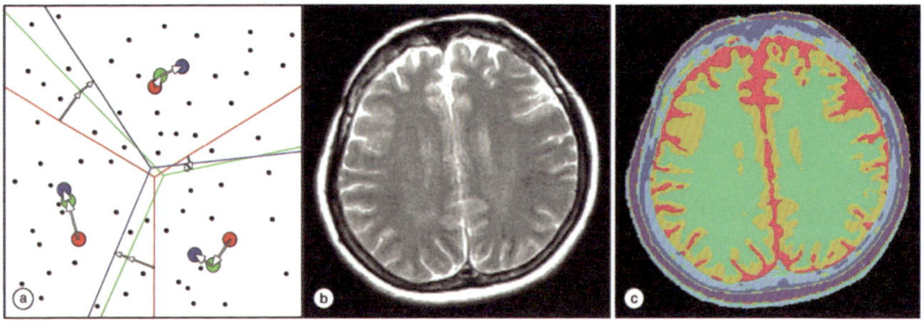

图 4.52 k- means 阈值。在一个 n 维空间中绘制出的与每个像素位置相关的值。(a) n = 2 的情况。迭代过程为每组像素定位平均值和边界，直到不再发生进一步的更改。这个例子展示了基于亮度和局部对比度将磁共振（MR）图像（b）分割成 6 类（c）。

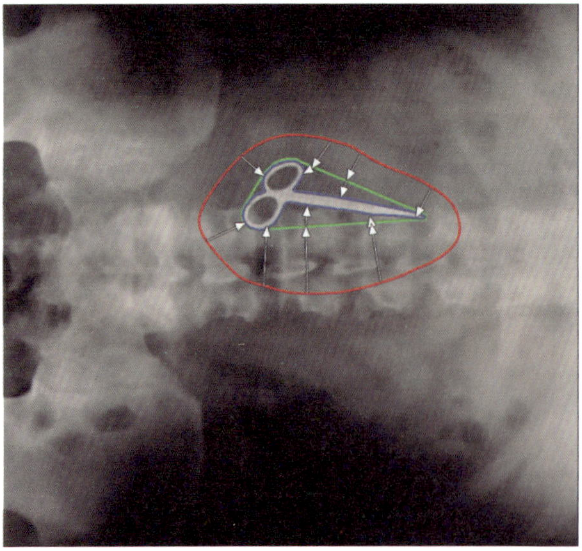

图 4.53 主动轮廓分割的例子。最初的手绘轮廓（红色）在一系列步骤中收缩，直到找到边界。

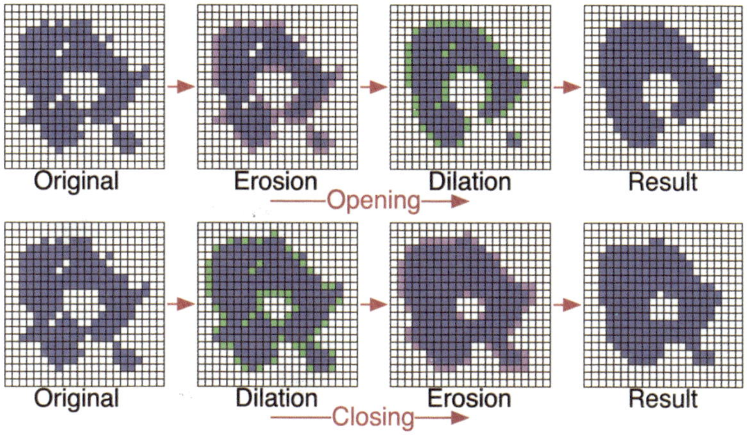

图 4.55 组合腐蚀和膨胀形成开运算或闭运算，如正文所述。用彩色表示每一步处理中删除（洋红色）或添加（绿色）的像素。

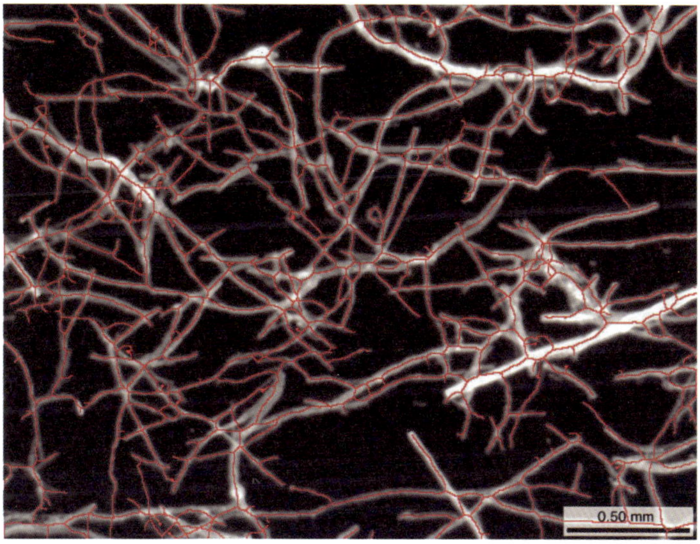

图 4.57 木质纤维与其骨架重叠的图像。

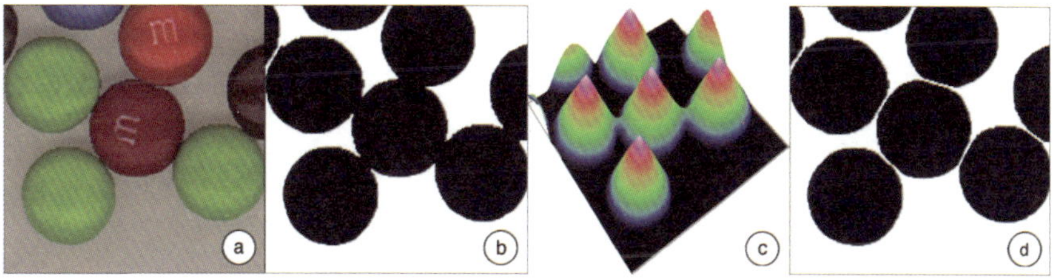

图 4.59 分水岭分割示例：（a）图 4.50a 的局部显示出互相接触的对象；（b）阈值处理后的图像；（c）用颜色编码的表示每个像素到最近的背景点距离的高度图，以及（d）去除山脉相交的分水岭线的结果。

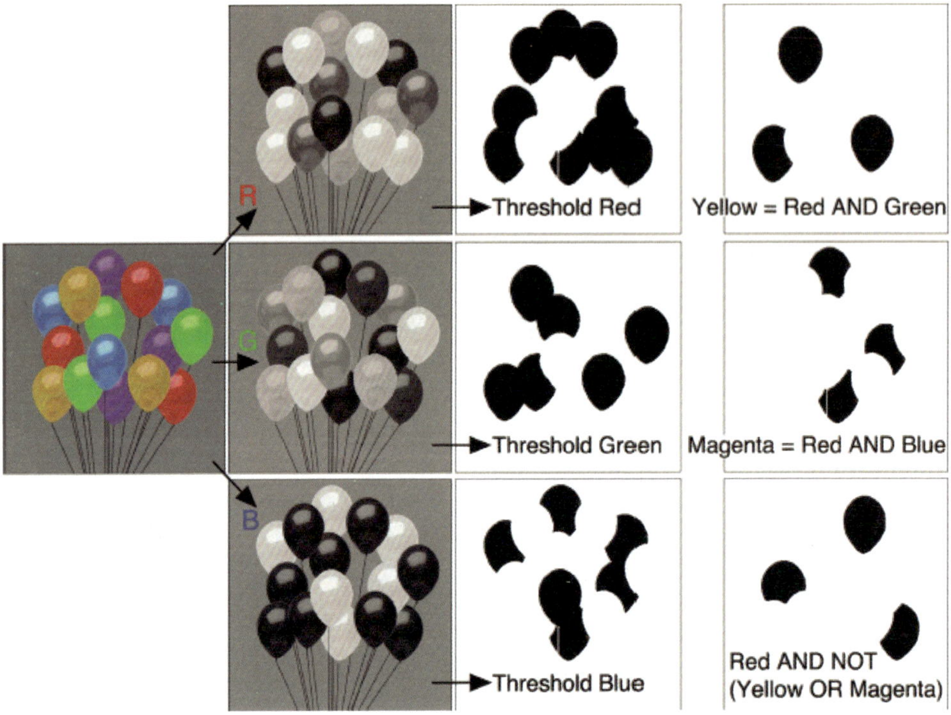

图 4.62 正文中所述的，用阈值化像素进行布尔组合运算的例子。这些像素代表在红色、绿色和蓝色通道中较亮的部分。

图 4.63 显示出地块和现有建筑物的某街区的勘测（a）。使用建筑物作为标记，或非运算选择空置的地块（b）。

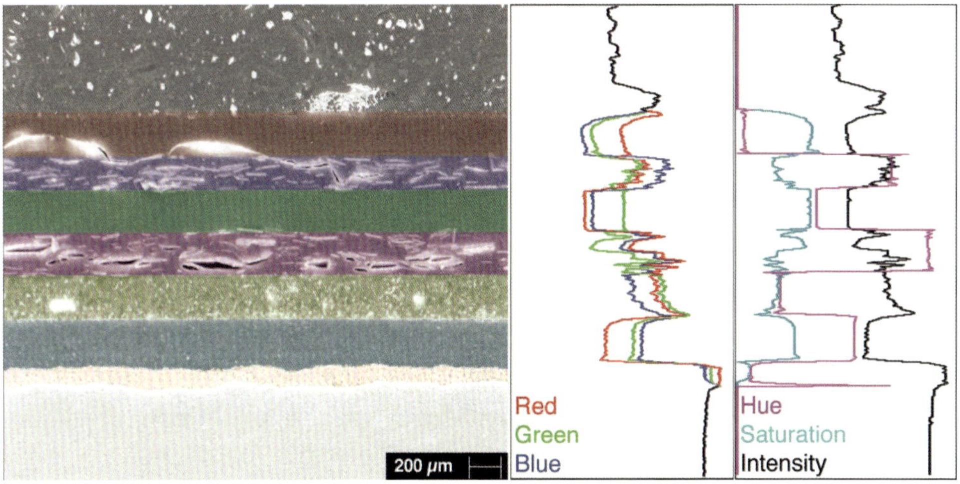

图 4.64 房屋油漆的横截面显示出不同颜色的多个层。右边的图显示了颜色值的垂直剖面分布。红、绿和蓝的剖面轮廓图在通过可视的颜色及厚度区分不同漆层方面不如通过色调区分。

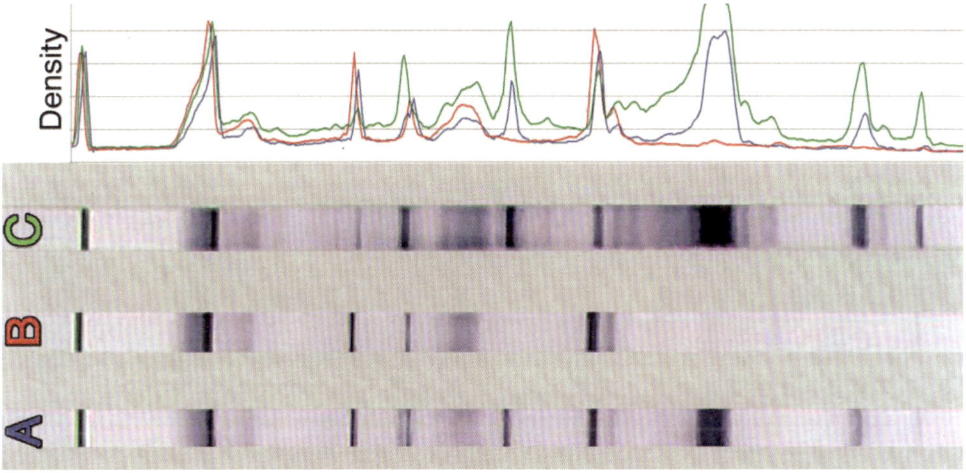

图 4.65 DNA 测试条的密度剖面图。

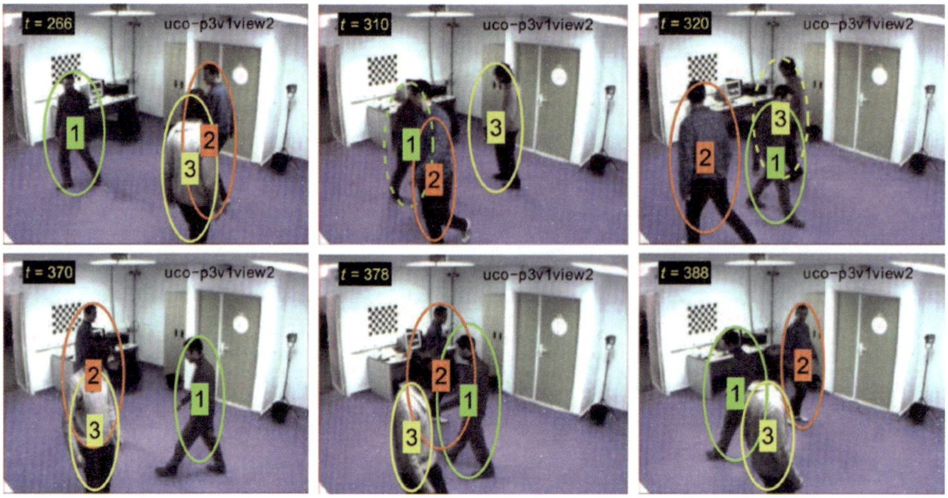

图 4.66 在序列图像中随时间跟踪人，补偿遮挡和改变方向的例子。（摘自 C. Reta et al., Journal of Electronic Imaging 24（1）：013015，2015.）

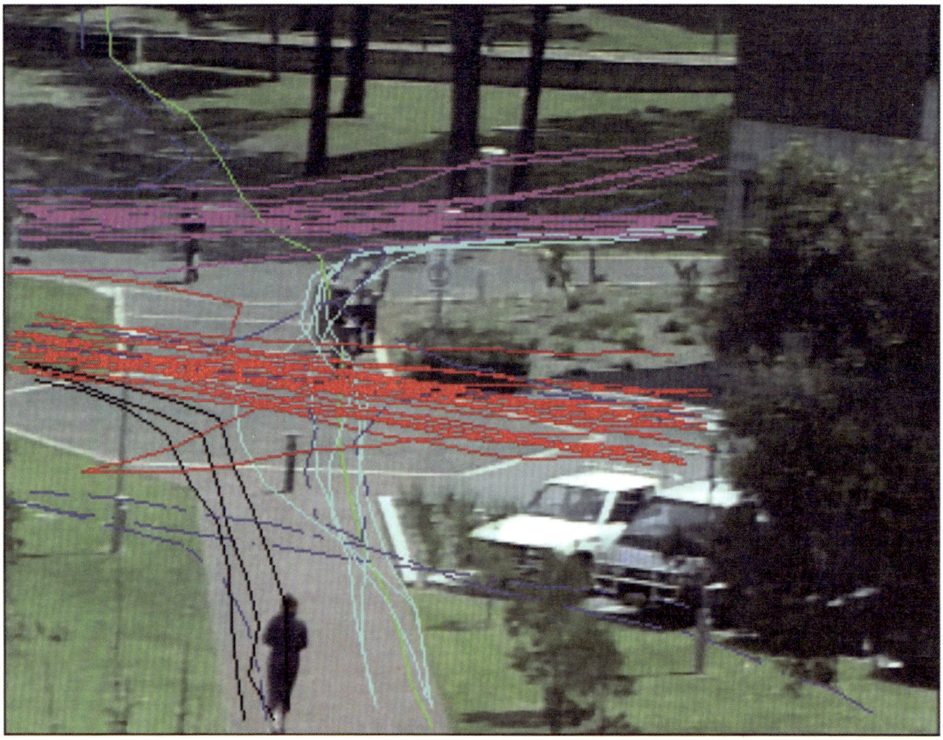

图 4.67 将轨迹归类到不同路径的例子。（摘自 D. Makris and T. Ellis，Image and Vision Computing 20（12）：895–903，2002.）

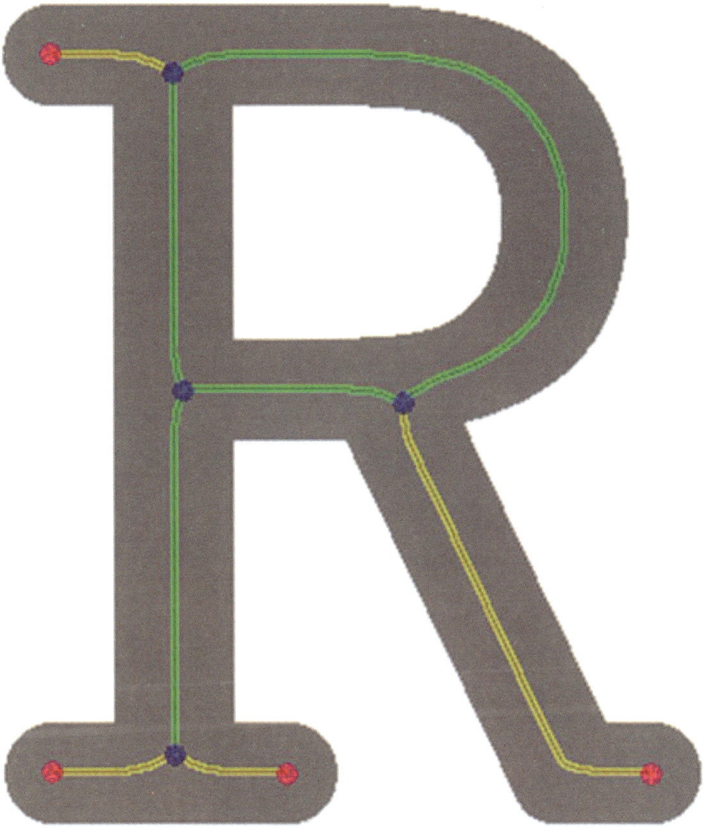

图 4.70 所示形状的骨架有四个端点以红色标记，四个节点以蓝色标记，和一个环。内部和外部终端）分枝是绿色和黄色的，可以单独计数和测量。

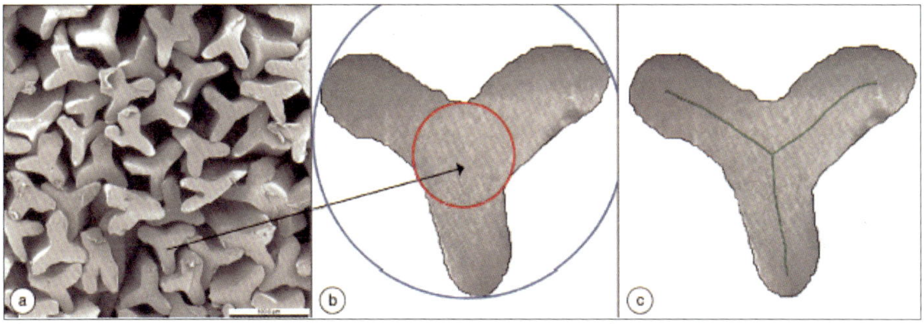

图 4.71 三叶尼龙纤维横断面的扫描电子显微镜图像与自动适配内切和外接圆以及形状骨架的一个例子。（由 Judy Elson 提供，College of Textiles，North Carolina State University，Raleigh）

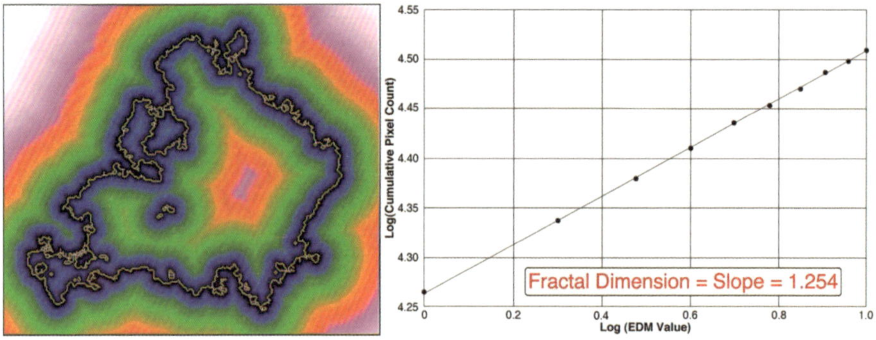

图 4.75 一个尘埃粒子的轮廓，像素的颜色编码是像素到轮廓线距离的函数，以及面积作为距离轮廓线的函数的 log-log 曲线图。

图 4.77 用野外指南来识别一片叶子。

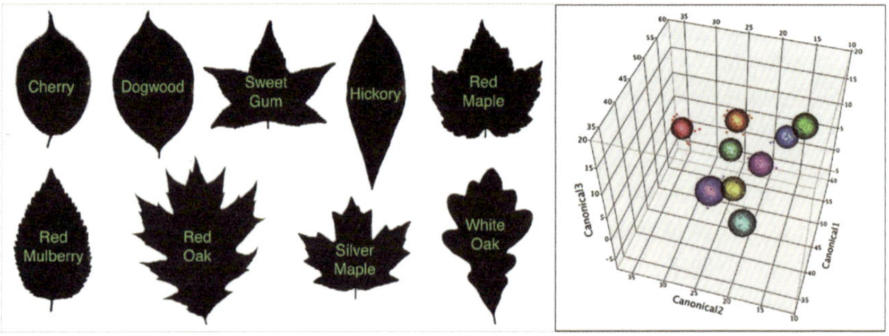

图 4.78 通过形状鉴定几种叶子的品种。坐标轴为典型变量，是如图 4.79 所示三个形状因子的线性组合。

图 4.82 把两幅不同图像中的部分合成到一起的例子。

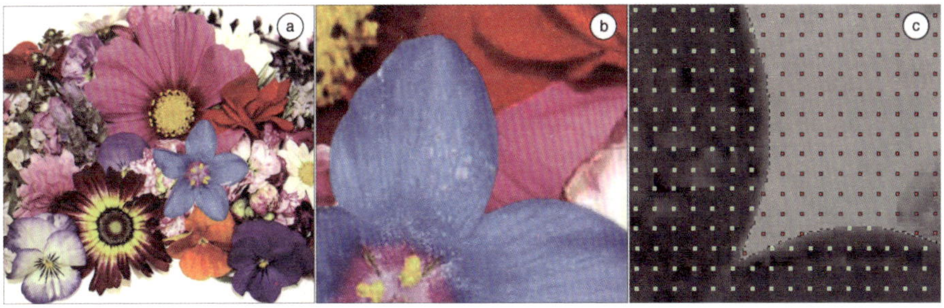

图 4.83 上文中论及的一幅图像，一朵蓝色的花被添加到其中。

图 4.85 改动的图像（b，c），把把原始图像中（a）中枪的保险的位置改变了。

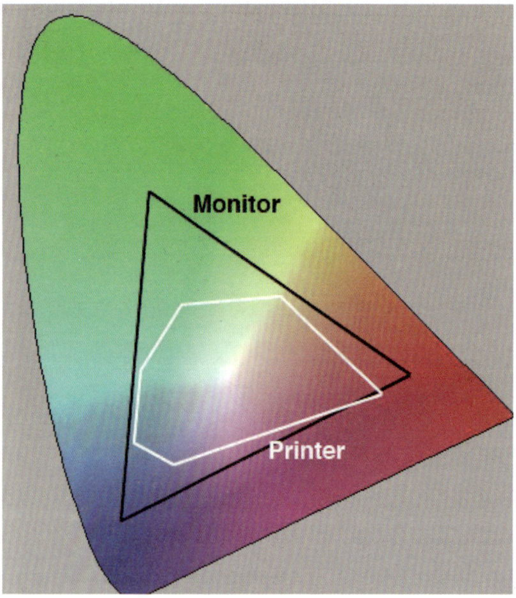

图 5.1 在国际照明委员会（CIE）的可视颜色图上计算机显示器和喷墨打印机色域的对比。

图 5.8 弹壳上撞针痕迹和抛壳器痕迹的并列比对。

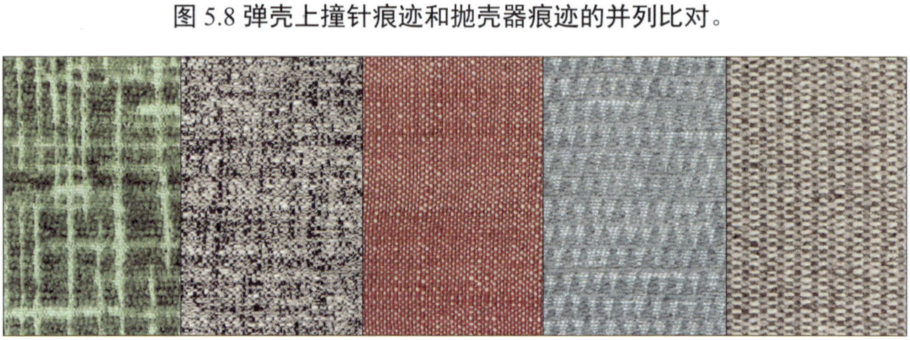

图 5.10 纺织图案的比对因颜色差异和图像比例的不同而变得复杂。

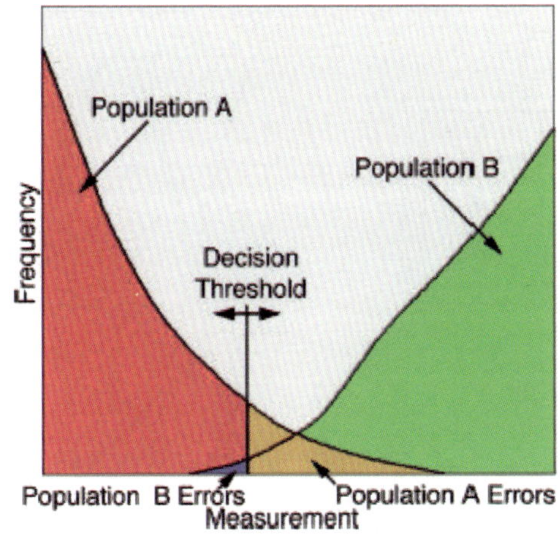

图 5.23 如正文中所讨论，在分布相互重叠时设定一个决策点。对某一对象错误分类的概率是通过每个分布尾部超过决策阈值的面积百分比来度量的。

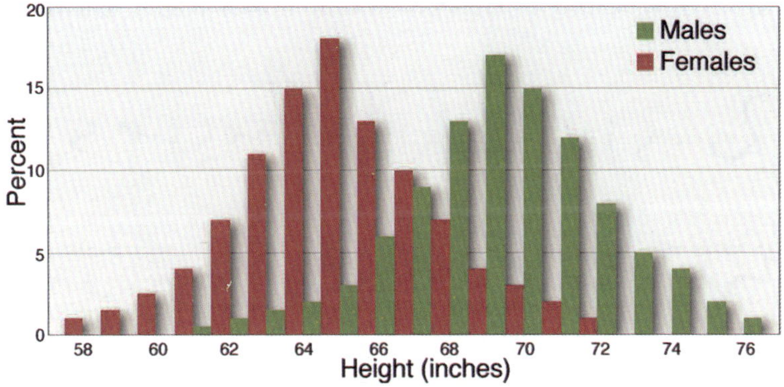

图 5.24 美国成年人身高直方图。

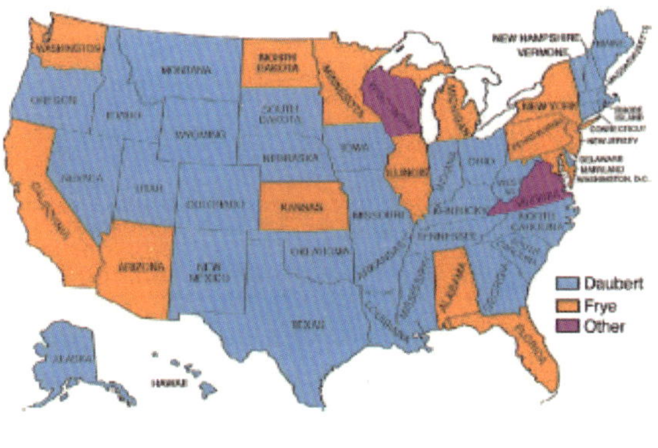

图 5.25 地图显示应用 Daubert（或类似）规则的州与使用 Frye 标准的州的比较。弗吉尼亚州和威斯康星州有自己的采信规则。

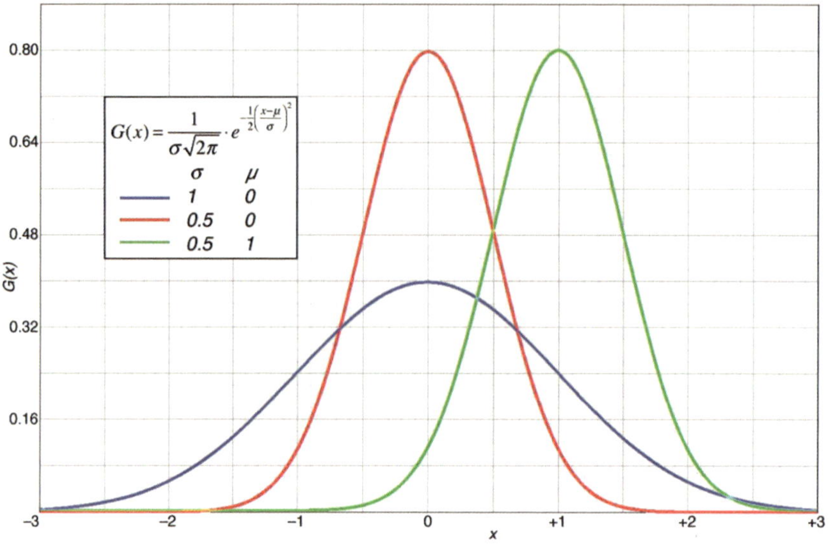

图 5.26 高斯或正态分布的形状，是均值 μ 和标准差 σ 的函数。

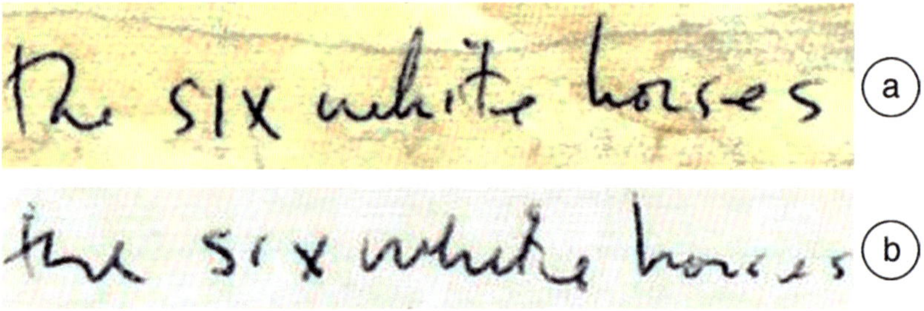

图 5.30 笔迹的比对：(a) 歌词本上的笔迹，该歌词本在一个装有据信是鲍勃 · 迪伦在 1965 年纽波特传统音乐节上演奏过的电吉他的箱子里；(b) 鲍勃 · 迪伦的一份手稿上的已知样本。多个相似点帮助确认了吉他属于鲍勃 · 迪伦，后来这把吉他在佳士得拍卖了近 100 万美元。